滝沢 誠 著

古墳時代の軍事組織と政治構造

同成社

目　次

序　章　研究の現状と本書の視角……………………………………………1
第1節　本書の目的　1
第2節　古墳時代軍事組織論の歩み　2
第3節　古墳時代政治構造論と地域分析　6
第4節　本書の留意点　9

第Ⅰ部　鉄製甲冑と軍事組織……………………………………………11

第1章　鋲留短甲の変遷
　　　　　——属性分析にもとづく多系編年の再構築——……………………13
第1節　短甲編年の現状と問題点　13
第2節　属性の抽出と分類　16
第3節　各属性の関係と型式の設定　23
第4節　型式変化の検証と年代　36
第5節　短甲編年の整理　45

第2章　鉄製甲冑の生産と供給
　　　　　——甲冑同工品論——………………………………………………49
第1節　甲冑同工品論の射程　49
第2節　横矧板鋲留短甲の諸属性　50
第3節　蝶番金具と覆輪　53
第4節　基本的属性との関係　59
第5節　技術系統の理解と同工品抽出の可能性　65
第6節　同工品論からみた甲冑の供給体制　72
第7節　同工品研究の課題　74

第3章　甲冑出土古墳からみた古墳時代前・中期の軍事組織………………77
第1節　甲冑出土古墳分析の前提　77

第2節　墳形と規模の推移　78
第3節　甲冑の組み合わせ　81
第4節　甲冑供給体制の変化　84
第5節　古墳時代前・中期の軍事組織　88
第6節　古墳時代中期後葉の画期　90

第Ⅱ部　古墳の存在形態と政治構造 …… 93

第4章　古墳時代前半期における小型古墳の展開
──志太平野における事例分析── …… 95

第1節　小型古墳研究の視角　95
第2節　志太平野の前・中期小型古墳　97
第3節　埋葬施設の検討　108
第4節　小土坑の問題　114
第5節　土器副葬の系譜　116
第6節　小型古墳造営の諸段階　118
第7節　小型古墳への眼ざし　120

第5章　小型古墳の墳墓要素と広域交流
──小土坑をともなう埋葬施設の検討── …… 123

第1節　棺床の小土坑をめぐる議論　123
第2節　小土坑の検討　124
第3節　前半期小型古墳の性格　134
第4節　広域性を示す墳墓要素　137

第6章　前方部短小型前方後円墳の性格
──斜交埋葬施設の実態とその評価── …… 141

第1節　斜交埋葬施設の問題点　141
第2節　墳丘主軸と埋葬施設主軸をめぐる議論　141
第3節　斜交埋葬施設の実態　143
第4節　斜交埋葬施設の評価　150
第5節　前方部短小型前方後円墳の新視点　154

第7章　大型古墳の存在形態と政治変動
　　　──筑波山周辺地域の首長墳──……………………………………………157
　　第1節　大型古墳の存在形態をめぐる議論　157
　　第2節　首長墳グループの抽出と編年の指針　158
　　第3節　首長墳の変遷　162
　　第4節　首長墳造営の諸段階　172
　　第5節　後期・終末期古墳をめぐって　176
　　第6節　変動の背景　178

第8章　古墳時代政治構造の地域的把握
　　　──駿河における大型古墳の変遷──……………………………………………181
　　第1節　大型古墳編年の問題点　181
　　第2節　駿河の大型古墳　182
　　第3節　大型古墳の変遷とその評価　195
　　第4節　政治構造の変革と支配領域　200
　　第5節　王権と地方　202

終　章　総括と展望……………………………………………………………207
　　第1節　古墳時代における軍事組織の形成とその背景　207
　　第2節　地域からみた古墳時代の政治構造　211
　　第3節　軍事組織と政治構造　214

参考文献　219

資料文献1　231

資料文献2　245

挿図出典　258

付表　短甲属性表　261

あとがき　271

挿図目次

図1	鋲留短甲の各部名称	16
図2	連接（革綴・鋲留）位置の分類	19
図3	引合板連接（革綴・鋲留）位置の分類	20
図4	蝶番金具の分類	22
図5	鋲留短甲の型式（1）	30
図6	鋲留短甲の型式（2）	31
図7	鋲留短甲の型式（3）	33
図8	鋲留短甲の型式（4）	34
図9	主要な属性と鋲留短甲の型式	35
図10	鋲留短甲の絶対年代	44
図11	蝶番金具の諸例	54
図12	小鉄板の使用例	63
図13	前胴6段構成の横矧板鋲留短甲	66
図14	方形3鋲グループの横矧板鋲留短甲（1）	69
図15	方形3鋲グループの横矧板鋲留短甲（2）	70
図16	各時期における規模別甲冑出土古墳数	79
図17	各時期における地方別甲冑出土古墳数	80
図18	各時期における甲冑の組み合わせ	82
図19	規模別眉庇付冑出土古墳数（中期中葉〜後葉）	83
図20	志太平野の関連遺跡分布図（1/150,000）	96
図21	志太平野の前・中期小型古墳（1）	101
図22	志太平野の前・中期小型古墳（2）	103
図23	志太平野の前・中期小型古墳（3）	105
図24	小型古墳の埋葬施設	109
図25	木棺の規模	110
図26	棺床の小土坑	114
図27	棺床に小土坑をともなう埋葬施設（1）	126
図28	棺床に小土坑をともなう埋葬施設（2）	127
図29	排水用土坑をともなう前期古墳の埋葬施設	130
図30	棺床に小土坑をともなう埋葬施設の分布	133

図31	前方後円墳と前方後方墳における墳丘主軸・埋葬施設主軸・方位の関係	146
図32	前方部短小型の前方後円墳における墳丘主軸・埋葬施設主軸・方位の関係	148
図33	斜交埋葬施設をともなう前方部短小型の前方後円墳	149
図34	墳丘主軸の比較：前期の前方後円墳（実線）と前方部短小型（破線）	150
図35	筑波山周辺地域における主要古墳の分布（1/250,000）	159
図36	筑波山周辺地域における首長墳の変遷	163
図37	岩瀬グループの主要古墳	164
図38	関城西部グループの主要古墳	165
図39	下館南部グループの主要古墳	166
図40	明野グループの主要古墳	167
図41	筑波東部グループの主要古墳	168
図42	筑波西部グループの主要古墳	169
図43	桜東部グループの主要古墳	170
図44	土浦西部・土浦北部グループの主要古墳	171
図45	駿河における主要古墳の分布（1/600,000）	183
図46	駿河における主要古墳の変遷	184
図47	志太地域の主要古墳	187
図48	清水地域の主要古墳	188
図49	静岡地域の主要古墳	189
図50	富士地域の主要古墳	191
図51	沼津地域の主要古墳	192
図52	北伊豆地域主要古墳	194
図53	遠江・駿河・伊豆における古墳出土埴輪の分布	198
図54	静岡地域における後期・終末期方墳の分布	199

挿表目次

表1	革綴数・鋲留数と地板構成	23
表2	革綴数・鋲留数と連接手法	24
表3	鋲留数と鋲頭径	24
表4	鋲留数と鋲留位置類型	25
表5	前胴各段幅の平均値	25
表6	地板構成と鋲留位置類型	27
表7	鋲留数と開閉構造	27

表8	鋲留数と蝶番金具	28
表9	鋲留数と覆輪	29
表10	鋲留短甲と衝角付冑	37
表11	鋲留短甲と眉庇付冑	38
表12	鋲留短甲と頸甲	38
表13	鋲留短甲と鉄鏃	40
表14	鋲留短甲と馬具	41
表15	鋲留短甲と須恵器	42
表16	短甲複数出土古墳における各型式の伴出状況	43
表17	横矧板鋲留短甲（横矧板革綴短甲を含む）の蝶番金具と覆輪	56
表18	三角板鋲留短甲（三角板横矧板併用鋲留短甲を含む）の蝶番金具と覆輪	57
表19	鋲留位置と蝶番金具の関係	60
表20	地板形状と蝶番金具の関係	61
表21	小鉄板の使用例	64
表22	横矧板鋲留短甲における蝶番金具と各属性の関係	67
表23	鋲留数の比較	71
表24	本章における時期区分	78
表25	同一施設から複数の甲冑を出土した古墳	87
表26	志太平野の前・中期小型古墳	98-100
表27	礫を使用した埋葬施設	112
表28	埋葬施設出土土器の器種組成	116
表29	棺床に小土坑をともなう埋葬施設	125
表30	小土坑の分類	128
表31	東日本の斜交埋葬施設	144
表32	筑波山周辺地域の首長墳	160-161
表33	駿河の主要古墳	185-186

序章　研究の現状と本書の視角

第1節　本書の目的

　考古学的時代区分としての古墳時代は、東北南部から九州南部にいたる日本列島の各地に前方後円墳に代表される共通性の高い墳墓としての「古墳」が数多く営まれた時代である。その年代的枠組みについては、研究者各々の時代区分に対する認識法の違いや、それにかかわる個別資料の年代的位置づけによって振幅を生じているが、古墳の出現年代を3世紀末ないし4世紀初頭に求めてきた年代観は過去のものとなり、近年では奈良県箸墓古墳に代表される定型化前方後円墳の出現年代を3世紀中葉にさかのぼらせる見解が有力視されている。加えて、奈良県纒向遺跡を初期ヤマト王権の政治拠点とみなし、その成立に重大な政治的、社会的変革を見出す立場によるならば、古墳時代の始まりはさらに半世紀近くさかのぼることになる（寺沢 2000）。一方、この間の編年研究の深化により、大型前方後円墳の終末年代は、もっとも遅い関東などでも7世紀初頭に求められることが共通理解となっている（広瀬・太田編 2010）。

　いま年代論の詳細は措くとしても、弥生時代の社会変化を基盤として列島各地に出現した有力者層が基本的な形態を同じくする大型古墳を営んでいた期間は、少なくとも350年間におよんでいる。その間、近畿中央部に一貫して巨大前方後円墳が築かれるとともに、各地の大型古墳は、墳丘形態のみならず、埋葬施設の構造や副葬品の配置にいたるまでの共通性を一定程度保持しつづけている。その背後には、近畿中央部に生成した中央政体を結集核として各地の有力者が参画した、汎列島規模の政治的統合を想定することができる。多くの研究者が、古墳時代を列島の国家形成期とみなしてきた所以である。

　古墳時代には、上記のような政治的統合の動きを基軸として、それ以前とは異なる重要な政治的・社会的な変化が生じている。本書の主題の一つとして掲げる軍事組織の形成も、そうした重要な動きの一つである。日本列島における集団間の武力抗争が弥生時代に始まることは、防禦集落や武器の発達などを手がかりとした多くの考古学的証拠によって明らかにされている（佐原 1999、松木 2001 など）。ただし、弥生時代の戦闘に参加したのは、自ら製作した武器を手にとり、集落の有力者に率いられた一般集落構成員であったとする見方が有力である。それに対して、古墳時代には軍事を主に担う中間層の出現とその広域的な編成をうかがわせる考古学的証拠があり、組織化された専門的な武装集団、すなわち軍事組織の形成が相当程度進んだものと考えられる。とくに多量の武器や武具がひろく古墳に副葬されるようになる古墳時代中期は、そうした軍事組織の形成が

本格化した時期としてもっとも注目される。本書では、そうした古墳時代中期に焦点をあてて、主に古墳出土の鉄製甲冑を手がかりとしながら古墳時代における軍事組織の形成過程を考古学的に跡づけることを第一の目的としたい。

ところで、そうした軍事組織の形成にかかわる動きは、近畿中央部の中央政体が主導し、主として各地の中小古墳被葬者（中間層）をその軍事組織に取り込んでいく動きであったとみられる。とすれば、それは同時期における政治構造のあり方とどのようにかかわりながら実現に向かったのかという点の理解も深めていく必要がある。その際重要な論点の一つとなるのは、地域首長を上位者とする在地における支配構造とのかかわりである。すなわち、実質的な軍事組織形成の動きは、地域首長による在地支配を利用・温存するかたちで進められたのか、あるいはそこから脱する方向での組織化を果たしつつあったのかという点の解明である。その解明に向けては、在地における政治構造のあり方を丹念に跡づけていく作業が必要であり、その際、前方後円墳に代表される大型古墳の分析は欠かすことができない。また、中間層の取り込みを主眼とする軍事組織形成の動きが予想されるとするならば、そもそも小型古墳はどのような契機で出現し、またその被葬者は在地の政治構造の中でどのような位置を占めていたのかという点の追究も重要である。

いうまでもなく、各地における古墳の存在形態についてはすでに数多くの研究が蓄積されている。とくに大型古墳については、近畿中央部における巨大古墳造営の画期に連動した変動期が存在するとの重要な指摘がなされている（都出 1988・1999 など）。それらの変動期には、古墳時代の政治構造にかかわる大きな変化が生じていたとみられるが、じつはそれと軌を一にするように軍事組織の形成にかかわる動きにも重大な変化が認められる。また、そうした変動期を経ながら、各地で地域首長の支配領域が再編され、のちの評（郡）域の母体を形成するような動きが生じているとみられることも重要である。一方、古墳時代前期末から中期にかけては、弥生時代墓制の系譜を引く墳墓群とは明らかに区別される小型古墳の展開が認められ、その背景にはあらたな政治構造への転換を模索する動きがうかがえる。本書では、そうした大型古墳と小型古墳の存在形態を具体的な事例分析にもとづいて検討し、古墳時代における政治構造の変遷過程を地域の動きの中から解き明かすことを第二の目的としたい。そして最終的には、古墳時代における軍事組織の形成がより大がかりな政治構造の変革と密接に結びついていることを明らかにし、その歴史的意義についての考察を深めることを目標としたい。

第2節　古墳時代軍事組織論の歩み

ここではまず、本書の主要な課題の一つである古墳時代の軍事組織をめぐる考古学的研究を振り返り、その成果と課題を確認しておくことにしたい。なお、古墳時代の軍事組織をめぐる議論は、古墳出土武器・武具・馬具の実証的研究と密接に結びつきながら深化してきたという経緯がある。しかし、それらの成果はきわめて膨大なものであるため、ここでは古墳時代の軍事組織を主題にした議論を中心に取り上げていくことにしたい。

古墳時代軍事組織の研究に実証的基礎を与える武器・武具の研究は、比較的早い時期に始まり、

大正期から昭和前期にかけて今日の研究の基礎となる重要な研究がおこなわれた。その主導者の一人であった後藤守一は、古墳出土品を中心とした武器・武具の研究を推進し、武器の変遷過程を体系的に論じるとともに、詳細な鉄鏃の分類案を示した（後藤 1928・1939）。また、同じころ末永雅雄は、古墳出土甲冑の総合的な研究を進めるとともに、後藤とは異なる視点から古墳出土武器の分類案を提示した（末永 1934・1941）。これらの研究は、その分類方法や分類名称、さらには資料集成の点で、今日の研究の基礎を築くものとなったが、古墳時代の武器・武具を当時の社会状況と結びつけて理解しようとする問題意識を十分にもちあわせたものではなかった。

こうした戦前の研究を基礎として、古墳時代軍事組織の研究に端緒が開かれるのは、1960年代である。西川宏は、古墳時代における武器の変遷を当時の社会変化と結びつけて理解する視点を明確に示し、軍事組織の発展や武装の階層性について論じた（西川 1966）。そこでは、刀剣や鉄鏃の生産が各地の首長によって掌握されていたとの認識から、古墳時代の軍事組織は基本的に「首長軍」として存在し、全国規模の軍事組織は未発達であったとの認識を示した。一方、原田大六は、群集墳を含む後期古墳の副葬武器をその組み合わせによって6段階に分類し、そこに「大和朝廷」の半島政策に対応した国家規模の階層的な軍事組織を見出そうとした（原田 1962）。

同じころ北野耕平と野上丈助は、古墳時代甲冑の技術史的側面を明らかにしながら、その背後に想定される軍事組織の問題を論じた。北野は、自らが調査を担当した大阪府アリ山古墳における武器の多量埋納について、「大和政権の親衛隊的性格をもった軍事機構」にかかわるものと推論した（北野 1964b：184頁）。また、甲冑を多量に出土した大阪府野中古墳の調査成果をふまえながら、5世紀の畿内地域では武器の管理と軍事的職掌を配下に委ねた支配体制が成立していたのに対し、地方ではなお大型の前方後円墳に葬られるような首長がそれらを掌握していたとの見方を示した（北野 1969）。野上は、5世紀の短甲が分布域を拡大していく過程を指摘するとともに、甲冑の配布（流通）経路から軍事組織の問題に迫りうる可能性に言及した（野上 1968）。こうした両者の研究は、軍事組織論にかかわる多くの論点を含むものであり、その後につながる先駆的な研究成果と評価しうるものである。

1970年代から1980年代は、武器・武具の精緻な分類や編年研究が大きく進展した時期である。甲冑では、製作技術や工人の系統をめぐる詳細な検討がおこなわれるとともに（小林謙 1974a,b、野上 1975）、付属具に対する理解が進み（藤田 1984、古谷 1988）、さらには従来の変遷観に対する見直しも図られた（吉村 1988）。また、鉄鏃については、各地の資料集成にもとづく編年研究が精力的におこなわれ、その変遷についての共通理解がひろがるとともに、列島全体の地域色を展望する重要な研究成果も生まれた（杉山 1988）。

そうした基礎研究が進む一方で、古墳時代の軍事組織をめぐる議論にもあらたな方向性が示された。田中新史は、甲冑のセット埋納や埋納方法というあらたな分析視点によりつつ、5世紀後半に増加する短甲出土中規模円墳の同質性を指摘し、その背景に「倭王武」による政治機構改革の動きを想定した（田中新 1975）。川西宏幸も、古墳時代中期の政治構造全般を論じる中で甲冑を出土する中小古墳の動向にふれ、5世紀後半に九州や関東でそれらが急増する背景を、「中期畿内政権」による軍事力の拡充＝軍事動員地の広域化に求めた（川西 1983）。こうした中小古墳に対する明確

な問題意識は、軍事組織の拡大過程を読み解くうえでの重要な論点を提起するものとなった。

一方、田中晋作は、鉄鏃（攻撃用武器）と甲冑（防禦用武器）の最新の組み合わせに着目した類型化をおこない、それらの存在形態の差異に中央（百舌鳥古墳群・古市古墳群の勢力）との政治的関係が反映されているとの見方を示した（田中晋 1981・1987・1988）。また、藤田和尊は、田中の視点も継承しながら、律令期までを射程に入れて武器・武具保有形態の変遷を論じた（藤田 1988）。藤田は、「最新相甲冑セット」にもとづいて大量の武器・武具を埋納した古墳を類型化し、百舌鳥・古市古墳群では中期中葉に陪冢被葬者等に職掌を委ねた「武器・武具集中管理体制」が成立したとする一方で、地方では中期中葉から後葉にかけて「在地主導型武器・武具集中管理体制」が成立したとの見方を示した。こうした田中や藤田の研究は、古墳時代の軍事組織論にあらたな視点を提供したものとして重要であるが、方法的には「最新」であることを保証する編年的枠組みを必要とするものであった。

この時期には、古墳時代後期の軍事組織に関する研究にも進展がみられた。新納泉は、かつて原田大六が示した武器副葬の階層性を踏襲しながら、あらたに装飾付大刀保有階層を最上位とする階層的な軍事組織を想定するとともに、装飾付大刀の分布の推移に「畿内政権」による軍事基盤の変化を指摘した（新納 1983）。また、岡安光彦は、東日本の馬具副葬古墳と文献から復元される「舎人」の分布が重なる点に着目し、それを「東国舎人騎兵」の形成と結びつけて解釈した（岡安 1986）。

1990年代に入ると、古墳時代の軍事組織論はさらに活況を呈するようになる。武器・武具研究のさらなる精緻化を基礎とした研究が進められる一方で、国家の形成にかかわる理論的枠組みの中で古墳時代の軍事組織を積極的に評価する見解も示されるようになった。とくに後者については、F. エンゲルスの古典学説（エンゲルス：村井・村田訳 1954）や M. サーリンズ、E. サービスらの首長制論（Service 1971）、H. クラッセン、P. スカールニクらの初期国家論（Claessen & Skalnik 1978）をふまえつつ、古墳時代を古代国家の前半段階と位置づけた都出比呂志が、5世紀の甲冑出土古墳のあり方に階層的な軍事編成の動きを認め、それを「人民の武装」とは区別される強制力と評価した点が特筆される（都出 1991）。また、松木武彦は、前期古墳副葬鏃の展開に首長間関係にもとづく軍事的機構の成立を見出すとともに（松木 1991）、古墳時代前期末における武器・武具の革新に専門的かつ階層的な軍事的機構の成立を認め、それはもはや「人民の武装」とは異なる国家段階の公的強力にほかならないと指摘した（松木 1992）。このころ筆者も甲冑の編年研究に取り組み（滝沢 1988・1991）、その成果をふまえながら古墳時代前・中期における軍事組織の形成過程について論じた。そこではとくに、中小古墳被葬者を対象とした直接的な軍事編成が著しく進展した中期後葉にも、軍事組織形成上の重大な画期を認めるべきであると主張した（滝沢 1992）[1]。

都出や松木のように、歴史理論への接近を図ろうとする研究がみられるようになった一方で、考古資料から軍事組織を復元する方法をめぐって厳しい意見対立が生じたのもこの時期である。田中晋作は、甲冑を多量に出土した大阪府の野中古墳や黒姫山古墳において甲冑とほぼ同数の刀剣類が認められることを重視し、それらは常時維持されていた組織に貸与するための武器の一部であるとして、その使用集団を百舌鳥・古市古墳群の被葬者集団のもとに成立した「常備軍」であると指摘

した（田中晋 1993a, b）。これについて松木武彦は、副葬された武器から直接的に被葬者の武装内容を復元することは困難であるとの批判を展開し（松木 1994・1995）、それに対する田中らの反論もおこなわれた（田中晋 1995、藤田 1995）。

こうした方法上の問題は、古墳時代各時期の軍事組織を考える際にも問題となるが、後期群集墳の武器副葬を検討した水野敏典は、副葬された武器は被葬者の所有品すべてではなく、古墳造営集団内の秩序表現によるものであるとの見方を示した（水野 1993）。その後、古墳時代中期の鉄器埋納施設について検討した豊島直博も、多量に埋納された武器等は儀礼用に製作されたものであり、そこから直接的に軍事組織を復元することは困難であるとして、松木の考えに同調した（豊島 2000a）。これらの議論は、選択された副葬品あるいは儀器化した副葬品から社会の実態を直接的に復元することに対する方法的問題を指摘したものであり、武器副葬という行為の象徴性を重視するその後の研究の流れを生むことにもなった（阪口 2000）。

2000 年代以降は、古墳出土武器・武具のより詳細な観察にもとづく精緻な編年研究や系譜論が展開されるとともに（鈴木一 2010、橋本達 2010、松木 2010、川畑 2011 など）、その象徴性や地域性、さらには朝鮮半島をはじめとする東アジア世界との関係に視野をひろげた数多くの論考が発表されている。しかし、1990 年代に展開された方法論をめぐる論争を経て、古墳時代の軍事組織を視野に入れた個別実証的な研究は、やや影をひそめた感がぬぐえない。そうした中では、甲冑出土古墳を中心に議論が進められてきた古墳時代中期の軍事組織について、むしろ小型古墳を中心とした刀剣や鉄鏃のあり方を重視すべきとした豊島直博の論考が注目される（豊島 1999・2000b）。また、関東の甲冑出土古墳を検討した松尾昌彦は、古墳時代中期後葉の軍事編成が「層」を拡大する方向のものであったのに対し、後期のそれは「地域」を拡大する方向のものであったとする重要な指摘をおこなっている（松尾 2002）。

一方でこの時期は、古墳時代の軍事組織を積極的に論じてきた田中晋作や藤田和尊、松木武彦、豊島直博が、各々の見解を体系的にまとめ上げた一書を相次いで上梓した点が特筆される（田中晋 2001、藤田 2006、松木 2007、豊島 2010）。いずれも新資料に目配りしつつ、従来の所説をより高次の歴史認識に高めた点で学ぶべき点が多い。なかでも、日本列島における武力抗争の発生から軍事組織の形成にいたる過程を、弥生時代から古墳時代におよぶ幅広い観点から論じ、その成果を国家形成史の中に位置づけた松木武彦の著述は、一つの重要な到達点を示すものといえよう。

以上、古墳時代の軍事組織をめぐる主要な研究を振り返ってみた。その成果をごく簡単にまとめるならば、次のような整理が可能であろう。

まず古墳時代前期には、前方後円墳に葬られるような首長の間で威信財的な意味合いの濃い武器の配布・共有関係が認められ、そこには政治的・社会的諸機能を包摂した首長間関係の一部として軍事的関係が成立していたとみられる。つまり、独立した専門的な軍事組織はなお未分化であったと考えられる。しかし、古墳時代中期前葉になると、甲冑を出土する中小規模古墳が各地で急増し、それらの被葬者を傘下に加えた階層的な軍事組織が成立する。それは、甲冑の一括生産を前提としてみたとき、ヤマト王権による広域的な軍事組織の成立を意味するものと考えられる。そして、古墳時代後期には、群集墳における武器副葬の階層化が進行するとともに、鉄鏃などの在地生産が始

まり、各地域で階層的な軍事組織が整備されていったものとみられる。

およそ以上のような整理が許されるとするならば、すでに都出比呂志や松木武彦らが指摘しているように、古墳時代に形成された軍事組織は、もはや「人民の武装」などではなく、国家の一指標ともいえる「公的強力」の範疇として理解するのが妥当であろう（都出1991、松木1992など）。その本格的な形成期は、これまで多くの研究者が指摘してきたように、古墳時代中期の中にあるとみて間違いない。しかし、古墳時代前期の首長間関係を基軸とした軍事的な枠組みから、そうした軍事組織がどのように形成されていったのかという点について、必ずしも十分な共通理解が得られているわけではない。その重要な論点の一つは、甲冑を副葬した中小規模古墳が中期前葉に急増する事実に対して、それらの被葬者をヤマト王権がより直接的に組織化したとみるのか、あくまでも彼らの上位者たる地域首長を介して間接的に組織化したとみるのか、という点である。また、そうした動きは中期前葉のみにとどまるのかという問題もある。

こうした問題の解明においては、武器・武具を副葬した中小規模古墳に対する理解が大きな鍵を握ることになる。とくに、そうした古墳の被葬者にどのような経路で武器・武具が供給されたのかという点の実証的解明は重要である。本書の前半（第Ⅰ部）では、これらの課題を中心に据えて、古墳時代中期の鉄製甲冑とそれらを出土した古墳の検討を進めることにしたい。

第3節　古墳時代政治構造論と地域分析

つづいて、一定地域内における古墳の存在形態を分析することにより、古墳時代の政治構造に迫ろうとした諸研究について述べておきたい。

古墳時代の政治史的研究については、戦後まもなく発表された小林行雄による一連の論考に本格的な出発点を見出すことができる（小林行1950a, b・1952・1955など）。しかし、古墳の存在形態に関する研究についていえば、戦前の段階ですでにその萌芽は形成されていた。たとえば、群馬県白石古墳群の調査をつうじて大型古墳の継起的な変遷を明らかにした後藤守一らの研究は、大型古墳を群として把握する明確な視点を打ち出した先駆的研究である（後藤・相川1936）。また、のちに群集墳と称されるようになる小型古墳についても、長野県諏訪盆地を対象とした藤森栄一の研究などにおいて、古墳を群として分析する優れた視点が示されていた（藤森1939）。

その後1950年代になり、一定地域を対象とした古墳の研究を積極的に推進したのは近藤義郎である。近藤は、岡山県月の輪古墳の調査成果にもとづいて水系と平野を単位としてまとまりをもつ古墳の存在を明らかにし、それらの造営母体となった地域集団の存在を指摘した（近藤ほか1960）。また、それに先だつ岡山県津山盆地の調査では、広範な家父長制家族の成立を契機として古墳時代後期の小型古墳が出現・盛行したとする見方を示し、その後の群集墳研究に大きな影響を与えた（近藤編1952）。

このような地域に根ざした研究が進められる一方で、西嶋定生は東洋史学者の立場から古墳の政治的性格にかかわるきわめて重要な指摘をおこなった。西嶋は、前方後円墳などの共通の墳形がひろく分布する背景には同一の社会的機能があると考え、それこそが「大和政権」による国家的身分

制＝カバネ制であると論じた（西嶋 1961）。また、そうした墓制による身分秩序の表現は、卑弥呼の遣使を契機として倭が中国の冊封体制に編入されたことにより開始されたとの認識を示した（西嶋 1966）。こうした西嶋の考えは、その後の古墳研究に多大な影響を与え、各地における古墳の存在形態から「大和政権」との関係を探ろうとする多くの研究を生み出すこととなった。また、群集墳の成立をめぐる議論においても、政治的契機を重視する白石太一郎らの見解を導くこととなった（白石 1966）。

　こうした西嶋の学説に影響を受けながらも、1960年代には地域の中から古墳時代の政治体制を展望しようとするあらたな研究が生まれた。長野県下で古墳の研究を進めていた岩崎卓也らは、善光寺平に築かれた前方後円墳が時期ごとに造営地を移動している現象に注目し、そこに複数の地域集団から構成される政治的統一体の存在を見出すとともに、その首長権が未だ世襲されず集団間を移動する輪番的なものであったことを指摘した（岩崎卓ほか 1964、岩崎卓 1970）。また、吉備の大型古墳について検討した西川宏は、吉備全域に君臨する大首長は世代ごとに異なる地域集団から輩出されたとの見方を示し、吉備の政治体制を「吉備連合政権」と位置づけた（西川 1964）。西川の理解はその後文献史学者の吉田晶に引き継がれ、首長権輪番制を基本原理とする古墳時代の政治組織は国家以前の部族同盟段階にあたるとの歴史的評価がくだされることとなった（吉田 1973）。

　岩崎や西川の議論は、地域の自律性を重視するとともに、古墳時代の未発達な政治組織を描き出すことに意を注いだものであった。しかし、それとは異なる立場から、地域における古墳の存在形態を中央の動きと結びつけて積極的に解釈する議論も生まれた。小野山節は、各地の古墳の築造状況を眺めたとき、5世紀前葉と5世紀後葉に前方後円墳が築かれず、大型の円墳や帆立貝式古墳に変化している地域が多いことに着目し、それは「河内王朝」が地方首長の古墳造営に規制を加えた結果であると論じた（小野山 1970）。小野山の議論は、個々の古墳の年代比定に問題を残すものであったが、中央による古墳の築造規制という見方は、その後の研究に重要な視点を提供することとなった。また、同じころ関東の大型古墳について検討した甘粕健も、武蔵の盟主的首長墳が5世紀末から6世紀初頭にかけて南武蔵から北武蔵に移動する現象を取り上げ、その背景には、安閑紀が伝える武蔵国造家の内紛に絡んだ中央と地方の連動した動きがあったと指摘した（甘粕 1970）。

　1970年代から1980年代にかけては、地域の自律性を重視する岩崎や西川らの見方と、中央との連動性を重視する小野山らの見方が並立し、それぞれの立場からの研究がつづけられた。長野県地域で事例分析を重ねてきた岩崎卓也は、あらたに茨城県筑波地域での事例分析を進め、各時期の大型古墳が『倭名類聚鈔』にみえる「郷」と対応しながら分布しているとの認識を加味しつつ、古墳時代の首長権が地域集団間を輪番的に移動したとする自説の補強につとめた（岩崎卓 1989・1990）。また、近藤義郎は、京都府丹後地域の大型古墳を取り上げながら、盟主的首長の地位が特定の部族に固定していないとの認識を示し、古墳時代を部族連合段階と位置づける論拠とした（近藤 1983）。

　こうした研究状況は、1980年代後半から1990年代にかけて相次いで発表された都出比呂志の諸研究によって大きな転機を迎えることになる。都出は、京都府桂川地域の事例分析にもとづきながら、盟主的首長墳の移動を含む首長墳造営の画期が、5世紀前葉、5世紀後葉、6世紀前葉にあるとし、それらの画期が各地において同様にみられること、さらには畿内で大型前方後円墳の造営地

が移動するのもそれらの時期にあたることから、各地における首長墳造営の動きは全国的な政治変動の結果であると論じた（都出 1988）。これは、先に述べた小野山の視点を発展的に継承しつつ、従来の首長権輪番制説を全面的に批判したものである。すなわち、盟主的首長権の地域内移動は部族連合段階の特徴を示すものではなく、都出が初期国家段階の政治秩序として提唱する「前方後円墳体制」（都出 1991）の枠組みのなかで理解できるというのである。また、その後の論考では、そうした変動の時期を、第1期（4世紀後葉）、第2期（5世紀前葉）、第3期（5世紀後葉）、第4期（6世紀前葉）の4時期とする案を提示し、それらは「中央と地方が連動しあった激しい主導権争いの権力闘争を反映」したものであると指摘した（都出 1999：8頁）。

　都出の所説は、1990年代に入って全国規模でおこなわれた古墳の集成・編年研究（近藤編 1991・1992a, b, c・1994・2000、石野編 1995）などをつうじてさまざまなかたちで批判・検証されていくこととなるが、「権力闘争」とされた変動の要因については、王権中枢の勢力交替という以上の具体的な論及を欠くものであった。そうした問題を考える際の重要な視点は、1990年代を中心に進められた和田晴吾の一連の研究の中に見出すことができる。和田は、京都府南山城地域の事例研究を出発点として古墳の築造秩序をモデル化し、その段階的変遷を5段階6画期に整理した（和田 1988・1992・1998）。とくに、そうした古墳築造秩序の画期が大王墳の動向と深く関連していると述べた点は、都出説とのかかわりにおいて注目される。和田は、首長墳の地域内移動と古墳築造秩序の関係についてとくに言及していないが、都出の政治変動論を政治構造論として理解していくうえでのきわめて重要な枠組みを提示したものといえよう。

　1990年代の研究の中では、後期大型古墳の存在形態から地域首長による支配領域の復元を試みた白石太一郎の研究も見過ごすことができない。白石は、『常陸国風土記』の記載により国造のクニから評への移行過程を詳しく把握することのできる常陸の後期・終末期古墳を検討し、東国における国造制の成立ないし整備は大型円・方墳が出現する7世紀初頭にくだる可能性が高く、評制の施行は国造制のもとで承認されていなかった有力在地首長の領域支配を制度的に認めるものであったと指摘した（白石 1991）。古墳の存在形態から地域首長の支配領域を見出そうとする試みは以前からおこなわれてきたが、7世紀後半の評域までを視野に入れて立論した研究としては特筆すべきものであろう。

　2000年代以降も、各地で古墳の存在形態に関する研究は数多くおこなわれ、その実態を把握するための基礎資料は着実に増加している。また、学史と用語の整理をふまえつつ、被葬者の活動期間などを分析視角に加えて有力古墳の系列的変化を把握しようとする模索も始まっている（下垣 2012）。そうした現状において以上に述べたような研究の歩みを振り返ったとき、これまでに提起されてきた学説をそれぞれの地域において検証する作業は、なお途半ばであるといわざるをえない。1990年代以降に一定の支持を得てきた都出比呂志による政治変動論は、変動の具体的な内容についての議論をさらに深める必要がある。そうした議論を進める際の方法として、和田晴吾が示したような古墳造営秩序の構造的把握とその段階的理解は重要な鍵を握ると思われるが、それは個々の地域での事例分析をさらに積み重ねることにより一般理論としての有効性を検証すべきものであろう。その際、政治構造の解明という垂直方向に視野を定めた議論とともに、地域首長による支配領

域の解明という水平方向に視野をひろげた議論も重要であろう。

　以上の問題意識をふまえながら、本書の後半（第Ⅱ部）では、個別地域の事例分析を中心に大型古墳と小型古墳の存在形態を検討していくこととする。その際、時間軸にそった整理とともに、各時期における古墳の秩序や分布の様態に注意を払い、地域の中から古墳時代の政治構造や支配領域を理解する枠組みの構築につとめていきたい。

第4節　本書の留意点

　次章以降の議論を進めるにあたり、本書で使用する基本的な用語や年代的な枠組みについての理解を簡潔に示しておきたい。

　まず、奈良盆地東南部に生成し、およそ350年間にわたって巨大前方後円墳を営みつづけた近畿中央部の中央政体を、本書では「ヤマト王権」と呼称することにする。また、本書中で使用する地域名称については、現在の行政区分名、旧国名等を必要に応じて使用することとし、近畿中央部についても「畿内」と呼称する場合がある。「畿内」については、大化改新詔による範囲と令制下の五畿内の範囲が異なっているが、そもそも古墳時代にさかのぼりうる名称とは考えられないため、旧国名と同様の便宜的な呼称として畿内五国の範囲に用いることとする。

　本書で使用する時期区分については、古墳の編年区分として、前期（集成編年1期以前〜4期前半：広瀬1992）、中期（集成編年4期前半〜8期）、後期（集成編年9・10期）、終末期の4期区分を採用し、古墳時代の時期区分として、前期（出現期を含む）、中期、後期の3期区分を採用する。文中では相対編年による表記を優先しているが、各時期の絶対年代については、古墳時代前期＝3世紀前半〜4世紀中葉、古墳時代中期＝4世紀後葉〜5世紀末、古墳時代後期＝6世紀初頭〜7世紀初頭と理解している。

　なお、本書で取り上げた参考文献については、巻末の「参考文献」に一括して示したが、各章の分析に用いた個別資料にかかわる文献については、巻末の「資料文献1」（第1〜3章・付表関係）および「資料文献2」（第4〜8章関係）に示した。また、第1章および第2章で分析対象とした資料（短甲）については、巻末の「付表　短甲属性表」に詳細なデータを掲載した。

註
(1) さらなる資料や研究成果が蓄積された今日においてもなお、基本的な理解に変わりはないことから、旧稿（滝沢1992）の内容については一部手直しを加え、本書の第3章として収録した。
(2) 「大和王権」や「倭王権」の表記法もあるが、「大和」の語には歴史的変遷があること、「倭」は中国側の呼称であることから使用は避けたい。ここでは、共通の訓読を重視して「ヤマト」の表記を用いることとする。
(3) 資料文献については本文中に角括弧（例：［○○ 2014］）で示し、参考文献（丸括弧で表記）とは区別した。

第Ⅰ部
鉄製甲冑と軍事組織

第1章　鋲留短甲の変遷
――属性分析にもとづく多系編年の再構築――

第1節　短甲編年の現状と問題点

1　編年の目的

　古墳時代中期の古墳から出土する代表的な遺物の一つに鉄製の甲冑がある[1]。いうまでもなく、鉄製の甲冑は前期古墳からも出土し、後期古墳からの出土も少なくない。しかし、前期古墳出土の甲冑は、中期古墳のそれに比べてはるかに稀少な存在であり、副葬された位置や多量副葬のあり方からすると、そこでは銅鏡や腕輪形石製品などの宝器的性格の濃い器物が首座を占めていたとみてよい。また、後期古墳では装飾性に富む馬具や大刀、装身具などによって副葬品目の多様化、階層化が進み、それらの中で甲冑のもつ意味合いには大きな変化が生じたものと予想される。一方、古墳時代中期の甲冑は、鉄製武器などとともに器物のみを収めた施設に多量に埋納した例が知られ、実用品としてはもちろんのこと、それ自体が首長層の威信財として重要な役割を担っていたものと考えられる。

　そうした甲冑を出土した古墳の分析は、古墳時代中期における首長層の動向、とりわけその軍事的動向を探るうえでのきわめて有効な手段であると考えられるが、そのような分析を進める前提として、対象とする甲冑そのものの編年をできる限り詳細に組み立てておく必要がある。それは、古墳の年代決定にあたってはもちろんのこと、甲冑の組み合わせを分析する際などにも欠かすことのできない基本的な認識となるからである。

　古墳時代の甲冑には、一部の特殊形式を除き、冑には衝角付冑と眉庇付冑が、甲には短甲と小札甲（挂甲）が知られている。また、付属品としては、頸甲、肩甲、籠手、臑当、草摺等が存在する。ここで取り上げるのは、そのうちの短甲とくに鋲留短甲についてであり、その詳細な編年をおこなうことが本章の目的である。

　なお、古墳時代甲冑の中でとくに短甲を編年の対象とするのは、古墳時代中期の甲冑の中でもっとも出土数が多く、かつ構造が複雑であるため、甲冑出土古墳を分析する際の汎用性が高い時間軸を構築することが可能と見込まれるからである。ただし、古墳時代中期の革綴短甲については、地板構成の詳細な変化に着目した編年研究が進展し、すでに一定の成果が得られている（阪口 1998、鈴木 2004 など）。一方、鋲留短甲については、筆者が以前に示した編年案（旧案）などが存在するものの（滝沢 1991）、その型式内容は革綴短甲を中心とした編年研究の深化や新資料の増加により少なからぬ見直しが必要となっている。そこで本章では、甲冑出土古墳の分析を進めるための時

間的枠組みを構築することを目的として、旧案に大幅な修正を加えつつ、あらたな鋲留短甲の編年案を提示することにしたい。

2　研究抄史

　古墳時代の甲冑については古くから研究がおこなわれてきたが、戦前の段階でそれらを体系的にまとめた末永雅雄による『日本上代の甲冑』（末永 1934）は、その後の研究の基礎となる多くの内容を含んでいる。短甲については、地板の形状と連接手法から「横矧板鋲留」「横矧板革綴」「三角板鋲留」「三角板革綴」「竪矧板革綴」など、現在も使用される分類の基礎を示したが、その変遷についてはほとんど語られることはなかった。

　その後、埋葬施設や副葬品の研究の進展によって古墳時代各時期の特徴が徐々に明らかになり、新資料の追加をみる中で短甲の変遷についても検討が加えられていった。

　北野耕平は、前期古墳から出土する短甲は竪矧板や方形鉄板を革綴するのに対し、古墳時代中期には三角板革綴短甲が出現し、さらに鋲留短甲が加わることを明らかにした。そして、鋲留甲冑の出現事情については、同じく中期にみられるようになる馬具の製作技術や鍍金技術との関連を指摘し、それらは大陸からあらたに渡来した技術者たちの手になるものであると述べた（北野 1963）。

　小林行雄は、石上神宮に伝世されている鉄盾を検討する中で短甲の製作技術についてふれ、「横矧板革綴短甲」とされてきたものは、「長方板革綴」短甲と「横矧板革綴」短甲に区別する必要があると論じた。上下の鉄板の紐孔が完全に一致する後者は、鋲留の技法から派生したもので、年代的にも前者は5世紀前半の古墳から、後者は5世紀後半の古墳から出土していると指摘したのである（小林行 1962：24-27頁）。小林はその後、「神功紀」「応神紀」の時期にあたる4世紀後葉にあらたな諸技術の導入を認め、短甲については、4世紀後葉に長方板革綴短甲として型式が統一され、5世紀前葉の三角板革綴短甲から5世紀のうちに三角板鋲留短甲を経て横矧板鋲留短甲に交替するとの理解を示した（小林行 1965）。

　こうして短甲の変遷に関する一定の方向が示される中で、野上丈助は甲冑の変遷を主題としながらその技術史的意義を論じた（野上 1968）。野上は、4世紀にみられる竪矧板や方形鉄板を革綴した短甲には個体差があり、同じ形式のものがないのに対し、4世紀末に出現する長方形板革綴短甲では形式が統一されること、さらに同じ頃、鉄鏃は多形式少量副葬から少数形式大量副葬に転化することを指摘し、そこに地方分散的で小規模なものから工人が集中的に把握されるような鉄器生産機構への変化を見出した。5世紀になって三角板革綴短甲への構造転換が一気になされたことも、そうした生産機構の存在を示しており、三角板革綴短甲から三角板鋲留短甲、さらに横矧板鋲留短甲へと移行する過程で出土数が増大することは、そうした生産機構の拡充を示すものと評価した。

　以上の研究は、その後長らく適用されることとなる古墳時代甲冑の基本的な変遷観を形成したものである。しかし、そこでの主な関心は短甲を含めた技術革新の背景や鉄器生産体制のあり方に向けられていたため、短甲の細部にまで踏み込んだ型式論を展開するにはいたらなかった。

　小林謙一は、そうした研究状況をふまえ、甲冑製作技術全般にわたってさらに詳細な検討を加えた（小林謙 1974a, b）。短甲については、「竪矧板革綴短甲」「方形板革綴短甲」「長方板革綴短甲」

「三角板鋲留短甲」「三角板革綴短甲」「横矧板鋲留短甲」「横矧板革綴短甲」に分類したうえで、鍛造技術を中心としながら覆輪手法等も含めてその変遷を明らかにした。なかでも、長方板革綴短甲と三角板革綴短甲がほぼ同時期に出現し、5世紀前半代をつうじて両者が併存していたとして、横矧板鋲留短甲が長方板革綴短甲の系列につらなる可能性を指摘した点は、従来にはないあらたな理解を示したものである。しかし、小林の指摘にもかかわらず、それ以前からの単系的な変遷観が以後も多くの研究者によって受け入れられてきたことは否めない事実である。なお、田中新史はこれと同じ頃に、各段の幅や鋲数、鋲留技法など、優れた着眼点のもとに鋲留短甲の型式変化を見抜いていたが、進んで体系的な理解を示すにはいたらなかった（田中新 1975・1978）。

　その後しばらく短甲の変遷については目立った議論もなく、朝鮮半島における甲冑出土例の増加にともない研究者の関心はもっぱら製作地の問題へと移っていった（小林行 1982）。

　ところが1980年代後半になり、吉村和昭は、三角板鋲留短甲、横矧板鋲留短甲、三角板横矧板併用鋲留短甲の三者を個別に取り上げ、鋲数、鋲頭径、帯金幅などを中心にそれぞれの変遷を論じた（吉村 1988）。鋲数は多鋲式から少鋲式へ、鋲頭径は小さなものが古く、帯金は幅広のものへ、といった点を明らかにし、結論として、三者は5世紀中葉後半から5世紀後葉の間併行して生産され、三角板鋲留短甲と横矧板鋲留短甲は別系統のもの、三角板横矧板併用鋲留短甲は後者の影響を受けて前者から派生したものと指摘した。また、長方板革綴短甲と三角板革綴短甲の関係についても、5世紀初めの段階から異なる地板を使用する二系統の短甲が存在する可能性に言及した。

　こうした吉村の議論は、あらたな視点を加えて鋲留短甲の変遷を論じ、従来の単系的な変遷観を止揚したものと評価されよう。ただし、そこで重視された鋲数、鋲頭径、帯金幅などの技術内容についてはその変化を述べるにとどまり、個別の技術内容相互の関連について詳しく言及することはなかった。そこで筆者は、そうした吉村の視点を継承しつつ、鋲留短甲を構成する諸属性の変化とその相互関係について検討し、鋲留短甲を大別2型式細別5型式に分類して三角板鋲留短甲と横矧板鋲留短甲はそれぞれに型式変化がたどれることを追認した（滝沢 1991）。

　小林謙一がいち早く指摘し、吉村や筆者があらためて示した短甲の多系的な変遷は、1990年代後半以降になると、革綴短甲においても具体的な検討が進められた。その先鞭をつけた阪口英毅は、長方板革綴短甲と三角板革綴短甲（等角系、鈍角系）の変遷を総合的に検討し、両形式は共通の技術基盤にもとづきながら一定期間併行して生産されていたことを明らかにするとともに、三角板の図像的意味を重視する立場から短甲の変遷を技術史的視点のみによって理解することの問題点を指摘した（阪口 1998）。

　阪口は、主に脇部の地板構成に着目して長方板革綴短甲と三角板革綴短甲を分類したが、2000年代以降には、そうした阪口の視点を継承しつつ、鈴木一有が革綴短甲から鋲留短甲にいたる三角板系短甲の変遷をより詳細に論じている（鈴木一 2004・2005・2008）。また、松木武彦も同様の視点で中期短甲の系列的変化をたどり、全体としての多系的な変遷を認めながらも、横矧板鋲留短甲については三角板鋲留短甲の中から生み出されたものであるとの見方を示している（松木 2010）。

　以上、短甲の編年研究に関する歩みを振り返ってみた。その流れを簡潔にまとめるならば、当該研究の重要な基礎が形成された1970年代までは、単系的な変遷観にもとづく短甲の編年が主流で

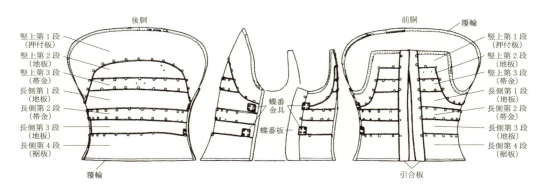

図1　鋲留短甲の各部名称

あったといえる。しかし、1990年代以降になると多系的な変遷観が認められるようになり、近年ではさらに詳細な系列的変化が論じられている状況であるといえよう。

先にも述べたように、筆者は以前に鋲留短甲の編年研究に取り組み、その多系的な変遷について詳論したことがある。しかし、その後に判明した事実や出土資料の増加により、旧案には少なからぬ修正が必要となっている。また、あらたな研究の進展により、三角板を用いた短甲（三角板系短甲）については地板構成の変化を十分に組み込んだ編年を構築する必要も生じている。そこで本章では、属性分析による型式の設定と伴出遺物による検証という旧案の方法を基本的に継承しつつ、新資料やあらたな研究動向をふまえたうえで鋲留短甲の編年を再構築することにしたい。[2]

第2節　属性の抽出と分類

1　短甲の諸属性

図1に示すように短甲は複雑な構造をもち、細部についてのかなり詳細な検討が可能である。ここでは、短甲の全体構造や製作技法、個別部位の形態・手法にかかわる属性として、以下の各属性を取り上げることにしたい。

①段構成　②開閉構造　③地板形状　④地板構成　⑤連接手法　⑥連接数　⑦鋲頭径
⑧連接位置　⑨蝶番金具　⑩覆輪

これらの属性のうち、①段構成は、鋲留短甲の場合、前胴7段・後胴7段構成が通例である。三角板鋲留短甲には、前胴を5段構成（大阪府西小山古墳例、福岡県永浦4号墳例など）や6段構成（福井県二本松山古墳例）とするもののほか、前後胴を9段構成とするもの（大阪府御獅子塚古墳例など）が知られている。また、横矧板鋲留短甲には前胴を6段構成とするものが一定数存在する。それらについては、形式として定式化する段階の試行的な製品や省力化が進行した段階の製品としての位置づけが可能と思われるが、全体としてみればごく限られた存在である。したがって、①段構成については、個別の評価を要する事例が存在するものの、鋲留短甲全体の型式変化を把握していくうえでの共通の指標とはなりえないものと判断する。[3]

②開閉構造については、革綴短甲が開閉構造をともなわない胴一連を基本とする一方で、鋲留短

甲では両前胴開閉や右前胴開閉の構造が認められる。したがって、基本的には開閉構造をともなわないものから開閉構造をともなうものへの変化を想定することができる。その点は鋲留短甲の型式変化を大局的に把握する手がかりとなるが、横矧板鋲留短甲のほとんどは右前胴開閉で占められており、②開閉構造は細部の型式変化を把握する指標としては適当ではないと判断する。

③地板形状については、基本的に系統差とみるべきであろう。大阪府津堂城山古墳では、腕輪形石製品や巴型銅器とともに三角板革綴短甲（等角系？）が出土している［藤井 1982、山田編 2013］。また、大阪府盾塚古墳では、碧玉製石釧や筒形銅器とともに方形板に近い地板をもつ古式の長方板革綴短甲と三角板革綴短甲（鈍角系）が出土している（末永編 1991）。これらの事例から判断すると、長方板革綴短甲と三角板革綴短甲の出現時期にはあまり差が認められず、一定期間長方形と三角形の地板を用いる二つの系統の短甲が併存していたと考えるのが妥当であろう。おそらく、方形板革綴短甲から帯金をもつ長方板革綴短甲が成立し、さほど遅れることなく三角板革綴衝角付冑と三角板革綴短甲（等角系）が出現したものと考えられる。以上のことから、③地板形状については型式変化の指標とすることはできず、本章では従来の地板表現を継承しながら、基本的に系統の違いとして取り扱っていきたい。なお、三角形の地板を使用した短甲の中には、前胴地板の全体または一部に長方形の地板を使用したものが存在する。以下の分析では、それらの系譜や編年的位置づけを把握するため、ひとまず従来の呼称を用いながら、「三角板横矧板併用鋲留短甲」（以下、併用鋲留短甲）および「長方板三角板併用革綴短甲」（以下、併用革綴短甲）として区別しておくことにする。したがって、「三角板鋲留短甲」あるいは「三角板革綴短甲」といった場合には、地板のすべてを三角形の地板で構成しているものを指すこととする。

④地板構成については、早い段階から鍛造技術の進展による地板枚数の減少傾向が指摘されている（増田 1966：94 頁）。筆者も、地板枚数の減少は革綴短甲の型式変化をたどる基本的な手がかりになると指摘したことがあり（滝沢 1988：26-27 頁）、阪口英毅らも同様の視点で長方板革綴短甲や三角板革綴短甲の編年的整理をおこなっている（阪口 1998、橋本 1999、鈴木一 2004 など）。押付板に使用される大型鉄板や新式の長方板革綴短甲における地板の大型化などからみて、鍛造技術は鋲留技法導入期までに一定の段階に到達していたと考えられ、阪口らも指摘するように、三角板系短甲については三角文という図像への意識と脇部地板の成形という観点から地板構成（枚数）(4)の変化をたどることが可能であろう。

⑤〜⑧については、いずれも基本的な製作技術にかかわる属性であり、短甲の型式変化を鋭敏に反映している可能性がある。もちろん、⑤連接手法において「革綴（第1手法）」（末永 1934：83-84 頁、小林行 1964：22-26 頁）から「鋲留」に移行することは従来の指摘どおりであろう。ここでは鋲留短甲を対象とすることから、⑤連接手法についてはそうした変化を前提とし、他の属性の変化を想定する際の手がかりとしていきたい。

⑨と⑩については、それぞれに変化の方向を想定することが可能であるが、系統差を多分に内包していることと、製作工程の中では付加的側面が強いことから、それらは鋲留短甲全体の型式変化を規定する優先的な指標とはなりえないであろう。

以上に述べた各属性に対する理解にもとづき、ここでは鋲留短甲の型式変化をたどりうる基本的

属性として④〜⑧を重視し、加えて②や⑨、⑩を考慮することにより鋲留短甲の型式設定を目指していきたい。

2 分 類

前項の指針にもとづき、ここでは④〜⑧および②、⑨、⑩の属性について分類をおこない、あわせてそれぞれの変化の方向性を検討してみたい。

その際、ある程度先見的に型式変化の一般的方向を見定めておく必要がある。いま、革綴短甲と鋲留短甲という大枠の区分でみた場合、鋲留短甲の出土量が圧倒的に多いことは明らかであり、そうした出土量が示す大量生産への過程では、生産組織の拡充と同時に製作の省力化＝合理化をともなったことが予想される。ここでは「省力化」を型式変化における「退化」の一般的方向ととらえ、各属性の変化を検討することにしたい。

（1）地板構成

三角形の地板を使用した鋲留短甲では、竪上第2段や長側第1段、同第3段の地板構成に変異が認められる。それらのうち、竪上第2段については、左右前胴において2枚構成または1枚構成を基本とし、後胴においても、わずかに存在する5枚構成の事例以外は3枚構成を基本としている。一方、長側第1段および同第3段の地板構成は、11枚構成、9枚構成、7枚構成、5枚構成のものなどが認められる。各個体における両段の地板構成は、前胴の地板配置（小林謙 1974a、鈴木一 1996）や開閉構造によっても差を生じているが、鈴木一有が整理したように、各段の地板枚数と脇部から後胴にかけての地板分割方法に着目した類型的な把握が可能である（鈴木一 2004）。ここでは、技術的発展を示すとみられる脇部の構造にも着目し、長側第1段の地板構成を以下のように分類する。

〈三角板鋲留短甲〉

　　7分割11枚［7/11］：脇部に独自の地板を配し、脇部から後胴にかけて7枚に分割するもの。
　　5分割9枚［5/9］：脇部中央で地板を分割し、後胴を5枚に分割するもの。
　　3分割7枚［3/7］：脇部中央で地板を分割し、後胴を3枚に分割するもの。

〈併用鋲留短甲〉

　　5分割7枚［5/7］：脇部中央で地板を分割し、後胴を5枚に分割するもの。
　　3分割5枚［3/5］：脇部中央で地板を分割し、後胴を3枚に分割するもの。

以上の各類は、基本的に地板枚数が多いものから少ないものへ、後胴分割数が多いものから少ないものへ移行するものと考えられる。ただし、先行する革綴短甲にはここに挙げたすべての分類に該当するものが認められることから、鋲留短甲の中での単純な変化を想定することには問題がある。おそらく、鋲留短甲における地板構成の違いは、革綴短甲において早い段階に成立した系列と、後に派生した系列のそれぞれにおいて、鋲留技法を導入した時期に差があったことを示すものであろう[5]。そうした点をふまえつつ、7枚構成をとるものや後胴3分割構成をとるものが、三角形の地板を使用した鋲留短甲の中でより後出的な存在である可能性を想定しておきたい。

（2）連接数

鉄板を連接している鋲留箇所（または革綴箇所）の数である。一個体全体の把握が望ましいが、錆化や欠損等により十分な把握が困難な事例も少なくない。ここでは、吉村和昭も指標とした後胴竪上第3段における連接数を分類の基準としたい（吉村 1988）。横板を連接する箇所はおおむね均等間隔になることが多く、1枚の鉄板でまとまった数を観察できる後胴竪上第3段の連接数は全体数をある程度反映したものと考えられるからである。なお、後胴竪上第3段では上下の連接数を把握できるが、上下対で同数となる事例がほとんどなので、ここでは上側の連接数を指標とし、以下連接数（革綴数・鋲留数）[6]とした場合はその数を表す。

そこで、連接数についてみてみると、鋲留数は15から4までの各数が認められる。先見的にそれらを類別することは不可能なので、ここではそれぞれの数を分類項目としておく。省力化の方向に照らせば、鋲留数は数を減少させる方向に変化するものと想定される。

（3）鋲頭径

鋲留短甲にともなう鋲は、鋲頭径（直径）3〜10mm程度のもので、個体内ではほぼ同じ大きさのものを使用するのが一般的である。三角板鋲留短甲では5〜6mm、横矧板鋲留短甲では7〜8mmにまとまりがあることから、前者以下のものを「小型鋲」、後者以上のものを「大型鋲」とする[7]。

大型鋲は小型鋲に比べて連接箇所の強度を増すものとみられ、短甲として一定の堅牢性を保持しながら鋲留数の減少を可能にしたものと考えられる。また、かつて指摘されたように、甲冑における鋲留技法の導入には馬具製作技術とのかかわりが考えられる（北野 1962）。製品の大きさに差はあるものの、馬具には小型鋲に相当するものが多用されており、それによっても小型鋲の使用が鋲留技法導入期にさかのぼることが想定される。

（4）連接位置（図2）

鉄板を連接する箇所の位置関係である[8]。ここでは横板（帯金）と縦（斜）板の連接位置を分類基準とする。具体的には、帯金（竪上第3段、長側第2段）と引合板、帯金（竪上第3段）と押付板（前胴、後胴）、帯金（長側第2段）と蝶番板の各連接位置である。これらの部位では地板を加えた3枚の鉄板が重なり、連接作業のあり方がもっともよく観察されるからである。

連接位置（革綴位置・鋲留位置）の分類は以下のとおりである。

　a類：縦板と帯金が重複する中央部と帯金との重複を避けた両側の3ヵ所で2枚留めとしたもの。

　b類：縦板と帯金、地板の3枚が重複する2ヵ所で3枚留めとしたもの。

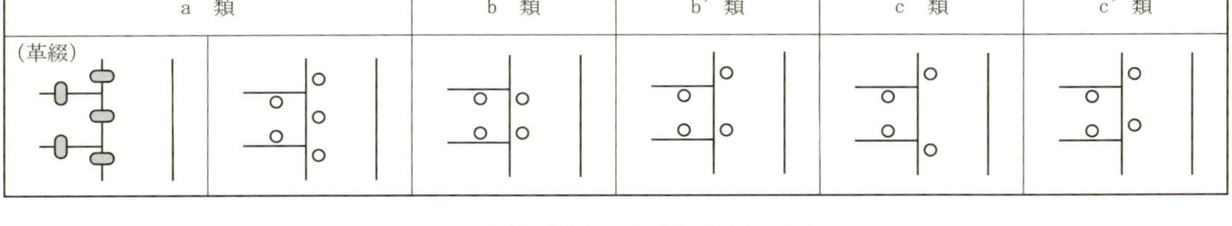

図2　連接（革綴・鋲留）位置の分類

b'類：b類の2カ所の鋲のうち1カ所を帯金との重複を避けて2枚留めとしたもの。

c類：縦板と帯金との重複を避けた両側の2カ所で2枚留めとしたもの。

c'類：c類の2カ所の鋲のうち1カ所を帯金と重複しながらも2枚留めとしたもの。

　これらの系列的変化を考えると、革綴短甲ではほぼ例外なくa類の革綴位置が認められ、連接箇所の多さからも、鋲留短甲ではa類の先出性が想定される。そして、このa類から中央の鋲留箇所を省略したものがc類と考えられる。一方、b類は鋲留短甲のみに認められ、鋲留技法とともに採用された別系統の手法と考えられる。また、b類にみられる鋲間の狭さには、縦（斜）板における鋲留数の多さが予想され、b類は省力化がさほど進まない段階の鋲留位置と想定することができる。

　これらa〜c類の連接位置は一個体内で貫徹されているとは限らず、実際にはこうした下位レベルの分類を基礎にその組み合わせ状況が問題となる。そこで、以上の個別部位における連接位置に加え、その組み合わせからなる引合板の連接位置についても分類をおこないたい。引合板連接位置は、縦板の連接数をある程度反映したものであり、後述するように各段の幅とも深いかかわりをもつとみられるからである。

　以下に示すように、引合板連接位置は大別して4類（A〜D類）が認められ、B類についてはさらに細別が可能である（図3）。

　A類：各連接位置がa類となり、多くの場合帯金間にも連接箇所を設ける。

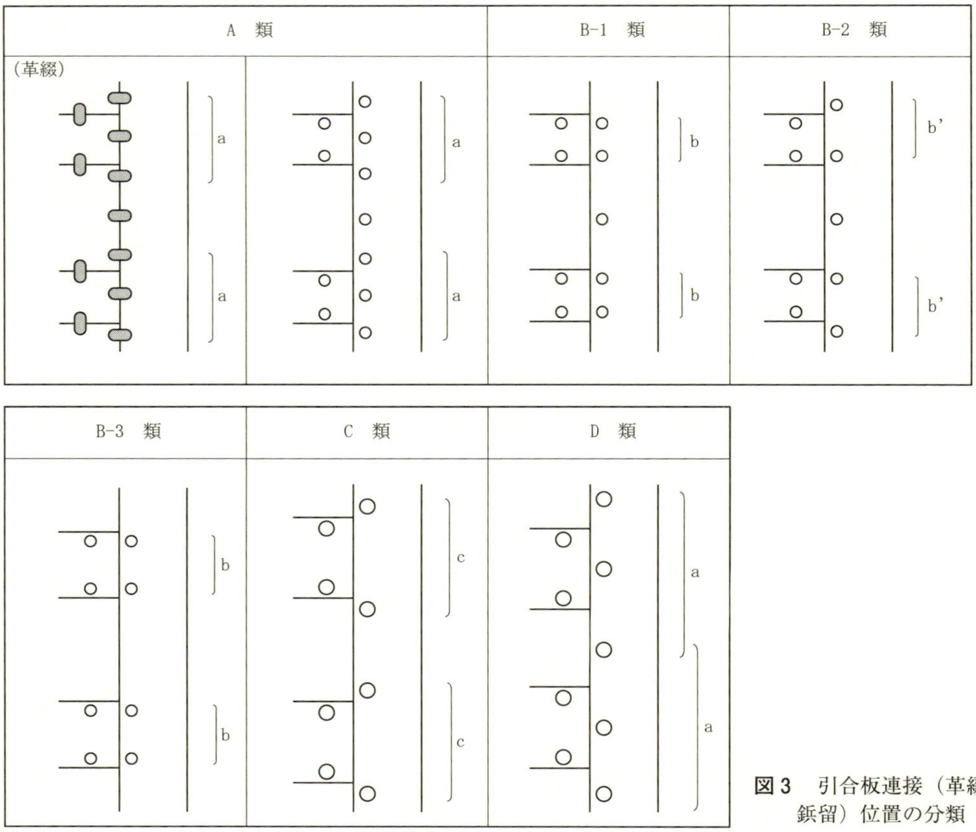

図3　引合板連接（革綴・鋲留）位置の分類

B-1類：各連接位置がb類となり、帯金間にも連接箇所を設ける。
　B-2類：各連接位置がb'類となり、帯金間にも連接箇所を設ける。
　B-3類：各連接位置がb類となり、帯金間には連接箇所を設けない。
　C類：各連接位置がc類となり、帯金間には連接箇所を設けない。
　D類：各連接位置が帯金間の連接箇所を共有したa類となる。
　なお、ここでは前胴7段構成の短甲を対象としたが、前胴6段構成の短甲については竪上第2段下辺を前者の竪上第3段下辺と同様にみなし、その連接箇所以下に分類を適用する。
　これらについても系列的変化を考えると、やはり革綴短甲でほぼ例外なくA類が認められ、連接箇所の多さからも鋲留短甲ではA類の先出性が想定される。そして、このA類を簡略化したものがC類もしくはD類と考えられる。一方、それとは別系列としてB類が認められ、B-2類はB-1類の適用に何らかのずれが生じたもの、B-3類はB-1類を省略化したものと想定される。

（5）開閉構造

　「胴一連」「両前胴開閉」「右前胴開閉」に分類される。
　革綴短甲は、全体の構造が判明しているものの大多数が胴一連であり、胴一連の鋲留短甲は革綴短甲の構造を直接継承するものとみられる。京都府ニゴレ古墳出土の三角板革綴短甲（西谷・置田1988）は左前胴を開閉するが、セットとなる小札革綴衝角付冑とともに鋲留短甲の影響下に製作された可能性が高い。また、大阪府七観古墳出土の平行四辺形板革綴短甲（樋口ほか1961）は両前胴を開閉するが、これも特異な段構成から鋲留短甲の影響下に製作されたものとみられる。つまり前胴の開閉をともなう短甲は、鋲留短甲とその影響下に製作された短甲（横矧板革綴短甲を含む）に限られており、その構造は鋲留技法にともなって導入されたものと考えられる。
　開閉構造における三者を単純な先後関係として理解することは困難であるが、鋲留短甲の大多数は右前胴開閉であり、省力化の一環として定式化という方向性を考えれば、右前胴開閉へと収斂していく変化が想定されよう。

（6）蝶番金具（図4）

　前胴と後胴をつなぐ開閉装置で、通常は脇部の上下に設ける。大別して、全体を金属で構成したものと革紐の両端を留金で留めたものがある。後者には金具を金銅装としたものがあり、周縁には鏨彫りによる波状列点文がしばしば認められる。
　蝶番金具の分類は以下のとおりである。
　　長釣壺：前胴側の金具から伸びる棒状部分の先端と後胴側の環状金具を連結したもので、両端の留金具に2〜3鋲を配したもの。[10]
　　釣　壺：端環付きの金具を中央で連結したもので、両端の留金具に2〜4鋲を配したもの。
　　長方形2鋲：2鋲を配した長方形金具で革帯の両端を留めたもの。
　　方形4鋲：4鋲を配した方形金具で革帯の両端を留めたもの。
　　方形4鋲・金銅：4鋲を配した金銅装の方形金具で革帯の両端を留めたもの。
　　方形3鋲：3鋲を配した方形金具で革帯の両端を留めたもの。
　　方形3鋲・金銅：3鋲を配した金銅装の方形金具で革帯の両端を留めたもの。

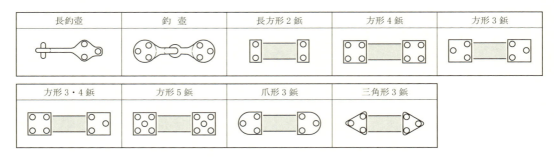

図4 蝶番金具の分類

　方形3・4鋲：3鋲および4鋲を配した方形金具で革帯の両端を留めたもの。
　方形5鋲：5鋲を配した方形金具で革帯の両端を留めたもの。
　爪形3鋲：4鋲を配した爪形金具で革帯の両端を留めたもの。
　三角形3鋲：3鋲を配した三角形金具で革帯の両端を留めたもの。
　これらの蝶番金具は、鋲留技法にともなう渡来系技術とみられ、その系譜については、他の製品への装着例や列島外に視野をひろげた検討が必要である。基本的には、全体を金属で構成したものと革紐の両端を留金で留めたものの二系統に分けられるが、留金の部分についてみると両者に共通する形態が認められ、相互の影響のもとに少なからぬバラエティが生じている。したがって、その変遷を単純に理解することはできないが、方形4鋲が多数を占める方形の留金のうち、方形5鋲（1例のみ）は方形4鋲の中央に1鋲を追加した変異形、方形3鋲（および方形3・4鋲）は釣壺（3鋲）の影響などを受けた方形4鋲の省略形と想定することが可能であろう。

（7）覆　輪

　上縁と下縁および脇部側縁（開閉をおこなう場合）に施され、以下の手法に分類される。
　革組覆輪：縁辺に沿って小孔を穿ち、革紐を組んだもの。
　革包覆輪：縁辺に沿って小孔を穿ち、細長い革を二つ折にして綴じ付けたもの。
　鉄包覆輪：細長い鉄板を二つ折にして縁辺をはさみ込んだもの。
　鉄折覆輪：短甲本体の縁辺をわずかに外側へ折り返したもの。
　これらのうち、革組覆輪は革綴短甲のすべてに認められ、鋲留短甲における革組覆輪は革綴短甲からの手法を受け継ぐものとみてよい。一方、鉄包覆輪は鋲留短甲のみに認められ、鋲留技法導入以後に採用された覆輪である。東京都御嶽山古墳（田中新 1978）や茨城県舟塚山17号墳（旧8号墳：瓦吹・沢田ほか 1972）から出土した横矧板鋲留短甲のように、縁辺に穿孔しながら鉄包覆輪を施した例も知られている。とくに後者は、2cmにもおよぶ幅広の鉄包覆輪に変更していることから、鞍の覆輪との関係で馬具製作工人の関与も想定されている（田中新 1978：37頁）。小林謙一が指摘したように（小林謙 1974a：54-56頁）、こうした鉄包覆輪を簡略化したものが鉄折覆輪とみられ、革包覆輪についても鉄包覆輪の影響下に成立したものと考えられる。
　以上のように大別される覆輪は、短甲の上縁と下縁で異なる場合があり、実際には上記の分類を基礎にその組み合わせ状況が問題となる。

第3節　各属性の関係と型式の設定

1　各属性の関係

前節の分類をふまえ、次に属性間の相関関係を検討していくことにしたい。この作業は、各属性について想定した変化を相互に検証するとともに、属性どうしの有意なまとまりを把握し、最終的な型式の設定に導くためのものである。ここではまず、基本的属性とみなす地板構成、連接手法、連接数、鋲頭径、連接位置（引合板連接位置）の関係について検討し、その後、開閉構造や蝶番金具、覆輪との関係についても確認していきたい。

なお、以下で取り扱う資料については、巻末の「付表」に詳細なデータを掲載した。[13]

（1）連接数と地板構成（表1）

先にも述べたように、三角板鋲留短甲と併用鋲留短甲における各種の地板構成は、三角板革綴短甲と併用革綴短甲の中にすでに認められ、地板枚数の減少を単純な変化として理解することはできない。そこで連接数との関係をみると、表1に示したように、三角板鋲留短甲および併用鋲留短甲では、地板枚数がより少ない［3/7］と［3/5］において鋲留数が10以下に限定される傾向が認められる。一方、地板枚数がより多い［7/11］と［5/9］では、鋲留数が多いものから少ないものまで認められる。また、三角板革綴短甲および併用革綴短甲では、革綴数10以上を基本としながら、地板枚数がより少ない［3/7］と［3/5］において革綴数がもっとも少なくなる状況が認められる。

以上のことから、革綴短甲の中ではより後出的な存在とみられる［3/7］、［3/5］と同様の地板構成をもつ鋲留短甲は、鋲留短甲の中ではやや遅れて成立したものであることがうかがえる。この点は、三角形の地板を使用した短甲の中でも、地板構成の系列ごとに鋲留技法を導入した時期に差があったのではないかとした先の想定を支持するものである。換言するならば、三角板革綴短甲や併用革綴短甲の中でより後出的な地板構成をもつ一群は、鋲留技法導入後もしばらくの間は製作されていた可能性を示唆するものであろう。

表1　革綴数・鋲留数と地板構成

分類		地板構成											
		三角板革綴				併用革綴				三角板鋲留			併用鋲留	
		9/13以上	7/11	5/9	3/7	9/13以上	7/9	5/7	3/5	7/11	5/9	3/7	5/7	3/5
革綴数・鋲留数	13以上	1		4			2				3			
	12	3	3	1			1			1(1)	2(1)			
	11		2	3		1					2(1)		1(1)	
	10			1	1				1	1(1)	6(5)			1
	9									3(3)	5(1)			1
	8									1(1)	2	1	2(1)	1
	7													2(1)

＊各欄中の数値は短甲の個体数を示す（以下同じ）。
＊革綴数・鋲留数がある数値以上と考えられる資料は、その数値の事例に加えた（以下同じ）。
＊事例数の括弧内は、小型鋲を使用したものの内数を示す。

（2）連接数と連接手法（表2）

表2からただちに指摘できることは、革綴短甲では革綴数10以上の例が大多数を占めているのに対し、鋲留短甲では鋲留数10以上と9以下の例がともに存在するという点である。したがって、鋲留短甲は、鋲留数10程度を境に鋲留数の多いものほど革綴短甲と近い関係にあり、鋲留数の少ないものほど疎遠な関係にあると判断される。これは、先に省力化として想定した鋲留数の減少傾向を連接手法の変化からも裏付けるものである。

地板の形状別にみると、横矧板鋲留短甲では鋲留数9～5の例が圧倒的多数を占めるのに対し、三角板鋲留短甲と併用鋲留短甲では鋲留数10以上と9～7の例が大きな差なく存在している。こうした事実は、横矧板鋲留短甲の製作がより省力化の進んだ段階に盛期を迎えたことを物語ると同時に、三角板鋲留短甲と併用鋲留短甲の製作がもっとも省力化の進んだ段階にはおこなわれなかったことを示している。

（3）鋲留数と鋲頭径（表3）

表3に明らかなように、小型鋲を使用するものは、鋲留数13以上～7の範囲に認められ、その多くは鋲留数8以上である。また、大型鋲を使用するものは鋲留数9以下の例が大多数で、鋲留数13～10の例が若干存在する。つまり、鋲留数10前後を境に、鋲留数が多いものは小型鋲を使用し、鋲留数が少ないものは大型鋲を使用する傾向が認められる。

鋲頭径については、大型鋲の採用により連接箇所の強化が図られ、鋲留数の減少を可能にしたのであろうと想定したが、以上の事実は、小型鋲から大型鋲への変化が鋲留数の減少と連動した変化であることを示している。

（4）鋲留数と鋲留位置類型（表4・5）

鋲留位置は、同じ手法が一個体内で貫徹されている場合と、複数の手法が組み合わされている場合とがある。ここでは、そうした組み合わせの一部として先に分類した引合板鋲留位置と、それ以外の鋲留位置との組み合わせを「鋲留位置類型」として把握し、鋲留数との関係を検討することにしたい。なお、ここでいう引合板鋲留位置以外の鋲留位置とは、左右前胴竪上第1段（押付板）と同第3段（帯金）の連接部分および後胴竪上第1段（押付板）と同第3段（帯金）の連接部分である。

表2 革綴数・鋲留数と連接手法

分類		連接手法					
		革綴			鋲留		
		長方	併用	三角	三角	併用	横矧
革綴数・鋲留数	13以上	5(1)	2(2)	4(1)	2		2
	12	4(1)	1(1)	7(3)	2		2
	11	3(1)	1	5(2)	2	1	2(1)
	10	2	1	2	7	2	5(1)
	9	1(1)			8	1	15
	8				5(1)	4(2)	11(1)
	7				1	2(1)	25(3)
	6				1(1)		27(2)
	5						10
	4						1

＊事例数の括弧内は、上下の連接数が異なるものの内数を示す。

表3 鋲留数と鋲頭径

分類		鋲頭径					
		三角板		併用		横矧板	
		小型	大型	小型	大型	小型	大型
鋲留数	13以上	3				1	1
	12	2					
	11	3		1		1	1
	10	6	1		1	2	2
	9	3	3		1	2	13
	8	2	2		2		12
	7		1	1	2		24
	6						27
	5						10
	4						1

表4 鋲留数と鋲留位置類型

分類	三角板 Aa	Ab	Bb	Ba	Ca	Cb	Db	併用 Bb	Ba	Ca	Cb	横矧板 Aa	Ab	Bb	Ba	Cc	Ca	Cb	Da	Db
13以上	1(1)		1(1)											2(1)						
12			1(1)	1(1)										2(1)						
11			3(2)					1(1)						3(2)						
10		1(1)		1(1)		1(1)	2(1)			1			1	6(2)						1
9		1	3(3)			2	2	2(1)		1		1	1	1						
8	1(1)		1(1)		1				1					1			3	4	1	
7			1								1			1		6	5	5	3	
6											1					9	9	2	2	
5																5	14			
4																	4	1		

＊事例数の括弧内は、小型鋲を使用したものの内数を示す。

鋲留位置類型には、一個体内で同じ手法が用いられる［Aa］、［Bb］、［Cc］、［Da］のほかに、引合板鋲留位置とは異なる系統の手法を組み合わせた［Ab］、［Ba］、［Ca］、［Cb］、［Db］が認められる[14]。なお、b'類とc'類については、それぞれの基本形であるb類とc類に含めて理解することとする。

表4は、鋲留数と鋲留位置類型の関係について整理したものである。まず、地板形状の違いを越えて多く認められる［Bb］は、鋲留数の最多例（13以上）を含みながら、鋲留数9以上で小型鋲を使用したものが多数を占めている。また、鋲留数7以下のものは明らかに数が少なく、いずれも大型鋲を使用したものである。［Aa］や［Ab］、［Ba］は事例が少なく明確な傾向は読みとれないが、鋲留数8以上のものに限られ、小型鋲を使用したものが基本である。一方、横矧板鋲留短甲が多数を占める［Ca］や［Cb］は、鋲留数10以下のものに限られ、その大多数は大型鋲を使用したものである。また、横矧板鋲留短甲に特有の［Cc］は、鋲留数7以下のものに限定され、いずれも大型鋲を使用している。全体として事例数が少ない［Da］と［Db］は、鋲留数11～7で、多くは大型鋲を使用したものであるが、小型鋲を使用したものも若干存在する。

以上の整理によって明らかなように、先に想定した鋲留位置や引合板鋲留位置の変化は、その全体的な組み合わせ状況（鋲留位置類型）からみても鋲留数や鋲頭径の変化とほぼ連動していることが指

表5 前胴各段幅の平均値

分類	竪上 1段	2段	3段	長側 1段	2段	3段	4段	資料数
長方形革綴A	6.4	5.7	-	6.3	3.9	5.8	5.9	7(4)
三角板革綴A	6.7	3.9	3.3	5.5	3.4	5.7	6.1	14(1)
併用革綴A	6.7	4.1	3.1	5.2	3.3	6.3	5.6	2
三角板鋲留A	6.4	3.6	3.8	5.0	3.6	4.6	6.7	6(3)
三角板鋲留B	6.0	3.6	3.5	5.4	3.5	5.5	5.9	9
三角板鋲留C	6.4	3.1	3.9	3.9	4.0	4.3	7.3	6
三角板鋲留D	6.2	3.2	3.7	5.2	3.7	4.8	6.8	3(1)
併用鋲留B	6.5	3.2	4.0	4.8	3.7	5.5	6.4	4
併用鋲留C	5.5	3.5	4.6	5.6	3.8	4.6	8.6	2
横矧板鋲留A	5.6	3.1	3.8	5.4	3.7	4.4	7.9	3(1)
横矧板鋲留B	5.8	3.7	3.8	5.1	4.0	4.6	7.3	13(4)
横矧板鋲留C	5.6	3.5	4.2	5.1	4.1	4.4	8.1	56(9)
横矧板鋲留D	5.9	3.2	4.1	4.6	3.9	4.6	7.9	6(1)
<u>横矧板鋲留C</u>	5.2	6.1	-	6.2	4.3	5.1	8.0	7(1)

＊左前胴の計測値を基本とする。
＊括弧内は、右前胴の計測値を用いた資料の内数を示す。
＊下線を付したものは、前胴6段構成。

摘できる。鋲留位置の変化は、革綴短甲以来の手法を踏襲したａ類と、鋲留技法とともに採用されたｂ類を基点とし、のちにａ類の省略形であるｃ類を加えて種々の組み合わせを生じ、もっとも遅れてｃ類のみの組み合わせ（［Cc］）が成立したものと考えられる。とくに、［Cc］が鋲留数 7 以下の横矧板鋲留短甲に限定される一方で、三角板鋲留短甲と併用鋲留短甲が鋲留数 7 以上に限られるという事実は、もっとも省力化が進んだ段階の鋲留短甲を識別する目安として注意しておく必要があろう。

　ところで、引合板鋲留位置の変更に際しては、それぞれの鋲留箇所に応じて鉄板の大きさを適正に調整する必要が生じたものと考えられる。たとえば、地板に対して幅の狭い帯金にＣ類を採用した場合、上段帯金と下段帯金を留める鋲の間に大きな間隔ができてしまい、甲冑としての堅牢性に不都合が生じた可能性が高いとみられる。

　表 5 は、そうした観点にもとづいて前胴の各段幅を引合板の連接位置ごとに整理したものである。数値は、左前胴を基本として計測した各段引合板寄りの外面幅を平均値化したもので、比較の意味で革綴短甲についても示した。

　表の中でとくに注目されるのは、帯金（竪上第 3 段・長側第 2 段）と地板（長側第 1 段）の幅（外面幅）である。地板の形状や連接手法の違いにかかわらず、Ａ類とＢ類の帯金幅は 3.5cm 前後が多く、地板幅はそれよりも 1.5〜2.0cm 程度幅広な数値となっている。一方、Ｃ類とＤ類の帯金幅は 4.0cm 前後で、地板幅はそれよりも 1.0cm 程度幅広な数値となっているものが多い。つまり、前二者では帯金幅が狭く地板幅がひろいのに対し、後二者では相対的に帯金幅がひろく地板幅が狭くなっているのである。

　このような各段幅のあり方は、連接位置の変化に関する先の想定を基本的に支持するものである。方形板革綴短甲からの変化が想定される長方板革綴短甲において、地板幅が帯金幅を凌駕することは容易に理解しうる。この点は、帯金式の短甲として早くに成立した三角板革綴短甲においても同様である。すなわち、Ａ類とＢ類では、革綴短甲以来の設計にもとづく幅の異なる横板を多数の連接箇所によって引合板と連接したのである。ところが、省力化による鋲留数の減少ととともにＣ類やＤ類が採用されるようになると、従来の帯金幅と地板幅のままでは鋲留間隔が不均等になってしまい、鋲留間隔がひろがる部分では鉄板に遊離を生じるおそれがでてきたのであろう。そこで、帯金幅をひろげ地板幅を狭めることによって帯金と鋲留箇所の接近をはかり、鋲留数の減少を一方で実現しながら甲冑としての堅牢性を維持したものと考えられる。[15]

（5）地板構成と鋲留位置類型（表 6）

　上記のように、鋲留位置の変化は鋲留数や鋲頭径の変化とほぼ連動しているとみられる。そこで、三角板鋲留短甲や併用鋲留短甲における地板構成と鋲留位置類型との関係についても、表 6 にしたがって確認していきたい。

　まず、地板構成からみると、三角板鋲留短甲の［7/11 以上］には［Bb］と［Ba］のみが認められ、他の鋲留位置類型は認められない。また、三角板鋲留短甲の中でもっとも事例が多い［5/9］には、すべての鋲留位置類型が認められ、とくに［Bb］と［Cb］の事例が多数を占めている。そして、事例の少ない三角板鋲留短甲の［3/7］には、［Aa］と［Ca］が認められる。併用鋲留

表6　地板構成と鋲留位置類型

分類		鋲留位置類型									
		三角板鋲留						併用鋲留			
		Aa	Ab	Bb	Ba	Ca	Cb	Db	Bb	Ba	Ca	Cb
地板構成	7/11以上			1(1)	1(1)							
	5/9・5/7	1(1)	2(1)	7(6)	1(1)	3	5(1)	2(1)	2(2)			1
	3/7・3/5	1(1)				1			1	1	1	1

＊事例数の括弧内は、小型鋲を使用したものの内数を示す。

短甲は全体に事例が少なく、明確な傾向はつかめないが、［5/7］と［3/5］に鋲留位置類型［Bb］、［Ba］、［Ca］、［Cb］が認められる。

一方、鋲留位置類型からみると、［Bb］と［Ba］は地板構成［7/11以上］から［5/9］、［5/7］の事例が多数を占め、［3/5］の事例は少数にとどまることがわかる。それに対して、［Ca］と［Cb］には地板構成［7/11以上］の事例は認められず、［5/9］、［5/7］から［3/7］、［3/5］にかけての事例のみが認められる。

以上をまとめると、鋲留位置類型の中での先出性がうかがえる［Bb］や［Bb］には地板枚数の多いものが含まれているのに対し、後出する［Ca］や［Cb］には地板枚数の少ないものが含まれていることがわかる。こうしたあり方は、先に示した鋲留位置や鋲留数、鋲頭径の連動した変化と地板構成の変化に大きな矛盾がないことを示すものである。

（6）鋲留数と開閉構造（表7）

開閉構造については、革綴短甲に通有の胴一連から右前胴開閉に定式化していく方向が想定される。ここでは、その点を鋲留数との関係から確認していきたい。

まず胴一連についてみると、三角板鋲留短甲では鋲留数8以上のものに限定され、鋲留数10以上のものはすべて小型鋲を使用したものである。また、横矧板鋲留短甲では鋲留数9以上のものに限られ、それらはいずれも小型鋲を使用したものである。こうした傾向は、三角板鋲留短甲に多い両前胴開閉においても指摘することができる。一方、右前胴開閉についてみると、三角板鋲留短甲では鋲留数12～7で、小型鋲と大型鋲の使用が相半ばしているのに対し、横矧板鋲留短甲では鋲留数10以下のものが大多数で、すべて大型鋲を使用している。

つまり、胴一連と両前胴開閉では、鋲留数が多く小型鋲を使用したものが多数を占めるのに対し、右前胴開閉では、三角板鋲留短甲の中に鋲留数が多く小型鋲を使用したものを含みつつも、横矧板鋲留短甲においては鋲留数が少なく大型鋲を使用したものが多数を占めている。これらの事実は、鋲留数の減少とととともに、胴一連、両前胴開閉から右前胴開閉へと推移していく状況を示している。

（7）鋲留数と蝶番金具（表8）

蝶番金具の形態は多様であるが、主要な形態と鋲留数との関係から読みとれる

表7　鋲留数と開閉構造

分類		開閉構造							
		三角板			併用		横矧板		
		一連	両胴	右胴	一連	右胴	一連	両胴	右胴
鋲留数	13以上	2(2)					1(1)		1
	12	1(1)		1(1)					
	11	1(1)	1(1)	2(1)	1(1)		1(1)	1	
	10	2(2)	3(3)	2(1)		2(?)	2(2)		3
	9	4(1)	2	2(1)		1	1(1)		14
	8	3(1)	1(1)			3(1)			11
	7			2		2(1)		1	24
	6								25
	5								9
	4								1

＊事例数の括弧内は、小型鋲を使用したものの内数を示す。

表8　鋲留数と蝶番金具

分類		蝶番金具													
		三角板				併用				横矧板					
		長釣壺	釣壺	長2	方4	釣壺	長2	方4金	方3	長釣壺	釣壺	長2	方4金	方4	方3金	方3	その他
鋲留数	13以上			1								1					
	12											1					
	11	1									1	9	1				
	10	1	1	1				1			1	12	2	1			
	9			3	1		3				3	5	1	3(1)			
	8					1	1			2	2	1		1			2
	7		1		1				1	1	1	3		7(1)			1
	6										1	5		1			1
	5											7				5	
	4													1		7	

＊事例数の括弧内は、横矧板革綴短甲での確認例を内数で示す。

傾向を表8によって確認していきたい。

まず長方形2鋲についてみると、地板形状や鋲留数の多寡にかかわらず比較的多くの事例が認められ、鋲留短甲全般をつうじて採用された主要形態の一つであることがうかがえる。事例数こそ少ないものの、長釣壺も地板形状や鋲留数の多寡を越えて認められるという点では同様である。一方、もう一つの主要形態である方形4鋲（金銅装を含む）は鋲留数10以下のものに限られ、横矧板鋲留短甲の事例がほとんどである。また、これと同様のあり方は釣壺においても指摘することができる。さらに方形3鋲（金銅装を含む）は、鋲留数7以下の横矧板鋲留短甲にほぼ限定されるという明らかな傾向を示している。

地板の形状別にみると、三角板鋲留短甲では、長釣壺、釣壺、長方形2鋲、方形4鋲の4形態に限定されるのに対し、横矧板鋲留短甲ではすべての形態が認められる。また、金銅装の蝶番金具は三角板鋲留短甲には認められず、そのほとんどは横矧板鋲留短甲に採用されたものである。

以上の整理によれば、蝶番金具の中では長方形2鋲が早い段階に採用され、長釣壺もほぼ同じころに採用された可能性が考えられる。釣壺と方形4鋲は、それらにやや遅れて採用され、方形3鋲はもっとも遅く、三角板鋲留短甲の製作がほぼおこなわれなくなった段階に採用されたものと考えられる。

（8）鋲留数と覆輪（表9）

先に分類した各覆輪手法は、一個体内では表9に示した組み合わせが確認できる[16]。それらを鋲留数との関係で整理すると、革組覆輪は鋲留数が多いものから少ないものまで幅広く認められるものの、鋲留数8以上の事例が多数を占めるという傾向が認められる。この点は、革綴短甲からつづく手法の先行性として理解しうる。一方、横矧板鋲留短甲においてもっとも多く採用される鉄包覆輪は、鋲留数13～5に認められるが、こちらは逆に鋲留数9以下の事例が大半を占めている。

このような両者のあり方は、全体的な省力化のなかで革組作業を省き、鉄素材によるほぼ一貫した製作工程に移行していった状況を示すものであろう。加えて、鉄折覆輪は鋲留数8以下の横矧板鋲留短甲のみに認められ、そうした生産合理化の流れを受けて成立した新手法であることがうかがえる。また、革包覆輪が鋲留数10以下のものに限られることは、革包覆輪が鉄包覆輪の影響を受けて成立したとする従来の想定を裏づけるものである。なお、上縁と下縁で覆輪を異にする例は鋲留数9以下に認められ、後発的に生じた各手法間の交流という視点からの理解が可能である。

表9 鋲留数と覆輪

分類		覆輪															
		三角板				併用				横矧板							
		革組	革組	革包	鉄包	革組	革包	革包	鉄包	革組	革組	革組	革包	革包	鉄包	鉄包	鉄折
		革組	鉄包	革包	鉄包	革組	革包	鉄包	鉄包	革組	鉄包	鉄折	鉄包	鉄包	鉄包	鉄折	鉄折
鋲留数	13以上	1			1					1					1		
	12																
	11	1			1	1				1					1		
	10	3		1		1									2		
	9	2	1	1	1		1			1			2		7		
	8	4				2			2	4	2		2		4		4
	7	1			1			1		2	1		2(1)		9		6
	6									2(1)		1	1	2	12	1	
	5													3	8		
	4													1			

＊上・下縁の覆輪が判明しているものを示す。
＊事例数の括弧内は、横矧板革綴短甲での確認例を内数で示す。

ところで地板の形状別にみると、三角板鋲留短甲では革組覆輪が主流をなすのに対し、横矧板鋲留短甲では鉄包覆輪を主流としながらもさまざまな手法の組み合わせが認められる。これは、先に述べた蝶番金具の状況も同様で、両短甲の製作工人のあり方を反映したものと考えられる。(17)

2 型式の設定

これまでの分析をつうじて、鋲留短甲における各属性の変化とそれらの相互関係をほぼ明らかにすることができた。ここでは、それらの結果を総合し、三角板鋲留短甲、併用鋲留短甲、横矧板鋲留短甲のそれぞれについて以下の型式を設定することにしたい。

(1) 三角板鋲留短甲Ⅰ式（SBⅠ式：図5-2・3）

小型鋲を使用し、鋲留数は最多例（15）を含む10以上のものを基本とする。地板構成は［7/11］もしくは［5/9］で、鋲留位置類型は［Aa］、［Ab］、［Bb］、［Ba］、［Db］である。

本型式は、地板構成と鋲留位置類型の関係からさらに細分することが可能で、地板構成［7/11］で鋲留位置類型［Bb］、［Ba］に分類されるものをSBⅠ-1式、地板構成［5/9］で鋲留位置類型［Aa］、［Ab］、［Bb］、［Ba］、［Db］に分類されるものをSBⅠ-2式とする。これらの細分型式は、基本的に地板構成の違いを反映したもので、地板枚数の多いSBⅠ-1式により先出的な要素を認めることができる。しかし、すでに述べたように、三角板革綴短甲には［7/11］と［5/9］のいずれも認められることから、それらを単純な時期差として理解することは難しい。三角板革綴短甲の地板構成を引き継いだそれぞれの細分型式が、どの段階で鋲留技法を採用したのかについてはさらに慎重な判断が必要であり、ここでは両者の存在をひとまず区別しておくにとどめたい。

本型式の開閉構造は胴一連のものが基本で、両前胴開閉や右前胴開閉は少数派である。また、蝶番金具は、長方形2鋲と長釣壺がほとんどである。覆輪は革組覆輪を基本とするが、わずかに鉄包覆輪や革包覆輪も採用される。

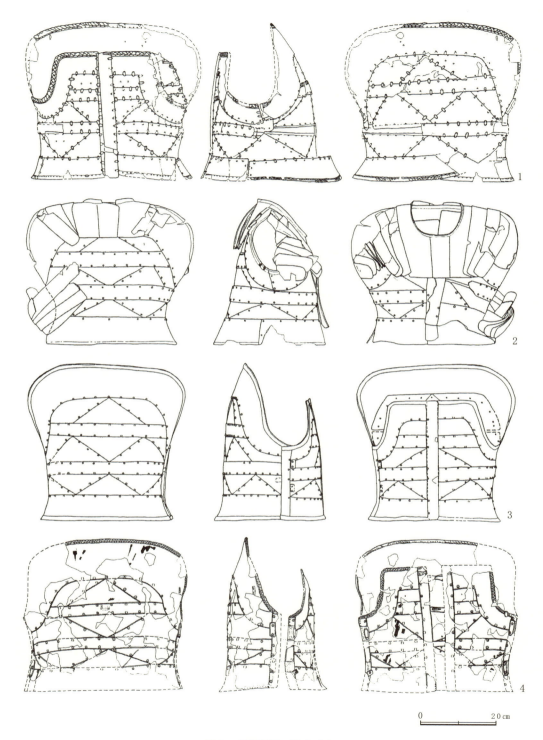

図 5 鋲留短甲の型式 (1)
1 福岡・老司古墳（三角板革綴）　2 大阪・野中古墳 5 号（三角板鋲留 I -2 式）　3 奈良・新沢 115 号墳（三角板鋲留 I -2 式）
4 東京・御嶽山古墳（三角板鋲留 II -1 式）　(1/10)

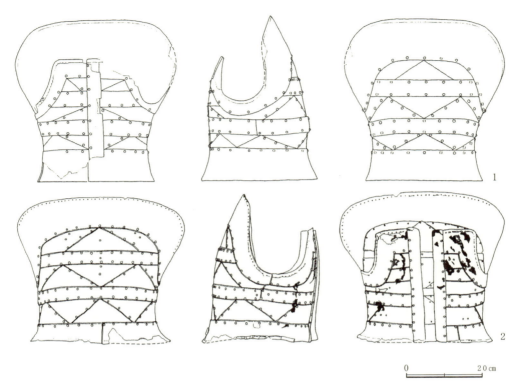

図6 鋲留短甲の型式（2）
1 大阪・黒姫山古墳7号（三角板鋲留Ⅱ-2式） 2 宮崎・島内3号地下式横穴（併用鋲留Ⅰ式） （1/10）

（2）三角板鋲留短甲Ⅱ式（SBⅡ式：図5-4、図6-1）

大型鋲を使用し、鋲留数10前後のものを基本とする。地板構成は［5/9］または［3/7］で、鋲留位置類型は［Ab］、［Bb］、［Ca］、［Cb］、［Db］である。

本型式は、大型鋲の採用と鋲留数の減少傾向において前型式と区別されるが、あらたな鋲留位置類型として［Ca］、［Cb］が加わる点に大きな特徴がある。後述するように、［Ca］と［Cb］は横矧板鋲留短甲の最新型式につづく鋲留位置類型であり、それらの採否は本型式の中での時期差をある程度反映している可能性がある。そこで本型式のうち、前型式と共通の鋲留位置類型に属するものをSBⅡ-1式、鋲留位置類型［Ca］、［Cb］に属するものをSBⅡ-2式として細分する。SBⅡ-2式には小型鋲を採用した事例（兵庫県小野王塚古墳）がわずかに認められ、SBⅠ式との関係もうかがえるが、SBⅡ-1式にはみられない鋲留数の少ないもの（8または7）が一定数含まれていることから、全体としてはSBⅡ-1式からSBⅡ-2式への変遷が考えられよう。

本型式の開閉構造や蝶番金具、覆輪のあり方は基本的に前型式と同様であるが、覆輪には前型式に認められない革包覆輪が採用される。

（3）併用鋲留短甲Ⅰ式（HBⅠ式：図6-2）

小型鋲を使用し、鋲留数10前後のものを基本とする。地板構成は［5/7］で、鋲留位置類型は［Bb］である。事例（2例）がきわめて少ないため型式内容の不安定さは否めないが、ひとまず併

用鋲留短甲の先行型式として設定しておくことにしたい。

開閉構造には胴一連と右前胴開閉（釣壺蝶番）が認められ、覆輪はいずれも革組覆輪である。

(4) 併用鋲留短甲Ⅱ式（HBⅡ式）

大型鋲を使用し、鋲留数は10〜7である。地板構成は［5／7］または［3／5］で、鋲留位置類型は［Bb］、［Ba］、［Ca］、［Cb］である。

SBⅡ式と同様に、本型式についても鋲留位置類型［Ca］、［Cb］の採否により、HBⅡ-1式（［Bb］、［Ba］）とHBⅡ-2式（［Ca］、［Cb］）に細分する。全体として事例が少ないため十分な検証を果たせないが、鋲留位置類型のあり方からはHBⅡ-2式の後出性が指摘されよう。

本型式の開閉構造は右前胴開閉に限定されており、この点は本型式の後出性を物語るものである。また、蝶番金具には、長方形2鋲のほかに釣壺や方形4鋲・金銅、方形3鋲が採用され、とくにHBⅡ-2式に存在する方形3鋲（静岡県林2号墳）は、同型式の後出性を裏づけるものである。覆輪については、革組覆輪、鉄包覆輪のほかに革包覆輪が採用される。

(5) 横矧板鋲留短甲Ⅰ式（YBⅠ式：図7-2）

小型鋲を使用し、鋲留数は最多例（13）を含む10前後を基本とする。鋲留位置類型は［Bb］のみが知られ、開閉構造は胴一連である。また、確認できる覆輪はすべて革組覆輪である。

本型式には、1枚構成を基本とする後胴の裾板（長側第4段）を中央で分割し、2枚構成としたものが特徴的に認められる（大阪府野中古墳2・3・4号短甲、福岡県稲童21号墳）。また、それらの中には長側第3段の前胴地板を脇部で斜めに成形したものが認められる（図7-2）。これらの特徴のうち、前者の特徴はSBⅠ式（大阪府野中古墳6号短甲、同珠金塚古墳北槨）とHBⅠ式（宮崎県島内3号地下式横穴：図6-2）にも認められ、しかもSBⅠ式の事例は本型式の事例と同一古墳（野中古墳第1列）で共存していることから、両型式の併行関係を把握する手がかりとなる。また、前者の特徴とともに、後者の特徴は初期の横矧板鋲留短甲が三角板鋲留短甲との密接なかかわりのもとに製作されたものであることをうかがわせる。[18]

(6) 横矧板鋲留短甲Ⅱ式（YBⅡ式：図7-3・4）

大型鋲を使用し、鋲留数は10前後を基本とする。鋲留位置類型は、［Cc］以外の類型をすべて含んでいる。

SBⅡ式やHBⅡ式と同様に、本型式についても鋲留位置類型［Ca］、［Cb］の採否により、YBⅡ-1式（［Aa］、［Ab］、［Bb］、［Ba］、［Da］、［Db］）とYBⅡ-2式（［Ca］、［Cb］）に細分する。これらの細分型式のうち、YBⅡ-1式は鋲留数10以上の事例を含み、鋲留位置類型［Bb］が主流となる。一方、YBⅡ-2式は鋲留数9または8の事例に限定される。すなわち、YBⅡ-1式はYBⅠ式により近い内容をそなえ、YBⅡ-2式は後述するYBⅢ式との連続性を示している。以上により、前後の時期差として明確に分離することはできないものの、本型式内におけるYBⅡ-1式の先出性とYBⅡ-2式の後出性は認められよう。

本型式の開閉構造は、わずかな例外をのぞけば、すべて右前胴開閉である。また、蝶番金具は長方形2鋲、方形4鋲を中心に多様なあり方を示す。覆輪は鉄包覆輪が主流となるものの、前型式からつづく革組覆輪やあらたに加わった革包覆輪も採用される。

第1章 鋲留短甲の変遷 33

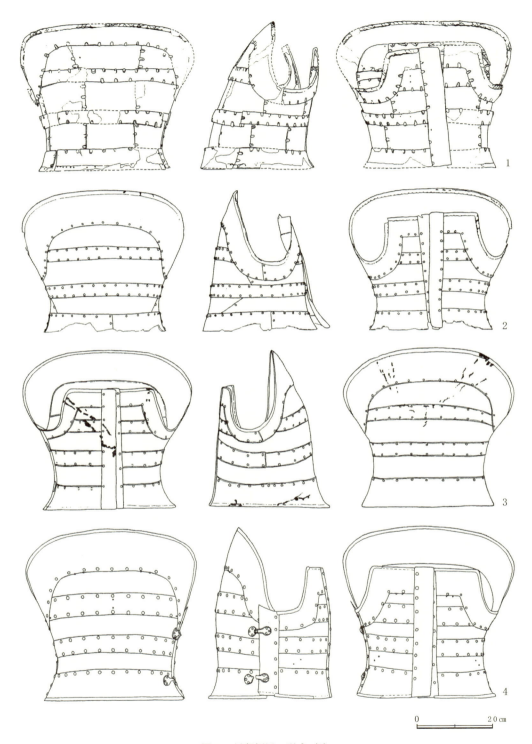

図7 鋲留短甲の型式 (3)
1 大阪・豊中大塚古墳（長方板革綴） 2 大阪・野中古墳4号（横矧板鋲留Ⅰ式） 3 宮崎・小木原3号地下式横穴（横矧板鋲留Ⅱ-1式） 4 広島・三玉大塚古墳（横矧板鋲留Ⅱ-1式） (1/10)

34　第Ⅰ部　鉄製甲冑と軍事組織

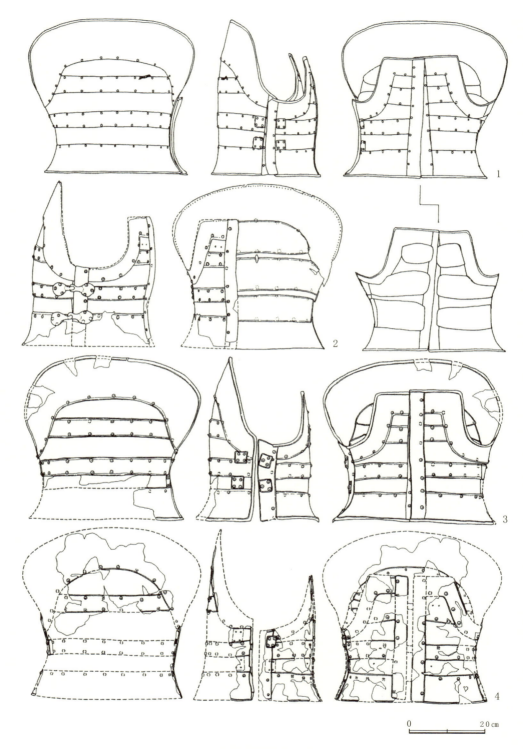

図8　鋲留短甲の型式（4）
1　奈良・池殿奥5号墳（横矧板鋲留Ⅲ式）　2　福岡・小田茶臼塚古墳（横矧板鋲留Ⅲ式）　3　千葉・烏山2号墳（横矧板鋲留Ⅲ式）
4　茨城・武具八幡古墳（横矧板鋲留Ⅲ式）　（1/10）

（7）横矧板鋲留短甲Ⅲ式（YB Ⅲ式：図8-1～4）

大型鋲を使用し、鋲留数は7～4ともっとも少ない。鋲留位置類型は、引合板鋲留位置C類の組み合わせのみに限定され、YB Ⅱ-2式と共通する［Ca］、［Cb］のほか、［Cc］が加わる。

本型式とYB Ⅱ-2式の基本的な違いは鋲留数の多寡によるものであり、部分的な鋲留数（後胴竪上第3段）の違いによって両者を分離することに方法上の問題があることは否定できない。すなわち、鋲留位置類型の共通性を重視すれば、本型式とYB Ⅱ-2式を一体として理解することも不可能ではないのである。ただし、三角板鋲留短甲においては、鋲留数7以下のものはごく例外的にしか認められず、蝶番金具や覆輪の手法の中で後出的な方形3鋲や鉄折覆輪はまったく認められないという事実にも注目する必要がある。ここでは、むしろそれらの要素をそなえたYB Ⅲ式を設定することにより、鋲留短甲の最新型式を明確にするという点に重要な意味を認めておきたい。

本型式の開閉構造は、すべてが右前胴開閉である。蝶番金具は方形3鋲が加わってすべての形態が出そろい、多様性に富んだものとなっている。覆輪は、前型式と共通する鉄包覆輪、革組覆輪、革包覆輪が採用されるものの、革組覆輪はごくわずかである。その一方で、本型式では鉄折覆輪の採用が本格化する。なお、前胴の段構成を一部省略して6段構成としたものは、本型式に集中している。

（8）鋲留短甲の型式変化

以上を整理すると、三角板鋲留短甲では、SB Ⅰ式（Ⅰ-1・Ⅰ-2）→SB Ⅱ式（Ⅱ-1→Ⅱ-2）、併用鋲留短甲では、HB Ⅰ式→HB Ⅱ式（Ⅱ-1→Ⅱ-2）、横矧板鋲留短甲では、YB Ⅰ式→YB Ⅱ式（Ⅱ-1→Ⅱ-2）→YB Ⅲ式という型式変化をたどることができる[19]。また、細分型式については、相互の先後関係を十分に把握しがたいものもあるが、SB Ⅱ式、HB Ⅱ式、YB Ⅱ式では、基本的にⅡ-1式からⅡ-2式に移行したものと理解することができる。

図9は、これまでの分析結果をもとに、鋲留短甲を構成する諸属性と各型式の関係を整理したものである。同図に示したように、各属性の共有関係などから大枠の併行関係を段階的にとらえるな

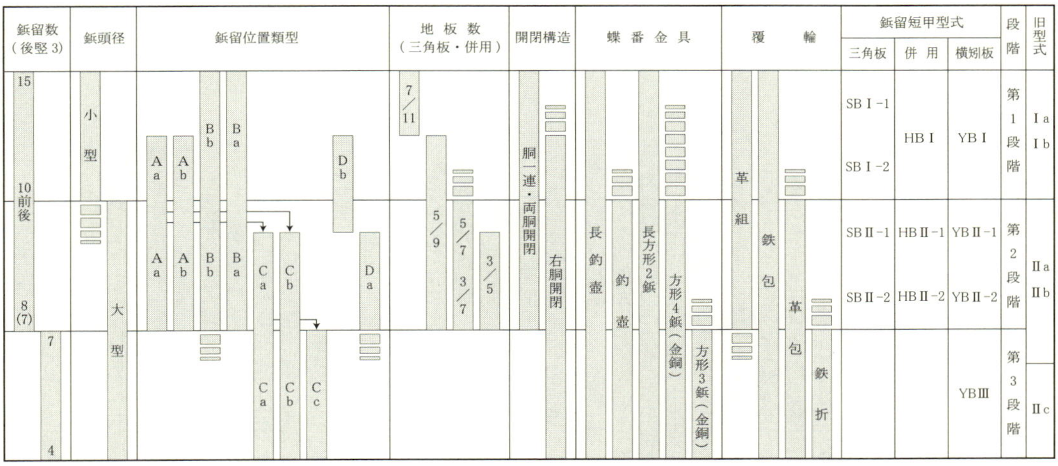

図9　主要な属性と鋲留短甲の型式

らば、SBⅠ式、HBⅠ式、YBⅠ式からなる第1段階、SBⅡ式、HBⅡ式、YBⅡ式からなる第2段階、YBⅢ式のみからなる第3段階という理解が可能であろう。ただし注意しておく必要があるのは、各段階に存在する型式には量的な多寡が認められ、また、厳密な年代的位置づけについては個別の検討を要するという点である。すなわち、量的な関係でみるならば、第1段階においては三角板鋲留短甲（SBⅠ式）が大多数を占め、横矧板鋲留短甲（YBⅠ式）はわずかな数しか認められないが、第2段階になると三角板鋲留短甲（SBⅡ式）が減少する一方で横矧板鋲留短甲（YBⅡ式）は増加に転じる。そして、第3段階には横矧板鋲留短甲（YBⅢ式）のみが多数存在するようになる。また、第1段階における各型式の出現時期については、最古式の横矧板鋲留短甲（YBⅠ式）に三角板鋲留短甲（SBⅠ式）の影響が認められることから、横矧板鋲留短甲は三角板鋲留短甲よりもやや遅れて成立した可能性が考えられる。いわゆる鋲留技法導入期の甲冑セット（滋賀県新開古墳など）に横矧板鋲留短甲が加わっていないという事実も、この点を裏づけるものであろう。

第4節　型式変化の検証と年代

1　型式変化の検証

前節でおこなった属性間の相関関係による分析はそれ自体が部分的な検証過程を含むものであり、導き出された型式変化にはすでに一定の検証が果たされている。ここではそれを確かなものとするため、他の遺物との伴出関係からも検証を加えていくことにしたい。

（1）武具による検証（表10〜12）

最初に、衝角付冑、眉庇付冑、頸甲とのセット関係[20]を検討していきたい。

衝角付冑については、かつて小林謙一と野上丈助が竪眉庇の分類にもとづく編年案を示している（小林謙1974a、野上1975）。また、近年ではそうした視点を継承しつつ、川畑純らがあらたな分類と編年を試みている（山田2002、鈴木2009、川畑2011）。ここでは、詳細な型式組列の設定とその検証がおこなわれている川畑編年との対応関係を確認しておくことにしたい。

表10に示したように、鋲留短甲各型式とのセット関係には資料的な偏りがあり、十分対応関係を見出せない部分もあるが、少なくとも次の3点は指摘することができる。

第一に、衝角付冑の中ではより古式に位置づけられる上接2式や上接3式の三角板革綴衝角付冑および小札鋲留衝角付冑が、SBⅡ-2式およびYBⅡ-1式とセットを構成しているという点である。SBⅠ式など最古式に属する鋲留短甲との組み合わせ事例には恵まれないが、数多く存在するYBⅢ式との組み合わせがまったく認められない点は重要である。

第二に、鋲留衝角付冑の中では先行する型式とみられる上下接式や内接1式、内接2式が、SBⅠ-1式やSBⅠ-2式とセットを構成しているという点である。また、内接式の中では後出的な内接3式が、SBⅡ-1式やYBⅡ-1式、YBⅢ式とセットを構成している点は、内接式に想定されている出現順序と整合的である。

第三に、衝角付冑の中では後出的な外接式や一連式が、YBⅡ-1式やYBⅡ-2式、YBⅢ式と

表10 鋲留短甲と衝角付冑

型式		衝角付冑							
		上接2	上接3	上下接	内接1	内接2	内接3	外接	一連
鋲留短甲	SB I -1				(岡山・随庵■)				
	SB I -2				兵庫・宮山■	奈良・新沢115号■			
	SB I /Ⅱ							大阪・黒姫山(5)■	
	SB Ⅱ-1						長野・溝口の塚■		
	SB Ⅱ-2		三重・近代△ 兵庫・法花堂2号■						
	YB Ⅱ-1	宮崎・島内76号△					香川・川上■	群馬・鶴山(1)■	
	YB Ⅱ-2							大阪・黒姫山(3)■	
	YB Ⅲ			宮崎・島内21号■	宮崎・小木原1号■	(福岡・塚堂前方部■) 奈良・新沢281号■	熊本・江田船山 福岡・稲童8号■	宮崎・島内1号■ 福岡・小田茶臼塚■ 大阪・黒姫山(1)■ (茨城・武具八幡■)	茨城・三昧塚

＊衝角付冑の型式は、川畑純の分類（川畑2011）による。
＊△：三角板革綴衝角付冑、■：小札鋲留衝角付冑、■：横矧板鋲留衝角付冑。

セットを構成しているという点である。とくに、その多くがYB Ⅲ式とセットを構成している点は、両者の後出性を明示するものである。

　以上のように、衝角付冑各型式とのセット関係は、鋲留短甲の型式変化を基本的に追認するものといえよう。資料的な不足が認められる部分もあるが、鋲留短甲各型式と衝角付冑各型式の出現順序に矛盾はなく、その対応関係は整合的ともいえる状況である[21]。

　眉庇付冑については、小林謙一による庇部文様の分類（小林謙1983）を批判的に継承しつつ、橋本達也が詳細な型式分類をおこなっている（橋本達1995）。橋本は、大別5型式、細別12型式の変遷を3段階に分けて整理しているので、ここではそれらとのセット関係を確認していくことにしたい。

　表11に示したように、型式内容の詳細が明らかな鋲留短甲とセットを構成している事例は、眉庇付冑の第2段階および第3段階のものに限定されている[22]。それらのうち、第2段階の眉庇付冑については各型式が併行して製作されていたものと想定されており、鋲留短甲とのセット関係もそれを裏づけるかのように幅広く認められる。ただし、その多くはSB Ⅰ式〜SB Ⅱ式、YB Ⅰ式〜YB Ⅱ式の鋲留短甲とセットを構成しており、YB Ⅲ式とのセットが想定されるのは1例（熊本県マロ塚古墳）のみにとどまる。一方、第3段階の眉庇付冑は、事例数こそ少ないものの、YB Ⅱ-1式およびYB Ⅲ式とのセット関係を確認することができる。

　すなわち、眉庇付冑との関係では、第2段階の鋲留短甲と第2段階の眉庇付冑が多くのセットを

表 11　鋲留短甲と眉庇付冑

型式	眉庇付冑						
	第 2 段 階					第 3 段 階	
	Ⅰb	Ⅱa	Ⅱb	Ⅳa	Ⅳb	Ⅱa'	Ⅱc
鋲留短甲　SB Ⅰ-1			福井・二本松山■		大阪・野中(6)■		
SB Ⅰ-2	神奈川・朝光寺原1号■	宮崎・下北方5号■		大阪・野中(5)■ 大阪・野中(7)■	福岡・稲童21号■		
YB Ⅰ				大阪・野中(2)■ 大阪・野中(4)■	大阪・野中(3)■		
SB Ⅱ-1				大阪・黒姫山(4)■			
SB Ⅱ-2		兵庫・小野王塚■					
YB Ⅱ-1							兵庫・亀山1号主体■
YB Ⅲ	熊本・マロ塚	(熊本・マロ塚)				群馬・鶴山(2)■	

＊眉庇付冑の型式は、橋本達也の分類（橋本1995）による。
＊■：小札鋲留眉庇付冑、■：横矧板鋲留眉庇付冑。下線は部分金銅装を示す。

表 12　鋲留短甲と頸甲

型式	頸　甲							
	Ⅰ-b	Ⅱ-b	Ⅱ-c	Ⅲ-b	Ⅲ-b/c	Ⅲ-c	Ⅲ-c/d	Ⅲ-d
鋲留短甲　SB Ⅰ-1	福井・二本松山		岡山・随庵		大阪・野中(6)	奈良・今田1号	奈良・塚山	
SB Ⅰ-2			宮崎・下北方5号	奈良・新沢115号 福岡・稲童21号 大阪・野中(7)	大阪・野中(1)	大阪・野中(5) 兵庫・宮山第3主体		
YB Ⅰ					大阪・野中(2)	大阪・野中(3)		
SB Ⅱ-1			長野・溝口の塚					
SB Ⅱ-2			兵庫・小野王塚	兵庫・法花堂2号 三重・近代				
HB Ⅱ-1						京都・宇治二子山南		
YB Ⅱ-1		韓国・池山洞			群馬・鶴山(1)			香川・川上
YB Ⅱ-2								千葉・布野台
YB Ⅲ			熊本・江田船山		群馬・鶴山(2)			奈良・新沢281号 岡山・正崎2号 熊本・マロ塚 宮崎・小木原1号 (熊本・伝佐山) 福岡・小田茶臼塚 茨城・武具八幡

＊頸甲の型式は、藤田和尊の分類（藤田1984・2006）による。

構成し、第3段階の鋲留短甲と第3段階の眉庇付冑がわずかながらもセットを構成している状況を認めることができる。こうしたあり方は、鋲留短甲の型式変化をおおむね追認するものといえよう。

頸甲については、藤田和尊が詳細な型式変化を論じている（藤田 1984・2006）。その成果にもとづき、頸甲各型式とのセット関係を示したのが表12である。藤田によれば、頸甲はⅠ類（横長長方形革綴式）を先行型式とし、Ⅱ類（逆台形革綴式）c型式→Ⅲ類（逆台形鋲留式）c型式→Ⅲ類d型式という変化をたどるほか、Ⅲ類c型式と併行するⅢ類b型式などの別系列のものが存在するという。

表12によれば、頸甲型式の中で先行するⅠ-b式は、SBⅠ-1式とのセット関係を唯一確認することができる。それにつづくとされるⅡ-c式は、SBⅠ-1式やSBⅠ-2式とセットを構成するとともに、SBⅡ-1式やSBⅡ-2式とのセット関係も確認することができる。また、Ⅲ-c式については、SBⅠ-1式やSBⅠ-2式、YBⅠ式に加え、HBⅡ-1式、YBⅡ-1式、YBⅡ-2式とのセット関係が認められる。さらにⅢ-d式については、YBⅡ-1式、YBⅡ-2式、YBⅢ式とセットを構成し、とくにYBⅢ式とセットを構成するものが多い。

以上のような頸甲とのセット関係は、鋲留短甲の型式変化と基本的に矛盾するものではない。とくに、三角板鋲留短甲とセットを構成することが多いⅢ-c式頸甲が横矧板鋲留短甲ともセットを構成し、その一部に最古式の横矧板鋲留短甲（YBⅠ式）が含まれていること、また、最新式と位置づけられるⅢ-d式頸甲の多くが横矧板鋲留短甲の最新式（YBⅢ式）とセットを構成することは、鋲留短甲の型式変化や量的変化を多分に反映したものと考えられよう。

（2）武器による検証（表13）

次に、甲冑とともに副葬されていることが多い鉄鏃との伴出関係を確認していきたい。

鉄鏃については、各形式の型式変化について詳細な研究が進められている（関義 1986、杉山 1988など）。しかし、対象とする資料がつねにそうした成果を援用できる状況にあるとは限らないため、ここでは主要鉄鏃形式の消長を中心として、鋲留短甲との関係を大きな流れの中でとらえておくことにしたい。

まず柳葉鏃と腸抉柳葉鏃についてみると、第1段階の鋲留短甲にともなう例が多く、第2段階以降の鋲留短甲にともなう例は少ない。しかも第2段階以降にともなう例は、長身化がより進んだ後出型式とみてよいものである。両形式は長頸鏃の盛行とともに主要鉄鏃の座を追われていく存在であり、こうした鋲留短甲との伴出関係もその消長を反映したものとなっている。

長頸鏃については、頸部の発達度を指標に頸部長7cm以上のものを典型的な長頸鏃とする見解にしたがう（杉山 1988）。頸部長7cm以下のものは、鋲留短甲にともなう事例が若干知られているが、それ以外はすべて革綴短甲と伴出している。この点は、先の柳葉鏃や腸抉柳葉鏃と同様である。一方、典型的な長頸鏃は、鋲留短甲各型式と継続的に伴出している。ただし、両刃式が第1段階以降の鋲留短甲とひろく伴出するのに対し、片刃式は第2段階以降の鋲留短甲と伴出するケースが多い。また、特徴的な両刃片逆刺鏃は、主に第1・2段階の鋲留短甲と伴出している。

鉄鏃各形式における詳細な型式変化との関係については多分に検討の余地を残しているが、両刃式にやや遅れて片刃式との伴出が顕著になるなど、こうした長頸鏃との伴出状況も鋲留短甲の型式

表13 鋲留短甲と鉄鏃

鋲留短甲型式		古墳名		柳葉鏃	腸抉柳葉鏃	圭頭鏃	片刃鏃	長頸鏃(頸部7cm未満)	長頸鏃(頸部7cm以上) 両刃	長頸鏃(頸部7cm以上) 両片逆刃刺	長頸鏃(頸部7cm以上) 片刃	備考
第1段階	SBⅠ-1	岡山・随庵			■				■		■	
		奈良・珠金塚北槨							■			
		奈良・塚山							■			
	SBⅠ-2	兵庫・宮山第3主体							■			1:1
		三重・小谷13号							■			
		奈良・新沢115号							■			
	SBⅠ-2・HBⅠ	千葉・八重原1号							■			
	SBⅠ-2・YBⅠ	福岡・稲童21号							■			
	HBⅠ	宮崎・島内3号				■			■			1:1
	YBⅠ	大阪・野中第2列		■				■	■			1:3.4
	SBⅠ-2・YBⅡ-1	宮崎・下北方5号					■		■			
	YBⅡ-1	宮崎・小木原3号							■			
	SBⅡ-1	奈良・後出7号					■		■			
	SBⅡ-2	兵庫・小野王塚							■			
		兵庫・法花堂2号							■			
		滋賀・雲雀山2号							■			
	HBⅡ-2	静岡・林2号							■			
	YBⅢ	長野・月ノ木埋葬施設1							■			
第2段階	YBⅡ-1	広島・三玉大塚							■			
		兵庫・亀山1号主体							■			
		和歌山・大谷							■			小札甲
		埼玉・東耕地3号							■			
	YBⅡ-2	兵庫・亀山第2主体							■			
		奈良・新沢173号							■			
		奈良・新沢109号前方部木棺							■			
		奈良・新沢173号							■			
		滋賀・黒田長山4号北棺							■			
		長野・権現3号							■			
		茨城・上野							■			小札甲
	SBⅡ・YBⅡ・Ⅲ	大阪・黒姫山前方部石室							■			
	YBⅡ-1・Ⅲ	群馬・鶴山					■		■			革綴短甲1 1:1
		福岡・真浄寺6号							■			
	YBⅡ-1・Ⅱ-2・YBⅢ	奈良・後出2号			■				■			
第3段階	YBⅢ	熊本・江田船山							■			
		福岡・高丸10号							■			
		福岡・セスドノ							■			
		福岡・かって塚							■			
		大分・扇森山							■			
		奈良・新沢281号							■			
		奈良・新沢510号							■			小札甲1
		奈良・後出3号第1主体							■			
		滋賀・黒田長山4号南棺							■			
		石川・狐山							■			
		新潟・飯綱山10号東石室							■			
		静岡・石ノ形				■			■			
		静岡・多田大塚4号							■			
		千葉・東間部多1号南棺							■			
		千葉・烏山2号							■			
		茨城・武具八幡							■			小札甲1
		茨城・三昧塚	石棺						■			小札甲1
			棺外施設					■	■	■	■	小札甲1 1:0.5

＊鉄鏃の形式分類は（杉山1988）による。
＊備考に示した比率は、長頸鏃（頸部長7cm以上）に対する他形式鏃の割合を示す

第1章 鋲留短甲の変遷 41

表14 鋲留短甲と馬具

鋲留短甲型式		古墳名	轡				木心鉄板張輪鐙		鉄製輪鐙	木心鉄張壺鐙	杏葉		三環鈴			馬鐸		備考
			鑣	f字形鏡板付	楕円形鏡板付	環状鏡板付	その他	古	新			心葉形	剣菱形	小・1/4	小・1/3	大・1/3	小・三	中・円	
第1段階	SBⅠ-1	岡山・隋庵						■											
		岐阜・中八幡						■											
	SBⅠ-2・YBⅠ	福岡・稲童21号											■						
	YBⅡ-1	宮崎・小木原3号		■											■				
	SBⅠ-2・YBⅡ-1	宮崎・下北方5号				■			■										
第2段階	YBⅡ-1	和歌山・大谷							■							■			小札甲1
	YBⅡ-2	奈良・新沢109号前方部														■			小札甲1
		長野・権現3号		■															
		茨城・上野							■									■	小札甲
第3段階	SBⅡ-2・YBⅢ	奈良・円照寺墓山1号							■										革綴短甲1
	YBⅢ	福岡・セスドノ							■										五鈴杏葉あり
		福岡・稲童8号							■										
		熊本・江田船山							■										馬具2組
		奈良・新沢510号							■										
		奈良・後出3号							■										
		静岡・石ノ形							■										
		静岡・多田大塚4号																	
		新潟・飯綱山10号東石室		■															
		茨城・三昧塚																	小札甲2

＊三環鈴の分類は（石山1980）による。
＊小・三：小型・三角鈕、中・円：中型・円環鈕。

変化を大筋で裏づけるものであろう。

（3）**馬具による検証**（表14）

表14は、鋲留短甲各型式と伴出した主要な馬具についてまとめたものである。

古墳時代中期の馬具については、その初現期において杏葉をともなわないセットが存在するなどの指摘がなされている（小野山 1966）。SBⅠ-1式など、第1段階の鋲留短甲と伴出した馬具は杏葉をともなわないセットであり、その先出性を裏づけている。また、そうした初現期の馬具を構成する古式の木心鉄板張輪鐙は、SBⅠ-1式と伴出している。一方、杏葉をともないながら新式の木心鉄板輪鐙やf字形鏡板付轡によって構成されるセットは、第2段階以降の鋲留短甲各型式と伴出している。さらに第2段階の鋲留短甲（YBⅡ-1式およびYBⅡ-2式）には、鳩胸金具を備えた古式の木心鉄張杓子形壺鐙（斉藤 1986）が伴出しており、その後出性がうかがえる。このほか、三環鈴（石山 1968・1980）については、先行する小型品がSBⅠ-2式やYBⅠ式と伴出するのに対し、後出する大型品はYBⅡ-2式と伴出している。馬鐸についても同様の状況が認められ、先行する小型品がSBⅠ-2式またはYBⅡ-1式と伴出するのに対し、後出する中型品はYBⅡ-2式と伴出している。

以上のような馬具との伴出関係も、鋲留短甲の型式変化と基本的に矛盾するものではない。

（4）**須恵器による検証**（表15）

鋲留短甲を副葬した埋葬施設との対応関係を十分に把握しがたい事例もあるが、須恵器との伴出関係についても確認していきたい。なお、須恵器編年は大阪府陶邑窯跡群出土資料を基準とした田

表15 鋲留短甲と須恵器

	鋲留短甲型式	古墳名	須恵器 TK73	TK216	TK208	TK23	TK47	土師器	備考
第1段階	SB Ⅰ-2	兵庫・宮山第3主体	■■	■■					
	SB Ⅰ-1・Ⅰ-2・YB Ⅰ	大阪・野中	■■	■■	■■	■■			
	SB Ⅰ-2	三重・小谷13号		■■	■■				
	SB Ⅰ-2・YB Ⅰ	福岡・稲童21号	■■	■■	■■				
第2段階	SB Ⅱ-1	奈良・後出7号		■■	■■				
	SB Ⅱ-2	滋賀・雲雀山2号			■■	■■			
	HB Ⅱ-2	静岡・林2号			■■	■■			
		広島・曲2号			■■	■■			
	YB Ⅱ-1	広島・三玉大塚			■■	■■			
		滋賀・黒田長山4号南棺			■■	■■			
	SB Ⅱ・YB Ⅱ・Ⅲ	大阪・黒姫山			■■	■■			
	YB Ⅱ-1・Ⅱ-2・Ⅲ	奈良・後出2号			■■	■■	■■	■■	
第3段階	YB Ⅲ	福岡・小田茶臼塚	■■	■■	■■	■■	■■		未知の石室あり？
		滋賀・供養塚		■■	■■	■■			短甲は小石室出土
		奈良・後出3号			■■	■■			
		静岡・多田大塚			■■	■■			
		福岡・高丸10号			■■	■■	■■		
		奈良・新沢281号			■■	■■	■■	■■	陶質土器出土
		千葉・鳥山2号				■■	■■		
		奈良・新沢510号				■■	■■		
		福岡・稲童8号				■■	■■		
		長野・月ノ木埋葬施設1				■■	■■	■■	
		千葉・金塚					■■	■■	鬼高(古)

辺昭三の編年にしたがう（田辺 1966・1981）。

　表15は、鋲留短甲出土古墳における須恵器型式の伴出状況を示したものである。全体としてみれば、鋲留短甲の型式変化に対応して伴出する須恵器の型式も順次あたらしくなっていく傾向を認めることができる。ただし、YB Ⅲ式の鋲留短甲を出土しながら明らかに古い段階の須恵器を出土している福岡県小田茶臼塚古墳と滋賀県供養塚古墳については若干の補足説明が必要である。

　まず、小田茶臼塚古墳においてはTK73～TK208型式に相当する須恵器が出土しているものの、それらの多くは未知の石室にかかわる祭祀遺物とみられており、横穴式石室（短甲出土）の前面で出土した須恵器も石室の形態から推定される年代とは明らかに矛盾する点が指摘されている（柳田・石山ほか 1979）。また、供養塚古墳においてはTK216～TK208型式（ON46型式）に相当する須恵器が出土しているものの、小石室（副葬品のみ）出土の短甲と須恵器（造り出し部等出土）との関係は必ずしも明らかではない（岩崎直ほか 1989）。

　これら二つの古墳の事例を例外とみなすことが許されるならば、須恵器型式との関係によっても鋲留短甲の型式変化はほぼ整合的に理解することができる。すなわち、鋲留短甲の諸段階と須恵器編年との対応関係を大枠で示すならば、第1段階＝TK73～TK216型式、第2段階＝TK208～TK23型式、第3段階＝TK208～TK47型式と整理することが可能であろう。

2　年代

　以上、他の遺物との伴出関係について検討してきたが、これにより先に示した鋲留短甲の型式変

表16 短甲複数出土古墳における各型式の伴出状況

古墳名	革綴		鋲留									合計	備考
	長方板	三角板	SB I-1	SB I-2	HB I	YB I	SB II-1	SB II-2	YB II-1	YB II-2	YB III		
奈良・今田1号		○	①									2～	
大阪・野中第1列		③襟	①	③		③						10	
福岡・稲童21号				①		①						2	
千葉・八重原1号				①	①							2	
東京・御嶽山							①		①			2	
宮崎・下北方5号				①					①			2	
群馬・鶴山	①								①		①	3	
兵庫・小野王塚	①							①				2	
大阪・黒姫山前方部石室							○	○	○	○	○	24	三角板鋲留襟付短甲1
福岡・真浄寺2号									①		①	2	2体埋葬
奈良・後出2号									①		①	3	
長野・溝口の塚							①					2	
宮崎・西都原4号											③	3	横矧板革綴短甲1
熊本・江田船山											②	2	横矧板革綴短甲1
福岡・塚堂前方部石室											①	3	横矧板革綴短甲1
新潟・飯綱山10号東石室											②	2	

＊数字は確定数を示す。
＊襟：襟付短甲。

化はほぼ検証されたものといえよう。その点をふまえたうえで、最後に鋲留短甲各型式に与えられる絶対年代について検討しておきたい。

現在、紀年銘資料等の出土により年代比定の有効な定点となりうる鋲留短甲出土古墳は認められない。したがって、ここでも須恵器に与えられた年代から間接的に鋲留短甲の年代を推定するという方法にたよらざるをえないが、鋲留短甲の存続期間については多少の推論が可能である。

これまでの分析結果が示すように、鋲留短甲の型式変化はきわめて連続的なものである。それは、複数の短甲を出土した古墳における各型式の伴出状況からも明らかである（表16）。

そうした短甲複数出土古墳の中で、鋲留短甲が世代を連続するとみられる2基の古墳から出土している事例がある。その2基とは、福岡県の浮羽地域に位置する月岡古墳と塚堂古墳である。

月岡古墳は、墳丘長約95mの前方後円墳で、竪穴式石室に長持形石棺を収めた埋葬施設から、1806年（文化三）に多量の副葬品が出土している。甲冑類は、小札鋲留眉庇付冑8、三角板革綴短甲・三角板鋲留短甲・横矧板鋲留短甲計8、頸甲が存在するとされてきたが［末永 1934］、その後の調査で、短甲については、三角板革綴短甲4、三角板鋲留短甲2、方形板・三角板革綴鋲留併用短甲1、革綴鋲留併用短甲1が確認されている［児玉編 2005］。それらのうち、金銅装（四方白）小札鋲留眉庇付冑は精巧なつくりの優品で、胴巻板や伏鉢に施された鏨彫りの動物文様には、大阪府西小山古墳［末永 1932］や千葉県祇園大塚山古墳［村井 1966］で出土した竪矧板細板鋲留眉庇付冑との共通性を認めることができる。眉庇付冑としては初期の製品（Ⅰa式：橋本達 1995）とみてよいものであり、現在は破片と化している三角板鋲留短甲もSBⅠ式に位置づけられる古式の製品と考えられる。

この月岡古墳の東方約700mには、墳丘長約91mの前方後円墳である塚堂古墳が知られている。同古墳には後円部と前方部の双方に横穴式石室が認められ、甲冑は1体埋葬の前方部石室から出土

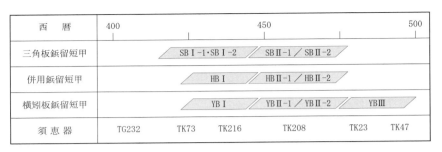

図10　鋲留短甲の絶対年代

している。その内訳は、横矧板鋲留衝角付冑1、三角板鋲留短甲1、横矧板鋲留短甲1、横矧板革綴短甲1、小札甲、頸甲、肩甲である［宮崎1935、田中幸1935、児玉ほか1990］。一部の破片のみが現存する三角板鋲留短甲は型式の同定に困難をともなうが、後胴が残る横矧板鋲留短甲は、鋲留数や鉄折覆輪の採用からYBⅢ式に属するものと考えられる（表16）。また、横矧板革綴短甲も横矧板鋲留短甲に準じた位置づけが可能と思われる製品である。なお、後円部石室からは新式の木心鉄板張輪鐙や剣菱形杏葉などが出土しており、前方部石室との年代差は大きな問題とはならない。

　以上のような内容をもった2基の古墳と月岡古墳に隣接する日岡古墳（前方後円墳・全長約74m）を加え、この一帯における5世紀から6世紀初めにかけての歴代首長墳は、月岡古墳→塚堂古墳→日岡古墳という変遷をたどったと考えられている（福尾1982）。ところで、古墳出土の甲冑は基本的に実用的な着用品であるとみられ、これまでのところ成人男性被葬者にともなった例しか確認されていない。したがって、成人男性への帰属性が高い器物、ひいてはそうした被葬者の生前の活動をつうじて入手され、副葬された蓋然性が高い器物とみることができる(23)。加えて以上のケースでは、月岡古墳の埋葬施設にみられる畿内勢力との緊密な結びつきから器物の円滑な導入が想定され、そうした結びつきを背景にこつ然と出現した同古墳に伝世品を含む素地は見出しがたい。

　こうした前提的理解が認められるならば、浮羽地域の首長らは、およそ二世代の間に革綴短甲から鋲留短甲の最新型式にいたるまでの入手機会をもちえたことになる。つまり、ほぼ二世代の間に鋲留短甲の全型式にまたがる時間が経過したと考えられるのである。いま、一世代の治世期間をやや多めに見積もって30年とした場合、二世代で60年となり、これに存続期間のずれを考慮したとしても、鋲留短甲全型式の占める年代幅が100年に及ぶということはまず考えがたい。一世代20年とする想定も含め、その年代幅は3/4世紀前後とみるのが穏当であろう。

　古墳時代中期の絶対年代については、埼玉県稲荷山古墳で辛亥銘鉄剣が発見されて以来、同古墳出土資料を重要な手がかりとする議論が展開されてきている。とくに、須恵器編年との対応関係をめぐって諸説が提起されていることは周知のとおりである。

　「辛亥年」を471年とし、稲荷山古墳伝くびれ部出土の須恵器をTK47型式とする点で大方の意見は一致している。見解の相違は、鉄剣の副葬までに一定期間を考慮する田辺昭三や都出比呂志と、未発見の埋葬施設を想定するなどして独自の資料解釈を試みる白石太一郎との間にみられ、また、須恵器一型式の存続期間をどうとらえるかで田辺と都出、白石の意見は分かれる。いきつくところ初期の須恵器（TK73型式）の年代について、田辺は5世紀中葉ごろ、都出は西暦400年前後ある

いは5世紀前葉、白石は5世紀初頭ないし4世紀末葉といった結論を導き出している（田辺1981、都出 1982、白石 1985）。

いまこれらの諸説について詳細な検討をおこなう用意はないが、稲荷山古墳に関していえば、礫槨から出土した個々の副葬品がどの段階の須恵器に対応するのかという問題を、類例の増加とともに引きつづき検証していく必要があろう。ここでは、そうした課題を認識しつつも、筑紫君磐井（527年没）の墓と目される福岡県岩戸山古墳出土の須恵器（TK10型式古）なども考慮に入れて、TK47型式の存続期間を5世紀のうちに求める白石の見解に妥当性を認めておきたい。そして、須恵器型式との対応関係から鋲留短甲の下限（YB Ⅲ式）をTK47型式の存続期間に求め、さらには先に述べた鋲留短甲全体の存続期間を念頭において、鋲留短甲の出現時期を5世紀第1四半世紀から第2四半世紀にかかる頃と想定しておきたい（図10）[24]。

第5節　短甲編年の整理

本章では、あらたな研究動向や新資料の増加をふまえて、鋲留短甲の編年を再検討した。その内容は、三角板鋲留短甲と横矧板鋲留短甲を系統差として理解する点や、製作の省力化にともなう型式変化の方向性を重視する点において、旧案（滝沢1991）と基本的に変わるところはない。しかし、細部の型式内容や各型式の消長について、修正を加えた部分が少なくないことも事実である。当面の混乱を憂慮しつつも、旧案とは異なる型式名称を与えたのはそのためである。

本章を終えるにあたり、ここでは、あらたな検討によって得られた成果を旧案からの変更点を中心に次の3点にまとめておきたい。

第一は、三角板鋲留短甲、併用鋲留短甲、横矧板鋲留短甲のそれぞれについてあらたに型式を設定し、それぞれの型式変化をより具体的に示した点である。旧案では、鋲留短甲に共通した型式設定となっていたため、三角板鋲留短甲や横矧板鋲留短甲の個別的な型式内容を十分に説明し尽くせていない部分があった。しかし、あらたに設定した型式では、三角板系短甲における地板構成のあり方を組み込むとともに、蝶番金具や覆輪の偏在性にも配慮した型式内容とした[25]。

第二は、鋲留短甲各型式の併行関係と漸移的な変化を指摘した点である。たとえば、旧案ではⅡa式からⅡb式への変遷を型式的な先後関係として把握していたが、あらたに設定したSB Ⅱ-1式やHB Ⅱ-1式、YB Ⅱ-1式（≒旧Ⅱa式全体と旧Ⅱb式の一部）は、重複期間を経ながら漸移的にSB Ⅱ-2式やHB Ⅱ-2式、YB Ⅱ-2式（≒旧Ⅱb式の一部）に変化していくものと理解される。これにより、新しい要素をそなえながら古い要素をも併せもつ事例の存在を無理なく説明することができる。

第三は、三角板鋲留短甲と横矧板鋲留短甲が一定期間併行して製作されていたという従来の見方を再認識しつつも、その出現時期には若干の先後があることを認めた点である。最古式の横矧板鋲留短甲には三角板鋲留短甲の影響がみられることから、横矧板鋲留短甲の成立には三角板鋲留短甲の製作工人が深く関わっていた可能性が考えられる。この点で、製作工人の系統的理解としては、長方板革綴短甲から横矧板鋲留短甲へという単純な図式は成り立たないものと判断する。ただし、

三角板の使用に象徴的な意味を認める立場からすれば、それとは異なるより実用的な側面を重視した短甲として、両者の底流には共通の設計思想が存在していたと考える余地はあろう。

以上をふまえて、古墳時代中期における短甲の変遷を概略的に整理するならば、次のような理解が可能となる。阪口英毅らがすでに指摘しているように、中期甲冑としてまず出現するのは長方板革綴短甲であり、やや遅れて三角板革綴短甲がつくられるようになる（阪口1998など）。その後、中期前葉をつうじて両者は併行して生産されていくが、長方板革綴短甲は鋲留技法の導入期直前に生産を終える。一方、中期中葉における鋲留技法の導入とともに三角板革綴短甲は三角板鋲留短甲（SBⅠ式）として生産されるようになり、その影響のもとに一部の横矧板鋲留短甲（YBⅠ式）が生産される。その後中期後葉にかけて、三角板鋲留短甲（SBⅡ式）と横矧板鋲留短甲（YBⅡ式）はしばらく併行して生産されていくが、この頃には横矧板鋲留短甲の生産が三角板鋲留短甲のそれを大きく上回るようになる。そうした流れの中で、やがて三角板鋲留短甲はつくられなくなり、中期後葉から末にかけては横矧板鋲留短甲（YBⅢ式）のみが数多く生産されるようになる。そして、中期末をもって横矧板鋲留短甲も生産されなくなり、中期甲冑は終焉を迎える。なお、三角板の使用を基本としながら前胴に長方板を用いる併用革綴短甲や併用鋲留短甲は、三角板革綴短甲や三角板鋲留短甲とほぼ併行して生産されたものとみてよく、かつて単系的な変遷観の中で理解されてきたような中間型式としての位置づけはあたらないことをあらためて確認しておきたい。

冒頭で述べたように、ここでの議論は甲冑出土古墳の分析を進めるための編年を構築することが主な目的である。旧案の見直しを終えたいま、所期の目的はほぼ達成されたわけであるが、編年研究を目的としておこなった短甲細部の分析からは、甲冑製作にかかわる多くの手がかりが得られている。とくに、各種技法の継承関係や属性の組み合わせにみられる共通性は、甲冑生産組織のあり方や最小の製作単位にアプローチしうる可能性を十分にうかがわせるものである。すなわち、それらに対する認識の深化は甲冑供給体制の理解にもつうじ、古墳時代軍事組織の解明にも有効な視座を与えるものと期待される。そうした見通しのもとに、次章では甲冑の同工品に関する分析を進めていくことにしたい。

註
（1）以下「甲冑」とするものはすべて鉄製のものを指す。
（2）その後、横矧板鋲留短甲の型式内容に関する部分的な修正に言及したことがあるが（滝沢2001）、あらたな資料状況の中でそれについても不備を免れないものとなっている。その点の再修正を含めて、あらたな編年案を提示することにしたい。
（3）ここでは、前後胴を7段で構成する通有の鋲留短甲を主な検討対象とする。ただし、前胴6段構成の鋲留短甲は横矧板鋲留短甲に一定数が認められるため、それらについては検討対象に含める。
（4）旧稿（滝沢1991）でも指摘したように、そもそも三角形の地板については、その「かたち」自体がどのような意味をもつのかという議論が必要である。たしかに鍛造技術が未熟な段階において、三角形の地板が細部の曲面を構成するのに有効であったとする見方には一定の合理性がある。しかし、帯金式甲冑の成立とともに採用される押付板などが示すように、大型の鉄板を複雑に成形する技術はかなり早い段階に獲得されており、三角形地板の採用は、三角形という文様そのものに重要な意味があっ

たとみるべきでろう。同じ防禦用具である革製盾に三角形文が多くみられること、また、甲冑形埴輪や石甲に三角板系の短甲が多くみられることなどから、三角形の地板には防禦具としてあるべき機能が製作者や使用者によって期待されていたと考えられるのではないだろうか。弥生時代の銅鐸に普遍的な鋸歯文については、「包み込む」機能を想定する意見がある（春成 1982：3-4頁）。おそらく、そうした三角形を連続する文様に期待された内なるものの緊縛は、裏を返せば外界の拒絶ひいては堅牢性の表現につうじるものとみられ、そこに三角形の地板の象徴的意味があると思われるのである。

(5) 鈴木一有によって詳しく論じられているように、三角板革綴短甲には、7枚構成をとるものや後胴3分割構成をとるものの中に鋲留技法導入期以降の所産とみられるものが存在する（鈴木一 2008）。

(6) 文中では「連接」の具体的手法として、「革綴」「鋲留」の用語に置き換える場合がある。

(7) 旧稿（滝沢 1991）では、鋲頭径5mm未満を「小型鋲」、5mm以上を「大型鋲」としたが、あらたなデータ収集の結果にもとづき、両者の設定範囲を変更することとした。ただし、中間的な大きさのものも存在しており、あくまでも出現頻度にもとづく便宜的な区分であることに変わりはない。

(8) 連接位置にいち早く着目し、分類をおこなったのは田中新史である（田中新 1975：92頁）。ここでの分類は、田中の成果によるところが大きい。

(9) 地板の隅を丸く（斜めに）成形する手法（図8-1）は、c類への変化に関連して出現した手法と考えられる。

(10) 長釣壺蝶番金具および釣壺蝶番金具については、留金具の形態によってさらに細分が可能であるが、両者とも全体としての事例数が少ないため、ここでは構造上の差異にもとづく2分類にとどめておく。なお、前者については、豊田祥三が細分案を示している（豊田 2005）。

(11) とくに長釣壺蝶番については、朝鮮半島との深いかかわりが指摘されている（高橋 1995）。

(12) 釣壺の蝶番金具には、方形4鋲や爪形3鋲の蝶番金具と共通する留金具の存在が知られている（釣壺方形4鋲：埼玉県東耕地3号墳例、釣壺爪形3鋲：大阪府大仙陵古墳前方部石室例）。

(13) 資料数を確保するために、復元にほぼ誤りがないと思われる事例もデータとして採用した。

(14) 引合板鋲留位置以外の部分に2種類以上の鋲留位置が認められる場合には、引合板鋲留位置とは異なる系統の鋲留位置を優先して分類する。たとえば、引合板鋲留位置A類とともにb類とc類の鋲留位置が認められる場合には、A類やc類（ともに2枚留め）とは異なる系統の手法とみられるb類（3枚留め）の存在を優先して、［Ab］に分類する。もちろん、より詳細な組み合わせを把握することも可能であるが、煩雑さを避けるために、ここではどのような系統の手法が組み合わされているかという点を重視した。

(15) 図3では引合板の鋲留位置と各段幅の関係を模式的に表現した。なお、小林謙一は、鉄覆輪の採用にともない後胴押付板上縁が円弧状とされたため、後胴高の増加を緩和する措置として各段幅の変更がおこなわれたとしている（小林謙 1974a：56頁）。しかし、鉄覆輪を採用した短甲では全般に後胴押付板幅の拡張がみられることから、やはりその主な原因は鋲留位置の変更によるものとみるべきであろう。

(16) 脇部側縁の覆輪については、その手法を確認することができる資料が限られるため、ここでは上縁と下縁の覆輪手法のみを示した。

(17) 基本的製作技術や構造が統一化、規格化していく中で、蝶番金具や覆輪といった付帯的部分に工人の差が現れていったものとみられる。すなわち、両短甲におけるバラエティの差は、工人集団の規模や系統関係をある程度反映したものと考えられる。この点については、第2章で詳しく論じる。

(18) この点については、地板構成の系列的変化を手がかりとして松木武彦が詳しく論じている（松木 2010）。松木が指摘するように、長方板革綴短甲と横矧板鋲留短甲の技術的な連続性をたどることは困難であり、細部の特徴の共通性からみると、初期の横矧板鋲留短甲は三角板鋲留短甲の影響下に製作

(19) 横矧板革綴短甲（YK）については、革綴数、革綴位置から鋲留短甲に準じた型式設定をおこなう。同短甲については、YBⅢ式に相当するYKⅢ式の2例（宮崎県西都原4号地下式横穴、熊本県江田船山古墳）を確認することができる。

(20) あくまでも甲冑として組み合わせられていたものに限定する。これは、複数セットが出土している場合について、入手機会が複数回におよんだ可能性などを考慮したためである。

(21) 古相を示す衝角付冑が新式の鋲留短甲とセットを構成している事例も認められるが、それらは時期を異にする甲冑セットのあり方として別途考慮すべきものであろう。

(22) 大阪府西小山古墳（末永 1932）から出土した前胴5段構成の三角板鋲留短甲は、詳細な型式の位置づけが困難であるが、眉庇付冑Ⅰa式（橋本達 1995）とセットで出土しており、それぞれの古式にあたる製品の良好なセット関係を示すものと考えられる。

(23) 全国でおよそ800基を数える甲冑出土古墳全体からみれば、被葬者の性別、年齢が判明している事例はごくわずかである。しかし、女性や幼児の被葬者に伴出した例が皆無であることからも、成人男性被葬者への帰属性は認められてよかろう。なお、この点については、古墳時代における男女の役割を体系的に論じた清家章による的確な整理がある（清家 2010：67-68頁）。

(24) こうした年代観は古式木心鉄板張輪鐙の上限年代とも矛盾しない（穴沢・馬目 1973）。

(25) ここで詳しく取り上げなかった特異な段構成（5段、9段など）をもつ三角板鋲留短甲については、三角板鋲留短甲の初現期に製作された製品として別途検討をおこなう必要がある。

第2章　鉄製甲冑の生産と供給
―― 甲冑同工品論 ――

第1節　甲冑同工品論の射程

　古墳時代中期は、各地の古墳に数多くの武器や武具が副葬されるようになる時期である。もちろん、古墳時代前期にも武器や武具の副葬は認められるが、中期のそれは大型古墳への多量副葬や中・小型古墳への副葬のひろがりにおいて、前期の様相とは明らかに区別される。このことは、従来多くの研究者が指摘してきたように、古墳時代中期の支配者層がとりわけ軍事に大きな関心を示していたことのあらわれであろう。古墳出土武器・武具の研究が、当該期における支配者層の軍事的動向ひいては政治的動向を探る有効な手段になりうるとみる点で、筆者もまた同様の立場をとる。

　古墳時代中期の武器・武具については、これまでに数多くの研究が蓄積されている。なかでも鉄製甲冑については、戦前の集成・分類研究（末永 1934）を出発点として、その編年や製作技術、生産組織についての議論が深められており、それらを基礎とした軍事組織論や半島出土品をめぐる対外関係論も、列島の国家形成史研究の中に重要な論点を提供している。

　ところで、古墳時代中期の鉄製甲冑をめぐる議論においては、その前提となる重要な基本認識が存在する。それは、古墳時代中期の鉄製甲冑は当時の王権のもとで集中的に生産され、各地に配布されたとする基本認識である。「中期型甲冑」（藤田 1984）または「帯金式甲冑」（古谷 1996）と総称される中期の鉄製甲冑は、帯金を備えた共通の基本構造を有し、明確に地方形式といえるものは存在しない。また、多量出土古墳の顕著な事例は近畿地方に認められ、全体の分布は近畿地方を中心としている。明確な生産遺跡は未発見ながら、それらの事実に依拠した「一括生産説」を前提として、これまでその所有形態や軍事編成が王権とのかかわりで論じられてきたのである。加えて、古墳から出土する大多数の鉄製甲冑は実用品であり、一墳一領副葬が示すような属人性の高い器物であるとみられる点も、従来の議論を支える重要な認識であったと思われる。

　いま述べた基本認識のうち、いわゆる一括生産説は、当該期の鉄製甲冑がもつ構造的特徴を大きな支えとしたものである。すなわち、古墳時代の鉄製甲冑は当該期にひろく認められる武器・武具の中でもっとも大型かつ複雑な構造を有していることから、精緻な観察にもとづく実態の把握が可能であり、そのうえで得られた共通性に対する理解に多くの研究者が同意を与えてきたのである。

　筆者自身も、先学の諸研究に学びつつ、以上のような基本認識のもとにこれまで古墳時代の鉄製甲冑をめぐる議論にかかわってきた。しかし、自らを含めたこれまでの研究を振り返ったとき、鉄製甲冑がもつ構造的特性を十分に活かした議論を進められてきたかというと、なお検討すべき課題

が少なくないことも事実である。その課題の一つが、ここで取り上げる同工品の問題である。

　古墳時代中期の甲冑編年については、1960年前後に変遷の基本的な方向性が示され（大塚 1959、小林行 1962・1965、北野 1963）、1970年代までにその大綱が確立された（野上 1968・1970・1975、小林謙 1974a，b）。その後、1980年代後半から2000年代にかけては従来の編年の見直しが進み、短甲については、長方板革綴短甲と三角板革綴短甲、三角板鋲留短甲と横矧板鋲留短甲の併存を認める多系的な編年案が示された（吉村 1988、滝沢 1991、阪口 1998）。また、衝角付冑（鈴木一 1995、山田 2002、川畑 2011）や眉庇付冑（橋本達 1995）についても精緻な検討が加えられ、頸甲（藤田 1984・2006）や錣（古谷 1988）といった付属具の編年にも重要な進展がみられた。

　こうした編年研究と密接に結びつきながら、その生産組織に関する議論も深められてきた。とくに、鋲留技法の導入という製作技術上の大きな画期において、在来工人と渡来工人がいかにかかわりをもち、どのように組織されていったかという点について、以上に挙げた多くの先行研究が言及している。近年では、甲冑の装飾性という視点を加味しながら、鋲留技法導入期における在来工人と渡来工人のあり方を再評価しようという動きもある（阪口 2008）。

　このような研究状況の中で、鉄製甲冑の資料的特性をさらに活かした議論の方向性として、ここでは最小の製作単位を示す製品群の抽出という点に着目してみたい。1970年代には、この点を明確に意識した小林謙一による研究が進められ（小林謙 1974a，b）、それに対する野上丈助の批判も展開されたが（野上 1975）、その後につづく研究の中では、橋本達也が眉庇付冑おける特徴的な製品のまとまりから工人集団の構造を論じている以外（橋本達 1995）、具体的な製作単位にまで踏み込んだ議論はあまり認められない。短甲では、地板形状や地板配置の系統差をとらえた理解（阪口 1998、鈴木一 2004・2005）に重要な進展がみられるものの、製作単位の追究という点ではなお整理途上の段階にあるといえよう。この点を克服する手がかりとして、短甲の覆輪や蝶番金具に着目した整理（末永 1934、小林行 1982、高橋 1991）は重要であり、工人集団を把握する糸口とも指摘されているが（古谷 1996）、各属性相互の関係をとらえた包括的な整理はおこなわれていない。

　本章では、以上の問題意識のもとに、まずは古墳時代中期の鉄製甲冑の中でもっとも出土数が多い横矧板鋲留短甲（横矧板革綴短甲を含む）を取り上げ、その技術系統を理解するための基礎的な整理をおこなうことにしたい。(1) また、そうした作業をつうじて、最小の製作単位ともいうべき同工品をいかに抽出しうるかについての議論を深めていきたい。こうした試みは、鉄製甲冑の製作地や生産組織、さらにはその供給（配布）をめぐる問題にアプローチするための実証的基盤となり、編年研究の深化にも寄与する部分が少なくないと思われるからである。

　以下、横矧板鋲留短甲の製作工程を確認したうえで具体的な分析に進むこととしよう。

第2節　横矧板鋲留短甲の諸属性

1　横矧板鋲留短甲の製作工程

　鉄製甲冑の製作工程については、個別資料の観察にもとづく詳細な事例報告もあるが、基本工程としては、古谷毅が示した以下の整理が参考になる（古谷 1996）。

第Ⅰ工程：部品成形工程　［打延→板金作出（→板金分割）］
　　第Ⅱ工程：部品整形工程　［仮組→整形（叩き・カット・追加）→穿孔］
　　第Ⅲ工程：組立工程　　　［地板結合→帯金等結合→調整］
　　第Ⅳ工程：仕上げ工程　　［覆輪の施工→塗装→貫緒・付属具の着装］

　以上の古谷による整理は、帯金式甲冑全般を対象としたものであり、第Ⅲ工程から第Ⅳ工程（覆輪施工）にいたる過程については、横矧板鋲留短甲の実態にあわせた再整理が必要である。

　まず、第Ⅲ工程における鉄板の結合過程であるが、そもそも各段における地板の分割がほぼ脇部（左脇部）に限られる横矧板鋲留短甲の場合、地板結合を独立した小工程としてはとらえきれない場合がある。すなわち、長側第１段、同第３段ともに脇部の地板結合に鋲を用いるものが存在する一方で、鋲を長側第３段にしか用いないもの、あるいはまったく鋲を用いないものも認められ、それらの場合には、地板と帯金並びに地板と裾板の結合が手順として一体化していたと考えざるをえないのである。

　次に、押付板・引合板と帯金の関係であるが、両者の結合部中央に鋲を配するものについて、古谷は「帯金・押付板（引合板）結合→地板結合」の製作順序を想定している。つまり、短甲のフレームを組み立てたあとに地板を結合するという手順である。原理的には想定可能な手順であるが、その点については以下の理由から再考の余地がある。

　第一に、福岡県真浄寺２号墳（１号短甲）例のように、帯金端の鋲の一部が押付板の下に隠れる事例が存在していることである。この場合、押付板と帯金の結合部中央に鋲は配されていないが、押付板よりもあとに結合されたことが明らかな引合板と帯金の結合部中央には鋲が配されている。引合板の鋲留位置は先の想定の条件を備えているが、地板・帯金結合→押付板結合→引合板結合という手順を疑う余地がない事例である。

　第二に、先の製作順序を想定した場合、鋲留位置の変遷との整合性に問題が生じてくる。結合部中央に鋲を配するとともに、帯金との重複部分を避けた両側に鋲を配するもの（第１章図２：a類）は、革綴短甲以来の連接位置を踏襲したものであり、やがて少鋲化が進むと中央の鋲を省略するようになる（同図：c類）。この理解に誤りがなければ、先の想定では、革綴短甲の段階で「各段結合→通段結合」という順序であったものが、つづく鋲留短甲の段階でその順序を逆転し、さらに再びもとの順序に戻るという不自然な変遷を考えざるをえなくなる。

　資料の実際と技法の継承関係からみて、横矧板鋲留短甲においても「地板・帯金結合→押付板結合」という手順が基本であったとみるべきであろう。その後、革綴短甲と同様であれば、「引合板・蝶番板結合→覆輪施工」という手順になるが、田中新史が早くに注目したように（田中新1975）、横矧板鋲留短甲では、引合板・蝶番板の結合に先立って覆輪を施したものが少なくない。これまで筆者が確認した限りでは、そのほとんどは鉄包覆輪または鉄折覆輪を採用したものである。これは、鉄の覆輪を導入することにより皮革をともなう作業が覆輪施工から排除された結果として生じた手順と考えられよう。

　以上の点をふまえて、横矧板鋲留短甲の組立工程を整理すると、基本的に次の二つの流れに整理することができる。

①地板・帯金・裾板結合→押付板結合→引合板・蝶番板結合→覆輪施工→蝶番取付工
②地板・帯金・裾板結合→押付板結合→覆輪施工→引合板・蝶番板結合→蝶番取付工

これらのうち、①では覆輪施工と蝶番取付工の先後関係を示す明確な根拠はないが、蝶番板を取り付けないことが多い後胴右脇部にも覆輪を施した事例が少なくないことから、作業手順としては、覆輪施工が優先するとみるのが自然であろう。

このような製作工程の中でとくに注目しておきたいのは、②の場合、覆輪施工が組立工程に含まれているという点である。このことは、一般に付加的な属性と理解されがちな覆輪について、②ではその工程のみを完全に分離して担当する工人の存在を想定しにくいということを意味する[6]。かりにそうした見方を①にも適用するならば、横矧板鋲留短甲における覆輪のあり方（種類と組み合わせ）は、一貫した製作工程に組み込まれた属性として、他の属性との対応関係の中で製品のまとまりを示す重要な指標となりうる可能性がある。また、組み立ての最終段階に取り付けられる多様な蝶番金具のあり方も、横矧板鋲留短甲における何らかの製作単位を示していることが予想される。

2　分析の方法

以上の製作工程に対する認識をふまえたうえで、横矧板鋲留短甲の詳しい検討を進めていくこととするが、その方法としては、各個体の全属性に関するデータの収集、分析が理想的である。

鉄製甲冑を対象とした近年の報告では内面の図化が一般化してきたため、以前に比べてより多くの情報が得られるようになった。しかし、たとえば地板の形状や大きさを比較しようとした場合、実測図から読みとることのできる情報はかなり限られてくる。詳しい記述があるものを除けば、鉄板の大きさに関する情報はほとんど得ることができず、着装品として重要な胴回りの実長などに関するデータはまず把握することができない。

もちろん、以上のようなデータを積極的に収集しようと努めた場合でも、鉄製鍛造品の宿命として、錆化や劣化による観察、計測の困難が常にともなう。とはいえ、既存のデータだけでは限界があるため、今回の検討を進めるにあたっては、現状で観察・計測可能なデータの収集を目的に横矧板鋲留短甲全出土品中の約半数について詳細な資料調査を実施した。以下に示す分析は、筆者があらためて収集したデータと既存の報告データを利用したものであることを、あらかじめ断っておきたい[7]。

ここではまず、多くの資料においてデータ収集が可能な横矧板鋲留短甲の属性として、次の①～⑨を挙げておく。

①地板成形（隅角、隅角・丸、隅丸）
②鉄板構成（段構成、枚数、蝶番板の有無、小鉄板など）
③鋲留位置（引合板、前後胴の押付板）
④鋲留数（観察可能なすべての鋲）
⑤鋲頭径（計測可能なすべての鋲）
⑥覆輪（上縁、下縁、側縁）
⑦蝶番金具（種類と大きさ）

⑧各段幅（左右前胴、後胴中央部）
⑨各部幅・高さ（前胴高、後胴高、後胴最大幅など）
　以上の属性のうち、⑧、⑨の計測データについては資料の収集と整理が十分に進んでいないため、本章では①～⑦のデータを中心に分析を進めていきたい。
　分析の手順としては、横矧板鋲留短甲の基本的な構造を規定する①～⑤の分析から始めるのが常道であろうが、規格化が進行した段階の製品が多い横矧板鋲留短甲では、そうした基本的な属性は多くの個体に共通していて、より細かな技術系統や製作単位を認識する手がかりとして必ずしも有効ではない可能性がある。したがって、ここではまず、製作工程（組立工程）の最終段階に位置づけられる⑥覆輪と⑦蝶番金具に着目し、それにより抽出されたまとまりとそれ以前の工程にかかわる属性との関係を検討するという遡及的な方法によって、より限定された製作単位の抽出を目指すことにしたい。

第3節　蝶番金具と覆輪

1　分類

　横矧板鋲留短甲の開閉構造としては、胴一連、両前胴開閉の存在も知られているが、その大半は右脇の上下に開閉装置を備えた右前胴開閉である。開閉装置は、革帯の両端を金具で留めるものと全体を鉄で構成するものに大別され、前者の中には金具を金銅装とするものが知られている。また、後者の一部については、留金部分に着目した詳細な分類もおこなわれている（豊田 2005）。
　製作単位の把握という点では、形態や構造のみならず、その大きさにも配慮した詳細な分類が必要であるが、ここでは従来の分類（小林行 1982、高橋 1995）を参考にしながら、第1章で示した以下の分類を採用しておきたい（第1章図4）。

　　長釣壺：前胴側の金具から伸びる棒状部分の先端と後胴側の環状金具を連結したもので、両端の留金具に2～3鋲を配したもの（図11-1）。
　　釣　壺：端環付きの金具を中央で連結したもので、両端の留金具に2～4鋲を配したもの（同図-2）。
　長方形2鋲：2鋲を配した長方形金具で革帯の両端を留めたもの（同図-3）。
　方形4鋲：4鋲を配した方形金具で革帯の両端を留めたもの（同図-4）。
　方形4鋲・金銅：4鋲を配した金銅装の方形金具で革帯の両端を留めたもの（同図-5）。
　方形3鋲：3鋲を配した方形金具で革帯の両端を留めたもの（同図-6）。
　方形3鋲・金銅：3鋲を配した金銅装の方形金具で革帯の両端を留めたもの。
　方形3・4鋲：3鋲を配した方形金具と4鋲を配した方形金具を併用して革帯の両端を留めたもの。
　方形5鋲：5鋲を配した方形金具で革帯の両端を留めたもの。
　爪形3鋲：4鋲を配した爪形金具で革帯の両端を留めたもの。
　三角形3鋲：3鋲を配した三角形金具で革帯の両端を留めたもの。

54　第Ⅰ部　鉄製甲冑と軍事組織

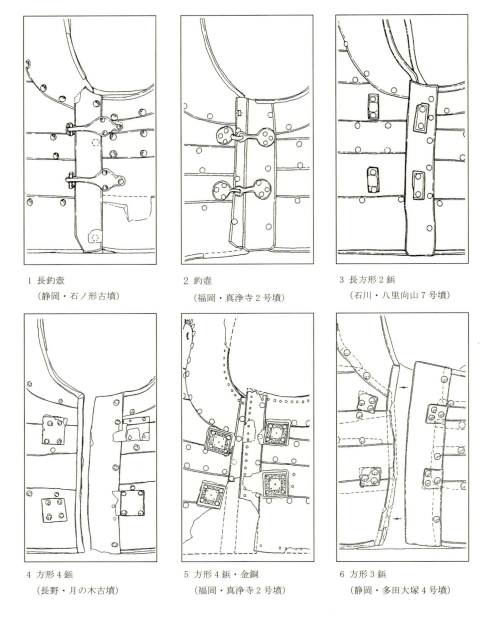

1　長釣壺
　（静岡・石ノ形古墳）

2　釣壺
　（福岡・真浄寺2号墳）

3　長方形2鋲
　（石川・八里向山7号墳）

4　方形4鋲
　（長野・月の木古墳）

5　方形4鋲・金銅
　（福岡・真浄寺2号墳）

6　方形3鋲
　（静岡・多田大塚4号墳）

図11　蝶番金具の諸例

　以上のうち、方形4鋲から方形5鋲までは、方形の金具を用いるという点で共通し、同じ技術系統に属するものとみられる。ただし、方形3鋲については、長釣壺や釣壺にみられる3鋲配置の留金具から影響を受けた可能性も考えられる。また、爪形3鋲や三角形3鋲についても、同様にその可能性を考慮しておく必要がある。

　覆輪については、革組覆輪、革包覆輪、鉄包覆輪、鉄折覆輪の4種類が基本的に認められる。それらのうち、革組覆輪については高橋工が詳細な検討を加え（高橋1991）、第Ⅰ～Ⅲ技法に分類し

ている。ただし、横矧板鋲留短甲では第Ⅲ技法のものが主流となるため、ここでは革組覆輪として一括しておくことにする。また、鉄包覆輪の中には、東京都御嶽山古墳例や茨城県舟塚山17（旧8）号墳例、兵庫県亀山古墳2号主体例のように、縁辺部に穿孔を施しながら、幅広の鉄包覆輪としたものが知られている。製作段階あるいは補修時の変更とみられるが（田中新 1978）、もともと革組覆輪であったのか、あるいは革包覆輪であったのか確証が得られないため、それらについてはひとまず鉄包覆輪として取り扱うこととする。

2 横矧板鋲留短甲の蝶番金具と覆輪

表17は、横矧板鋲留短甲における蝶番金具と覆輪の関係を整理したものである。

まず、それぞれの占有傾向をみると、蝶番金具では長方形2鋲がもっとも多く、次いで金銅装のものを含めた方形4鋲、方形3鋲がつづき、釣壺、長釣壺も5例以上認められるが、その他のものは1～2例にとどまっている。また、蝶番金具をともなわない胴一連のものについては5例が認められる。一方、覆輪については、上・下縁を鉄包覆輪としたものが全体の約2/5を占め、鉄折覆輪、革包覆輪、革組覆輪をそれぞれ採用したものは、この順で20例前後認められる。

以上のような傾向を示す蝶番金具と覆輪であるが、両者は皮革を用いるという点を除けば、技術上の関連性はほとんど認められない。しかし、表17にみられるように、両者の組み合わせには強い結びつきを示すいくつかのまとまりを見出すことができる。

まず、方形4鋲・金銅の蝶番金具と覆輪の関係には顕著な傾向が認められる。この蝶番金具をともなう事例では、上・下縁もしくは上縁に革包覆輪を施したものが12例中8例を占めている。そのほかに、鉄包覆輪や鉄折覆輪を採用したものもみられるが、革組覆輪を採用したものは一切認められない。

一方、こうしたあり方とは対照的に、多数の事例を占める長方形2鋲の蝶番金具では、1例（群馬県若田大塚古墳例）を除いて革包覆輪の採用は認められない。そればかりではなく、長方形2鋲の蝶番金具では、方形の金具をともなうグループに原則として認められない革組覆輪の事例が一定数認められる。また、鉄折覆輪の事例がここに集中していることも顕著な傾向といえよう。

方形3鋲の蝶番金具については、覆輪との明確な対応関係が認められる。この蝶番金具をともなう事例の場合、これまでに判明しているすべての事例が鉄包覆輪を採用している。全体を見渡しても、蝶番金具と覆輪に一対一の対応関係が認められるのは、この組み合わせのみである。後で検討するように、このまとまりは最小の製作単位を抽出するうえでの手がかりとなる可能性がある。

長釣壺と釣壺は事例数が限られているものの、革組覆輪は長釣壺に1例（埼玉県東耕地3号墳例）、革包覆輪は釣壺に1例（福岡県小田茶臼塚古墳例）が認められるのみである。つまり、両者ともに鉄覆輪を基本としているが、長釣壺では鉄折覆輪が多いのに対して、釣壺では鉄包覆輪がやや多いという傾向がうかがえる。

以上をまとめると、横矧板鋲留短甲では、もっとも一般的な鉄包覆輪が蝶番金具の違いを越えてひろく採用されている一方で、革組覆輪、革包覆輪、鉄折覆輪の三者は、蝶番金具との間にある程度の対応関係を示しているといえる。また、方形3鋲については、鉄包覆輪との強い結びつきを示

56 第Ⅰ部 鉄製甲冑と軍事組織

表17 横矧板鋲留短甲（横矧板革綴短甲を含む）の蝶番金具と覆輪

覆輪	(胴一連)	長釣盌	釣盌	長方形2鋲	方形4鋲	方形4鋲・金銅 (江田船山(2)＊＊)	方形3鋲	方形3鋲・金銅	方形3・4鋲	方形3鋲	方形5鋲	爪形3鋲	三角形3鋲
	稲童21号B 野中(2) 野中(3)B 野中(4)B 黒姫山(19)C	東輝地3号▲B		六野原10号B 黒姫山(1)C 黒姫山(21)D?									島内76号A
革組＋革組				黒姫山(10?)D 黒姫山(22)C 黒姫山(23)									
革組＋？				亀山2号主体C 黒田長山4号南D 御嶽山B▲									
革組＋鉄包					供養塚C								
革組＋鉄折				若狭大塚D	下北方5号B 六原塚TBC 後出2号T3B	西都原4号(3)＊＊C (眞鍋4号(1)A) 稲童8号C 亀山1号主体B 宇治二子山南							
革包＋革包			小田茶臼塚C		小木原1号C 扇森山C 新沢281号C 孤山C	鵜山(1)B 正崎2号C							
革包＋鉄包										飯綱山10(2)C			
革包＋？					塚堂(1)＊＊								
鉄包＋鉄包		(高松3号) 加達4号B	貴浄寺2号(2)C 三王大塚D (高屋D) (川上▲D) 円照寺墓山1号＊C	小木原3号▲B 島内62号C かって塚C 城ノ下1号C 月坂放レ山5号B 岡の後出1号(1)C 後出2号(2)C 大谷C 塚原C 櫛現3号C 八里向山7号C 木関町5号 玉田28号C	法堂40号 黒姫奥(16) 池蔵奥5号C イヨタノヤマ3号C 生野山 中原 舟塚山17号B	蔵川C 新沢173号C 鎧塚A	島内1号C▲ 島内81号C 西都原4号(2)▲C マロ塚C 伝佐山C 馬場代2号 後出3号第1▲C 大垣崎C 伝岡大塚4号▲C 多田大塚4号▲C 東間部多1号C	三塚塚C	烏山2号C			
鉄包＋？				(江田船山(1)●▲C) 片山9号	稲荷台1号								
鉄包＋鉄包		黒田長山4号北C 石ノ形C 池山洞32号D	六野原(A)C 大寺山C	溝下C 島内21号●▲C カミノハナ3号●C 長迫C 高丸10号C セスドノC 安黒御山5号●C 溝口の塚●C 金塚C 花野井大塚C	新沢109号C (三珠大塚C) 武具八幡●C							西都原4号(1)▲C	

(1) 覆輪は、上縁、下縁の種類を左右に示す（いずれかが不明な場合のぞく）。(2) 古墳名につづく括弧内の数字（またはアルファベット）は、同一古墳中の短甲番号を示す。(3) 古墳名（短甲番号）につづくA〜Dは、蝶番の鋲留位置を示す。(4) ＊：横矧板革綴　＊＊：両胴開閉　●：前胴6段構成　▲：小鉄板使用 (5) 括弧内に示したのは、葉番金具または覆輪について十分な根拠が得られていないもの。

していることが明らかに指摘できる。

こうした蝶番金具と覆輪のあり方は、時期差とともに多分に系統差を内包している可能性がある。そこで次に、横矧板鋲留短甲とは一定期間併行しながらも鋲留短甲の中では古い段階の製品が多い、三角板鋲留短甲における蝶番金具と覆輪のあり方について検討することにしたい。

3 三角板鋲留短甲の蝶番金具と覆輪

表18は、三角板鋲留短甲(三角板横矧板鋲留併用短甲を含む)における蝶番金具と覆輪の関係を整理したものである。

この表に明らかなように、三角板鋲留短甲では、長方形2鋲のものと蝶番金具をともなわない胴一連のものがそれぞれ20例近く認められ、両者あわせて全体の3/4を占めている。次いで長釣壺が一定数認められるものの、釣壺、方形4鋲・金銅、方形4鋲、方形鋲は1〜2例にとどまり、その他のものは確認することができない。覆輪については、革組覆輪を採用したものが全体の約2/3を占めており、残りの約1/3に革包覆輪と鉄包覆輪を採用したものが認められる。なお、鉄折覆輪についてはいまのところ確認することができない。

つづいて両者の組み合わせをみると、胴一連のものでは革組覆輪を採用したものが大多数を占めており、それ以外では、上・下縁を鉄包覆輪としたものが1例認められるのみである。また、事例数はやや少ないものの、長釣壺も革組覆輪を採用したものが多数を占めている。それらに対して、長方形2鋲のものには、革組覆輪のほかに革包覆輪、鉄包覆輪を採用したものが一定数存在する。ただし、長方形2鋲で革包覆輪もしくは鉄包覆輪を採用したものの半数は、いわゆる三角板横矧板

表18 三角板鋲留短甲(三角板横矧板併用鋲留短甲を含む)の蝶番金具と覆輪

覆輪	胴一連	長釣壺	釣壺	長方形2鋲	方形4鋲	方形4鋲・金銅	方形3鋲
革組＋革組	随庵B 野中(1) 野中(5) 野中(6) 黒姫山(2)C 黒姫山(7)C 黒姫山(20) 黒姫山(24)C 塚山 新開1号A 近代C 二本松山●B 島内3号■▲B	野中(7) 黒姫山(4)＊A 黒姫山(5)B 黒姫山(6)＊A? 雲雀山2号(C') 小谷13号＊B	八重原1号(1)■B	下北方5号 宮山＊A▲ 円照寺墓山1号(1)＊C 円照寺墓山1号(2)＊C 林畔1号(B) 和田山5号BB 朝光寺原1号B	今田1号		
革組＋革	小野王塚C						
革組＋？	恵解山1号			八重原1号(2)＊			
？＋革組	黒姫山(18)						
革組＋革包	(後谷A)			御嶽山＊A			
革組＋鉄包	中八幡(B)						
革包＋革包	珠金塚北槨B			法花堂2号▲ 西小山T1■●▲ 後出7号▲D	後出3号第2■▲B		
革包＋鉄包							林2号■C
鉄包＋鉄包	稲童21号B	蓮山洞C		永浦4号＊B● 曲2号C 宇治二子山C 新沢115号B 校洞3号(C)	上栢里B		

(1) 覆輪は、上縁、下縁の種類を左右に示す(いずれかが不明な場合をのぞく)。 (2) 古墳名につづく括弧内の番号は、同一古墳中の短甲番号を示す。 (3) 古墳名(短甲番号)につづくA〜Dは、引合板の鋲留位置を示す。 (4) ＊:両前胴開閉 ■:三角板横矧板併用 ●:前胴5段構成または前胴6段構成 ▲:小鉄板使用 (5) 括弧内に示したものは、蝶番金具または覆輪について十分な根拠が得られていないもの。

併用鋲留短甲である。また、通常は1枚の鉄板で構成する部位に小鉄板を用いた事例（表18中に▲を付したもの）が複数存在している。これらはいずれも、横矧板鋲留短甲との関係をうかがわせる要素である。

その他の少数例に目を向けると、釣壺は革組覆輪、方形4鋲・金銅は革包覆輪を採用しており、方形4鋲および方形3鋲には、革組覆輪、革包覆輪、鉄包覆輪のそれぞれが存在する。それらの中で、［方形4鋲・金銅＋革包覆輪］、［方形4鋲＋革包覆輪］の2例は、いずれも三角板横矧板併用鋲留短甲である。ちなみに、三角板横矧板併用鋲留短甲というまとまりでみてみると、蝶番金具の違いにかかわらず、その多くが革包覆輪または鉄包覆輪を採用していることがわかる。

以上のように、三角板鋲留短甲では革組覆輪を採用した胴一連または長方形2鋲のものが主流であり、長釣壺の場合も革組覆輪が多数を占めている。一方、少数派に属する革包覆輪や鉄包覆輪、並びに方形4鋲・金銅や方形3鋲の蝶番金具は、その組み合わせにおいて三角板横矧板併用鋲留短甲との対応関係が認められる。

4　蝶番金具と覆輪にみる技術系統

これまでの検討をふまえて、蝶番金具と覆輪のあり方から鋲留短甲を整理すると、次の6グループを認識することが可能である。

①胴一連グループ

　三角板鋲留短甲、横矧板鋲留短甲ともに革組覆輪を基本とする。

②長釣壺グループ

　三角板鋲留短甲では革組覆輪を基本とし、横矧板鋲留短甲では鉄折覆輪の採用例が多い。鉄包覆輪の採用例は少数存在するが、革包覆輪の採用例は認められない。

③釣壺グループ

　三角板横矧板併用鋲留短甲の少数例以外は横矧板鋲留短甲に認められ、その中では鉄包覆輪の採用例が多い。

④長方形2鋲グループ

　三角板鋲留短甲では革組覆輪を基本とし、横矧板鋲留短甲ではそれに加えて鉄包覆輪、鉄折覆輪の採用例が多数を占める。革包覆輪を採用したものは、三角板横矧板併用鋲留短甲もしくは小鉄板を使用した三角板鋲留短甲に限られる。

⑤方形4鋲グループ

　三角板鋲留短甲では、三角板横矧板併用鋲留短甲を含めたごく一部にとどまるのに対し、横矧板鋲留短甲では革包覆輪、鉄包覆輪を採用したものが多数を占める。一方で、革組覆輪、鉄折覆輪の採用例は少ない。このグループのうち、金銅装のものには革包覆輪を採用したものが目立つ。なお、3例の横矧板革綴短甲はすべてこのグループに属する。

⑥方形3鋲グループ

　典型的な三角板鋲留短甲には存在せず、横矧板鋲留短甲では鉄包覆輪のみを採用する。金銅装のものには革包覆輪を採用した例があり、折衷的な方形3・4鋲も認められる。

これらの6グループのうち、胴一連、長方形2鋲、長釣壺の各グループは、三角板鋲留短甲と横矧板鋲留短甲に共通して一定数が認められ、両者の緊密な関係をうかがわせるグループである。それらは革包覆輪をほとんど採用せず、後二者において鉄折覆輪を多用するという点でも共通点が認められる。一方、方形4鋲グループは横矧板鋲留短甲の事例が圧倒的多数を占めており、三角板鋲留短甲の事例はごく少数にとどまっている。なお、方形4鋲グループと方形3鋲グループは、金銅装の採用や覆輪のあり方において共通し、折衷的な方形3・4鋲の存在からも、共通の系譜につらなることは明らかである。

年代的関係でみると、鋲留短甲の中でも三角板鋲留短甲は古式（SBⅠ式）に属する事例が多く、横矧板鋲留短甲は新式（YBⅡ・Ⅲ式）に属する事例が大多数を占めている（第1章）。そうした全体的な変遷を念頭におくならば、横矧板鋲留短甲の蝶番金具と覆輪には、三角板鋲留短甲以来の流れをくむ技術系統と横矧板鋲留短甲の量産段階に台頭した技術系統の、大別して二系統を認めてよいだろう。また、両系統の中には、蝶番金具と覆輪の組み合わせを手がかりに、さらに細かな単位を認識することが可能と思われる。

おそらくこうした技術系統のあり方は、鋲留技法の導入期のみならず、横矧板鋲留短甲の量産が本格化した時期にも製作集団の再編がおこなわれたことを示している。とくに、方形4鋲グループの台頭にともなって金銅技法と革包覆輪の本格的導入が認められることは、あらたに拡充された製作集団の系譜を考えるうえで看過できない点であろう。

第4節　基本的属性との関係

1　鋲留位置

蝶番金具と覆輪からみた技術系統の差は、それ以前の工程にかかわる属性との関係ではどのようにとらえられるのであろうか。ここでは、横矧板鋲留短甲本体の基本的な構造にかかわる属性として、鋲留位置、地板形状、小鉄板、段構成に着目し、先に設定した6グループとの関係を整理していきたい。

まず鋲留位置（連接位置）については、いち早くそれに着目した田中新史による分類があり（田中新 1975）、筆者もそれにならった以下の分類を採用している（第1章図2）。

　a類：縦板と帯金が重複する中央部と帯金との重複を避けた両側の3カ所で2枚留めとしたもの。
　b類：縦板と帯金、地板の3枚が重複する2カ所で3枚留めとしたもの。
　b'類：b類2カ所の鋲のうち1カ所を帯金との重複を避けて2枚留めとしたもの。
　c類：縦板と帯金の重複を避けた両側の2カ所で2枚留めとしたもの。
　c'類：c類2カ所の鋲のうち1カ所を帯金と重複しながらも2枚留めとしたもの。

以上のように分類される帯金（横板）と引合板・押付板・蝶番板（縦板）の鋲留位置には大別して二つの技法が認められ、a類、c類、c'類は鉄板の重複部分において2枚留めをおこなうのに対して、b類とb'類は3枚留めをおこなうものである[9]。それらのうち、a類と同じ連接位置は革綴短

表19　鋲留位置と蝶番金具の関係

分類	Aaa	Aab	Abb	Abc	Bbb	Bba	Caa	Cac	Cca	Ccc	Cab	Cbb	Cbc	Ccb	Daa	Dac	Dca	Dbb
（胴一連）																		
長釣壺					1		2								1			
釣壺					1			1	1	2		1			1	2	1	1
長方形2鋲					5		2	1	6	6	2	1	4	1		2	1	
方形・4鋲					3	1	2		3	2		1			1			
方形4鋲・金銅	1			1	2			1		1				1				
方形3鋲							2		3	7								
方形3鋲・金銅									1	1	1							
方形3・4鋲										1								
方形5鋲									1	2								
爪形3鋲									2									
三角形3鋲				1														

＊表中の数値は、各組み合わせの事例数を示す。

甲全般に認められることから、その連接位置を継承していることが明らかである。そして、そこから中央の連接箇所を省略したものが、c類またはc'類と考えられる。一方、b類は鋲留短甲のみに認められ、鋲留技法の導入とともに採用された連接位置と考えられる。

こうした鋲留位置は、一個体内で貫徹している場合もあるが、部位により異なっている場合も少なくない。したがって、その組み合わせ状況が問題となるが、ここでは鋲留位置をよく観察しうる部位として、①引合板と帯金（前胴竪上第3段および同長側第2段）、②前胴押付板（竪上第1段）と帯金（竪上第3段）、③後胴押付板（竪上第1段）と帯金（竪上第3段）の各鋲留箇所に注目したい。これらのうち、①については引合板連接位置の基本的な分類（第1章図3：A～D類）を採用する。なお、これらの部位はいずれも左右に分かれるが、左右がまったく異なる鋲留位置を採用するものは数少ない。そうした事例については、より先行するとみられる要素（a類、b類）を優先的に考慮することにしたい。

表19は、横矧板鋲留短甲について、いま述べた①～③の組み合わせと蝶番金具の関係を整理したものである。なお、この表では、b'類、c'類をそれぞれの基本形であるb類、c類に含めている。

この表をみる限り、鋲留位置の組み合わせと蝶番金具のあり方に明確な対応関係を見出すことは難しい。そもそも連接位置は大きくa類とb類の基本形にわけられ、その他はそれぞれの変異もしくは時間的な変遷の中で理解しうる存在である。また、a類とb類は古式の三角板鋲留短甲にも認められる基本的な鋲留位置である。そうした理解からすれば、各鋲留位置は共通の技術基盤として製作集団全般にある程度共有されていたとしても不思議ではない。

しかし、蝶番金具と覆輪からみたグループとの間に特徴的な対応関係を示すものも認められる。その一つが、引合板鋲留位置D類のあり方である。D類は、引合板の鋲留位置として主流となるものではないが、いまのところ長方形2鋲、長釣壺、釣壺の各グループにしか認められない。この事実は、先に想定した三者の緊密な関係に傍証を与えるものである。また、D類がわずかに三角板鋲留短甲に認められることも（大阪府野中古墳7号短甲例、奈良県後出7号墳例）、先の技術系統に関する理解を裏切らない。

もう一つ注目されるは、方形3鋲グループが引合板鋲留位置C類に限定されるという点である。

この事実と、方形4鋲グループに引合板鋲留位置A～C類が認められることを考え合わせるならば、方形3鋲グループは方形4鋲グループから派生したグループであるとみなすことができる。方形3鋲グループは、蝶番金具と覆輪の明確な対応関係に加え、時間的にも一定のまとまりを示す単位として抽出しうる可能性が高い。

2　地板成形

ここでいう地板成形とは、短甲内面の観察によって把握することのできる地板細部の形状の特徴である。田中新史がかつて指摘したように（田中新 1978）、鋲留短甲には地板の隅を切ったものや隅を丸くしたものがある。こうした形状の成因については、帯金との結合の規制を受けなくなった結果、地板の厳密な整形が省略され、板金鍛造時の輪郭が残存したものとする見方がある（古谷 1996）。しかし、隅を斜めに切り落としたものも存在していることから、地板の隅部は連接位置（鋲留位置）との関係で意図的に成形された場合があったと考えられる。

表20　地板形状と蝶番金具の関係

	隅角	隅角・丸	隅丸
（胴一連B）	3		
（胴一連C）	1		
長釣壺B	1		
長釣壺C		1	1
長釣壺D	1		
釣壺C	2	1	1
釣壺D	2	1	
長方形2鋲B	5		
長方形2鋲C	13	3	6
長方形2鋲D	3	3	
方形・4鋲B	4		
方形・4鋲C	6	4	2
方形4鋲・金銅A		1	1
方形4鋲・金銅B	2		
方形4鋲・金銅C	2		
方形3鋲C		1	11
方形3鋲・金銅C	1	1	
方形3・4鋲C			
方形5鋲C		1	
爪形3鋲C			2
三角形3鋲C	1		

＊表中の数値は事例数を示す。

地板の隅を切り落としたものや丸くしたものは、革綴短甲には基本的に認められないが、鋲留短甲では鋲留位置a類、c類を採用したものに認められる。同じ連接位置a類を採用しながらも、革綴短甲では隣接する連接箇所を連続的に綴じていくため、内面では斜行する革紐が地板の隅を押さえ付ける役割も果たす。それに対して、個々の連接箇所が独立した鋲留短甲でa類もしくはc類の鋲留位置を採用した場合、内面において離反する恐れのある地板の隅を切り落とすなどの処置が求められたものと考えられる。これとは逆に、鋲留位置b類を採用した場合には、地板の隅角を保持することが必要となる。したがって、いわゆる不整形地板は、鋲留技法の採用によって鉄板どうしの重なりを一定に保つ必要がなくなった結果生じた地板各辺の形状変化（膨らみや歪み）と鋲留位置に対応した地板隅部の形状変化という二つの側面をあわせもつものと理解すべきであろう。

以上のような観点で地板成形をとらえたとき、実際の資料には少なからぬ変異が認められ、それらは何らかの製作単位を抽出する手がかりとなりうる可能性がある。ただし、錆化や破損によりすべての地板形状を正確に把握することのできる資料は限られているため、当面は以下の3分類によって分析を進めておきたい。

　①隅角：隅を四角く整形した地板を用いたもの。
　②隅丸：隅を丸く（もしくは斜めに）成形した地板を用いたもの。
　③隅角・丸：隅角と隅丸の地板をともに用いたもの。

表20は、横矧板鋲留短甲における蝶番金具と引合板鋲留位置（A～D類）の組み合わせが、地板成形とどのような関係にあるのかを示したものである。厳密を期すならば、鋲留位置の組み合わせごとに整理すべきものであるが、きわめて煩雑になるため、ここでは引合板鋲留位置にしたがっ

て整理を試みたものである。

　まず当然のこととして、各蝶番金具におけるＢ類（引合板鋲留位置、以下同じ）は隅角の地板と明確な対応関係にある。それ以外では、［方形3鋲＋Ｃ類］における隅丸の地板への集中が目立っている。一方で［方形4鋲＋Ｃ類］では、隅角の地板を用いたものが多数を占めている。方形3鋲グループが方形4鋲グループから派生したという理解を前提とすれば、方形の蝶番金具を用いる系統では時間の経過とともに隅丸の地板に収斂していく方向性が指摘できる。

　これに対して［長方形2鋲＋Ｃ類］では、隅角の地板を採用したものが明らかに多い。そこには多分に時間差を内包しているとみられるが、たとえば、編年的に後出する鋲留位置の組み合わせ［Ccc］に限定した場合でも、隅角3例、隅丸3例というように、隅角の地板が一定数存在する。一方、方形3鋲における［Ccc］では、隅丸6例、隅角・丸1例という状況である。

　以上をふまえるならば、横矧板鋲留短甲では、全体として隅丸の地板を採用する方向性が認められるものの、長方形2鋲グループでは隅角の地板を採用しつづける傾向が強いといえるであろう。この点は、方形4鋲グループや方形3鋲グループとの系統差を示す積極的な根拠とはなりえないが、両者における志向性の差異を示すものとして注目されよう。[10]

3　小鉄板

　横矧板鋲留短甲の中には、通常は1枚の鉄板で構成する部位に小さな鉄板を継ぎ足したものが認められる。その個体数は、管見によれば17例を数える。

　こうした鉄板の使用例については、かつて野上丈助が宮崎県西都原4号地下式横穴墓出土の2例を取り上げ、「短い鉄板を有効に利用する癖の工人」によるものと指摘したことがある（野上 1975：53頁）。また、古谷毅は三角板革綴短甲の前胴長側第3段引合板側のみに認められる小さな鉄板を「補助板」と呼び、技術的観点から地板の不足を補うものとの理解を示している（古谷 1996）。

　以下に述べるように、横矧板鋲留短甲における小さな鉄板の使用は地板部分に限定されず、その性格も技術上生じた鉄板の不足を補うものとはいいきれない側面がある。ここでは、通常は1枚の鉄板で構成する部位に使用した小さな鉄板を、ひとまずその実態に即して「小鉄板」と呼び、分析を進めていきたい。

　そこで、これまでの確認例を整理すると、小鉄板の使用部位としては、①左前胴長側第2段引合板側、②右前胴長側第2段引合板側、③後胴竪上第1段左脇、④後胴竪上第1段右脇、⑤後胴長側第1段左脇、⑥後胴長側第1段右脇、⑦後胴長側第2段左脇、⑧左前胴長側第4段引合板側、⑨後胴長側第4段右脇の計9カ所が挙げられる（図12）。これらのうち、①、③、④、⑤については、その使用例が複数個体に認められる。

　こうした小鉄板の使用部位を、蝶番金具や覆輪の種類とともに示したのが表21である。また、この表には、三角板鋲留短甲（三角板横矧板鋲留併用短甲を含む）の類例や、左前胴から後胴にかけての長側第2段を一連の帯金で構成する横矧板鋲留短甲も参考として示している。

　この表によれば、先に設定したグループと小鉄板の使用部位との間にはある程度の対応関係を認

第 2 章　鉄製甲冑の生産と供給　63

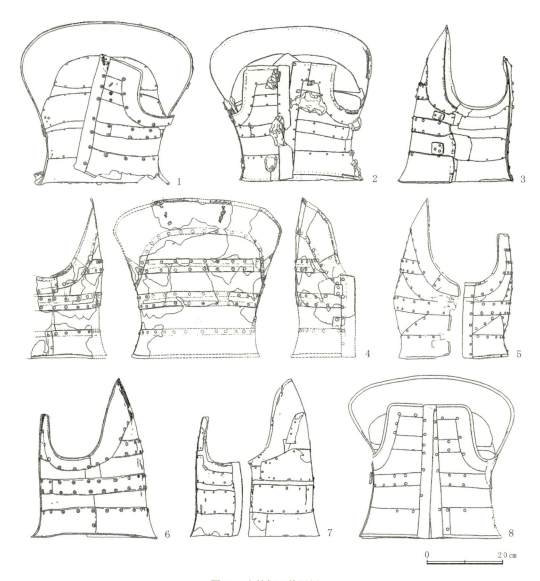

図 12　小鉄板の使用例
1　宮崎・島内 81 号地下式横穴　2　奈良・後出 3 号墳第 2 主体部　3　宮崎・西都原 4 号地下式横穴 T2　4　東京・御嶽山古墳
5　長野・溝口の塚古墳　6　宮崎・島内 21 号地下式横穴　7　群馬・若田大塚古墳　8　奈良・後出 2 号墳 T2　（1/10）

めることができる。
　まず、①の使用部位は方形 3 鋲グループに多く認められる。そのあり方を詳しくみると、長さ 9 cm 程度の小鉄板を用いるもの（宮崎県島内 1 号地下式横穴墓例）と長さ 4 cm 程度の小鉄板を用いるもの（宮崎県島内 81 号地下式横穴墓例：図 12-1、静岡県多田大塚 4 号墳例、奈良県後出 3 号墳第 1 主体例）の二者が認められ、いずれの場合も長側第 2 段の帯金を左脇で分割していない。この点は、胴一連で右前胴長側第 1 段にも小鉄板を用いる大阪府黒姫山古墳 19 号短甲例、長方形 2 鋲の蝶番金具を採用し前胴を 6 段構成とする宮崎県島内 21 号地下式横穴墓例においても同様で

64　第Ⅰ部　鉄製甲冑と軍事組織

表21　小鉄板の使用例

古墳名	引合板鋲留位置	覆輪 上/下	蝶番金具	左前・後長2一連	左前長2引 ①	右前長2引 ②	右前長2脇 ③	後竪1左	後竪1右 ④	後長1左 ⑤	後長1右 ⑥	後長2左	後長2右 ⑦	右前長4	左前長4 ⑧	後長4右 ⑨
【三角板鋲留短甲・併用鋲留短甲】																
宮山	A	革組/革組	長2						●		●					
溝口の塚	B	鉄包/鉄包	?						●							
法花堂2号	?	革包/革包	長2						●							
後出7号	D	革包/革包	長2				●							●		
西小山(1)	B	革包/革包	長2						●	●						
島内3号	B	革組/革組	(胴一連)											●	●	
後出3号第2主体	B	革包/革包	方4			●									●	
【横矧板鋲留短甲】																
御嶽山	(B)	革組/鉄包	長2					●	●	●						
小木原3号	B	鉄包/鉄包	長2						●							
岡の御堂1号	C	鉄包/鉄包	長2						●							
後出2号(2)	C	鉄包/鉄包	長2						●						●	
江田船山(1)	C	鉄折・包/鉄折	長2or方3						●							
カミノハナ3号	D	鉄折/鉄折	長2						●							
川上	D	鉄包/鉄包	(釣3)						●							
西都原4号(1)	C	鉄折/鉄折	爪3								●		●			
若田大塚	D	革包/革包	長2								●				●	●
東耕地3号	B	革組/革組	長釣4		●											
島内21号	C	鉄折/鉄折	長2		●	●										
黒姫山(19)	C	革組/革組	(胴一連)	(●)	●		●									
島内81号	C	鉄包/鉄包	方3金銅		●	●										
後出3号第1主体	C	鉄包/鉄包	方3		●	●										
多田大塚4号	C	鉄包/鉄包	方3		●	●										
島内1号	C	鉄包/鉄包	方3		●					●						
西都原4号(2)	C	鉄包/鉄包	方3		●					●						
黒姫山(3)	C	革組/革組	長2		●											
六野原(A)	C	鉄包/鉄折	釣2		●											
小木原1号	C	革包/鉄包	方4		●											
西都原4号(3)	(C)	革包/革包	方4金銅		●											
伝佐山	C	鉄包/鉄包	方3		●											
新沢510号	C	革/革	方3金銅		●											

＊【三角板鋲留短甲・併用鋲留短甲】のうち、下段3例は三角板横矧板併用鋲留短甲。
＊古墳名につづく括弧内の数字またはアルファベットは、同一古墳出土品中の短甲番号を示す。

ある。

　これらの事実から、①の事例の多くは、左前胴から後胴にかけての長側第2段を一連の帯金で構成しようとする設計のもとに生じた小鉄板の使用例と理解することができる。なお、左前胴から後胴にかけての長側第2段を一連の帯金で構成した小鉄板不使用の事例（表21下段の6例）に着目すると、それらも方形の蝶番金具を採用したものが多い。また、三角板鋲留短甲・併用鋲留短甲との関係についてみると、黒姫山古墳19号短甲例を介して右前胴長側第2段（②）に小鉄板を用いた奈良県後出3号墳第2主体例との関係がうかがえ、同例が方形4鋲の蝶番金具をともなう三角板横矧板併用鋲留短甲である点は、技法的連鎖のひろがりを考えるうえで示唆的である。

　つづいて明らかなのは、④と長方形2鋲グループの結びつきである。その中には、後胴竪上第1

段の左右両側に小鉄板を用いて押付板を3枚構成とした東京都御嶽山古墳例が含まれている。同例は、新式の横矧板鋲留短甲の中では古くさかのぼる製品（YBⅡ-1式）とみてよいものであり、④は大型鉄板成形の技巧にかかわる押付板3枚構成の設計にかかわるものである可能性が高い。この部位の小鉄板が帯金（後胴竪上第3段）付近にまでおよぶ比較的大きなものである点も、そうした理解を助ける。また、④の事例は三角板鋲留短甲にも認められ、前胴5段構成というやや特殊な事例ではあるが、大阪府西小山古墳T1例も押付板を3枚構成としたものである。

このように、④については押付板3枚構成にかかわるものとみられるが、なぜ右脇に集中するのかについては判然としない。いずれせよ、その存続期間は古式の三角板鋲留短甲（SBⅠ式）から最新式の横矧板鋲留短甲（YBⅢ式）にまで及ぶので、特定の工人にかかわるものとは考えられず、ある製作集団のなかで継承された手法とみるのが妥当であろう。

①、④以外では、③が長方形2鋲グループと方形3鋲グループの双方に認められる。ただし、方形3鋲グループの③は、長方形2鋲グループのそれに比べて明らかに小さな鉄板で、左前胴竪上第1段の一部とも考えられる。また、⑤～⑨はいずれも長方形2鋲グループに認められる。それらのうち、⑦～⑨に共通ないし類似した部位は、三角板鋲留短甲にも認められる。

以上のように、やや特殊な適応例とみられてきた小鉄板のあり方にもいくつかの類型があり、それらは長方形2鋲グループや方形3鋲グループとある程度の対応関係を示している。とくに、長方形2鋲グループに対応する小鉄板のあり方が、三角板鋲留短甲のそれとも共通している点は重要である。こうした事実は、横矧板鋲留短甲の中に、三角板鋲留短甲の流れをくむ技術系統とあらたに成立した技術系統の二者が存在するとした先の想定を支持するものである。

4　段構成

古墳時代中期の帯金式短甲は、前胴7段・後胴7段の段構成を基本とする。ただし、それとは異なる段構成をもつものも存在しており、横矧板鋲留短甲の中には前胴を6段構成としたものが知られている（図13）。設計段階の差異を示すこうした段構成の存在は、何らかの製作単位にかかわっている可能性がある。

そこで、前胴6段構成の横矧板鋲留短甲にともなう蝶番金具についてみると、長方形2鋲6例、方形4鋲1例、釣壺1例、不明（長方形2鋲または方形3鋲）1例で、長方形2鋲が大多数を占めていることがわかる。また、覆輪では、鉄折覆輪7例、鉄包覆輪2例で、鉄折覆輪の採用が目立っている。つまり、前胴6段構成の横矧板鋲留短甲は、長方形2鋲グループに属するものが明らかに多いのである。このことは、長方形2鋲グループというまとまりの中に、設計段階にまでさかのぼりうる単位が存在することを示唆している。

第5節　技術系統の理解と同工品抽出の可能性

1　二つの技術系統

表22は、これまでの分析内容をもとに、横矧板鋲留短甲における主な蝶番金具と各属性の関係

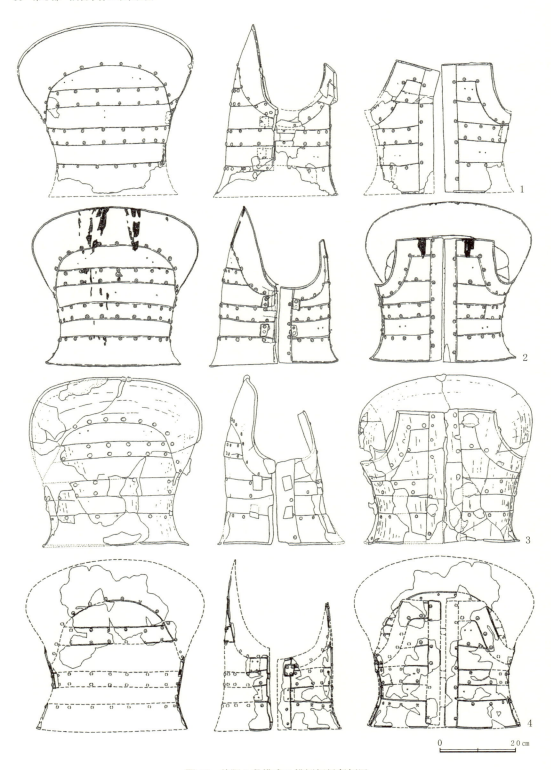

図13　前胴6段構成の横矧板鋲留短甲
1　熊本・江田船山古墳（1）　2　宮崎・島内21号地下式横穴　3　千葉・金塚古墳　4　茨城・武具八幡古墳　（1/10）

をまとめたものである。この表からもうかがえるように、蝶番金具と覆輪のあり方から想定された横矧板鋲留短甲における二つの技術系統は、短甲本体の構造にかかわる属性（鋲留位置、地板形状、小鉄板、段構成）との関係においてもそれぞれの特徴や製作上の志向性を示している。とくに、製作上の技巧にかかわる小鉄板のあり方に、一定の差異が認められることは注目に値する。おそらく、この二つの技術系統の背後には、三角板鋲留短甲の製作から横矧板鋲留短甲の製作に順次移行してきた製作集団と横矧板鋲留短甲の本格的生産にともなってあらたに組織された製作集団の姿を想定することができるであろう。

　三角板鋲留短甲の流れをくむ技術系統には、胴一連グループ、長方形２鋲グループ、長釣壺グループの三者が認められる。また、特徴的な引合板鋲留位置Ｄ類の存在から、釣壺グループもこの系統に属する可能性が高い。分析のねらいからすれば、先に設定したこれらのグループがより細かな製作単位を示していると考えたいところであるが、その点についてはさらに慎重な検討が必要である。

　たとえば、三角板系短甲（三角板革綴短甲、三角板鋲留短甲）については、従来の研究において、前胴地板配置の違いにもとづく系統差が指摘されている（小林謙 1974b、鈴木一 1996・2004・2005）。そうした観点でみると、胴一連グループ、長方形２鋲グループ、長釣壺グループの三者は、三角板鋲留短甲における地板配置のＡ型とＢ型の双方に存在し、地板配置の違いによる技術系統の差を重視した場合、各グループに有意なまとまりは認められないことになる。ただし、特殊な製品として限定的な製作集団が想定される三角板革綴襟付短甲にＡ型、Ｂ型の双方が存在することから、その違いを系統差とみることに慎重な意見もある（内山 2000）。

　これまで地板の配置や枚数が注目されてきた三角板系短甲ではあるが、今後は連接位置や蝶番金具などの技法を含めた総合的な分析をふまえて系統的理解を深める必要があろう。その際、横矧板鋲留短甲との技法的な関連にも配慮が必要となることをここでは指摘しておきたい。

　他方、横矧板鋲留短甲の本格的な生産開始にともなって成立した技術系統は、金銅技法と革包覆輪の採用に大きな特色が認められる。また、方形４鋲・金銅の蝶番金具には、革包覆輪を採用したものがとくに多い。おそらく革包覆輪は、より装飾性の高い製品にともなう入念な手法として意識されていたのであろう。いずれにせよこうした事実は、これら二つの技法が共通の出自をもつもの

表22　横矧板鋲留短甲における蝶番金具と各属性の関係

蝶番金具	覆輪				引合板鋲留位置				地板形状			小鉄板		胴一連板	蝶番板		鋲留数(後竪3)	鋲頭径	
	革組	革包	鉄包	鉄折	A	B	C	D	隅角	隅角・丸	隅丸	左前長2	後竪1右		前後	前		小型	大型
(胴一連)	6					5	1		4			1		1	−	3	9〜13	5	2
長釣壺	1		1	3	1		2	1	2	2	1					3	6〜9		5
釣壺	1	1	5	2			5	3	4	2	1		1	1	3	4	5〜10	3	7
長方形2鋲	10	1	14	12		4	22	6	21	6	5	1		4	2	5	23	6〜13	1	29
方形4鋲	2	7	8	2		4	12		11	4	2				1	2	12	4〜10		18
方形4鋲・金銅		7	3	1	2	2	5		4	2	2				2	2	9	6〜10		8
方形3鋲			12				11			1	11	4			2	5	12	5〜6		11

＊鋲留数をのぞく各欄の数値は事例数を示す。
＊方形3鋲には方形3・4鋲を含む。
＊革組、革包、鉄折の各覆輪については、上下いずれかに採用している場合も含む。

であることを示唆している。

　従来、金銅技法と革包覆輪は、長方形2鋲や長釣壺の蝶番金具とともに鋲留技法導入期にあらたに出現した要素としてとらえられることが多かった。鉄製甲冑全体としてみれば、こうした理解に大きな誤りはないが、短甲という個別の甲冑形式でみた場合、金銅技法と革包覆輪の採用は、横矧板鋲留短甲の量産段階に本格化するものとみられる。その際、それらの技法があらたに外部から導入されたと考えるよりも、鋲留技法導入期の眉庇付冑や小札甲に採用された技法をあらためて短甲製作に応用したとみる方が理解しやすい。この点については、いずれも方形4鋲グループに属する3例の横矧板革綴短甲が、小札甲とかかわり深い「綴第2技法」（高橋 1995）を採用しているという事実にも手がかりが求められよう。

　ところで、横矧板鋲留短甲に大別して二つ技術系統が認められ、それぞれを特徴づける要素が存在するとしても、両者が排他的な関係にないことは明らかである。地板の形状や鋲留位置などの基本的な技術情報はそれぞれに共有されており、また、一般的な鉄包覆輪は両者に多数の事例が認められる。さらに、それぞれに集中する傾向の強い鉄折覆輪や革包覆輪も、わずかながら相互の乗り入れが認められる。こうした点から判断して、これら二つの技術系統にかかわる製作集団がそれぞれ別個に存在していたと考えるのは困難である。二つの技術系統を内包する製作集団は、部分的に独自性を発揮しながらも、基本的な技術情報を常に共有しうる範囲で活動していたとみるのが妥当であろう。その場合、横矧板鋲留短甲の量産期には、それぞれの技術系統のもとで製品の多様性が増す一方、その安定・縮小期には、技法の交流や製作集団の人員整理が進んだ可能性を視野に入れておく必要がある。

2　同工品抽出の可能性

　これまでの検討をつうじて、横矧板鋲留短甲には大別して二つの技術系統があることを指摘した。それでは、そうした認識を手がかりとしてさらに細かな製作単位を抽出することは可能であろうか。ここでは、多くの属性を共有することが明らかな方形3鋲グループ（図14・15）に焦点を絞り、この問題に多少なりとも迫ってみたい。

　そこで、現在14例（金銅装2例、方形3・4鋲1例を含む）を数える方形3鋲グループの特徴をあらためて整理すると、次の6点にまとめることができる。

①方形3鋲の蝶番金具を採用する。
②鉄包覆輪を採用する。
③引合板鋲留位置はC類を採用する。
④鋲頭径0.8cm以上の鋲を採用する。
⑤地板成形は隅丸のものが大多数を占める。
⑥左前胴長側第3段に小鉄板を用いるものが集中的に認められ、それを含めて同段の左脇を分割しない事例が半数以上認められる。

　これらの特徴をみた限りでも、方形3鋲のグループの共通性が高いことは明らかであるが、さらに細部の比較をおこなうため、各部位の鋲留数を示したのが表23である。各部位の鋲留数は、鉄

第2章 鉄製甲冑の生産と供給 69

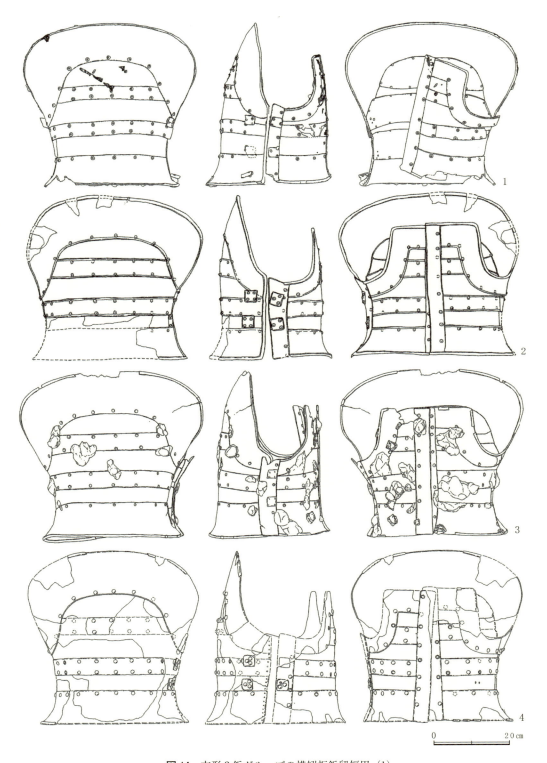

図14　方形3鋲グループの横矧板鋲留短甲（1）
1　宮崎・島内81号地下式横穴　2　千葉・烏山2号墳　3　奈良・後出3号墳第1主体部　4　愛知・伝岡崎出土　（1/10）

70 第Ⅰ部 鉄製甲冑と軍事組織

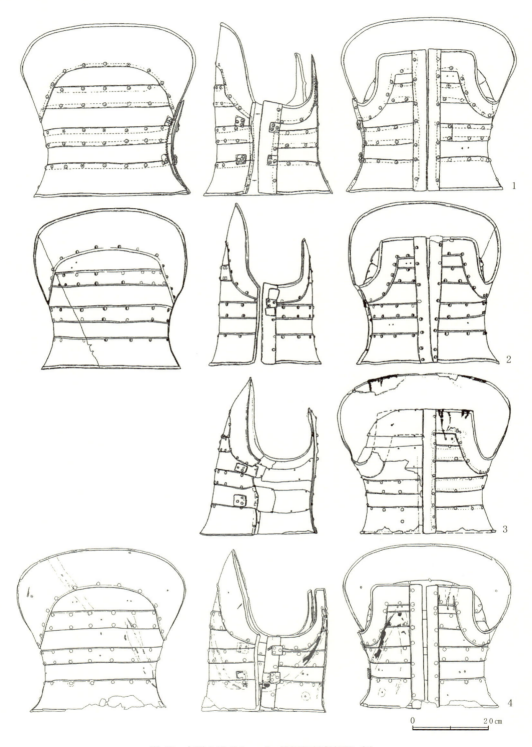

図15 方形３鋲グループの横矧板鋲留短甲（2）
1 静岡・多田大塚４号墳　2 千葉・東間部多１号墳　3 宮崎・西都原４号地下式横穴（2）　4 熊本・マロ塚古墳　（1/10）

第2章 鉄製甲冑の生産と供給

表23 鋲留数の比較

古墳名	左前胴					後胴				右前胴				
	引合板	竪上		長側		竪上		長側		引合板	竪上		長側	
		第1段	第3段	第2段	第4段	第1段	第3段	第2段	第4段		第1段	第3段	第2段	第4段
【方形3鋲グループ】														
島内1号	−	6	1, 1	4, 4	(3)	14	5, 5	8, 8	(8)	8	6	1, 1	3, 3	3
島内81号	8	5	1, 1	4, 4	4	12	5, 5	7, 7	7	8	5	1, 1	3, (3)	3
烏山2号（方3・4）	8	6	1, 1	4, 4	5	(11)	5, 5	9, 9	−	(8)	6	1, 1	3, 3	3
後出3号第1主体	(8)	(7)	(1), 1	5, 5	5	13	5, (5)	(9, 9)	8	(8)	(6)	1, 1	3, 3	3
伝岡崎	(8)	(7)	1, 1	5, 5	5	(14)	(5, 5)	(10, 10)	9	(8)	(6)	1, 1	4, 4	4
多田大塚4号	7	(7)	1, 2	4, 4	5	12	5, 5	7, 7	7	7	6	1, 2	3, 3	3
三昧塚（金銅）	(7)	−	(1, 2)	(4, 4)	(4)?	11+	(5), 5	(7, 7)	(7)	(8)	(6)	(1, 2)	(3, 3)	−
大垣内	(7)	−	2, 2	−	−	13+	5, (5)	−	−	(8)	−	−	(4, 4)	(4)
東間部多1号	(8)	6	1, 2	3, 3	5	(13)	6, 6	(8, 8)	(8)	(8)	7	1, 2	(4), 4	4
西都原4号(2)	8	6	1, 2	3, 3	4	13	6, 6	9, 8	8	−	6	1, 2	4, 4	4
馬場代2号	8	6	1, 2	4, 4	4	13	6, 6	8, 9	(7)	(8)	6	1, 2	4, 4	4
伝佐山	8	7	1, 2	4, 4	4	13	6, 6	(8, 8)	8	(8)	6	1, 2	4, 4	4
マロ塚	8	7	1, 2	4, 4	4	13	6, 6	7, 8	7	8	7	1, 2	4, 4	4
新沢510号（金銅）	8	7	1, 2	5, 5	6	17	7, 7	(10, 10)	(10)	(8)	6	1, 2	(4, 4)	4
【他グループの類似例】														
扇森山	(8)	7	1, 1	3, 3	−	13	4, 4	9, 9	7	(8)	(6)	1, 1	3, 3	(3)
小田茶臼塚	8	−	2, 2	4, 4	(4)	12	5, 5	7, 8	(8)	8	6	2, 2	4, 4	4
黒姫山(1)	7	6	1, 1	4, 4	(5)	11+	6, 6	9, 9	7	(8)	6	1, 1	4, 4	4
供養塚	(8)	(9)	1, 1	(4, 4)	5	(14)	6, 6	11, 11	11	8		1, 1	3, (3)	(3)
セスドノ	8	6	1, 1		4		6, 6			8	5or6	1, 1	3, (3)	3
石ノ形	8	7	1, 1	4, 4	5	15	6, 6	8, 8	9	8	8	1, 2	5, 5	(5)
飯綱山10号(1)	−	−	−	−	−	(16)	6, 6	−	9	7	6	1, 2	4, 4	4
飯綱山10号(2)	−	−	1, 2	−	−	(16)	6, 6	11, 11	(11)					
真浄寺6号(2)	7	7	1, 1	5, 5	4	13	6, 6	8, 8	9	7	6	1, 1	4, 4	4
小木原1号	(8)	7	1, 1	5, 5	5	14	6, 6	10, 10	(10)					
正崎2号	8	(8)	1, 2	5, (5)	6	(17)	6, 6	14, (14)	(12)	(8)	8	(1), 2	(5), 5	5
新沢281号	(8)	9	1, (2)	5, 5	(5)	(16)	(6), (6)	11, 11	(9)	8	7	1, 2	4, 4	4
三珠大塚前方部							6, 6			8	(6)	2, 2	(4, 4)	(4)
立石所在	−	−	−	−	−	14	6, 6	9+, 9+	−	(8)	8	2, 2	5, 5	5

＊古墳名につづく括弧内の数字またはアルファベットは、同一古墳出土品中の短甲番号を示す。

板の大きさにも左右されるが、基本的には組立工程における連接箇所の割付設計にかかわるものと考えられる。

　鋲留数の把握については、肉眼観察によるものに加えて、図や写真による判断を一部に含んでいる。そのため、修正を要する部分も少なくないと思われるが、さしあたって把握することのできる鋲留数からも、このグループの中にさらに近似した製品群の存在を見出すことが可能である。

　たとえば、宮崎県島内81号地下式横穴墓例（図14-1）、千葉県烏山2号墳例（同図-2）、奈良県後出3号墳第1主体例（同図-3）は、長い鉄板を使用した部位における若干の異同が認められるほかは、多くの部位で鋲留数が一致している。しかも、この3例の鋲留位置はいずれも［Ccc］である。また、鋲留位置が部分的に異なるものの、宮崎県島内1号地下式横穴墓例［Cca］も、それらときわめて近い関係にある。さらに、いま挙げた4例のうち3例に小鉄板①の使用が認められる。なお、参考までに、蝶番金具を異にする他グループの類似例を表の下段に示したが、鋲留数が近似しているとみられる場合でも、すべて覆輪の種類が異なっている。

以上の点から、これらの事例は細部においてもきわめて共通性の高い技法のもとに製作された製品であると考えられる。一個体の短甲の製作が一人の工人によるものなのか、あるいは複数の工人がそれに関与していたのかについてはさらに慎重な検討が求められるが、少なくともこれらの事例は、最小の製作単位にかなり近いものといえよう。なお、同様のまとまりは、熊本県マロ塚古墳例（図15-4）、同伝左山古墳例、福岡県馬場代２号墳例などの間にも認めることができる。

　いま述べたような最小の製作単位にかかわる製品群が抽出されるとするならば、それは「同工品」と呼ぶにふさわしいものである。その実証的把握に向けては、各部材の大きさを可能な限り精密に比較するなどの定量的分析も求められよう。それは一朝一夕に果たせるものではないが、そうした作業の先に「同工品」が認定され、その分布や組み合わせなどが明らかになれば、中期甲冑の供給体制を解明するうえでのきわめて有効な手がかりとなることは間違いなかろう。

第６節　同工品論からみた甲冑の供給体制

　これまで多くの紙幅を費したにもかかわらず、本章の主な目的である同工品の抽出については、方形３鋲グループの横矧板鋲留短甲にその可能性を見出したのみである。その意味ではわずかな一歩を踏みだしたにすぎず、当該研究の可能性はなお十分に残されているといえよう。じつは、前節で取り上げた方形３鋲グループ以外にも、横矧板鋲留短甲では長方形２鋲グループに属する前胴６段構成の一群（千葉県金塚古墳例、福岡県かって塚古墳例ほか）や胴一連グループに属する後胴裾板２枚構成の一群（大阪府野中古墳例、福岡県稲童21号墳例）、三角板鋲留短甲では脇部に縦板を用いる胴一連グループの一群（大阪府黒姫山古墳例、兵庫県小野王塚古墳例ほか）など、同工品を含むとみられる製品群の候補はいくつも指摘することができる。それらの詳細な分析を今後の課題として認識したうえで、さらにその先の議論を展望するならば、同工品の分布や存在形態にはいくつかの注目すべきあり方が認められそうである。

　まず、鋲留短甲を複数出土した古墳の中で最多の出土数を誇る大阪府黒姫山古墳、それに次ぐ出土数の大阪府野中古墳には、それぞれに同工品に近い製品のまとまりが認められる。両古墳における甲冑の全容は十分に明らかとなっていないが、黒姫山古墳には、右脇に縦板をともなう胴一連の三角板鋲留短甲（７・24号短甲）や長釣壺の蝶番金具をともなう両前胴開閉の三角板鋲留短甲（４・６号短甲）、引合板鋲留位置Ｃ類の採用例では数少ない革組覆輪を施した横矧板鋲留短甲（１・３・22号短甲）が複数認められ、それらは本来の製作単位に近いまとまりを示している可能性がある。また、野中古墳には後胴の裾板を２枚構成とする特徴的な横矧板鋲留短甲（２〜４号短甲）が複数含まれており、それらは引合板鋲留位置（Ｂ類）や鋲頭径（6.5mm）などにおいても共通性をもつことが指摘されている（高橋・中久保編 2014）。

　出土資料全体の詳細なデータを検討する必要があるものの、こうした両古墳の背後には、製作地とより近しい関係にある鋲留短甲の供給形態を想定することができそうである。両古墳に集積された多量の甲冑については、配下の集団からの供献品とする見方（北野 1969）もあり慎重な議論が必要であるが、以上の認識に誤りがなければ、それらの中には製作単位に近いまとまりで一括供給

された製品が含まれている可能性が考えられよう。

　黒姫山古墳や野中古墳ほどではないが、近畿中央部以外でも福岡県月岡古墳や京都府久津川車塚古墳、兵庫県雲部車塚古墳のように数多くの甲冑（4組以上）を出土した古墳が知られている。ただし、いずれの場合も短甲は細片化するなどしており、同工品を追究するための詳細なデータを得ることができない。そうした中で注目されるのは、月岡古墳から出土した8鉢の眉庇付冑である。それらについては細部の特徴から同一工房での製作が指摘されており（児玉編 2005）、製作単位に近いまとまりをある程度保った状態での製品の移動を想定することができる。これは、地方の大型前方後円墳被葬者に対する一括供給の可能性を示す事例といえよう。

　一方、近畿中央部以外における2～3組の甲冑複数出土古墳についてみると、そこに同工品といえるほどのまとまりを見出すことは難しい[19]。たとえば、群馬県鶴山古墳では横矧板鋲留短甲2領が出土しているが、それぞれの短甲の特徴は明らかに異なっている。すなわち、2領の横矧板鋲留短甲は、YBⅡ-1式とYBⅢ式に位置づけられ、［蝶番金具＋覆輪＋引合板鋲留位置］の構成は、前者が［方形4鋲・金銅＋革包・鉄包覆輪＋B類］、後者が［（不明）＋鉄包覆輪＋C類］である。そこに想定されるのは、二次的な集積地からの一括供給もしくは複数回におよぶ個別供給（連続供給）であろう[20]。

　次章で詳しく述べるように、甲冑出土古墳の大多数を占めるのは甲冑1組（または短甲1領）を出土した中小古墳の事例である。いずれも個別の供給形態が想定される事例であるが、それらの中には同一古墳群中や特定の地域において同工品を共有するとみられる事例が存在する。具体的には、先に同工品の可能性を指摘した、宮崎県島内1号地下式横穴墓例と同81号地下式横穴墓例、熊本県伝佐山古墳例と同マロ塚古墳例などである[21]。いまそれらの短甲の製作地を近畿地方とみなしてよいならば、遠隔地にもかかわらず製作地との親近性をうかがわせるあり方である。

　このように個別に供給されたとみられる製品が製作単位のまとまりを示している場合には、一括供給の可能性を示す大型古墳の存在形態が問題となろう。すなわち、同時期・同地域にそうした大型古墳が存在する場合には当該大型古墳被葬者からの間接配布、不在の場合には中央からの直接配布という事態が想定されるからである。とくに、間接配布主体の存在が認められない後者の場合には、被配布主体が製作地側（近畿地方）に移動するかたちで、共通の機会に同工品を入手した可能性も視野に入れておく必要があろう。

　以上、同工品論の視点からみた甲冑の供給体制について、現状での見通しを述べてみた。実証の不備を承知のうえで、地方に対する供給体制のあり方を類型的に整理するならば、大型前方後円墳被葬者に対して一括供給（または連続供給）された製品がさらに中小古墳被葬者に個別供給される「間接配布型」と、大型前方後円墳被葬者を介さずに中小古墳被葬者に対して個別供給される「直接配布型」の二つの基本パターンを想定することができる[22]。それらの意味するところについては、次章において甲冑出土古墳の諸側面を検討したうえで、あらためて言及することにしたい。

第7節　同工品研究の課題

　本章では、横矧板鋲留短甲における諸属性の組み合わせを整理し、そこに三角板鋲留短甲の流れをくむ技術系統と横矧板鋲留短甲の量産段階にあらたに成立した技術系統が存在することを指摘した。また、そうした整理の過程で認められた共通性の高いグループについて分析を進め、そこに同工品として把握しうる可能性の高い製品群の存在を指摘した。なお論じ尽くせない部分は多いが、最後に、ここで得られた知見から甲冑の製作地をめぐる問題についての理解と展望を示しておきたい。

　まず、日本列島内における甲冑の製作地について言及するならば、同工品論の見地からも、いわゆる一括生産を否定する材料は乏しいと考えられる。たとえば、きわめて共通性の高い方形3鋲グループほど明確ではないにせよ、蝶番金具と覆輪の組み合わせによる一群のまとまりには、ある程度限定された製作単位にかかわる製品が含まれている可能性がある。しかし、そうしたまとまりごとの分布状況を確認すると、ある地域に特定の製品が偏在するという傾向を見出すことはできない。こうした問題に関連してしばしば注目される九州出土の横矧板革綴短甲3例についても、方形4鋲グループの技術系統を背景として理解しうる存在である。ただし、［長方形2鋲＋鉄折覆輪］、［方形3鋲＋鉄包覆輪］のまとまりに近畿の事例がほとんど認められず、九州と関東の事例が多い点については、さらに慎重な議論が必要となるかもしれない。[24]

　次に、日本列島出土品に共通する朝鮮半島出土の鋲留短甲について述べるならば、列島出土品には存在しないとされた長釣壺蝶番金具と鉄折覆輪（宋 1993・2004）は、いずれも列島出土品に一定数が認められる。また、半島出土の鋲留短甲は、基本的な構造にかかわる属性においても列島出土品と異なるところがない。加えて、列島出土品は鋲留位置の変化などを連続的かつ詳細にたどることが可能であり、これまでに知られている半島出土の鋲留短甲はその型式変化の中に問題なく位置づけることができる。ここで検討してきたような細部の属性に着目して現状の資料をみる限り、半島出土の鋲留短甲を半島製とする積極的な根拠は見出しがたいように思える。

　以上、同工品論に関連して甲冑の製作地をめぐる問題についての見通しを述べてみたが、こうした議論の基盤ともなる同工品の研究にはなお多くの課題が残されている。先にもふれたように、各部材の大きさなどを対象にした定量的分析はとくに重要な課題である。また、方法的には設計段階の異同を見きわめることが本来の道筋であり、あえてそれとは逆の方向からとらえたここでの検討結果とそれがいかにかかわるのかを、今後丹念に検証していく必要があろう。

註
（1）筆者の集計によれば、伝承によるものや実物資料が存在しないものを含めて、これまでに出土した短甲の総数は400例を超えている。そのうち、横矧板鋲留短甲は150例余りを占め、三角板鋲留短甲は約80例を数える。なお、本章で用いる「技術系統」とは、製作技術における一連のまとまりを示す用語であり、それがただちに「工人」や「工人集団」の違いに結びつくものとは考えていない。ここで

は実際の製作場面にかかわる文脈を重視して「技術系統」の語を用いるが、阪口英毅がいう「設計系統」（阪口 1998）に相当する概念である。
（2）田中新史による分類（田中新 1975）のⅠa類とⅡa類。筆者の分類ではa類（第1章図2）。
（3）鋲留位置は異なるが、大阪府野中古墳の横矧板鋲留短甲などにも引合板や押付板の下に一部が隠れた帯金端の鋲を確認することができる。
（4）鈴木一有は、石川県下開発茶臼山9号墳の事例にもとづき、革綴短甲においても引合板連接に先行する覆輪施工の存在を指摘している（鈴木一 2004）。鈴木が述べるように、その後の鋲留短甲に受け継がれる工程といえるが、筆者の知る限り、革組覆輪では引合板連接を優先する場合が多いようである。
（5）巻末の付表を参照。
（6）田中新史は、鉄板を取り扱う工程とは切り離された「皮縫工人」の関与を想定している（田中新 1978）。そうした工人の関与を検討する必要はあるが、革綴短甲の要素を多く受け継いだ鋲留短甲の製作に在来工人が順次移行していったと考えるならば（阪口 2008）、皮革作業の技術を継承した鋲留甲冑工人が存在したとしても不思議ではない。いずれにせよ、引合板連接に先行する覆輪施工の存在から、鉄板の組立作業と場を異にする皮革作業のあり方は想定しにくい。
（7）巻末の付表を参照。
（8）短甲の計測値に関する定量的分析としては、堀田啓一による奈良県下の資料を対象にした研究がある（堀田 1985）。また、片山祐介も統計学的な手法を用いて短甲の分析を進めている（片山 2006）。
（9）2枚留めと3枚留めの違いを短甲の外面のみから判断することが難しい事例もある。ここでは、できる限り内面の観察にもとづく分類に努めたが、やむをえず実測図等から判断を下したものもある。したがって、提示したデータの中には、将来修正すべきものが含まれている可能性がある。
（10）三角板鋲留短甲には、三角板革綴短甲と共通する引合板鋲留位置A類を採用したものとともに、同B類を採用したものが半数程度認められる。いずれの地板形状も隅角が基本であり、長方形2鋲グループが隅角の地板形状を保持しつづける理由は、三角板系短甲とのかかわりに求められる可能性が高い。
（11）ただし、兵庫県法花堂2号墳例は他の事例に比べて明らかに小さな鉄板であり、押付板3枚構成の系譜を引く存在とは考えにくい。
（12）巻末の付表に示した9例のほか、写真が残る福岡県漆生出土例（末永 1934）も前胴6段構成の可能性が高いとみられる。なお、こうした前胴6段構成の横矧板鋲留短甲については、橋本達也による言及がある（橋本達 2002）。
（13）茨城県武具八幡古墳例は方形4鋲の事例であるが、その方形金具は明らかに縦長で、長方形2鋲とのかかわりをうかがわせるものである。
（14）鋲留技法や金銅技法、革包覆輪などの新技術は、朝鮮半島からの渡来人によってもたらされたとする見方が早くからあり（北野 1963）、その後の研究では、加耶地域の小札甲工人とのかかわりが指摘されている（高橋 1995）。また、これらの技術の導入期に金官加耶地域を影響下においた新羅地域をその故地とみる意見もある（朴 2007）。いまこの問題を積極的に論じる用意はないが、少なくとも横矧板鋲留短甲における技術の展開という視点でとらえた場合、半島からの渡来工人によってもたらされた新技術は、三角板鋲留短甲を介した流れと眉庇付冑や小札甲を介した流れに大別できる可能性がある。
（15）方形3鋲グループで使用された鋲は、14例中12例が鋲頭径0.8cm以上、残る2例も鋲頭径0.7～0.8cmで、鋲留短甲の中ではもっとも大きな部類に属する鋲が共通して使用されている。
（16）後胴竪上第1段や左前胴から後胴にかけての長側第2段など。
（17）右脇部の破片のみしか確認できないため両前胴開閉との確証は得られないが、5号短甲にも長釣壺タイプの蝶番金具が採用されている。4～6号短甲は、前胴地板配置（A型：小林謙 1974b）や覆輪手

法（革組覆輪）、前胴竪上第3段の鋲留数にも一致がみられるが、各部分の鋲留位置には違いも認められる。なお、それらの横矧板鋲留短甲が前方部石室内の近接した位置から出土している点は、製作単位とのかかわりにおいて示唆的である。

(18) 一方で、地板の脇部分割方法に差異があることも指摘されている。

(19) 鶴山古墳で出土した短甲としては、このほかに長方板革綴短甲1領がある。

(20) 「連続供給」は、複数回におよぶ「個別供給」と理解することができる。なお、ここでいう「個別」とは、あくまでも入手機会を指すものであり、古墳に副葬された甲冑そのものの数量とはひとまず区別している。

(21) いずれもYBⅢ式に位置づけられる方形3鋲グループの製品であり、蝶番金具や覆輪、引合板鋲留位置を同じくするばかりでなく、細部の鋲の配置や鋲留数もほぼ一致している。

(22) 甲冑の供給体制を解明するためには、甲冑各形式の製作契機や在庫管理の形態、甲冑セットを構成するタイミングとその要因、供給の具体的方法、副葬に際しての選択性など、同工品の追究とともに検討すべき課題が山積している。また、長持形石棺の採用などに王権との密接な結びつきが想定される大型前方後円墳（月岡古墳、雲部車塚古墳、久津川車塚古墳）については、被葬者の特別な性格を視野に入れた個別の分析が必要となろう。

(23) たとえば、北野耕平は九州から出土している横矧板革綴短甲などの特徴的な甲冑を取り上げ、それらを地方生産によるものと推定している（北野 1963）。

(24) ［長方形2鋲＋鉄折覆輪］に多く認められる前胴6段構成の事例、［方形3鋲＋鉄包覆輪］に多く認められる小鉄板①の使用例は、九州における分布が目立っている。とくに後者の場合は、宮崎県えびの市島内地下式横穴墓群に複数が認められ、そこには前胴6段構成で小鉄板①の使用例（島内21号地下式横穴墓例）も存在する。また、別の部位における小鉄板の使用例も含めると、えびの市小木原3号地下式横穴墓例、西都市西都原4号地下式横穴墓の2例を含めて、宮崎県域での確認例が多い。ただし、小鉄板使用例の集中は、奈良県後出古墳群（4例）にも認められる。九州の事例の多くは横矧板鋲留短甲の最新式（YBⅢ式）に属するものであり、小札甲の普及度の違いから生じた分布上の偏りとも考えられるが、そうした段階における製作集団の移転についても慎重にみきわめる必要がある。

第3章　甲冑出土古墳からみた古墳時代前・中期の軍事組織

第1節　甲冑出土古墳分析の前提

　国家の形成過程を考えるうえで、その支配組織の成り立ちを明らかにすることはきわめて重要な課題である。本章では、古墳時代前・中期の甲冑出土古墳を考古学的に検討することにより、国家の支配組織の中で重要な位置を占める軍事組織の形成過程を探り、この課題の一端にいささかなりとも迫っていきたい。

　古墳から出土する甲冑については、すでに数多くの先行研究がある。戦前に行われた研究（末永1934）を基礎とし、1970年代までには基本的な変遷がほぼ明らかにされるとともに、それにもとづいた製作技術や工人組織の問題、さらには甲冑出土古墳の性格をめぐる議論が、これまで多くの先学によって積み重ねられてきた（北野 1963・1969、野上 1968・1975、小林謙 1974a, b、田中新1975 など）。また、甲冑を含めた武器・武具類の編年が進む中で、それらの組み合わせに武装の先進度を読みとり、中央と地方の政治的関係を探ろうとする試みや（田中晋 1981・1987・1988）、律令期までを射程に入れて武器・武具保有形態の変遷を明らかにしようとする意欲的な研究もおこなわれてきた（藤田 1988・2006）。さらに、古墳時代前期末における武器・武具の革新に専門的な軍事組織の成立を認め、国家形成史的視点からその歴史的評価に迫る研究成果も提示されている（松木 1992・2007）。

　こうした甲冑出土古墳をめぐる従来の研究には、その前提となる重要な基本認識が存在する。それは、甲冑の「一括生産説」とも称されるもので、中期古墳から出土する甲冑の生産、流通にはヤマト王権が深く関与していたとする見方である。その主な理由とされてきたのは、近畿地方を中心とする製品の分布状況や地方型式の不在であるが、前章で詳しく検討した甲冑同工品の存在形態からもこの基本認識を否定する材料は乏しいものと判断する。その点を加味したうえで、筆者もまた、この時期の甲冑出土古墳を分析することがヤマト王権による軍事組織のあり方を浮き彫りにする有効な手だてになりうると考えている。しかし、甲冑出土古墳の存在形態についてはなお検討すべき部分が残されており、とくに古墳時代中期後葉における甲冑出土古墳の歴史的評価についてはさらに議論を深める余地があると思われる。そこで本章では、全国で300基以上を数える古墳時代前・中期の甲冑出土古墳をあらためて分析の俎上に載せ、当該期における軍事組織の形成過程とその評価について考察を加えることにしたい。

　以下、甲冑出土古墳の諸側面を分析したうえで、古墳時代前・中期の軍事組織について考察を加

表24 本章における時期区分

時期	短甲 革綴 方形竪板・長方板	短甲 革綴 長方板	短甲 革綴 三角板	短甲 鋲留 I式	短甲 鋲留 II・III式	小札甲	衝角付冑 三角板革綴	衝角付冑 鋲留 上接式	衝角付冑 鋲留 内接式	衝角付冑 鋲留 外接式	眉庇付冑 第1段階	眉庇付冑 第2段階	眉庇付冑 第3段階	鉄鏃 類銅鏃	鉄鏃 柳葉（長身）	鉄鏃 長頸（頸部長）7cm以下	鉄鏃 長頸 7cm以上	f字形鏡板付轡	木鉄板轡	心葉張鐙 古	心葉張鐙 新	杏葉	三環鈴 古	三環鈴 新	馬鐸
前期	■																								
中期前葉		■	■			■	■							■	■										
中期中葉			■	■	■	■	■	■	■		■	■			■	■		■		■		■	■		
中期後葉					■	■			■	■		■	■			■	■		■		■	■		■	■

＊時期設定の指標とした個別遺物の変遷観は、主として下記の研究成果による。
　短甲（第1章）、衝角付冑・眉庇付冑（川畑2011、橋本1995）、鉄鏃（杉山1988、松木1992）、馬具（小野山1966、石山1980）

えていくこととするが、その際の時間軸としては、表24に示すような武具（甲冑）、武器（鉄鏃）、馬具の組み合わせによる時期区分にしたがって論述を進めていきたい。また、各時期の開始年代については、前期を3世紀前半、中期前葉を4世紀後葉、中期中葉を5世紀第1四半世紀後半、中期後葉を5世紀第3四半世紀の範囲内でとらえており、中期後葉の終わりは5世紀末葉と考えている。したがって、前期はもちろんのこと、とくに問題となる中期の各時期にも年代幅の差があることは否めないが、その点については適宜考慮していくことにしたい。

第2節　墳形と規模の推移

　甲冑出土古墳の墳形や規模が時間の経過とともにどのように変化するのか、また、それらを地方別にみた場合どのような傾向がつかめるのかといった点については、すでに川西宏幸や藤田和尊による研究成果がある（川西1988、藤田1988）。ここでは、先に示した時期区分にしたがいながら、再度そうした点についての整理を進めていきたい。

　図16は、墳形が判明した甲冑出土古墳の数を墳丘規模によって時期別に集計したものである[1]。墳丘規模は、前方後円（方）墳については墳丘長、円墳および方墳については墳丘の直径または一辺の長さを対象とし、前方後円（方）墳の場合と円・方墳等の場合を区別して、10mごとに示している。また、帆立貝式古墳については、同じく墳丘長を対象とすることから前方後円墳の数に加え、墳丘が明らかでない地下式横穴や横穴などについては、円・方墳のもっとも規模が小さな一群にひとまず加えてある。これ以外にも、墳形不明の古墳、出土古墳不詳で甲冑のみが知られている事例などがあるが、ここで取り上げた総数約330基は、古墳時代前・中期に位置づけることが可能な甲冑出土古墳の90％程度を占めるとみられ、その結果はほぼ全体の傾向を示すものとみてよかろう。

　そこで時期を追って順次みていくと、すでに指摘のあるように、前期には前方後円（方）墳の数（29基）が円・方墳に比べて圧倒的に多いことがわかる。しかも、前方後円（方）墳の規模は、墳

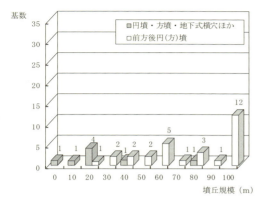
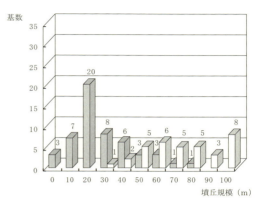
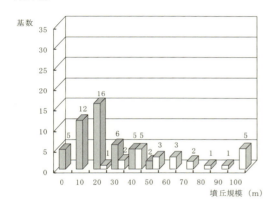
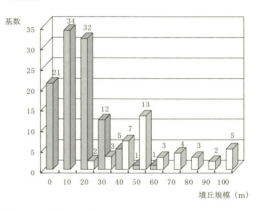

図16　各時期における規模別甲冑出土古墳数

丘長100mを超えるものが多数を占め、それ以外の場合もより規模の大きなものに偏る傾向が認められる。なお、前方後円（方）墳の中で規模が小さな下位の2基はいずれも前方後方墳である。一方、円・方墳に目を転じると8基が認められ、それらの墳丘規模は10m未満のものから80mを超えるものまであるが、その大多数は25m以下である。ほかに規模が定かでない1基が存在するが[2]、それを加えても前方後円（方）墳以外の墳形に属するものは9基にとどまる。

ところが中期前葉になると、前期のあり方とは一変し、前方後円墳に比べて円・方墳の数が格段に増加する。そして、規模別にみた円・方墳の数は、群を抜く20m台のものを中心に、20m台以下のものだけで円・方墳全体の2/3近くを占めるようになる。前方後円（方）墳については、前期からの大きな変化は認められないが、この時期から帆立貝式古墳の例があらたに加わる。

中期中葉は、中期前葉よりも総数が減少しているが、これは当期の存続期間が短いことによるもので、全体の傾向はほぼ中期前葉の状況を踏襲している。ただし、図からは読みとれない点として、墳丘長90m以上の前方後円墳には各地で最大級の墳丘規模をもつ事例を含み、それらの埋葬施設には共通して長持形石棺が採用されていることを付言しておきたい[3]。

中期後葉には、中期前葉に生じた変化がさらに拡大する方向に進み、円・方墳の数が著しく増加

80　第Ⅰ部　鉄製甲冑と軍事組織

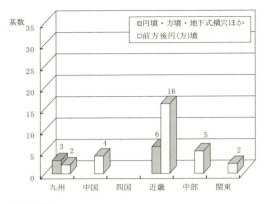
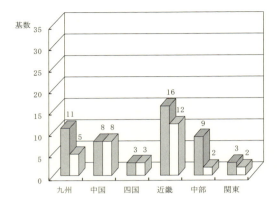
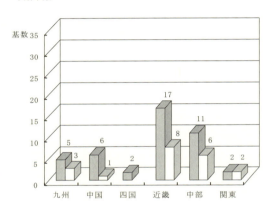
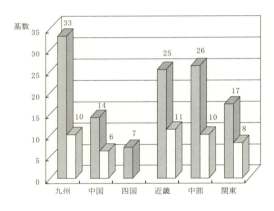

図17　各時期における地方別甲冑出土古墳数

する。とくに10m台と20m台のものが他を引き離して多く、より規模が小さいものの増加率が顕著である。いずれにせよ、20m台以下のものだけで円・方墳等の3／4以上を占め、これに墳形・規模が不明な20基近くの大半を小規模墳として算入するならば、その数の優位性はいっそう顕著なものとなる。もとより、中期後葉の存続期間が比較的長期に及ぶことが、見かけ上の数の増加を生み出しているとの見方もあろう。しかし、当期に比定される甲冑出土古墳の内容をさらに細かくみると、より古相を示す鋲留短甲（SBⅡ-1式、YBⅡ-1式など）をともなうものは少なく、鋲留短甲の大半は当期の半ば以降に位置づけられるものであり（YBⅡ-2式、YBⅢ式など）、より時間の幅を狭めてみても、その数的優位に大きな変更はないものと判断する。一方、前方後円（方）墳のあり方に目を向けるならば、一見前時期までとの違いは認められないものの、規模の中心が50m台に移り、その付近に帆立貝式古墳の規模もまとまりをもつという傾向がうかがえる。また、墳丘規模についても、100mを大きく超えるような事例はなく、中期中葉と比較した場合、全体的な規模の縮小傾向を指摘することができる。

　このように、甲冑出土古墳の墳形と規模を整理してみると、前期には前方後円（方）墳が支配的

であるが、中期前葉には 20m 台を中心とした円・方墳が急増し、さらに中期後葉になると円・方墳の数が飛躍的に増加するという全体的な流れを把握することができる。また、中期中葉に頂点に達する前方後円墳の墳丘規模は、中期後葉になると全体的に縮小する傾向にあることが指摘できる。

以上をふまえて、次に地方別の分布状況を時期ごとにみていくことにしよう。

図17は、各時期の甲冑出土古墳数を地方別に集計したもので(4)、図16と同様に前方後円（方）墳、帆立貝式古墳の場合と円・方墳（地下式横穴、横穴、洞穴を含む：以下同じ）の場合を区別して示している。

これも時期を追ってみていくと、前期には近畿における前方後円墳の事例が格段に多く、また数少ない円墳については近畿（大和ほか）と九州に限定されるという状況が読み取れる。しかし中期前葉に入ると、全体として近畿の優位性に変化はないものの、中部以西、とりわけ西日本の九州、中国における増加が墳形を問わずに認められる。こうしたあり方は中期中葉にも継続してみられるが、中期後葉になるとその状況に大きな変化が生じる。すなわち、全体数の著しい増加にともない近畿でも円・方墳が高い伸びを示すが、それにもまして九州や中部、関東での円・方墳の増加がめざましい。とくに九州の場合、墳形が定かでない5基程度がさらに円・方墳に加わる可能性があり、古墳の数では近畿のそれを確実に上回っている。

以上に述べてきたことをまとめると、前期における甲冑の副葬は近畿の前方後円墳被葬者が大多数を占め、甲冑を副葬する円墳被葬者は近畿と九州のごく少数に限られていたことがわかる。ところが中期前葉になるとこうしたあり方に大きな変化が生じ、近畿を中心とする中部以西において円・方墳被葬者による甲冑の副葬が急速に拡大する。しかもそれらの円・方墳は、規模の点でより小規模なものが主体になる傾向を示し、中期中葉にも同様の状況が引き継がれる。そして、中期後葉になるとその傾向はいっそう強まり、さらに小規模な円・方墳の被葬者による甲冑の副葬が、近畿のみならず九州や中部、関東においても顕著なひろがりをみせるようになる。

このようにみてくると、前期に萌芽的に出現し、中期前葉に本格的に始まった円・方墳被葬者への甲冑の副葬が、時間の経過とともに階層的にも地域的にも拡大されていく過程が明らかとなるであろう。それでは、その拡大過程はどのような内容をともなって進行したのであろうか。

第3節　甲冑の組み合わせ

一般に副葬品と呼ばれる埋葬施設から出土する器物の性格については、被葬者生前の着装品や所持品、所属集団からの供献品、葬送儀礼に際しての使用品といった区別が考えられるが、古墳出土の甲冑については、成人男性被葬者にともなった例しか知られておらず、それ自体実用的な着用品であることも考えあわせれば、成人男性被葬者が生前の活動をつうじて入手し、その死に際して副葬された蓋然性が高い器物とみることが可能であろう。もちろん、一つの施設から複数の甲冑が出土した場合については慎重な見方が必要となろうが、少なくとも1埋葬施設1組の甲冑については、被葬者個人の着用品という基本的性格をもつものと理解しておきたい。

さて、甲冑はいうまでもなく冑と甲を主要構成具とし、それに局部の保護を目的とする付属具が

前方後円（方）墳

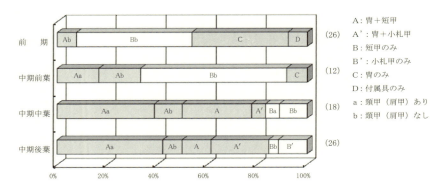

円墳・方墳・地下式横穴ほか

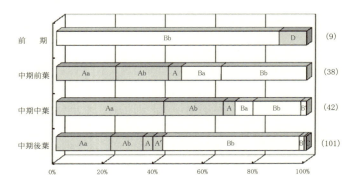

図18　各時期における甲冑の組み合わせ
＊右端の括弧内は資料数。

加わって一具としての完成をみる。古墳時代の鉄製甲冑も、衝角付冑、眉庇付冑と短甲、小札甲（挂甲）の組み合わせを基本とし、これにともなう付属具として頸甲、肩甲、籠手、臑当、草摺等が知られている。これらは、すべてが当初から完備していたわけではなく、いま挙げたような付属具がすべて出そろうのは中期以降のことである。

　前節では甲冑出土古墳の墳形や規模を検討し、中期前葉を転機として甲冑の副葬がより下位の被葬者層に拡大されていく過程をみたが、それではそうした墳形や規模に示される階層性が、被葬者個人の着用品とみられる甲冑の組み合わせにも何らかのかたちで反映されているのであろうか。[5]

　甲冑の組み合わせについては、付属具を含めればかなり多様な類型化が可能で、遺存しにくい革製品などの存在も無視しえないが、いま主要構成具を中心にその組み合わせ状況を整理すれば、冑と短甲（A）または冑と小札甲（A'）をセットで有する場合、短甲（B）または小札甲（B'）のみの場合、冑のみの場合（C）に分類され、これに例外的なあり方として付属具のみの場合（D）が加わる。また、短甲には、その付属具として中期前葉以降に普及する頸甲や肩甲をともなうもの（a）とともなわないもの（b）がある。

　図18は、各時期における甲冑の組み合わせを以上の分類にしたがって集計し、それぞれの比率

を示したものである。なお、集計にあたっては、甲冑を出土した埋葬施設を単位とし、複数の甲冑を出土している場合には、その出土状況にしたがってより整った組み合わせを分類の対象とした。

図からはまず、前期においては短甲（竪矧板革綴短甲、方形板革綴短甲）または冑（小札革綴冑）のみを有する事例が大多数を占めている状況が読みとれる。こうした前期の状況は、甲冑出土例の少なさやその個体差に示されるように、甲冑の生産が量産化以前の小規模かつ個別的な段階にとどまっていたことによるものであろう。それ

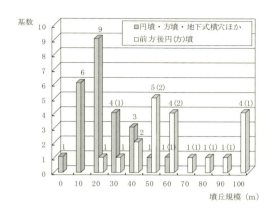

図19　規模別眉庇付冑出土古墳数（中期中葉〜後葉）
＊括弧内は金銅装（製）眉庇付冑出土古墳数の内訳

は、生産上の問題もさることながら、整った武装により自らの地位を誇示するような使用者側の要請がいまだ乏しかった事情を反映したものとも考えられる。

　中期前葉には、形式的に統一された長方板革綴短甲や三角板革綴短甲とともに三角板革綴衝角付冑が出現し、冑と甲をセットで副葬する事例が一定の割合でみられるようになる。また、頸甲や肩甲もこの時期のうちに出現し、それらとの組み合わせをもつ事例があらたに加わる。しかし、この時期には、冑をともなわない事例が依然として高い比率で存在することも事実である。この点については、この時期に冑の有無による武装の差が生じたものとみられなくもないが、前方後円墳においてむしろ冑をともなう事例が少ないこと、さらには冑をともなわず短甲に頸甲や肩甲をともなう事例が存在することなどから、組み合わせの不備は、あらたな生産段階に入ったとはいえなお軌道に乗るまでに時日を要した甲冑の生産体制を多分に反映したものと推察される。そのことは、墳形の違いにかかわらず冑と甲の組み合わせをもつ事例が圧倒的多数を占めるようになる中期中葉の状況からも整合的に理解しうる。すなわち、中期中葉になると、鋲留技術が導入されるとともにあらたな甲冑形式として眉庇付冑と小札甲が加わり、甲冑生産がいっそうの進展をみせる中で冑と甲が同数程度生産され、使用者側において少なくとも冑と甲のセットを充足しうるような状況が生まれたものと考えられる。

　ところが、中期後葉になるとそうした状況に大きな変化が訪れる。図18が示すように、前方後円墳では中期中葉と同様に冑と甲をあわせもつ事例が大多数を占めるのに対し、円墳や方墳などでは冑と甲をあわせもつ事例が全体の50％以下に減り、かわって甲のみからなる事例が多数を占めるようになる。しかもその大半は短甲1領のみの事例で、革製草摺などをともなった例が若干存在するものの、そのほとんどは付属具をいっさいともなわないものである。

　こうした中期後葉の変化は、冑と甲で身を固めた前方後円墳被葬者とは異なる、より簡略な武装によって象徴されるような円・方墳被葬者がひろく出現したことをうかがわせる。このような墳形の違いによる甲冑の組み合わせの差異は、すでに中期前葉の段階で存在していた可能性があり、少

なくとも甲冑生産が軌道に乗り始めた中期中葉に短甲1領副葬の事例が存在することは、そうした差異の初現が中期後葉よりも前にさかのぼることを示している。しかし、中期後葉に顕在化した短甲の1領副葬は、円・方墳被葬者の半数を上回る規模で展開しており、その同調性が高い変化の背景には、簡略な武装によって性格づけられる円・方墳被葬者の広範な出現を促す甲冑供給者側の積極的な意図が存在していたものと推察される。

以上の整理をふまえるならば、前期から中期中葉にかけての甲冑の組み合わせは、基本的には各時期における甲冑生産の到達度を反映したあり方を示し、墳形や規模の差に予想される使用者の階層的位置にかかわらず、その副葬はほとんど質的な差をともなわずに展開していたといえそうである。ただし、中期中葉には眉庇付冑と衝角付冑、短甲と小札甲の保有状況に何らかの差が生じていた可能性はある。古墳時代の冑の中でひときわ華麗さを誇る金銅装（製）の眉庇付冑については、前方後円墳と比較的規模の大きい円墳からの出土例が目立っている（図19）。したがって、こうした甲冑形式の多様化やほぼ時を同じくする装飾的な馬具の出現が、古墳被葬者間における武装上の質的な序列化を促進する契機となったことは、全体の趨勢として認められるであろう。しかし、次節で取り上げるように、中期中葉には複数の甲冑を出土した古墳がより顕著なかたちで各地に展開していることも事実であり、墳形に対応するかたちで甲冑の組み合わせに明確な差が現れてくる中期後葉との比較においてみれば、その差はなおも量的な関係を基軸とするものであったと理解したいのである。

この点をさらに掘り下げるため、次に多数の甲冑を出土した古墳に焦点を絞り、甲冑の供給体制について検討を加えてみたい。

第4節　甲冑供給体制の変化

被葬者生前の着用品とみられる1埋葬施設1組の甲冑とは異なり、同一施設から数多くの甲冑セットを出土した古墳として、大阪府黒姫山古墳（前方部石室：24組）、同野中古墳（第1列：10組）、福岡県月岡古墳（8組）、京都府久津川車塚古墳（5組）などが挙げられる。これらのうち、後二者は埋葬施設にともなった例であるのに対し、前二者は人体埋葬が認められない副次的施設にともなった例である。

かつて北野耕平はこれらを取り上げ、野中古墳のように小規模古墳の副次的施設から多数の甲冑が出土した例については、すでに当時の畿内中枢において大型前方後円墳被葬者が恒常的な武器の供給を保証され、その管理が配下に委ねられた結果、甲冑の配布主体である首長の死に際して甲冑の供献がおこなわれたとの見方を示した。また、その一方で、畿内中枢から離れた月岡古墳や久津川車塚古墳のように、各地域で第一級の規模をもつ前方後円墳の埋葬施設から多数の甲冑が出土した例については、甲冑の供給を畿内に依存する状況下で、地方首長自らが甲冑の所有と管理に携わる姿を想定した（北野 1969）。

こうした北野の所論は、甲冑出土古墳のあり方に畿内中枢とそれ以外の地域における支配体制の差を読みとろうとした点に優れた先見性を認めうるものであるが、野中古墳のような事例を第三者

からの供献と想定することについてはなお明確な論拠に乏しい。むしろそこでは、北野も供献の前提として認識する甲冑の保有や配布という観点に即しての分析が有効であろう。つまり甲冑の多量集積は、それを可能にするに足る数量以上の甲冑が古墳の被葬者やその次代を担うべき者の周囲に存在し、その管理や流通の掌握がおこなわれていたことの認識にもとづいて検討する必要がある。その意味では、同様の認識からこの問題に精力的に取り組んだ藤田和尊の見解には学ぶべき点が多い（藤田 1988・1993b）。

藤田はまず、「最新相甲冑セット」を主体とした大量の武器・武具を陪冢もしくはそれに類する施設に埋納するものを「野中パターン」とし、そのいずれもが巨大古墳を含む百舌鳥・古市古墳群に存在することから、当該古墳群では遅くとも中期中葉に陪冢被葬者等に職掌を委ねた「武器・武具集中管理体制」が成立していたとみる。また、それとは別に、新旧の形式を取り混ぜた甲冑の大量埋納を、その地域や墳丘形態、埋納施設なども条件に加えながら「墓山パターン」「月の岡パターン」「鶴山パターン」の三者に分類し、中期中葉から後葉にかけてそれらが地方へ拡散する現象を「在地主導型武器・武具集中管理体制」の成立と評価する。つまり、藤田の言によれば、「百舌鳥・古市地域から配布された甲冑は、墓山・月の岡・鶴山各パターンによって示される古墳の被葬者の下に一括して集中的な管理がなされ、さらに各々の配下へと再配布が行われた」（藤田 1988：477頁）というのである。

このように「甲冑大量埋納墳」を基点として甲冑の配布関係をとらえようとする視点は重要である。しかし、編年観の違いなどによる事実関係の把握とその解釈において私見は多少異なっている。

表25は複数の甲冑を出土した古墳を時期ごとに集成し、冑と甲をあわせた数量の多い順に配列したものである。なお、ここで取り上げたのは同一施設からの出土が明らかなもので、出土状況や甲冑の型式内容が不明なものはひとまず除いてある。

明らかに撹乱を受けているもの以外で冑の数が甲の数を上回る事例は稀なので、さしあたり甲の数を中心にこれをみていくと、前期には方形板革綴短甲2領が出土した奈良県上殿古墳のみが知られ、中期前葉には長方板革綴短甲と三角板革綴襟付短甲をあわせて計3領が出土した大阪府大塚古墳第2主体部東槨を最多例とし、2領出土例が3例認められる。次の中期中葉になると、三角板革綴襟付短甲と鋲留短甲を計10領出土した大阪府野中古墳第1列を筆頭に、福岡県月岡古墳で8領、京都府久津川車塚古墳と兵庫県雲部車塚古墳でそれぞれ5領、滋賀県新開古墳で4領というように、冑とあわせ4組以上の甲冑セットを出土した多量集積例が顕著にみられるようになる。ところが中期後葉になると、各期を通じて最多量を誇る大阪府黒姫山古墳が認められるものの、それ以外の確実な例では甲3領以下のものに限られてくるようである[10]。

複数の甲冑が個人に副葬されるにいたった経緯については、依然として不明な点が多い。古墳被葬者がその生存期間のうちに複数回にわたって甲冑の配布を受けた可能性や前代からの伝世品を一部に含むケースも当然考慮しておかなければならない。いずれ個別事例の検討からそれらを弁別していく必要があるが、ひとまず以上にみた結果を古墳が所在する地域や墳形なども加味して再度眺めれば、王権中枢地域（百舌鳥・古市古墳群とその近辺）以外に所在する前方後円墳で長持形石棺の周囲に4組以上の甲冑セットを配した多量集積例は中期中葉に集中して認められ、中期後葉には

王権中枢地域以外の古墳で4組以上の甲冑セットを出土した例は存在しないという事実が浮かびあがる。つまり、藤田が設定した「月の岡パターン」は中期中葉に限定され、中期後葉には甲冑の数量において劣る「鶴山パターン」に移行しているとみられるのである。(11)

いまこのように事実関係を認識したうえで、これまでの検討結果も考慮に入れて、甲冑の保有や供給をめぐる各期の特質を次のように理解しておきたい。

まず、甲冑生産が低調な前期の段階では、前方後円墳を中心とした1古墳1領の副葬が支配的で、2領副葬例は例外的な存在であることから、この時期の甲冑は主として前方後円（方）墳に葬られた首長間の関係にもとづいて限られた数量が流通し、その保有も首長による個人使用の量を逸脱するものではなかったと考えられる。

つづく中期前葉にも複数の甲冑を出土した例は少なく、基本的には1古墳1領というあり方が継続して認められる。ただし、この時期には甲冑を副葬する円・方墳被葬者が著しく増加しており、彼らがどのような経路で甲冑を入手したのかという問題が浮上してくる。いまのところ、この時期の大型前方後円墳の良好な調査事例に恵まれず、そのまとまった副葬品の内容はほとんど明らかにされていないが、副次的施設から多量の武器が出土した事例は知られていることから、そうした古(12)墳が所在する地域では、その被葬者とみられる有力首長が武器管理・供給の基点になり、甲冑の供給にもその裁量がおよんでいた可能性は考えられよう。その場合、甲冑多量集積例の不在は、甲冑の組み合わせに依然不備をきたすような中期前葉における甲冑生産のあり方を反映したものとして理解できなくはない。むろんそうした古墳が存在しない地域では、より直接的なかたちで王権中枢からの供給がおこなわれた可能性を考えておく必要があろう。

中期中葉に入ると、王権中枢地域では小規模な古墳の副次的施設に多量の甲冑を集積した例が認められるようになる。これは、すでに指摘のあるように、甲冑の管理が配下の分掌組織に委ねられたことの反映とみてよかろう（北野 1969）。一方、王権中枢を離れた地域では、地域内で第一級の規模を誇る前方後円墳に甲冑を多量に副葬した例がみられるようになることから、地方においては有力首長のもとで甲冑の管理が行われ、中小古墳被葬者などへはそこからさらに甲冑の供給が行われていた可能性が考えられる。

ところが中期後葉になると、複数の甲冑を副葬した古墳でもその数量は中期中葉に比べて全般に減少し、4組以上の甲冑を集積した例は王権中枢地域以外では認められなくなる。これは、地域首長による甲冑管理の規模が相対的に縮小したことを意味するものと思われ、他方でこの時期に甲冑出土の円・方墳が飛躍的に増加することを想起するならば、そうした古墳の被葬者を対象とした甲冑の供給が、より直接的なかたちでヤマト王権により推し進められた状況が想定されよう。

こうした中期中葉と中期後葉における甲冑供給体制の違いを実証的に解明するためには、第2章で試みたような甲冑同工品に関する分析をさらに進めていく必要がある。その作業は緒についたばかりであるが、現状の整理からも、大阪府野中古墳に副葬された鋲留短甲には細部の特徴を共有する製品群の存在が認められ、それらについては製作単位を保持したまま一括供給された製品である可能性が考えられる。また、福岡県月岡古墳に副葬された眉庇付冑8鉢については同一工房における製作が想定されており（児玉編 2005）、そこには地方有力首長に対する一括供給の可能性が指摘

表25 同一施設から複数の甲冑を出土した古墳

時期	古墳名	墳形	規模	冑	甲	頸甲	衝角	眉庇	方革	長革	三革	三鋲I	横鋲I	三鋲II	横鋲II	横鋲III	小札甲	備考
I	奈良・上殿	円	23		2				②									
II	大阪・大塚第2主体東槨	円	56	2	3	1	②			①	②							
II	大阪・盾塚	帆立	64	1	2	1	①			①	①							
II	富山・谷内21号	円	30		2	1					②							
II	奈良・高山1号	方	23		2						②							2体埋葬
III	大阪・野中第1列	方	28	10	10	7	③	⑦				③	④	③				
III	福岡・月岡■	方円	95	8	8	8?		⑧				④	②					革綴鋲留併用短甲2
III	京都・久津川車塚■	方円	183	5	6	3	⑤					⑤						
III	兵庫・雲部車塚■	方円	158	5+	5+	+			○				○					
III	滋賀・新開南棺	円	36	5	4	2	①	④		①	①	①						矢羽根形板鋲留短甲1
III	大阪・珠金塚南槨	方	27	3	4	3	①	①				②						2体埋葬、革綴短甲1
III	大阪・西小山	帆立	50	3	3	1	②	①				②					①	
III	大阪・七観第2槨	方	55	2	2	1	②				①	②						平行四辺形板革綴短甲1
III	兵庫・茶すり山第1主体部	円	90	2	2	1	②			①	①							
III	兵庫・小野大塚	円	45	1	2		①				①		①					
III	奈良・今田1号	円	22	1	2	1	①				①	①						撹乱
III	福岡・稲童21号	円	22	1	2	1	①					①	①					
III	福井・向山1号	方円	49		2					②								
III	千葉・八重原1号	円	37		2						②							
IV	大阪・黒姫山前方部石室	方円	114	24	24	11	⑪	⑬					○					
IV	山梨・王塚	帆立	61	3	3	1	①	①								①		不明
IV	群馬・鶴山	方円	102	2	3	2	①	①		①					①			
IV	福岡・塚堂前方部石室	方円	91	2	3	+	①									①		横矧板革綴短甲1を含む
IV	茨城・三昧塚	方円	85	1	3	1	①									①		横矧板革綴短甲1を含む
IV	京都・宇治二子山南	方	34	1	3	2	①						①	①				
IV	宮崎・西都原4号	地横	27		3											③		
IV	奈良・後出2号	円	13		3										②	①		2体埋葬
IV	大阪・唐櫃山	帆立	53	4	2	2	②	②										撹乱
IV	大阪・長持山	円	40	2	2		②									①		撹乱
IV	大阪・土保山	円	30	2	2		②											
IV	宮崎・下北方5号	地横	23	1	2	1	①			①			①					
IV	和歌山・大谷	方円	70	1	2		①									①		
IV	熊本・江田船山	方円	61	1	2	1	①									②		横矧板革綴短甲1を含む
IV	長野・溝口の塚	方円	55	1	2	1								①				
IV	東京・御嶽山	円	42		2									①				
IV	福岡・真浄寺2号	円	30		2											①		2体埋葬
IV	新潟・飯綱山10号東石室	円	40		2										②			
IV	奈良・新沢109号	方方	28		2											①		
IV	茨城・上野	方円?			2													

(1) I：前期、II：中期前葉、III：中期中葉、IV：中期後葉
(2) 衝角：衝角付冑、眉庇：眉庇付冑、方革：方形板革綴短甲、長革：長方板革綴短甲、三革：三角板革綴短甲（襟付短甲を含む）、三鋲I：三角板鋲留短甲I式、横鋲I：横矧板鋲留短甲I式、三鋲II：三角板鋲留短甲II式、横鋲II：横矧板鋲留短甲II式、横鋲III：横矧板鋲留短甲III式、方円：前方後円墳、方方：前方後方墳、帆立：帆立貝式古墳、地横：地下式横穴
(3) ■を付した古墳は、埋葬施設に長持形石棺を採用したもの。

できる。現状では一部の認識にとどまるものの、これらの事例はきわめて重要であり、中期中葉には甲冑の一括供給と再配布というパターン（間接配布型）が存在していたことをうかがわせるものである。

一方、同じく第2章で述べたように、中期後葉には同一古墳群や特定の地域に同工品とみられるような製品がまとまって分布するケースが認められる。そこに想定されるのは、製品のまとまった移動もしくは入手機会を共有する人の動きであるが、先にみた地方における甲冑複数出土古墳の動向をふまえるならば、後者の可能性も多分に考えられよう。それは、使用者（甲冑出土古墳被葬者）に対するより直接的な甲冑の供給パターン（直接配布型）を示唆するものである。

以上にみたように、甲冑複数出土古墳の動向からうかがえる甲冑供給体制の変化は、甲冑同工品に対する認識からも裏付けられる可能性がある。それらをふまえて甲冑の供給体制を推察すると、首長間の関係により少量の甲冑が流通していた前期の段階から、中期前葉～中葉には地方の有力首長を媒介とする供給体制が整えられ、ヤマト王権との直接的なかかわりも含めて、円・方墳被葬者への甲冑の供給が拡大していったものと考えられる。しかし、中期後葉になると甲冑の供給体制に占める地方首長の役割が相対的に低下し、ヤマト王権の主導による直接的な甲冑の供給が中小古墳の被葬者を対象としてさらに広域化していったとみることができるであろう。

第5節　古墳時代前・中期の軍事組織

これまでの検討をつうじて、甲冑出土古墳被葬者の階層的、地域的拡大過程を明らかにするとともに、中期後葉には短甲1領副葬に示されるような古墳被葬者間における武装の差別化が進行したらしいこと、同じころ甲冑の供給体制にも変化が生じたであろうことを指摘した。ここでは、そうした甲冑出土古墳の理解をもとに、先学の諸説も参考にしながら、古墳時代前・中期における軍事組織のあり方についての考えをまとめてみたい。

まず前期においては、甲冑出土古墳の大半が前方後円（方）墳によって占められていることから、ヤマト王権と各地域首長との軍事面でのかかわりは、いわば盟約的関係を取り結ぶにとどまるものであったと推測される。つまりこの段階では、各地域首長の傘下に連なる成員の編成にいたるまで王権の影響力は及ばず、実質的な軍事力は各地域首長のもとに保持されたままであったと考えられる。そもそもこの時期の甲冑は武器類などとともに棺外への副葬を原則としており（藤田1989）、棺内に副葬された銅鏡や腕輪形石製品などとは被葬者との親近性において一線を画している。これは、松木武彦も指摘するように（松木1992）、この時期のヤマト王権と地域首長の政治的結びつきが銅鏡や腕輪形石製品の分有に象徴されるような祭祀的色彩の強いものであり、軍事組織そのものがそこから分化した独自の体制を整えたものではなかったことを意味するものであろう。しかし、そうした状況にありながら、前期の巨大前方後円墳が継起的に築造された大和では、すでに前期のうちに小規模円墳における甲冑の副葬が認められ、さらに下位の階層を取り込んだ軍事編成がいち早く進行していたとみられる点は注目される。

このような前期のあり方から一転して、中期前葉には甲冑を出土する円・方墳が西日本を中心に

急増する。これは、軍事面での実質的役割を担う中小古墳被葬者を取り込んで、ヤマト王権を中心とする軍事組織がより実効性を高めたことを物語るものであろう。このころ、中小古墳を中心に甲冑の棺内副葬がひろがり（藤田 1989）、軍事的性格を際立たせた被葬者の存在が明確化することも、こうした理解の裏付けとなる。現状では大型前方後円墳の内容に不明な点が多いが、ひとまず武器を多量に集積した例の存在を重視し、この時期には大型前方後円墳に葬られた有力地域首長のもとに周辺の中小古墳被葬者を加えた軍事組織が各地にあらたに形成されはじめたものと考えておきたい。ただし、周辺に同時期の大型前方後円墳が存在しない甲冑出土の円・方墳などについては、それらの被葬者とヤマト王権との軍事的関係がより直接的なものであったと考えられるが、その存在形態をみると、前期古墳（前方後円墳）からの首長系譜が考えられるものや、前期古墳の空白地域に築かれた同時期では地域内最大の規模をもつものが少なくない。前者については、前期以来の政治的地位に変更があり、軍事活動を中心にヤマト王権に対する従属性を強めた地域首長の姿が、後者については、この時期にあらたに軍事組織に組み込まれた新興地域首長の姿が想定されよう。中期前葉から本格的に始動したとみられるこのような軍事組織は、甲冑を多量に集積した大型前方後円墳が各地に出現する中期中葉に典型的なあり方を認めることができる。

　ところが中期後葉になると、それまで進められてきた軍事編成の動きにさらに大きな変化が生じたものと思われる。この時期には、九州を筆頭に中部、関東において甲冑出土古墳が飛躍的に増加し、その多くは10～20m台の円・方墳である。しかも、その半数以上には短甲1領副葬が認められ、甲冑がセットで副葬された地域首長（前方後円墳被葬者）とは武装上の認識において区別されていたとみられる。また、この時期には王権中枢地域以外で4組以上の甲冑を集積した古墳が認められなくなり、甲冑の供給体制に占める有力地域首長の役割が相対的に低下したことが予想される。これらを考えあわせるならば、中期後葉には中小古墳被葬者を対象としたヤマト王権による直接的な軍事編成が、より明確な階層性（武装の認識秩序）をともないながら広域に展開されたことが想定され、それは同時に軍事編成における有力地域首長の関与を排除する動きであった可能性が高いとみられる。

　このようにみてくると、軍事組織が未発達な前期の段階を脱し、実質的な軍事力を傘下に加えた中期前葉には軍事組織上の大きな画期が認められよう。松木武彦は、このころあらたな武器・武具体系への転換がはかられ、それを入手した首長と前期の武器・武具体系をもつ首長との系譜的連続性が乏しいことから、そこに政治体制における軍事面での再編があり、中央政権直属の戦闘組織が各地に扶植・形成され始めたと説いている（松木 1992）。直接的な軍事組織化への動きを的確にとらえた意見であるが、地方の有力首長が軍事編成に果たした役割を少なからず認める立場からすれば、この段階では中小古墳被葬者をヤマト王権が直接徴発するような軍事編成の動きは、なおも部分的に拡大されたにすぎないという側面にも注意しておきたい。つまり、「軍事組織の裾野を担う中小首長」（都出 1991）の編成は、中期前葉から中葉の段階では、地方の有力首長の軍事指揮権を温存、利用するかたちで実現に向かった場合が少なくなかったとみられるのである。

　これに対して中期後葉には、中小古墳被葬者を直接の対象とした軍事編成がさらなる階層的拡大をともないながら広域に実現された。これは、有力な地方首長の関与を排し、ヤマト王権が実質的

な軍事力を直接的に編成するかつてない積極的な施策に乗り出したことを意味するものであろう。こうした動きがあらたに進行したことは、複数の甲冑を出土した古墳において新旧の鋲留短甲を合わせもつ事例（Ⅰ式とⅡ・Ⅲ式の組み合わせ）がほとんど存在しないという事実によっても裏付けられる（表25）。ここにヤマト王権の直接的な関与による軍事組織が広域に展開したことを認め、あらたな局面を迎えたこの時期を、中期前葉にも劣らない軍事組織形成上の重大な画期をなすものと評価したい。

第6節　古墳時代中期後葉の画期

　本章で述べてきた古墳時代前・中期における軍事組織の形成過程を全体としてとらえるならば、ヤマト王権の中枢部に胚胎した階層的秩序をもつ軍事組織が常に自らの機構改革を先行、充実させながら、当初は各地の有力首長の在地支配に依存しつつ編成していた地方の軍事力を、段階的にその傘下に組み入れていった過程と理解されよう。もちろん、王権による軍事組織が拡充されたとはいえ、その実質的役割を担う中間層は依然として在地の支配関係に根ざした中小首長層であったと考えられることから、その点を見過ごした過大評価は危険である。

　すでに指摘されているように、古墳時代後期になると甲冑の副葬はむしろ前方後円墳において多く認められるようになる（川西 1988）。その点のみをとらえれば、地方における軍事編成の基点は、中期後葉の段階から一転して再び前方後円墳被葬者の手に委ねられたかにみえる。ただし、第7章および第8章で論じるように、古墳時代後期の前方後円墳被葬者は、中期前葉〜中葉の大型前方後円墳被葬者とは異なる政治構造によって立つ、のちの評（郡）域程度を基盤とする地域首長であったと考えられる。その点で、中期前葉〜中葉の大型前方後円墳被葬者と同一視できないことは明らかである。

　いずれにせよ古墳時代後期以降は、上位者に対する装飾付大刀などの分与と鉄鏃など一部の武器の在地生産を背景として、あらたな政治的枠組みのもとで地方の軍事力が整備されていったものと考えられる。中期の大型前方後円墳被葬者とはその政治的基盤を異にするとはいえ、そこでも地域首長の在地支配に依存するかたちで軍事力の整備が進められていることは、古墳時代における軍事組織の歴史的評価を考えるうえで重要であろう。また、そのように考えると、有力首長の関与を排するかたちで中間層の広域的な軍事編成が進められた中期後葉という時期の特異性があらためて浮き彫りとなってくる。これらの点については、第Ⅱ部の議論をふまえたうえで、あらためて終章で言及することにしたい。

註
（1）複数の埋葬施設から甲冑が出土した場合も、1古墳として集計した。
（2）佐賀県熊本山古墳は、直径30mほどの墳丘が存在したともいわれるが定かでない［木下・小田 1967］。
（3）京都府久津川車塚古墳（183m）［梅原 1920］、兵庫県雲部車塚古墳（140m）［阪口編 2010］、福岡県月岡古墳（95m）［児玉編 2005］。

（4）近畿については令制の畿内五国に、丹波、丹後、近江、伊賀、紀伊の各国を加えた範囲とした。
（5）ここでの検討は、甲冑セットのあり方に被葬者の地位・身分が反映されるとした田中新史の先見（田中新 1975）によるところが大きい。
（6）短甲と小札甲をともに出土した事例についてみると、出土位置に差が認められる場合はいずれも小札甲が棺内から出土している（奈良県新沢109号墳、和歌山県大谷古墳、茨城県三昧塚古墳）。ここでは、出土位置にみられる傾向から被葬者への帰属性の強さを判断し、両者を出土した事例については小札甲を含む分類として取り扱った。なお、ここでは器物のみを納めた施設から出土した事例は算入していない。
（7）冑と甲が同一埋葬施設から出土した例としては、ともに前方後円墳である京都府椿井大塚山古墳と同瓦谷古墳第1主体があげられる［樋口 1998、石井・有井・伊賀ほか 1997］。
（8）この時期における甲冑の編年研究をふまえて検討する必要があるが、冑と甲の組み合わせに欠ける事例は、中期前葉の中でも相対的に古く位置づけられるものが多いとみられる。
（9）前方後円（方）墳で甲のみが出土している事例のうち、中心的な埋葬施設からの出土が明らかなものは、中期中葉では2例中1例、中期後葉では4例中1例にとどまる。
（10）古市古墳群に属する大阪府唐櫃山古墳では、撹乱を受けた埋葬施設から衝角付冑2、眉庇付冑2、短甲2が出土しており、本来冑と同数の短甲が存在した可能性も考えられる［北野 2002］。
（11）藤田は当初、「鶴山パターン」が中期後葉にほぼ限定されることを述べるとともに、中期後葉における「月の岡パターン」の併存を認めていた（藤田 1988）。この点は筆者の認識と異なるが、その後月岡古墳出土遺物の詳細な資料報告［児玉編 2005］を受け、月岡古墳の時期を従来よりもさかのぼらせて理解する修正案を示している（藤田 2006）。
（12）たとえば、京都府恵解山古墳（128m）では、前方部に設けられた副次的な施設から200点以上の鉄刀剣（ヤリを含む）をはじめとする多量の鉄製武器が出土している［山本ほか 1981］。なお、王権中枢では、奈良県メスリ山（235m）［伊達編 1977］にみられるように、すでに前期の段階で副次的施設に多量の鉄製武器を納めた事例が知られている。こうした現象は、甲冑を副葬した小規模古墳が大和においていち早く出現することとも無関係ではあるまい。
（13）東京都野毛大塚古墳（82m）［櫻井・甘粕ほか 1999］、京都府産土山古墳（50m）［梅原 1940・1955］など。
（14）京都府私市円山古墳（71m）［鍋田ほか 1992］、山口県赤妻古墳（40m）［弘津 1928］など。

第Ⅱ部
古墳の存在形態と政治構造

第4章　古墳時代前半期における小型古墳の展開
　　　　――志太平野における事例分析――

第1節　小型古墳研究の視角

　古墳時代は、東北南部から九州にいたる日本列島の広い範囲に前方後円墳をはじめとする数多くの特殊な墳墓＝古墳が営まれた時代である。古墳には、前方後円墳のほかに前方後方墳や円墳、方墳などの墳丘形態があり、それらには前方後円墳を頂点とした規模の格差が認められる。これを墳形と規模の二重原理にもとづく身分表示システムとみて、古墳時代には一定の身分秩序をともなう汎列島規模の政治秩序＝前方後円墳体制が成立したとする学説（都出 1991）が提起されたことは周知のとおりである。また、前方後円墳に代表される大型古墳は古墳時代をつうじて各地で安定的に営まれていたわけではなく、墳形や規模の変化、造営の断絶という現象をしばしばともない、その発現期は近畿中央部における巨大古墳の変動期と一致する場合が少なくない。このことも中央と地方を結ぶ政治秩序の形成を前提として理解され、中・小型古墳を含めた検討からは政治的階層構成の段階的な変化にも議論がおよんでいる（和田 1998）。そうした成果によれば、地方をも巻き込んだ古墳の変動は、たんに王権中枢における勢力関係の変化という事態にとどまらず、政治構造の変革という国家形成史上きわめて重要な契機を内包するものであったと考えられる。墓制としての認識を前提としつつも、古墳が示す政治的性格の分析が当該期の列島社会を解明するうえですぐれて有効な方法であることは認めてよいであろう。

　さて、以上のような古墳の分析において前方後円（方）墳の存在が大きな役割を果たしてきたことはいうまでもないが、列島各地での存在形態についてみると、その造営時期に顕著な偏りを示す地域が認められる。本章で取り上げる静岡県中部の志太平野もそうした地域の一つで、これまでに確認されている5基の前方後円墳はすべて古墳時代後期に営まれたものである[1]。すなわち、志太平野には古墳時代前・中期の前方後円（方）墳は見あたらず、その一方で、前期から中期前半にかけては20m規模以下の小型古墳が多数営まれるというきわめて特徴的な現象が認められるのである（図20）。これは、山塊を隔てて東側に位置する静岡・清水平野において前期以来の前方後円（方）墳が営まれていることとは対照的である。このような古墳時代前・中期における前方後円墳の不在と小型古墳の盛行という現象をどのように理解するのかは、志太平野の地域史を明らかにするうえではもちろんのこと、古墳時代における政治構造の一端を把握するうえでも重要な問題である。

　志太平野の前・中期小型古墳については、1978年に開催された静岡県考古学会のシンポジウムにおいて最初の本格的な議論がおこなわれた（静岡県考古学会 1978）。そこでは、静岡市谷津山古

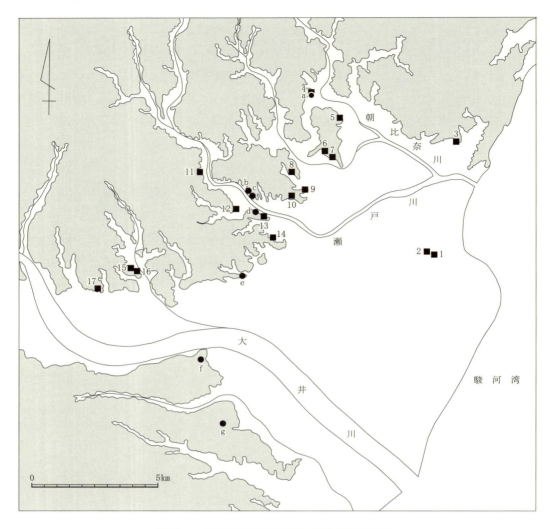

図 20　志太平野の関連遺跡分布図（1/150,000）
1　道場田・小川城遺跡　2　小深田西遺跡　3　谷山 1 号墳　4　高田観音前 1 号墳　5　仮宿沢渡古墳群　6　東浦古墳群　7　女池ヶ谷古墳群　8　五鬼免 1 号墳　9　釣瓶落古墳群　10　若王子古墳群　11　寺島大谷 1 号墳　12　谷稲葉高草古墳群　13　西之宮 1 号墳　14　秋合古墳群　15　鳥羽美古墳　16　城山古墳　17　旗指 3 号墳
a　高田観音前 2 号墳　b　荘館山 1 号墳　c　荘館山 2 号墳　d　五州岳古墳　e　岩田山 31 号墳　f　愛宕塚古墳　g　中原 3 号墳

墳（柚木山神古墳）に代表される静岡・清水平野の前方後円墳を「畿内的古墳」とする一方で、志太平野に分布する前期の小型古墳を弥生時代台状墓の系譜をひく「在地的古墳」と位置づけ、同平野ではそうした系譜につらなる墳墓が 5 世紀中頃まで存続したとする見解が示された。その後1980 年代以降になると、志太平野では藤枝市若王子古墳群をはじめとする前・中期小型古墳の調査事例が増加していくが、同様の見方はそれらの資料にも適用され、1994 年に刊行された『静岡県史』では「在地型古墳」としての性格づけがおこなわれた（大塚初 1994：226 頁）。

　志太平野の前・中期小型古墳を弥生墓制との関係で理解する以上の見方に対して、それらの一部を初期群集墳または古式群集墳として把握しようとする意見もある。その先鞭をつけた松井和明は、

前期から後期におよぶ静岡県下の群集小型古墳を類型化し、とくに前期後葉から中期前半に主な造営期間をもつ一群（若王子古墳群など）については、すでに弥生墓制の系譜から脱し、大型古墳との関係で理解しうる存在であると指摘した。つまり、それらは「中央政権が地方首長層を取り込む政治的再編成」によって出現した「初期群集墳」であるというのである（松井 1994）。

以上のように、志太平野の前・中期小型古墳に対しては、まったく異なる方向からの歴史的評価が存在する。本章では、これまでの研究動向をふまえながら、それらをいくつかの分析視点にもとづいて検討し、古墳時代前・中期における小型古墳の盛行という現象の歴史的背景を考えてみることにしたい。

第2節　志太平野の前・中期小型古墳

1　小型古墳の諸例

まずは、志太平野で確認されている前・中期小型古墳の内容を把握したうえで、具体的な問題の所在を明らかにしていきたい。なお、ここで取り扱う小型古墳とは、直径もしくは一辺が20m以下の墳墓であり[2]、比較検討をおこなう必要性から方形周溝墓あるいは台状墓とされてきたものについても取り上げることとする（表26）。

（1）道場田・小川城遺跡（図21-1）［山口・大石・巻田編 1987］

焼津市道場田・小川城遺跡は、古墳時代中期の水田跡として有名であるが、それとは別の地点で古墳時代前期初頭にさかのぼる方形墓10基が調査されている。それらは沖積地内の微高地上に立地し、互いに周溝を共有もしくは重複しながら密集して営まれている。規模は、一辺10m前後の比較的大きなもの（1・2・5号墓）と一辺5～6mの小さなもの（4・6・8・10号墓）があり、その中間的なもの（3・7号墓）も認められる。

埋葬施設は、2・5・7号墓で検出されており、いずれも箱形木棺（全長2.4～3.0m）を使用したものとみられる。

副葬品は、2号墓でガラス小玉3点が出土したのみである。このほか、7号墓では棺床からやや浮いた状態で高坏と小型器台が出土している。周溝内からは底部穿孔壺を含む多くの土器が出土しており、それらには前期初頭を中心とした編年的位置づけが与えられる。

（2）小深田西遺跡（図21-2）［山口 1984・2004］

道場田・小川城遺跡に隣接する焼津市小深田西遺跡でも前期の方形墓7基が調査されている。それらは沖積地内の微高地上で南北に分かれて検出されており、規模の大きな1・2・4号墳（一辺10～14m）は南群に集中している。

埋葬施設は、1・2・3・5号墳墓で計6基が検出されている。箱形木棺の棺材（底板）が遺存していた3号墓を含め、多くは全長3mを超える木棺を使用したものとみられる[3]。このほか、1・2号墳で検出された幅広い墓壙の存在も注目され、1号墳では同一墓壙中に2棺を設置している。

副葬品は、1号墳から重圏文鏡と玉類（勾玉、管玉、ガラス小玉）、2号墳から内行花文鏡と櫛、玉類（勾玉、管玉、ガラス小玉）、鉄製品等が出土しており、墳丘規模と副葬品に一定の対応関係

表26 志太平野の前・中期小型古墳

古墳（墳墓）名	墳形	墳丘規模	埋葬施設(棺)	棺規模	出土遺物(埋葬施設)	出土遺物(周溝等)	備考
道場田2号墓	方	10.5×10.2	箱形木棺	2.96×0.58	ガラス玉3	土師器壺	
道場田5号墓	方	10.6×9.3	箱形木棺	2.43×0.53		土師器壺5〜・小型壺2・甕2	
道場田7号墓	方	8.4×6.9	箱形木棺	2.95×0.65	土師器高坏2・小型器台1	土師器壺4	棺上土器?
小深田西1号墳	方	11×10	①舟形木棺?	3.3×0.5	重圏文鏡1、勾玉2、管玉2、ガラス玉2	土師器壺・小型坩	①②は同一墓壙
			②箱形木棺	3.0×0.4			
			③土壙	2.5×0.6	土師器壺1		
小深田西2号墳	方	13×9.3	木棺	3.8×0.5	内行花文鏡1、櫛、勾玉、管玉、ガラス玉、鉄製品		他に埋葬施設1
			木棺	2.8×0.5			
小深田西3号墳	方	5×4	箱形木棺				
小深田西5号墓	方	7×7	木棺	3.0×0.5			
谷山1号墳	円	17	割竹形木棺	4.63×0.35	鉄剣1、管玉1		粘土槨、旧高崎11号墳
高田観音前1号墳	円	13.6	箱形木棺	3.45×0.83	鉄刀1、鉄矛1、土師器壺1・高坏7		
仮宿沢渡1号墳	不整円	13.3×12.6	①割竹形木棺	5.67×0.6	土師器壺4・小型坩3・高坏1・器台2・不明1		①小土坑(礫)
			②割竹形木棺	6.08×0.75	ガラス玉2、土師器壺2・小型坩1・高坏1		
仮宿沢渡2号墳	不整円	15.9×12.8	①舟形木棺	6.7×0.62		土師器	
			②箱形木棺	5.54×1.6			
			③箱形木棺	4.08×1.44	土師器（棺上）		
仮宿沢渡3号墳	不整円	18.0×11.1	割竹形木棺	5.59×0.82	土師器壺5・小型坩4・高坏4		
東浦1号墳	方	9×7	①割竹形木棺	5.08×0.5	水晶製勾玉2、管玉9、丸玉1、ガラス玉82、土師器		1号棺に小土坑
			②割竹形木棺	?×0.65	ガラス玉2		
東浦2号墳	方	14.5×8.5	①割竹形木棺	4.9×0.7	竪櫛2、滑石製臼玉1、鉄剣1		①②小土坑(礫)
			②割竹形木棺	4.85×0.65	瑪瑙製勾玉1、滑石製臼玉1、土師器高坏1		
			③箱形木棺	不明			
			④箱形木棺	1.7×0.4	滑石製臼玉1、鉄片、土師器片		
			⑤(礫床)	1.9×0.6			
東浦3号墳	方	12.8×10.3	①割竹形木棺	6.70×0.65	竪櫛2、滑石製勾玉・白玉、土師器2（付近に朱）		①小土坑(礫)
			②割竹形木棺	?			
東浦4号墳	円	5.1	割竹形木棺	3.05×0.65	鉄鎌1、不明鉄製品1、土師器1		
東浦5号墳	方	12.4×12.4	箱形木棺	2.1×0.7		土師器片	
東浦6号墳	方	12.0×11.0	箱形木棺	2.05×0.55			
東浦7号墳	方	9.4×9.4	箱形木棺	?×0.75	滑石製臼玉43	滑石製紡錘車1、土師器壺1	
女池ヶ谷10号墳	方	9.4×6.5	割竹形木棺	3.3×0.8	滑石製臼玉1、鉄刀1、鉇1		
女池ヶ谷11号墳	方	10.7×8.2	割竹形木棺（南棺）	5.85×0.9	鉄剣1、土師器壺2・坩4・高坏3		
			割竹形木棺（北棺）	5.9×0.87	滑石製勾玉5・管玉18・臼玉44・算盤玉1、鉄剣1、鉄斧1、刀子1、土師器壺1・坩2・高坏1		
女池ヶ谷13号墳	円	13.7	箱形木棺	4.2×0.6	鉄鎌14	鉄斧1、土師器高坏1(墳頂部攪乱中)	
女池ヶ谷14号墳	方	11.7×9.0	木棺	2.68×0.9	なし		
女池ヶ谷19号墳	円	9.4	割竹形木棺	3.1×0.7	竪櫛1、滑石製臼玉3、鉄剣1、鉄鎌3、鉄鎌1、刀子1		
女池ヶ谷22号墳	方	10.7×9.3	木棺	2.8×1.4	鉄刀1		
女池ヶ谷25号墳	長円	7.7×6.6	土壙	2.55×1.05	珠文鏡1、瑪瑙製勾玉1、管玉1、ガラス玉26		
女池ヶ谷26号墳	長円	8.2×7.2	割竹形木棺	4.7×0.55	捩文鏡1、重圏文鏡1、勾玉・管玉・丸玉計170、刀子1、土師器壺1(墓壙内)		
五鬼免1号墳	円	20	木棺（西棺）	5.8×1.7	ガラス玉2、銅鏃3、鉇1、刀子1	土師器壺1	東棺は棺底円礫敷
			箱形木棺（東棺）	6.4×0.7	内行花文鏡1、櫛、鉄剣1、鉄鎌3、鉄刀1、鉇1		

第4章 古墳時代前半期における小型古墳の展開

古墳名	形状	規模	埋葬施設	棺規模	副葬品	供献土器	備考
五鬼免2号墳	方	9.1×5.5	木棺	3.8×1.26		土師器壺	棺底に円礫
釣瓶落1号墳	(舟)	13×5	割竹形木棺	4.6×0.7	紡錘車形石製品1、鍬1、土師器坩3・小型坩1・高坏1・器台1		小土坑
釣瓶落3号墳	(舟)	9×6(墳頂部)	①木棺	3.85×0.7	勾玉6、管玉2〜、棗玉3		4号墳と連接、3号棺に小土坑
			②木棺	5.1×0.6	勾玉1、ガラス玉19、臼玉5、鍬1		
			③木棺	4.8×0.55	なし		
釣瓶落4号墳	(舟)	9×5(墳頂部)	①木棺	4.1×0.55	勾玉14、ガラス玉19、臼玉5、鍬1、刀子1		3号墳と連接
			②木棺	4.3×0.6	勾玉1、ガラス玉13、鉄鏃1		
釣瓶落5号墳	不整方	12×8	木棺	?	なし		攪乱
釣瓶落6号墳	円	11	木棺	2.35×0.45	ガラス玉29		
釣瓶落9号墳	不整	?	木棺	(3.4)×0.9	勾玉1、管玉5、臼玉3、鉄斧、鍬、土師器甕1		棺側の一部に礫
釣瓶落10号墳	方	(9×6)	箱形木棺	2.7×0.8	ガラス玉		
釣瓶落11号墳	不整方	4×4	箱形木棺	1.9×0.55	ガラス玉37		
釣瓶落12号墳	?	?	木棺	2.4×0.7	須恵器甕		棺北小口に礫
釣瓶落13号墳	不整方	8×6	箱形木棺	2.5×0.7	なし		
釣瓶落14号墳	不整方	10×8	①割竹形木棺	4.7×0.65	紡錘車形石製品1、管玉、ガラス玉39、臼玉、鉄鏃1		①小土坑(礫)、②小土坑
			②割竹形木棺	(2.2)×0.5	銅鏡片、勾玉1、管玉5、ガラス玉5、鉄刀2、刀子		
釣瓶落15号墳	?	?	木棺	1.8×0.5	鉄矛1、鉄矛1、土師器壺1・高坏7		
釣瓶落16号墳	不整方	12×10	①木棺	?	管玉3、ガラス玉5、鉄剣1、鉄鏃1		
			②木棺	3.0×0.7	ガラス玉4、鉄鏃1		
若王子1号墳	円	18	①割竹形木棺	(4.8)×0.9	勾玉1、管玉20、ガラス玉56、鉄剣1、?1		①両小口に石詰、②両小口に礫、壺内に朱
			②箱形木棺	5.1×0.85	捩文鏡1、勾玉9、管玉41、ガラス玉112、鉄剣2、鉄鎌1、鉄斧1、鍬1、砥石1、土師器壺1・小型坩2		
若王子2号墳	方	14×14	①木棺	(2.2)×0.5	刀子1	土師器片	②小土坑(礫)
			②割竹形木棺	5.35×0.85	臼玉100、土師器坩1・小型坩3・高坏2・器台2		
			③木棺	2.55×0.55	臼玉32、土師器片		
若王子7号墳	円	14	割竹形木棺	5.5×0.75	櫛1、勾玉22、臼玉315、鉄刀2、鉄鎌、鉄鎌、鉄斧、刀子、鍬、砥石、土師器坩2・脚付坩4		2体埋葬、小土坑(礫)
若王子11号墳	方	11×8	木棺	3.8×0.6	鉄鏃1		棺側に礫
若王子12号墳	方	18×11	舟形木棺	6.9×0.7	車輪石1、勾玉1、管玉16、ガラス玉57〜、鉄剣1、鉄鏃1		棺底礫敷
若王子13号墳	円	12	木棺①	(2.5)×(0.6)	鉄刀1、刀子1	土師器、須恵器坏	①棺側に礫、②棺底小砂利敷
			木棺?②	(1)×0.4	ガラス玉35、鉄片		
若王子14号墳	(方)	(12)	?	?	?	土師器壺ほか	
若王子15号墳	方	8×5	木棺	3.3×0.75	ガラス玉32、臼玉12、土師器小型坩3		
若王子16号墳	円	8	木棺	2.5×0.5	管玉1	土師器坏1、須恵器坏1	
若王子17号墳	(方)	(7)	?	?	?		
若王子18号墳	円?	7?	木棺	?×0.5	なし		棺底小砂利敷
若王子19号墳	方	12×10	舟形木棺	4.85×0.75	櫛1、勾玉9、管玉3、臼玉107、鉄刀2、鉄矛2、鉄鏃63、鉄鎌2、鉄斧5、刀子1、土師器高坏5・小型坏1	土師器坩3	
若王子23号墳	方	11×8	?	?	?	土師器片	
若王子24号墳	円	12	割竹形木棺	2.8×0.4	臼玉、鉄矛1		小土坑(礫)
若王子26号墳	方	7.5×5.5	箱形木棺	(2.15)×0.85	鉄刀1		
若王子27号墳	?	?	箱形木棺	2.0×0.6	鉄鏃1、土師器小型高坏・小型坩1		
若王子31号墳	方	10×10	割竹形木棺	3.8×1.0	珠文鏡1、銅鏃1、鍬1		棺西小口に礫
若王子32号墳	不整	?	箱形木棺	2.4×0.8	なし		
若王子33号墳	不整	?	箱形木棺	2.45×0.75	なし		

寺島大谷1号墳	方	約16×12〜	箱形木棺	4.1×1.3	ガラス玉4、鉄剣1、鉄斧2、鑿1	
高草20号墳	半円	7.0×5.2	箱形石棺	1.6×0.4		土師器壺1・坏1、須恵器高坏1(表採)	石棺内施朱
高草23号墳	半円	7.5×6.0	長方形土壙	2.1×0.8		土師器壺片	
西之宮1号墳	円	?	木棺	?	二神二獣鏡、勾玉、臼玉、立花、鉄剣、鉄鏃、鐏、鉄斧、鑿、土師器壺、須恵器子持台付甑		
秋合1号墳	方	13.7×11.5	箱形木棺?	3.0×0.83	鉄剣1、鉄鏃4、鑿1	土師器壺1	棺側に礫
秋合2号墳	方	14×11	箱形木棺(北棺)	3.3×1.05		土師器壺5・小型坩5	11号墳と周溝を共有
			箱形木棺(南棺)	2.9×1.0			
秋合6号墳	不整	15×12	箱形木棺(北棺)	4.4×0.8	不明鉄片		同一墓壙
			箱形木棺(南棺)	3.75×0.83			
秋合11号墳	方	10×8.5	箱形木棺(北棺)	3.75×0.8		土師器壺2・小型坩2	北棺小口に礫、同一墓壙
			箱形木棺(南棺)	3.05×0.9			
鳥羽美古墳	方?	20×18	①箱形木棺	3.8×1.2	鉄剣2、銅鏃3、鉄鏃17、鑿1		1・2号棺とも棺底砂利敷
			②箱形木棺	3.3×1.5			
城山古墳	方	19.2×16.4	割竹形木棺	5.7×0.8	鉄剣1、銅鏃4、鑿1、刀子1、土師器壺2		棺小口に礫
旗指3号墳	方	14×11.4	箱形木棺	2.29×0.7	ガラス玉3、土師器壺1	土師器壺1	礫槨、棺上土器

(1)本表には古墳時代前期の方形周溝墓および方形台状墓とされるものを含む。
(2)丸囲み数字は埋葬施設の番号を示す。

が認められる。1号墳の周溝内出土土器は、小型丸底坩や東海西部系の二重口縁壺を含み、道場田・小川城遺跡出土土器よりも後出する前期中葉頃に位置づけられる。これらの資料から、小深田西遺跡の墳墓群は道場田・小川城遺跡の墳墓群に遅れて営まれたものと考えられる。

(3) **秋合古墳群**（図21-3、図22-1）[八木ほか1980]

焼津市域の低地部に立地する以上の2遺跡に対し、藤枝市秋合古墳群は瀬戸川西岸の丘陵上に立地している。ここでは前期の小型古墳4基が調査されているが、それらは周溝を共有する2基（2・11号墳）と他の1基ずつ（1・6号墳）が互いに200〜250m程の距離をおいて点在している。墳形はいずれも方形を基調としたもので、その長辺は10〜15mである。

埋葬施設は、1号墳で1基、2・6・11号墳で各2基が検出されている。いずれも箱形木棺（全長2.9〜4.4m）を使用したものとみられ、6号墳と11号墳では同一墓壙中に2棺を設置している。また、1号墳と11号墳では棺小口または棺側の一部に礫を配している点が注目される。

副葬品は全体に乏しく、1号墳出土の鉄器類（鉄剣、鉄鏃、鑿）が知られる程度である。6号墳を除く周溝内からは土器が出土しており、それらと1号墳出土鉄鏃（定角式、鑿頭式）から判断すると、4基の年代は前期後葉を中心とした時期に求められる。

(4) **旗指3号墳・鳥羽美古墳・城山古墳・寺島大谷1号墳・五鬼免1号墳**

秋合古墳群に属する前述の4基は丘陵上に点在し、まとまった群を形成していない。それらと同様に、単独もしくはそれに近いかたちで営まれた前期の小型古墳として、島田市旗指3号墳（図22-2）[柴田1978]、同鳥羽美古墳（同図-3）[大塚淑1978]、同城山古墳（同図-4）[大塚淑1981]、藤枝市寺島大谷1号墳（同図-5：大谷2011）、同五鬼免1号墳（同図-6）[八木1978・1990・2007]が挙げられる。これらの5基はいずれも志太平野を取り巻く丘陵上に立地しており、この点でも秋合古墳群の諸墳と共通している。墳形は、島田市域の3古墳が方形、五鬼免1号墳が円形で、寺島大谷1号墳は方形の可能性が高いと考えられている。また、それらの墳丘規模は、

図 21 志太平野の前・中期小型古墳（1）
1 道場田・小川城遺跡　2 小深田西遺跡　3 秋合古墳群　4 若王子古墳群

14〜20m（長辺または直径）である。

　埋葬施設は、旗指3号墳、城山1号墳、寺島大谷1号墳で各1基、鳥羽美古墳と五鬼免1号墳で各2基が検出されている。棺は、長大な割竹形木棺とみられる城山古墳を除いて、箱形木棺の使用が考えられる。ただし、箱形木棺の規模についてみると、旗指3号墳は全長約2.3m、鳥羽美古墳の2棺は全長3m台、寺島大谷1号墳は4.1m、五鬼免古墳の2棺は全長6m前後と、明確な差が認められる。埋葬施設で注目されるのは礫の使用で、旗指3号墳では棺小口に大型の礫を配し、棺側にも礫を並べている。また、鳥羽美古墳1・2号棺、五鬼免1号墳東棺では棺床に礫（砂利）を

敷き、城山古墳では棺小口に小礫を詰めている。

　副葬品は、ガラス玉のみの旗指3号墳に対して、鳥羽美古墳（1号棺）、城山古墳、五鬼免1号墳（東棺）では、剣＋鏃（銅鏃または鉄鏃）＋鉇という共通した組み合わせが認められる。このような組み合わせは、先の秋合1号墳とも共通している点が注目される。また、寺島大谷1号墳では鏃を欠いているものの、剣＋鉇という組み合わせは共通している[(4)]。

　以上の5基の中で年代的に古くさかのぼるのは旗指3号墳で、出土した東海西部系の二重口縁壺は、小深田西1号墳例と同様の時期に位置づけられる。また、五鬼免1号墳出土の二重口縁壺は、それよりも時期がくだる前期末頃の所産と考えられる。鳥羽美古墳、城山古墳、寺島大谷1号墳の年代については、副葬品の内容等から判断して、五鬼免1号墳に近い前期後葉を中心とした時期とみられる。

　（5）**若王子古墳群**（図21-4）［藤枝市教育委員会編 1983、八木 1990、菊池 2002］

　藤枝市若王子古墳群は、瀬戸川東岸に沿って延びた丘陵上に立地している。33基の小型古墳が丘陵の3カ所に分かれて分布し、北側の尾根には1～28号墳が群集している。発掘調査によって確認された木棺直葬墳は16基を数え、北側の尾根にはそのうちの13基が存在する。群中には古墳時代後期の横穴式石室墳6基と未調査墳7基を含んでいるが、北側の尾根における木棺直葬墳の群集傾向は明らかである。

　墳形は円形と方形が相半ばし、前期に比べると円墳が確実に増加している。なお、北側の尾根では、北半部に円墳、南半部に方墳が多いという傾向が認められる。墳丘規模（長辺または直径）は18mを最大とし、10mを超えるものが多い。

　埋葬施設には、箱形木棺に加えて長大な割竹形木棺（全長5m前後）を採用している。また、一端を舳先状に加工した「舟形木棺」の使用も想定されている。一部には、棺側に礫を配したものや棺床に礫を敷いたもの、棺床に小土坑を設けたものが存在する。

　副葬品は、墳丘規模の大きなものに集中する傾向があり、玉類、武器類（鉄刀剣、鉄鏃）、農工具類（鉄鎌、鉄斧、鉇）のほか、一部には銅鏡（1・31号墳）や車輪石（12号墳）といった宝器類の副葬も認められる。また、これらの副葬品とともに、棺内に高坏や坩などの土器を副葬した事例が存在する。

　以上の木棺直葬墳については詳細な報告がなく、造営年代に関する検討材料は限られている。箱形木棺を採用した14・17・18号墳などの小型方形墓は前期にさかのぼるものとみられ、群形成の初期に位置づけられる可能性が高いが、出土遺物がほとんどなく詳細な位置づけは困難である。それらにつづいて、車輪石や銅鏃を出土した12・31号墳などが前期後葉に営まれ、前期末～中期前葉には半数程度の木棺直葬墳が造営されたものと考えられる。一方、周溝内から須恵器片を出土した古墳については、中期中葉以降の造営とみることができる。

　（6）**釣瓶落古墳群**（図23-1）［池田 1982、藤枝市教育委員会編 1983、八木 1990、菊池 2002］

　藤枝市釣瓶落古墳群は、瀬戸川東岸の丘陵が先端で二方向に枝分かれした、北側の支丘上に立地している。前述の若王子古墳群は、西側の主丘上および南側の支丘上に立地し、両古墳群は現在の蓮華寺池を挟んで対峙した位置にある。

図22　志太平野の前・中期小型古墳（2）
1　秋合1号墳　2　旗指3号墳　3　鳥羽美古墳　4　城山古墳　5　寺島大谷1号墳　6　五鬼免1号墳　（1/500）

発掘調査がおこなわれた20基は、尾根上の400mにおよぶ範囲に分布し、木棺直葬墳は16基を数える。それらの墳形は、地山にあわせて削り出した不整形のものが多く、整然とした円形、方形を呈するものは少ない。墳丘規模も統一性を欠き、20mを超えるものから5m以下のものまで存在する。

埋葬施設では、若王子古墳群と同様に箱形木棺と長大な割竹形木棺の使用が想定される。また、棺側に礫を配した例や棺床に小土坑を設けた例が存在し、この点も若王子古墳群と共通している。

副葬品では、紡錘車形石製品（1・14号墳）の出土が目立つほか、玉類、武器類（鉄刀剣、鉄鏃）、工具類（鉄斧、鉇）の出土が認められる。なお、ここでも棺内に土器を副葬した事例（1号墳）が存在する。

釣瓶落古墳群の年代についても検討材料は限られているが、柳葉式鉄鏃が出土した16号墳などは前期後葉にさかのぼり、群形成の初期に位置づけられる。また、前期末〜中期初頭の1号墳出土土器を基準とした諸要素（埋葬施設、副葬品）の比較から、3・4・9・14号墳などは前期末〜中期前葉の時期が考えられる。一方、須恵器や土師器の甑を出土した9・12号墳のように、中期中葉以降の造営とみられるものも存在する。

（7）**東浦古墳群**（図23-2）［八木・椿原 1988］

藤枝市東浦古墳群は、葉梨川東岸の潮山から派生した丘陵上に立地している。発掘調査がおこなわれた7基はいずれも木棺を直葬したもので、南北方向の尾根に沿って列状に並んでいる。墳丘は、円形の4号墳（直径約5m）を除いていずれも方形で、長辺9〜14.5mを測る。

埋葬施設には、箱形木棺とともに長大な割竹形木棺の使用が想定される。割竹形木棺は尾根北半部の1〜4号墳に集中し、1〜3号墳の棺床には小土坑が認められる。なお、2号墳では割竹形木棺を使用した1・2号棺と箱形木棺などを使用した3〜5号棺が主軸方向を異にし、1号棺が3号棺の一部を破壊している。⁽⁵⁾この点は、本古墳群において箱形木棺から割竹形木棺への変遷を示す貴重な層位的事実である。

副葬品は玉類が中心で、竪櫛や武器（鉄剣）、農具（鉄鎌）をともなうものもあるが、全体的に貧弱である。若王子古墳群や釣瓶落古墳群と同様に、ここでも棺内への土器副葬が認められる。

以上のうち、7号墳は周溝内出土土器から前期末頃に位置づけられる。5・6号墳は出土遺物にみるべきものがないが、四隅の切れた周溝の形態と箱形木棺の採用は7号墳と共通しており、それに近接した時期と考えられる。一方、積極的な根拠は乏しいものの、2号墳における層位的事実から、割竹形木棺を採用した1〜3号墳は5〜7号墳につづく中期前葉頃と想定され、また、曲刃鎌を副葬した4号墳は中期中葉以降の造営と考えられる。

（8）**仮宿沢渡古墳群**（図23-3）［岩木 2005］

藤枝市仮宿沢渡古墳群は、朝比奈川中流域西岸の丘陵上に立地し、3基の小型古墳が隣り合う尾根の先端部にそれぞれ築かれている。いずれも自然地形を利用した築かれた不整形の円墳で、長径は13〜18mである。

埋葬施設は、1号墳で2基、2号墳で3基、3号墳で1基が検出されている。長大な割竹形木棺や舟形木棺とともに、比較的規模の大きい箱形木棺が採用されており、1号墳には棺床に小土坑を

第4章 古墳時代前半期における小型古墳の展開 105

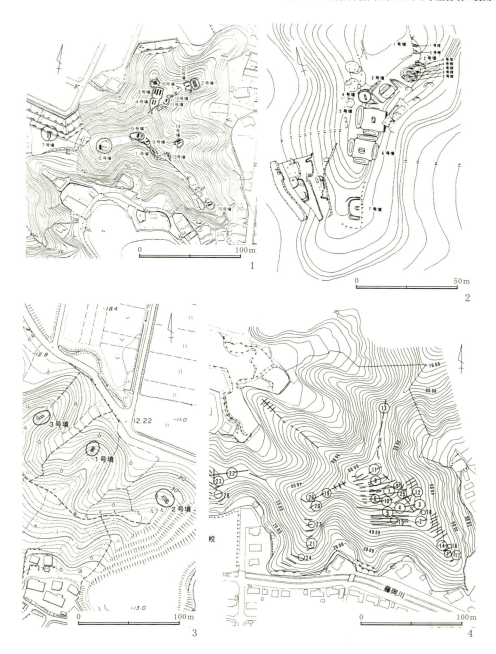

図23 志太平野の前・中期小型古墳 (3)
1 釣瓶落古墳群 2 東浦古墳群 3 仮宿沢渡古墳群 4 女池ヶ谷古墳群

設けたものが認められる。
　副葬品は、わずかにガラス玉を副葬したものが存在するものの、その多くは棺内に土器を副葬したものである。棺床に小土坑を配した1号墳SF01（1号棺）では、棺内の両端に土器を副葬しており、2体埋葬の可能性が考えられる。
　これら3基の年代については、棺内出土の土器に手がかりを求めることができる。小型坩とともにやや膨らみをもつ柱状脚の高坏や直口縁の小型壺が出土した1・3号墳は、前期末〜中期初頭に位置づけられ、折り返し口縁の壺が出土した2号墳は、それらよりも若干先行するものと考えられる。

(9) 女池ヶ谷古墳群（図23-4）[鈴木・椿原 1990]

　藤枝市女池ヶ谷古墳群は、東浦古墳群と同じく潮山から派生した丘陵上に立地している。三方に延びた支丘上に28基が分布し、そのうち発掘調査によって確認された木棺直葬墳は8基である。木棺直葬墳は、南に延びた支丘上（C区）に4基が存在するほかは、1〜2基がそれぞれ別の支丘上に点在している。墳形は方形と円形が相半ばし、墳丘規模は9.4〜13.7mである。
　埋葬施設には、箱形木棺と割竹形木棺の使用が想定されるが、後者の数が前者を上回っている。なお、ここでは礫の使用や小土坑の存在は認められない。
　副葬品は、玉類、武器類（鉄刀剣、鉄鏃）、農工具類（鉄鎌、鉄斧、鉇）の組み合わせを基本とし、25号墳（珠文鏡）と26号墳（捩文鏡、重圏文鏡）では銅鏡が出土している。また、11号墳の南北両棺には、棺内への土器副葬が認められる。
　各古墳の年代を知る手がかりは乏しいが、11号墳は棺内出土の土器から中期前葉の造営と考えられる。また、19号墳については鉄鏃と鉄鎌（曲刃）から中期中葉以降の造営と推定される。25号墳および26号墳出土の銅鏡は、ほぼ中期前葉から中葉の年代が与えられるものであり（森下1991）、これらを総合すると、木棺直葬墳が主に造営された期間は中期前葉から中葉に求められる。

(10) その他

　焼津市谷山1号墳は、粘土槨をともなう直径17mの円墳で、中期前葉にさかのぼる可能性がある［増井 1968］。一方、藤枝市谷稲葉高草20号墳および同23号墳は一辺7.0〜7.5mの方墳で、いずれも中期後半の事例とみられる［八木ほか 1981］。また、調査内容の詳細は不明であるが、木棺直葬墳6基からなる西之宮古墳群も中期中葉〜後半に形成されたものと思われる［菊池 2002］。さらに、高田観音前1号墳は、後期前葉の前方後円墳・高田観音前2号墳に隣接し、棺内に副葬された土器などから1号墳に先行する中期後葉の造営と考えられる［岩木ほか 2003］。

2　小型古墳の存在形態

　以上の内容を整理すると、志太平野における前・中期小型古墳（方形周溝墓および台状墓を含む）の存在形態は、次のⅠ〜Ⅳ類に分類することができる。
　　Ⅰ類：方形墓が溝を共有するなどして密集したもの。埋葬施設には箱形木棺を採用し、副葬品は
　　　　わずかな玉類のみである（道場田・小川城遺跡）。
　　Ⅱ類：群在する方形墓の中で規模の大きな方形墓が独立した群を形成するもの。埋葬施設は箱形

木棺を中心とし、副葬品には玉類のほかに銅鏡が加わる（小深田西遺跡）。
Ⅲ類：方形（一部は円形）の墳墓が丘陵上に単独またはそれに近いかたちで存在するもの。埋葬施設には基本的に箱形木棺を採用し、棺周に礫を配したものや棺床に礫を敷いたものがある。副葬品には、剣＋鏃＋鉇という共通の組み合わせが認められる（鳥羽美古墳、五鬼免1号墳など）。
Ⅳ類：方形または円形の墳墓が丘陵上に群在するもの。埋葬施設には箱形木棺と長大な割竹形木棺を採用し、棺床に小土坑をともなうものがある。副葬品は、玉類、武器類、農工具類を中心とし、銅鏡、車輪石などの宝器類が加わるものもある。また、棺内に土器を副葬したものが一定数存在する（若王子古墳群、釣瓶落古墳群、東浦古墳群など）。

このⅠ～Ⅳ類はおよそ時期的なまとまりを示しており、Ⅰ類は前期前葉、Ⅱ類は前期中葉、Ⅲ類は前期中葉から後葉、Ⅳ類は前期末から中期前葉を中心に造営されたものといえる。このほか、中期後半の一群についても分類が可能と思われるが、資料の内容に不明な点が多いため、ここでは分類を保留しておく。

なお、以上の分類は基本的に遺跡を単位としたものであり、個々の墳墓についてみた場合には分類の枠組みを越えた共通要素と年代的併行関係を指摘することができる。たとえば、島田市城山古墳は諸要素の組み合わせからⅢ類と考えられるが、割竹形木棺を採用する点ではⅣ類に含まれる墳墓との明確な接点をもつ。また、Ⅳ類の中には箱形木棺の採用や埋葬施設における礫の使用という点で、Ⅲ類の墳墓と共通するものが存在する。詳しい説明は省くが、Ⅲ類とⅣ類の中には、前期後葉段階に一部併行して営まれた墳墓が含まれている可能性が高い。

その一方で、遺跡を単位とした従来の理解では実態を十分にとらえられない事例も存在する。秋合古墳群は、遺跡単位では群として把握されているが、各墳墓の立地は単独またはそれに近いものである。埋葬施設や副葬品、造営時期を考慮に入れれば、秋合1号墳などはⅢ類の範疇で理解すべき存在である。

さて、いま述べたような二、三の留意点はあるものの、ここでⅠ～Ⅳ類に分類した志太平野の前・中期小型古墳（群）を全体として眺めたとき、Ⅳ類までを含めて「在地的（型）古墳」あるいは「伝統的な墓制」と一律に評価することは果して妥当なのであろうか。

すでに指摘のあるように、Ⅰ類の道場田・小川城遺跡例は、墳墓の形態や群構成、埋葬施設や副葬品の諸要素において、弥生時代の方形周溝墓群と基本的に変わるところがない（松井 1994）。また、Ⅱ類の小深田西遺跡例も多くの要素は方形周溝墓につうじるものであり、規模の大きな墳墓が一群をなしている点は、Ⅰ類段階以降に進んだ造墓集団内の階層分化を反映したものと理解できる。全体としてみれば、Ⅰ類およびⅡ類は弥生墓制との共通点を多くもつが、個々の要素をみると、やや長大な箱形木棺を採用し、Ⅱ類の副葬品に銅鏡が加わるなど、少なからぬ変化が生じていることも確かである。

Ⅲ類については、Ⅱ類の段階からさらに造墓集団内の階層分化が進行し、有力墳墓が丘陵上に単独で営まれるようになった姿とみることができる。ただし、大型の箱形木棺を採用し、礫使用の埋葬施設が出現すること、さらには副葬品に一定の組み合わせが認められるようになることは、有力

墳墓の成立に外部との交流が影響を与えていた可能性を多分にうかがわせるものである。
　Ⅰ類からⅢ類までが有力墳墓の析出過程を示しているのに対して、Ⅲ類と同様の有力墳墓を内包しながらも再び群在性をもって立ち現れるⅣ類を、その延長線上に位置づけることは困難である。それを裏づけるように、割竹形木棺に代表される長大な刳抜式木棺や棺床の小土坑、棺内への土器副葬など、Ⅳ類にはあらたに盛行、出現する要素が確実に認められる。
　以上の認識をふまえるならば、Ⅰ類からⅣ類までの小型古墳（群）が示す内容を、弥生墓制との関係のみで一面的に理解することは適当ではあるまい。もちろん、造墓集団や個々の要素の系譜関係を全面的に否定するものではないが、Ⅰ・Ⅱ類とⅢ類、Ⅲ類とⅣ類の間には少なからぬ不連続要素があり、とくに後者にはそれが顕著に認められるのである。
　ここまでの整理によって明らかなように、志太平野における前・中期小型古墳の性格を解明するためには、まず個々の墳墓要素の系譜関係を具体的に把握する作業が不可欠であり、最終的な評価はそれらの成果を十分にふまえておこなう必要があるといえよう。墳墓要素の具体的検討に際しては、墳丘や埋葬施設、副葬品に関するいくつかの分析項目が挙げられるが、以下では、筆者がとくに重要な要素と考える、①埋葬施設（棺の規模と礫の使用）、②棺床の小水坑、③土器副葬の問題に焦点を絞って議論を進めていきたい。

第3節　埋葬施設の検討

1　箱形木棺と割竹形木棺

　志太平野の前・中期小型古墳に認められる主要な棺の形態は、箱形木棺と割竹形木棺である（図24-1〜7）。また、一部では刳抜式とみられる舟形木棺（同図-8）の存在も指摘されている。これらの棺形態は、棺材が遺存していたわずかな例外を除けば、棺痕跡の形状や棺床面の構造から推定されたものである。したがって、大半の事例において木棺細部の形状や構造は不明であり、ここでは棺痕跡などから把握可能な木棺の規模を分析対象とする。
　図25は、先に示した墳墓（群）の分類と棺形態の区分にしたがって棺の規模をグラフ化したものである。上段に箱形木棺、下段に割竹形木棺と舟形木棺の規模を示したもので、棺形態の認識は原則として各報告の記載に拠っている。以下、この図が示す事実関係を把握したうえで、各木棺形態の成立事情について検討することとしよう。
　まず、箱形木棺の規模についてみると、Ⅰ類の事例は長さ2m台半ばから3m未満であるのに対して、Ⅱ類の事例は長さ3m台を中心にしていることがわかる。Ⅰ・Ⅱ類ともに幅は0.5m前後に集中しているので、両者の年代差を考慮すれば、この変化は一連の長大化傾向を示すものと考えられる。
　これに対して、Ⅲ類の箱形木棺にはやや異なる特徴が認められる。多くの事例が長さ3m台であることはⅡ類に共通するが、一部に長さ5m台後半に達するものが存在している。また、Ⅰ・Ⅱ類の事例に比べて全体に幅広のものが多く、半数の事例が幅1m以上となっている。
　箱形木棺はⅣ類にも多く存在するが、そこには明らかに規模を異にする二つのグループを認める

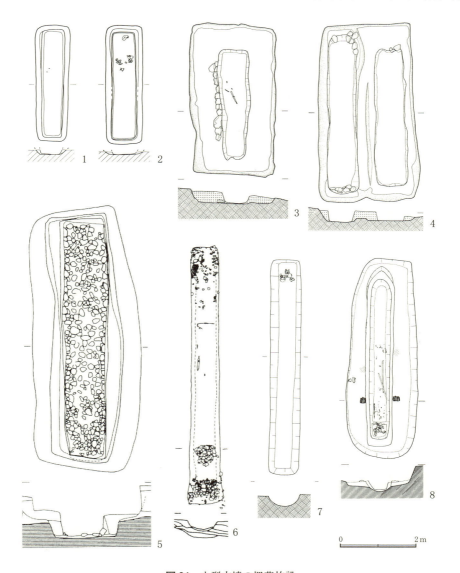

図24 小型古墳の埋葬施設
1 道場田2号墓　2 道場田7号墓　3 秋合1号墳　4 秋合6号墳　5 五鬼免1号墳東棺　6 城山古墳　7 女池ヶ谷11号墳南棺
8 若王子19号墳（1/100）

ことができる。すなわち、長さ1m台後半から2m台にまとまりをもつ多数派のグループと長さ4m以上におよぶ少数派のグループである。幅はいずれも0.6～0.8mで、Ⅰ・Ⅱ類の事例に比べてやや大きな数値を示すが、Ⅲ類ほどに幅広の傾向は認められない。むしろその幅は、同時期に盛行する割竹形木棺の一般的な幅と近似している。

次に割竹形木棺の規模についてみると、Ⅲ類の1例とⅣ類の舟形木棺2例を含めて、長さによる細分が可能である。すなわち、長さ2m台後半から3m台のもの、4m台後半から5m台のもの、および長さ6m台後半のものである。そのうち半数を占めるのは、長さ4m台後半から5m台の

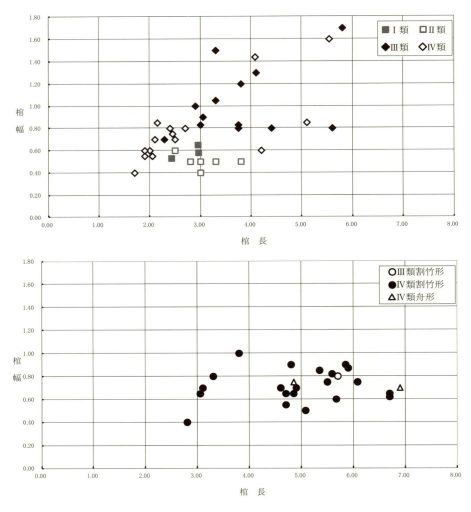

図25　木棺の規模
上：箱形木棺　下：割竹形木棺・舟形木棺

もので、長さ6m台後半の2例を含めて長大な割竹形木棺と呼ぶに相応しいものである。

　細分が可能な長さに対して、幅はほぼ0.6〜0.9mの範囲に収まっている。棺底が曲面をなす割竹形木棺において、各事例の棺痕跡すべてが木棺本来の幅を示しているとの保証はないが、それでもなお棺の幅に顕著なばらつきがみられない点は確認しておく必要がある。

　さて、以上の整理をふまえたうえでまず注目されるのは、Ⅰ・Ⅱ類の箱形木棺に認められる長大化の傾向である。この点については、松井一明による一連の研究成果が参考になる（松井 1994・1998）。松井の集成によれば、静岡県内では弥生時代をつうじて長さ2.5m以上の箱形木棺は認められず、その大半は長さ2m以下のものである。これに対して、古墳時代前期初頭の道場田・小川城遺跡には長さ3m近くにおよぶ箱形木棺（図24-1・2）が存在し、さらに次の段階の小深田西遺跡には長さ3m台のものが出現する。

こうした木棺の長大化傾向は、松井も指摘するように、伊勢湾沿岸地域の山中遺跡や川原遺跡において弥生時代後期後半段階にさかのぼって認められるものである［服部ほか 1992、赤塚ほか 2001］。それらの遺跡に特徴的とされる棺の構造は志太平野においてなお未確認であるが、小深田西1号墳で出土した東海西部系土器（伊勢型二重口縁壺）の存在を念頭におくならば、Ⅰ・Ⅱ類の箱形木棺に認められる長大化傾向は、伊勢湾沿岸地域との交流によって生じたものである可能性が高いと考えられよう。

Ⅲ類の箱形木棺（図24-3～5）については、一部に認められる幅と長さの拡大が問題になるが、幅については若干の補足説明が必要である。

幅1.2mを上回る事例は、鳥羽美古墳1・2号棺と五鬼免1号墳西棺の3例であるが、前二者はともに礫床をともなう墓壙の数値であり、これがそのまま棺の規模を示すものとは限らない。また、後者は棺痕跡の一端で幅1.7mを測るが、一方の端は幅1.1mであり、他の事例に比べて両端幅の差が著しい。かりに通常の箱形木棺を想定するならば、本来の幅はむしろ1.1mに近い数値とみられるが、他に例をみない特異な棺であった可能性も否定できない。以上の点をふまえるならば、Ⅲ類の箱形木棺が示す特徴は、Ⅱ類の事例と同様の長さを有しながら、それよりも幅広い棺が存在すること、さらには一部に傑出した長大な棺（五鬼免1号墳東棺）が存在することの2点に集約されよう。

以上のような特徴をもつⅢ類の木棺のうち、前期後葉の長大な箱形木棺については、割竹形木棺の影響を受けて出現した可能性が考えられる。ただしこれを、「東日本型埋葬施設」としての長大な箱形木棺が割竹形木棺に先行して導入されたものとみるべきか（岩崎 1988）、あるいは、すでに志太平野に導入されていた割竹形木棺の影響下に生じた現象とみるべきかについては、各墳墓間のさらなる年代的整理が必要であり、ひとまず結論を保留しておきたい。いずれにせよ、Ⅲ類に属する一部の箱形木棺には、Ⅰ・Ⅱ類のそれとは異なる成立事情が考えられる。

Ⅳ類の箱形木棺についても、いま述べたⅢ類の箱形木棺と同様の問題状況が指摘できる。東浦2号墳での層位的事実から、長さ2m前後の箱形木棺には割竹形木棺の出現に先行するものが含まれていると考えてよいが、長さ4mを超える2例については、中期中葉以降の例（女池ヶ谷13号墳）を含めて、割竹形木棺からの影響を考慮しておく必要があろう。

なお、ここで注目されるのは、Ⅳ類では長さ1m台後半から2m台半ばまでの箱形木棺が主流となっている点である。これは、Ⅲ類までの箱形木棺が示す長さの範囲とは明らかに異なっている。そのすべてが群形成の初期に属するとはいいきれないが、東浦古墳群の事例を重視するならば、割竹形木棺を積極的に導入した被葬者集団は、長さ3m台中心の箱形木棺を採用したⅢ類までの被葬者集団とは系譜を異にする存在であった可能性も考えられる。

割竹形木棺の導入時期については、城山古墳の事例（図24-6）などから前期後葉にさかのぼることが確実である。また、その定着期はⅣ類の盛行期にあたる中期前葉と考えられる。その規模に長大なものと短小なものが認められる点については、前者に同棺2体埋葬例（若王子7号墳）が存在することや、後者に中期中葉以降の例（東浦4号墳）が含まれることから、機能差や年代差に配慮したさらなる検討が必要である。そうした課題は残るものの、ここではⅢ類までにほとんどみら

れなかった割竹形木棺が、Ⅳ類において多数出現していることに重大な関心を寄せておきたい。

　割竹形木棺を含む刳抜式木棺については複数型式の存在が指摘され、その階層性や地域性が問題とされているが（吉留 1989、今尾 1995）、ここにみるような長大な割竹形木棺が近畿地方を中心とした前期古墳の埋葬施設に多く採用されている事実は動かしがたい。また、近年では、近畿地方中央部とその周辺における用材利用の変化の中で割竹形木棺が主流の位置を確立し、前期後葉以降にひろく採用されるようになったとする見方も示されている（岡林 2010）。その導入が直接的か間接的かの議論は別として、Ⅳ類に割竹形木棺が盛行する背景には、近畿地方を含めたあらたな交流関係の展開を想定してよかろう。

2　礫使用の埋葬施設

　Ⅲ・Ⅳ類に属する小型古墳の埋葬施設には、棺の周りに礫を配したものや棺床に礫を敷いたものが 20 例認められる。表 27 はその一覧を示したものであるが、それらの中には簡略な報告があるのみで詳細な内容を把握できない事例が半数以上存在する。そうした制約をふまえながら、それらを礫の配置によって整理すると、次の a〜d 類に分類することができる。

　a 類：棺の周囲に礫を巡らしたもの。
　b 類：棺側に礫を配したもの。棺側の一部に配したもの（図 24- 3）もこれに含める。
　c 類：棺床に小礫を敷き、棺の周囲にも礫を巡らしたもの（同図- 5）。
　d 類：棺床に小礫を敷いたもの。
　e 類：棺の小口に礫を配したもの（同図- 4・6）。両小口部に配するものと、一方の小口部のみ
　　　　に配するものがある。

表27　礫を使用した埋葬施設

類	古墳名	棺形態	棺規模	礫の配置			備考
				棺底	棺側	棺小口	
a	旗指3号墳	箱形木棺	2.29 × 0.7		●	●	礫槨
	五鬼免2号墳	（木　棺）	3.8 × 1.26		●	●	円礫を長方形に配置
	若王子13号墳1号棺	（木　棺）	(2.5) × (0.6)		●	●	角礫列敷、両小口粘土
b	秋合1号墳	箱形木棺	3.0 × 0.83		●		砂岩角礫、片側のみ
	若王子11号墳	（木　棺）	3.8 × 0.6		●		礫
	釣瓶落9号墳	（木　棺）	(3.4) × 0.9		●		礫、一部
c	五鬼免1号墳東棺	箱形木棺	5.6 × 0.8	●	●	●	円礫
d	鳥羽美古墳第Ⅰ主体部	箱形木棺	3.8 × 1.2	●			礫敷
	鳥羽美古墳第Ⅱ主体部	箱形木棺	3.3 × 1.5	●			礫敷
	若王子12号墳	舟形木棺	6.9 × 0.7	●			礫敷
	若王子13号墳2号棺	（木　棺）	(1) × 0.4	●			小砂利敷
	若王子18号墳	（木　棺）	? × 0.5	●			小砂利（礫床?）、13号墳と重複
	東浦2号墳5号棺	?	(1.9 × 0.6)	●			礫床
e	秋合6号墳北棺	箱形木棺	4.4 × 0.8			●	両小口円礫
	城山古墳	割竹形木棺	5.7 × 0.8			●	南小口小角礫
	若王子1号墳1号棺	割竹形木棺	(4.8) × 0.9			●	両小口石詰
	若王子1号墳2号棺	箱形木棺	5.1 × 0.85			●	両小口角礫、北小口粘土
	若王子31号墳	割竹形木棺	3.8 × 1.0			●	西小口礫
	釣瓶落12号墳	（木　棺）	2.4 × 0.7			●	北小口角礫、須恵器出土
	高田観音前1号墳	箱形木棺	3.3 × 0.7			●	棺側にも数個の礫を置く

礫を使用したこれらの埋葬施設は、Ⅰ・Ⅱ類の墳墓にはまったく認められず、その系譜は志太平野以外の地域に求められる公算が大きい。以下、詳細な内容に関する資料上の不備を認めたうえで、それらの系譜に関する現時点での見通しを述べておきたい。

そこで表27をみると、a〜d類で棺形態が明らかなものは、1例（舟形木棺）を除いてすべて箱形木棺であるのに対して、e類ではその半数が長大な割竹形木棺となっている。加えて、e類で箱形木棺とみられるものは、いずれも長大なグループに含めて差し支えないものである。なお、e類で棺の規模が小さい2例（釣瓶落12号墳、高田観音前1号墳）は、棺内出土の土器から中期中葉以降に位置づけられるものであり、系譜をめぐるここでの問題には直接関係しない。

以上の事実から、e類については割竹形木棺またはその影響下に成立した長大な箱形木棺の導入にともなって出現したものとの想定が成り立つ。実際に、長大な木棺の小口部に礫を配した事例は、前期から中期にかけて営まれた大阪府の小石塚古墳［柳本ほか 1980］や豊中大塚古墳［柳本ほか 1987］などに認められ、静岡県内でも前期後半の浜松市赤門上古墳［下津谷ほか 1966］に類例を求めることができる。それらのうち、豊中大塚古墳例と赤門上古墳例はともに長大な割竹形木棺を採用した事例である。

おそらくe類もそれらの事例と同系譜につらなるものであり、割竹形木棺との密接な関係を考慮すれば、その祖型は近畿地方に求められる可能性が高い。ただし注意を要するのは、それらの事例は拳大程度の礫を多数配したものであり、志太平野では城山古墳にのみ類例が認められるという点である。秋合6号墳北棺や若王子1号墳2号棺は人頭大ほどの礫を少数配したものであり、この2例がともに箱形木棺を採用していることからすれば、伝統的な木棺形態を踏襲した埋葬施設では、棺小口部に礫を配する際にも何らかの独自性を保持していた可能性が考えられる。

a〜d類については、a・b類とd類の要素が明確に分離できる点をまず確認しておきたい。つまり、a・b類で棺床に礫を敷くものはみあたらず、他方d類では棺の周りに礫を配するものは存在しないのである。そして、この両者の要素を併せもつ唯一の例がc類である。

ここでa〜d類とした礫使用の埋葬施設の中で、とくに前期の小型古墳にともなうものについては、磐田市新豊院山2号墳、同竹之内1号墓、同大手内15号墳、牧之原市倉見原3号墳などで確認された埋葬施設との関係がすでに注目されている（松井 1994）。

それらのうち、前期前葉にさかのぼる竹之内1号墓例は、礫床上に棺を設置したのち周囲に礫を配したものである［木村 1992］。それに後続する新豊院山2号墳例は、棺床基底部の礫敷きと棺周囲の礫壁に粘土を貼り付けた礫槨状の施設で［柴田ほか 1982］、年代的に近い倉見原3号墳例も礫槨状の施設といえるものであるが、棺床の礫敷きは認められていない［山村ほか 1968］。さらに、前期後半にくだる大手内15号墳例は、棺の周囲に1列2段程度の礫を積んだもので［柴田 2000］、先の分類ではa類に相当するものである。

これらの事例は、志太平野のa〜d類と何らかの系譜関係を有するとみられるが、その多様な構造を単純な系譜として理解することは難しい。現時点でこの問題に対する明確な見通しは得られていないが、少なくとも竹之内1号墓例を前提としてみた場合、典型的な竪穴式石室からの影響とは別に、先行する埋葬施設との系譜関係を十分に検討する必要があろう。[8]

以上のように、a～d類の系譜については不明な点が多いが、その年代的関係と礫床をともなわない構造上の共通性から、b類がa類の簡略形として派生した可能性は十分に想定できる。また、それらとd類は構造面での共通性を欠くことから、直接的な系譜関係で理解できないことは明らかである。これらの点をふまえ、いまは典型的な竪穴式石室の導入に先駆けて礫を使用した埋葬施設が遠江・駿河地域に展開し、そのいくつかの流れをくむ埋葬施設が前期後葉以降に営まれた志太平野の小型古墳にも引きつづき採用されたとの見方を示しておきたい。

第4節　小土坑の問題

　Ⅳ類に属する小型古墳の埋葬施設には、棺床に円形や楕円形の小土坑を設けたものが12例認められる（図26）。このような小土坑の存在は以前から知られていたが、志太平野の小型古墳を理解するにあたってその重要性が認識されるようになったのは、2000年代以降のことである（滝沢2002、村田2002）。こうした棺床に小土坑をともなう竪穴系埋葬施設は九州から関東にかけて認められ、その構造や機能、系譜については、1986年に刊行された奈良県北原古墳の調査報告書において朴美子が詳細な検討をおこなっている（朴1986）。朴の研究はこの特異な小土坑に焦点をあてた唯一のものであり、事例の集成を含めて参考になる部分が多い。ただ惜しまれるのは、当時すでに知られていた志太平野の多くの事例（若王子・釣瓶落古墳群）が分析に組み込まれていない点である。この小土坑については第5章で詳しく論じることから、ここでは志太平野の事例を中心に、その基本的な性格を確認していくことにしたい。

　なお、小土坑の機能については、内部に礫を充塡したものが多数認められること、その祖型として前期後葉の竪穴式石室や粘土槨にともなう排水・排湿用の方形土坑が想定されることから、それらと同じく排水・排湿の機能をもつものとみて差し支えあるまい。

　図26に示したような埋葬施設の中央部に小土坑を設けた事例は、管見による限り、全国で27古墳32例を確認することができる（第5章表29）。その構造についてみると、土坑の内部に礫を詰めたものと素掘りのものがあり、後者の中には小土坑の事例とみなすことにやや不安を残すものもある。ただし、そうした事例を含めてもなお、全体の約1/3を志太平野の事例が占めているという事実は、分布上の特色として注目すべき点である。また、九州の事例（2例）は分布のひろがりを知るうえで重要であるが、大多数の事例は近畿以東の地域に分布している。

　小土坑の分類については、その位置と平面形態、礫の有無に着目した細分案が示されている（朴

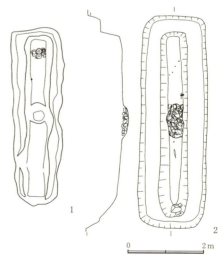

図26　棺床の小土坑
1 釣瓶落1号墳　2 東浦2号墳1号棺　(1/100)

1986〕。志太平野の事例は詳細な報告を欠くものが多いが、これまでの公表内容によると、その平面形態には円形と楕円形のものがあり、12例のうち礫を詰めたものは8例、素掘りのものは4例である。また、その位置はいずれも棺床の中央部といえるものである。それらをみる限り、志太平野における小土坑は他地域の例と基本的に共通した内容を備えており、志太平野のみの独自な存在(10)でないことは明らかである。

　こうした小土坑のあり方とともに注目されるのは、小土坑をともなう埋葬施設と他の墳墓要素との関係である。次章で詳しく述べるように、小土坑をともなう埋葬施設において形態を知ることができる棺の大半は割竹形木棺である。奈良県丹切6号墳例〔菅谷編 1975〕のように箱形石棺にともなう事例も知られているが、同例は中期後葉に位置づけられるもので、小土坑をともなう埋葬施設としては明らかに後出的な存在である。そうした事例を除くと、小土坑をともなう埋葬施設は前期末から中期前葉にもっとも多く認められ、それらのほとんどは割竹形木棺を直葬したものとみられる。また、志太平野の事例に限れば、棺形態が推定されるものはすべて割竹形木棺である。

　このような割竹形木棺との強い結びつきは、小土坑の祖型を前期の竪穴式石室などにともなう長方形土坑に求める立場からは容易に理解しうる。その一方で、志太平野に多くの事例が分布し、かつ比較的古い時期の資料が存在することをもって、小土坑の起源を志太平野に求めることが事実上困難であることを物語っている。

　埋葬施設と同様に、小土坑をともなう古墳の墳形や規模にも一定の傾向が認められる。これまでの確認例による限り、中期を中心とした事例のほとんどは円墳や方墳などで、唯一の前方後円墳である奈良県池殿奥5号墳例は裾部の埋葬施設にともなう事例である。また、その墳丘規模は20m以下のものが大半を占め、比較的大型の墳丘をもつのは、現状の分布で東西の両端に位置する事例（神奈川県吾妻坂古墳、福岡県神領2号墳）と時期的にやや下降する事例（大阪府珠金塚古墳）の少数にとどまる。

　以上のように、小土坑をともなう埋葬施設が営まれた古墳は小規模な円墳や方墳が大多数であり、その被葬者には地域を越えて共通した階層的性格を指摘することができる。また、割竹形木棺と小土坑の関係に注目すると、そうした階層的性格をもつ被葬者たちは近畿地方を中心とした交流関係に一定の基盤をおく存在であったことが想定される。その意味では、古市古墳群中の大阪府珠金塚古墳南槨に方形を呈する小土坑がともなっている事実はきわめて重要である〔末永編 1991〕。小土坑の祖型と目される前期後葉の大阪府駒ヶ谷宮山古墳前方部2号粘土槨例〔北野 1964〕や中期前葉の奈良県北原古墳例〔楠元・朴編 1986〕などを前提に考えると、近畿地方では中小規模古墳被葬者の間で小土坑をともなう埋葬施設が命脈を保ち、その系譜につらなる形態が中期中葉の政権中枢部において採用されていたとみられるからである。このことは、小土坑の存在を介してうかがえる被葬者間の結びつきが王権中枢にもつうじるものであったことを示している。

　前期末から中期前葉の段階で小土坑を採用した小型古墳の被葬者たちが具体的にどのような交流関係を有していたのかは定かでない。ただし、その詳細な分布に着目すると、近畿地方の事例はいずれも奈良県宇陀地域に所在するものであり、そこから東の地域に認められる確実な例は、三重、愛知、岐阜、福井、静岡、神奈川の各県に点在し、その分布は東海地方から北陸地方へ、さらには

東海地方から関東地方におよんでいる。こうした特定のルート上に点在する分布の状況は、小土坑をともなう埋葬施設を採用した古墳の被葬者たちが、ある程度限定された関係のもとに墓制に関する情報を共有していたことを示すものであろう。

第5節　土器副葬の系譜

須恵器出現以前の古墳時代前半期において土器の副葬は必ずしも一般的ではないが、志太平野ではⅣ類の小型古墳を中心として棺内に土器を副葬した事例が14例認められる。土器の副葬は、割竹形木棺や小土坑の採用と並んでⅣ類にひろがりをみせるきわめて特徴的な現象であり、その背後には被葬者集団をめぐる何らかの変化が予想される。

表28は、埋葬施設内から土器を出土した志太平野の前・中期小型古墳を集成し、その器種構成を示したものである。

表から明らかなように、棺内に副葬された土器の中でもっとも一般的な器種は高坏で、これに坩または小型坩を加えた組み合わせが全事例の半数近くを占めている。一方、壺と報告されたものの多くは小型のもので、Ⅲ類の城山古墳例のみが大型の直口縁壺を副葬したやや例外的な存在である。[11]Ⅳ類の事例に限ってみれば、壺のみを棺内に副葬したものはなく、その器種構成は明らかに供膳具（高坏、坩、小型坩）を主体にしたものである。

古墳に副葬された土器については、前期古墳出土土器を幅広く論じた岩崎卓也の先駆的な研究がある（岩崎1973）。岩崎は、埋葬施設内への土器副葬を、直口縁壺を副葬する段階からそのミニチュア品としての小型坩を副葬する段階に変遷したものと想定し、後者は石製坩の出現とも密接に

表28　埋葬施設出土土器の器種組成

古墳名	棺形態	位置	壺	坩	小型坩	高坏	器台	坏	その他	備考
道場田7号墓	箱形木棺	棺上?				2	1			（参考）
小深田西1号墳③	（土壙）	土壙内	1							（参考）
旗指3号墳	箱形木棺	棺上?	1							（参考）
城山古墳	割竹形木棺	棺内	2							破砕後副葬、足元側?
若王子1号墳2号棺	箱形木棺	棺内	1		2					壺内に朱、頭位側
若王子2号墳2号棺	割竹形木棺	棺内		1	3	2	2			
若王子7号墳	割竹形木棺	棺内		6						脚付坩含む、両端で出土
若王子15号墳	（木棺）	棺内			3					
若王子19号墳	舟形木棺	棺内				5			1	頭位側
若王子27号墳	箱形木棺	棺内			1	1				
釣瓶落1号墳	割竹形木棺	棺内		3	1	1	1			
釣瓶落9号墳	（木棺）	棺内							1	甑
東浦2号墳2号棺	割竹形木棺	棺内				1				
女池ヶ谷11号墳北棺	割竹形木棺	棺内	1	2		1				頭位側
女池ヶ谷11号墳南棺	割竹形木棺	棺内	2	4		3				頭位側?
女池ヶ谷26号墳	割竹形木棺	墓壙内	1							
仮宿沢渡1号墳SF01	割竹形木棺	棺内	4		3	1	2			両端に分置
仮宿沢渡1号墳SF02	割竹形木棺	棺内	2		1	1				
仮宿沢渡3号墳	割竹形木棺	棺内	5.		4	4				両端に分置
高田観音前1号墳	箱形木棺	棺内	1			7				

＊各器種欄の数字は個体数。

かかわるとして、そこに近畿地方を中心とした儀礼化の進展を読みとろうとした。また、その後の研究としては、埋葬施設出土土器を主に出土状況によって分類し、それぞれの儀礼の意味を論じた田上雅則の研究（田上 1993）や、土器の副葬を器種構成によって類型化し、それぞれの系譜の違いを論じた大庭重信の研究（大庭 1996）などがある。この両者は基本的な分析視点を異にするが、副葬された壺を朱の容器と認識し、供膳具の副葬を弥生時代以来の伝統とみる点ではほぼ一致している。

　このように従来の研究を振り返ると、土器の副葬を一連の系譜で理解しようとしたかつての見方に対して、その後は器種構成の違いなどに複数の系譜を想定する見方が提出されている状況といえよう。たしかに、朱の容器としての貯蔵具（壺）を単体で足元側に副葬する場合と、複数の供膳具をまとめて副葬する場合とでは、埋葬儀礼における本来の意味を異にしていた可能性が高い。ただし、前期末から中期前葉にかけて集中する志太平野の土器副葬例を、供膳具主体の器種構成を根拠として単純に弥生時代以来の系譜で理解することには問題があろう。

　表28の上段に参考として示したように、志太平野では前期前葉から中葉にかけて木棺上に土器を置いたと考えられる事例が存在する。それらについては周辺の弥生時代墓との関係がすでに指摘されているが（松井 1994）、棺内に土器を副葬した事例とはなお時間的な隔たりが大きい。また、若王子1号墳2号棺では朱入りの小型壺が頭位側で出土しているが、これは前期の大型古墳を中心に認められる朱壺の副葬に由来するものとみて間違いない。さらに土器を副葬した木棺の形態に注目すると、その多くは割竹形木棺であり、箱形木棺あるいは舟形木棺の場合にも確実に長大化したものが含まれている（若王子1号墳2号棺、同19号墳）。その一方で、一定数が存在する長さ2m前後の箱形木棺に土器を副葬した事例はわずか1例（若王子27号墳）にとどまっている。

　以上の点をふまえるならば、志太平野における棺内への土器副葬は、少なくとも在来の弥生墓制に系譜をたどれるものではなく、割竹形木棺の本格的な導入とともに、その一部に朱壺を用いる儀礼をともなって外部からもたらされたものとみるのが妥当であろう。供膳具を木棺上に配置したとみられる先行事例は存在するものの、土器副葬例との時間的な連続性は乏しく、伝統的な箱形木棺を採用した埋葬施設に土器の副葬がほとんど認められないことも、両者の系譜関係を肯定しがたい材料である。

　供膳具の副葬が貯蔵具の副葬とは本来の意味を異にし、弥生時代以来の儀礼行為を形骸化したものとの見方は、その成立過程を理解するうえで重要な視点である。しかし、小型坩を含む段階のものをそれと同一視できるかは別問題であり、石製坩などの出現を念頭におくならば、そこにはかつて岩崎が指摘したようなあらたな儀礼化の動きを見据えておく必要があろう。志太平野で土器副葬が盛行するのは、おそらくそうした動きを経た前期末以降のことであり、供膳具の副葬が中心とはなるものの、そこに弥生時代的な儀礼の側面のみを強調することは適当ではあるまい。供膳具と朱壺の併存も、あらたな段階で生じた土器副葬儀礼の変質と考えられよう。

　問題は、そうしたあらたな儀礼化の動きがどのような経緯で生じたかであるが、現状ではそれを論じる十分な手立てをもちあわせていない。ただし、土器を棺内に副葬した比較的古い事例が三重県東山古墳［仁保 1992］に認められることや、儀礼化の一翼を担う容器形石製品の発現地を伊勢

湾沿岸地域に求める見解（赤塚1999）なども考慮に入れると、その動きは近畿地方から伊勢湾沿岸地域の範囲で生じた可能性が考えられる。また、そのような見方に立つと、小土坑をともなう埋葬施設の分布範囲がそれと一部で重なりをもつ点も非常に興味深い。

　いずれにせよ、Ⅳ類に盛行する土器の副葬は志太平野内部で独自に生じたものとはみなしがたく、当初はいま想定した地域などとの交流をつうじて外部から導入されたものと考えられる。ただし、それが多くの小型古墳において採用され、中期後葉段階まで存続する点には、周辺地域と異なる志太平野の独自性を認めてよかろう[13]。

第6節　小型古墳造営の諸段階

　これまでの検討結果を総合すると、古墳時代前・中期に数多く営まれた志太平野の小型古墳は、以下のような段階的変遷をたどったものと考えられる。

　まず第1段階は、Ⅰ類およびⅡ類の方形墳墓群が営まれた段階で、その時期は古墳時代前期前葉から中葉におよんでいる。墳墓自体の構造は弥生時代の方形周溝墓と基本的に変わりないが、箱形木棺の長大化傾向には伊勢湾沿岸地域とのあらたな交流関係がうかがえる。また、Ⅱ類の小深田西遺跡では有力墳墓が墓域内で独立する傾向を示し、造墓集団内における階層化の進展が読みとれる。その典型例である小深田西1号墳では東海西部系の土器が出土しており、そうした社会関係の変化には、伊勢湾沿岸地域を発信源とする人的、物的交流の活発化が影響をおよぼしていたとみられる。この点を重視すれば、第1段階はさらに前半と後半に細分することができる。

　第2段階はⅢ類の墳墓が営まれた段階で、古墳時代前期中葉から後葉に相当する。方形または円形の墳墓が集落から離れた丘陵上に単独で立地する状況は、造墓集団内の階層化がさらに進行し、平野内の小地域を基盤とした特定の有力層が出現したことを物語っている。ただし、それらの墳墓は第1段階からの継続的な発展のみでは理解できず、礫を使用した埋葬施設の出現や副葬品組成の変化には外部地域とのあらたな接触がうかがえる。この段階には、周辺地域において竪穴式石室をともなう前方後円墳が造営されているが、礫の使用（a〜d類）は典型的な竪穴式石室導入以前の埋葬施設に系譜を求められる可能性があり、周辺地域に導入された竪穴式石室の影響下に礫使用の埋葬施設が出現したとは考えにくい。その一方で、一定の組み合わせをもつ副葬品の出現には大型古墳からの影響も多分に予想される。この段階の小型古墳は、大型古墳の造営に触発されつつ、墳形や埋葬施設の点で伝統性や独自性を発揮した小地域内の有力墳墓と理解することが可能であろう。

　第3段階はⅣ類の墳墓群が主に営まれた段階で、その時期は古墳時代中期前葉を中心とする。この段階の小型古墳は再び群形成を開始する点に大きな特徴があり、単独墳的立地を示す第2段階の小型古墳とは一線を画した存在である。また、割竹形木棺や小土坑、土器の副葬といった特徴的な要素がこの段階になってひろがりをみせ、しかもそれらの要素には相互に深い結びつきが認められる。たとえば、小土坑と土器副葬をともなう4例（若王子2号墳2号棺、同7号墳、釣瓶落1号墳、東浦2号墳2号棺）はいずれも割竹形木棺を採用しているが、長さ2ｍ前後の箱形木棺に小土坑をともなうものは認められず、土器の副葬もわずか1例のみにとどまっている。こうした事実は、

この段階に盛行する各要素が地域内の伝統性からは基本的に理解できず、むしろ外部地域との緊密な交流によってもたらされたものであることを示している。そうした意味で小土坑の存在はとくに注目されるものであり、割竹形木棺をともなう小型古墳にほぼ限定されている状況は、この段階の小型古墳被葬者が外部地域の小型古墳被葬者と直接的に結びついていた可能性を示唆するものであろう。

最後の第4段階は、中期後半の小型古墳が営まれた段階である。ここでは十分な資料を提示していないが、前段階に造墓活動の中心が認められるⅣ類の中にも中期後半にくだる小型古墳が確実に存在している。ただし、その造墓数は明らかに減少しており、志太平野全体としても第3段階に比べて小型古墳の造営は減少する傾向にある。そのような状況の中で、隣接する前方後円墳（高田観音前2号墳）に先行して営まれた高田観音前1号墳は、この段階の小型古墳を理解するうえで注目すべき存在である。

以上に設定した四つの段階はそれぞれに重要な画期をはらむものであるが、なかでも最大の画期と考えられるのは第3段階である。

再三指摘してきたように、この段階にはあらたな墳墓要素が急速に拡大していくが、それらの系譜は近畿地方とその周辺地域に求められる公算が大きい。また、小土坑の存在を介してみると、それらの要素は小型古墳被葬者レベルの直接的な交流によって志太平野にもたらされたものと考えられる。さらに、古市古墳群中の珠金塚古墳に小土坑が認められる事実は重要で、そうした交流の動きには王権中枢が何らかの関与をしていた疑いがある。それらの点をふまえ、ここでは志太平野における第3段階の小型古墳造営集団が、近畿地方を中心とした外部地域の小型古墳造営集団と密接な関係をもつ存在であったと想定しておきたい。

いまこうした理解に立つならば、古墳時代前・中期の志太平野を特徴づける前方後円墳の不在と小型古墳の盛行という現象の歴史的背景にもある程度の見通しを与えることが可能となろう。

おそらく古墳時代中期における前方後円墳の不在は、第3段階における小型古墳の盛行と密接な関係があり、それは旧来の理解のように弥生墓制の影響に規定されたものではなく、むしろ外部地域とのあらたな交流関係に規定されたものであったと推察される。そのあらたな交流関係の実態は、近畿地方を中心とした小型古墳被葬者レベルでの結びつきであり、前方後円墳の不在は、志太平野の地域集団が近隣地域（静岡平野など）に大型古墳を築いた諸勢力に単純に組み込まれていたことを示すものではなかろう。ヤマト王権による支配秩序の拡大という視点でみれば、これは前方後円墳被葬者層を介さないかたちでのより直接的な支配方式の展開であり、地域集団の側からみれば、地域の実情に即した王権との関係構築を意味する。

以上の理解を前提として古墳時代前期の状況を振り返るならば、とくに第2段階でこの地域に前方後円墳が出現していない事実が重要な意味を帯びてくる。第3段階に小型古墳が盛行した背景には、その前段階で前方後円墳を築くことのなかった地域社会の特質が関係しているとみられ、そうした地域に王権による直接的な支配方式がいち早く波及したと考えることも可能と思われるからである。

問題は、そうした特殊な状況がなぜ志太平野には認められ、近隣地域には認められないのかとい

う点に集約されるが、その解決の糸口となるのは弥生時代における集団関係の理解である。おそらくは、大井川や瀬戸川の流路によって網目状に発達した地形的環境のもとで志太平野には集団の結集を容易としない地域の事情があり、このことが古墳時代前期における前方後円墳の不在を招き、それが結果として中期におけるあらたな小型古墳を生み出したのであろう。また、そうした志太平野にも、古墳時代後期には近隣地域と変わらない 40～50m 規模の前方後円墳が築かれるようになる（第8章）。これは、小地域を単位とした同列的な前方後円墳の築造に示されるような後期段階における政治構造のあり方が、志太平野における地域集団の実情と整合するようになったためと考えられよう。

第7節　小型古墳への眼ざし

　本章では、志太平野における前・中期小型古墳の盛行という現象に注目し、その墳墓要素を個々に検討することをつうじて小型古墳のあらたな側面を描き出すことに努めてきた。その要点を述べるならば、従来「在地的古墳」あるいは「在地型古墳」との評価が与えられてきた志太平野の小型古墳は、時期ごとに異なる内容をもつものであり、その性格を一律にはとらえられないということである。とくに第3段階（前期末～中期前葉）の若王子古墳群や釣瓶落古墳群などを弥生墓制とのかかわりで理解することは困難であり、むしろそれらの墳墓要素から垣間見えるのは、王権中枢にもつうじるような小型古墳被葬者レベルの直接的な交流である。おそらく、志太平野に古墳時代前・中期の前方後円（方）墳が築かれなかったという事実は、志太平野の小型古墳被葬者を対象としたヤマト王権による直接的な支配がいち早く進行したことと深いかかわりをもつものであろう。

　総じて本章での議論は、群集する小型古墳の成因についてヤマト王権とのかかわりを重視する従来の古式群集墳論（石部 1975・1980）や初期群集墳論（白石 1976・1981）と同様の方向性を示したものといえる。ただし、小型古墳被葬者間の広域におよぶ交流関係があらたな墳墓要素を兼ね備えた前期末～中期前葉の小型古墳を生み出し、その盛行が地域における前方後円墳の不在にかかわるとみる点においては、従来にないあらたな議論の方向性を提示しえたものと思う。地域の中から古墳時代の政治構造を把握するにあたっては、一見個性豊かにみえる小型古墳の成立にも前方後円墳とは異なるレベルの地域間交流が内在していた可能性を認識し、大型古墳を中心とした階層構造論的理解のみによらない小型古墳の性格解明を進めることも必要であろう。次章では、小土坑をともなう特異な埋葬施設に焦点をあてて、そうした問題をさらに掘り下げていくことにしたい。

註
（1）藤枝市荘館山1号墳、同2号墳［篠原編 2002］、同高田観音前2号墳［岩木ほか 2003］、島田市愛宕塚古墳［静岡県教育委員会編 2001］、同中原3号墳［島田市教育委員会編 1996］の5基で、いずれも全長 50m 未満の前方後円墳である。
（2）あくまでも便宜的な区分であるが、古墳時代中期に営まれた2基の円墳（五州岳古墳・直径 25m、岩田山 31号墳・直径 45m）との格差も視野に入れて設定したものである。
（3）小深田西1号墳1号棺の木棺については、舟形木棺の可能性が指摘されている［山口 1984］。

（4）寺島大谷1号墳の埋葬施設からは、鉄剣1、鉇1のほかに、鉄斧2、ガラス玉4が出土している［大谷 2011］。このうち、鉄剣は所謂「折り曲げ鉄器」であり、鉄斧は全国的にも数少ない短冊型鉄斧である。
（5）報告者も指摘するように、この部分では2基の墳墓が重複しているとみられる。したがって、東浦古墳群では計8基の木棺直葬墳が営まれていた可能性が高い。
（6）短側板が長側板の外側に組み合わされ、側板は底板の上にのらずにそれを挟み込む構造である。短側板の傾斜に注目して、これを「槽形木棺」とする復元案も示されている（赤塚 2001）。
（7）1個程度の礫を配したものはひとまず除外してある。
（8）そもそも礫を使用した埋葬施設を問題とするならば、長野県北平1号墳［土屋・青木ほか 1996］で確認された古墳出現期の埋葬施設なども看過できない存在である。割石小口積みの竪穴式石室が波及する以前に展開した礫使用の埋葬施設について十分な注意が必要であろう。
（9）大阪府黄金塚古墳中央槨、同駒ヶ谷宮山古墳前方部2号粘土槨、同弁天山B2号墳東槨、岡山県金蔵山古墳中央石室、同南石室などに認められる。
（10）志太平野には、東浦2号墳1号棺例のような楕円形の小土坑がいくつか認められる。こうした平面形態はいまのところ他地域に認められず、志太平野の地域色を示すものと考えられる。
（11）報告では、大型壺2点を破砕した後に副葬したとの見解が示されている［大塚淑 1981］。なお、1点には焼成後の底部穿孔が認められる。
（12）同様の見解は橋本博文によっても示されている（橋本博 1989）。
（13）高田観音前1号墳では、棺内に副葬された中期後葉段階の壺および高坏が確認されている。
（14）中期前葉から中葉にかけては、やや規模の大きい円墳として、五州岳古墳と岩田山31号墳が築かれている［鈴木 2003、八木 2007、工藤・坂下 2009］。それらの被葬者と小型古墳造営集団の間に階層的な関係を想定することは可能である。

第5章　小型古墳の墳墓要素と広域交流
―― 小土坑をともなう埋葬施設の検討 ――

第1節　棺床の小土坑をめぐる議論

　古墳時代の政治秩序をめぐる従来の議論の中で、古墳時代の前半期（前期～中期前半）においては、各地の大型古墳に葬られた地域首長と近畿地方の政治勢力との間に直接の政治的関係を認め、小型古墳[(1)]の被葬者はなお地域首長の在地支配に組み込まれていたとする見方が少なくない。
　しかし、古墳時代前半期における小型古墳の諸要素を見直すと、そこには地域を越えた特徴的な墳墓要素の存在が認められる。しかもそうした墳墓要素は、近隣の大型古墳や在来の伝統的な墳墓を媒介として理解しうるものではなく、それらが成立した背景には地域を越えた小型古墳被葬者どうしの広域的な交流を指摘しうる可能性がある。本章では、そうした墳墓要素の一つとして埋葬施設の棺床部に設けられた特異な小土坑を取り上げ、従来とはやや異なる視点から古墳時代前半期における小型古墳の性格を考えてみることにしたい。
　古墳時代前期から中期にかけては、中小規模の古墳を中心に木棺直葬の埋葬施設がひろく採用されている。それらの中に、ごく少数ではあるが、棺床の中央部や端部に小土坑を設けたものが知られている。古くは、1950～60年代に調査された大阪府珠金塚古墳、岐阜県竜門寺15号墳での確認例があり、両古墳とも小土坑の内部に礫が充填されていたことから、調査者らはその機能を排水用、あるいは排湿用と想定した（楢崎 1965：141頁、末永編 1991：107頁）。また、同じころ竪穴式石室の基底部構造を検討した北野耕平は、大阪府駒ケ谷宮山古墳前方部2号粘土槨で検出された方形の排水施設と珠金塚古墳南槨で検出された礫詰めの小土坑を取り上げ、前者から後者への変化を竪穴式石室における基底部構造の消滅過程として理解した（北野 1964c：194頁）。
　その後1980年代になると、朴美子が奈良県北原古墳の調査報告に際して小土坑をともなう埋葬施設を集成し、小土坑の構造や機能、系譜について詳細な検討をおこなった（朴 1986）。朴は、朝鮮半島の事例を含む16古墳18例を取り上げて多角的な分析を加え、当該埋葬施設を採用した被葬者の階層的性格にも言及した。この研究は、小土坑をともなう埋葬施設について論じた先駆的な研究として重要な内容を含むものであり、本章での議論もその成果によるところが大きい。しかし、当時すでに知られていた静岡県下の多くの事例（若王子古墳群、釣瓶落古墳群）が検討対象とされていない点は、資料上の不備といわざるをえない。また、特異な小土坑をともなう埋葬施設が列島内の広範囲に分布するにいたった背景についての言及を欠いている点は、その歴史的評価に向けての課題を残したものといえよう。

この朴による研究以降、小土坑をともなう埋葬施設を正面から取り上げた研究はみあたらない。ただし、静岡県中部の志太平野には数多くの事例が存在することから、村田淳は駿河・遠江における古式群集墳の展開について論じる中で、その特徴的なあり方に言及している（村田 2002：56頁）。同じころ筆者も、志太平野における前・中期小型墳の変遷を段階的に整理し、画期となる第3段階（古墳時代前期末～中期前葉）には、割竹形木棺や土器副葬とならんで集水坑（小土坑）が出現すること、それらの墳墓要素は密接に関連するかたちで外部地域からもたらされたものであることを指摘した。さらに、同時期の志太平野には前方後円墳などの顕著な大型古墳が認められないことから、それらの墳墓要素を受容するにいたった契機は、小型古墳被葬者間の広域的かつ直接的な結びつきに求められるのではないかと推論した（滝沢 2002）。

本章では、以上に述べた先行研究の成果と課題をふまえつつ、あらためて小土坑をともなう竪穴系埋葬施設の基本的な整理をおこなうことにしたい。そのうえで、当該埋葬施設が採用された背景を検討し、古墳時代前半期における小型古墳の性格について若干の考察を試みることにしたい。

なお、ここで取り上げる小土坑については、これまで「排水坑」（朴 1986）や「排水土坑」（村田 2002）などの名称が与えられてきたが、本章では現象面の整理を進める立場から、ひとまず「小土坑」の用語を使用することにしたい。

第2節　小土坑の検討

1　分　類

管見によれば、棺床に小土坑をともなう竪穴系埋葬施設の事例は、古墳数で27例、埋葬施設数で32例を確認することができる（表29、図27・28）。なお、ここでは棺床の範囲内に掘り込まれた小土坑を集成の対象としており、竪穴式石室や粘土槨の基底部に設けられた土坑と溝状のものについてはひとまず除外してある[2]。

それらの小土坑は、先行研究でも着目されてきたように、①平面形態、②構造、③配置にもとづく分類が可能である。ここでは、その後の知見もふまえながら、小土坑の基本要素を以下のように分類する。

　①平面形態の分類
　　A類：方形を呈するもの（図27-1・2、図28-5）。
　　B類：円形（径30cm以上）を呈するもの（図27-3～6、図28-6）。
　　C類：楕円形（長径/短径が1.5以上2.0未満）を呈するもの（図27-7、図28-9・10）[3]。
　　D類：長楕円形（長径/短径が2.0以上）を呈するもの（図28-1～4）。
　　E類：小円形（径30cm未満）を呈するもの（図28-11・12）。
　②構造の分類
　　a類：礫を詰めたもの（図27-1・3・4・7、図28-1～4・11）。
　　b類：素掘りのもの（図27-2・5・6、図28-5～12）
　③配置の分類

第 5 章 小型古墳の墳墓要素と広域交流

表 29 棺床に小土坑をともなう埋葬施設

No.	所在地	古墳・埋葬施設名	墳丘 形態	墳丘 規模 (m)	棺 形態	棺 規模 (m)	小土坑 形態	小土坑 構造	小土坑 配置	小土坑 規模 (cm)	埋葬遺体	時期
1	神奈川	吾妻坂古墳第3号主体部	円	約50	木	(5)×1.7	円	●	中央	70×60/24		II
2	神奈川	吾妻坂古墳第1号土壙			木?	不明	円	●	不明	45×36		
3	静 岡	若王子2号墳2号棺	方	14×14	割木	5.35×0.85	円	●	中央			I
4	静 岡	若王子7号墳	円	14	割木	5.5×0.75	(円)	●	中央		(2)	III
5	静 岡	若王子24号墳	円	12	割木	2.8×0.4		●	中央			III
6	静 岡	釣瓶落1号墳	(舟)	13×5	割木	4.6×0.7	円	○	中央			I
7	静 岡	釣瓶落3号墳3号棺	(舟)	9×6	木	4.8×0.55	円	○	中央			II
8	静 岡	釣瓶落14号墳1号棺	不整方	10×8	割木	4.7×0.65	方	●	中央			I
9	静 岡	釣瓶落14号墳2号棺			割木	(2.2)×0.5		○	(中央)			
10	静 岡	東浦1号墳1号棺	方	9×7	割木	5.08×0.5	円	●	中央	65×50		II
11	静 岡	東浦2号墳1号棺	方	14.5×8.5	割木	4.9×0.7	長楕円	●	中央	90×40/15	(2)	II
12	静 岡	東浦2号墳2号棺			割木	4.85×0.65	円	●	中央	40×40		
13	静 岡	東浦3号墳1号棺	方	12.8×10.3	割木	6.70×0.65	長楕円	●	中央	130×45		II
14	静 岡	仮宿沢渡1号墳 SF01	不整円	13.3×12.6	割木	5.67×0.65	長楕円	●	中央	80×45/18	(2)	II
15	静 岡	文殊堂8号墳第1埋葬施設	円	20	割木	5.5×0.6	長楕円	●	端	160×60/20	(2)	
16	静 岡	文殊堂8号墳第2埋葬施設			割木	4.5×0.5	長楕円	●	端	120×40/10		III
17	静 岡	林2号墳第2埋葬施設	円	16	割木	3.9×0.6	長楕円	●	端	150×50/10		IV
18	愛 知	三ツ山2号墳第1主体部	方	18	割木	6.2×0.7	円	○	中央	37×21/18		I
19	愛 知	三ツ山2号墳第2主体部			割木	3.78×0.63	円	○	端	45×15/10		
20	岐 阜	竜門寺15号墳	円	18	割木	5.56×0.7	円	●	中央	45×45/30		II
21	福 井	大渡城山古墳埋葬施設1	方	20×20.3	割木	5.83×0.74	楕円	●	中央	71×43/15		II?
22	三 重	草山遺跡 SX182	方	10.1×10.0	木	3.53×0.81	円	○	端	32×22/10	(1)	II-IV
23	三 重	河田C-21号墳	方	10	(割木)	4.1×0.7	楕円	○	端	90×60/20		V?
24	三 重	久米山6号墳	円	12〜17	木		方	●	端	40×40/22		II-III
25	奈 良	丹切6号墳	円	12	箱石	1.85×0.42	小円	●○	両端	20×20/10	1	IV
26	奈 良	北原古墳北棺	方	16×14.5	割木	5.3×0.8	方	●	中央	40×40/20	(2)	II
27	奈 良	池殿奥5号墳東裾木棺	方円	22.5	箱木	1.78×0.57	楕円	○	端	65×33	(1)	IV
28	奈 良	菖蒲谷2号墳	方	11×9	割木	1.85×0.4	円	●	端	30×30/15	(1)	II
29	大 阪	珠金塚古墳南槨	方	27	割木	5.0×0.55	方	●	中央	100×100/70	(2)	III
30	広 島	池の内遺跡第6号主体	−	−	箱石	3.0×0.9	小円	●	中央	16×11/19		IV?
31	福 岡	神領2号墳第2主体部	円	26	割木	5.20×0.56	円	●	中央	36×34/20	(2)	II
32	福 岡	池の上D-2号墓	−	−	[土壙]	2.37×0.42	縦方	○	中央	60×37/8		II

(1) 墳丘形態：円＝円墳、方＝方墳、舟＝舟形墳、方円＝前方後円墳
(2) 棺の形態：割木＝割竹形木棺、箱木＝箱形木棺、箱石＝箱形石棺、木＝木棺（形態不詳）
(3) 棺の規模は、長さ×幅を示す。
(4) 小土坑の構造：●＝礫詰め、○＝素掘り
(5) 小土坑の規模は、最大長×最大幅/深さを示す。
(6) 埋葬遺体：括弧内は副葬品の配置等から推定される埋葬遺体数を示す。
(7) 時期：I＝前期末〜中期初頭　II＝中期前葉、III＝中期中葉、IV＝中期後葉、V＝後期。

1類：棺床の中央部に配置したもの（図27-1〜7、図28-1〜3・5・12）。

2類：棺床の端部（小口部）に配置したもの（図28-3・4・6〜11）。

つづいて、こうした基本要素の組み合わせによって各事例を分類すると、表30に示したように全体で13のタイプを確認することができる。これは、三つの基本要素からなる組み合わせの大半におよぶもので、その意味ではきわめて多様性に富んでいるといえる。したがって、今後あらたなタイプが追加される可能性も否定はできないが、現在の分類状況からは、多くの平面形態に礫詰めと素掘りの二者が存在することや、総じて中央部配置が主流であることを確認することができる。こうした細別要素の共有関係や全体としての明確な傾向性は、多くのタイプが相互に関連した存在であることを示すものであろう。

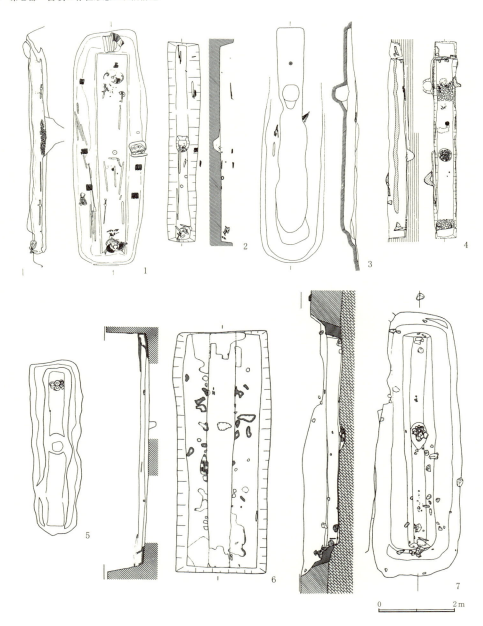

図27 棺床に小土坑をともなう埋葬施設（1）
1 大阪・珠金塚古墳南槨（Aa1） 2 奈良・北原古墳北棺（Ab1） 3 岐阜・竜門寺15号墳（Ba1） 4 福岡・神領2号墳第2主体部（Ba1） 5 静岡・釣瓶落1号墳（Bb1） 6 愛知・三ツ山2号墳第1主体部（Bb1） 7 福井・大渡城山古墳（Ca1）（1：100）

第 5 章 小型古墳の墳墓要素と広域交流 127

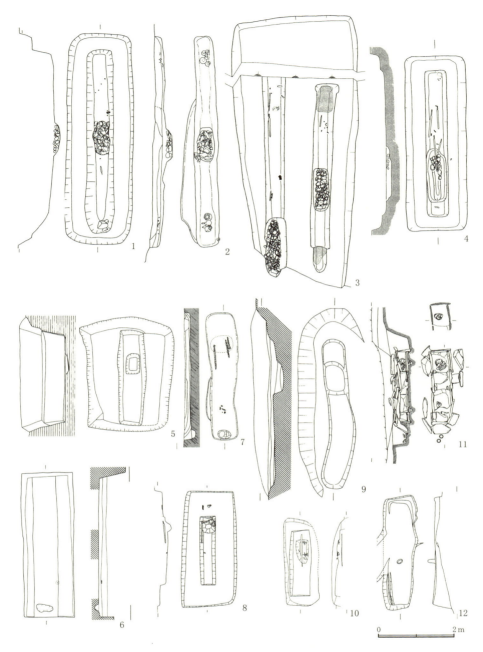

図 28 棺床に小土坑をともなう埋葬施設 (2)

1 静岡・東浦 2 号墳 1 号棺 (Da1) 2 静岡・仮宿沢渡 1 号墳 SF01 (Da1) 3 静岡・文殊堂 8 号墳第 1 埋葬施設 (左: Da2)・第 2 埋葬施設 (右: Da1) 4 静岡・林 2 号墳第 2 埋葬施設 (Da2) 5 福岡・池の上 D-2 号墓 (Ab1) 6 愛知県三ツ山 2 号墳 2 主体部 (Bb2) 7 三重・草山遺跡 SX182 (Bb2) 8 奈良・菖蒲谷 2 号墳 (Bb2) 9 三重・河田 C-21 号墳 (Cb2) 10 奈良・池殿奥 5 号墳東裾木棺 (Cb2) 11 奈良・丹切 6 号墳 (Ea2・Eb2) 12 広島・池の内遺跡第 6 主体 (Eb1) (1 : 100)

表30　小土坑の分類

分類		中央部（1）	端部（2）
方形（A）	礫詰め（a）	Aa1 静岡・釣瓶落14号墳1号棺［Ⅰ］ 大阪・珠金塚古墳南槨［Ⅲ］	Aa2 三重・久米山6号墳［Ⅱ-Ⅲ］
	素掘り（b）	Ab1 奈良・北原古墳北棺［Ⅱ］ 福岡・池の上D-2号墓［Ⅱ］	
円形（B）	礫詰め（a）	Ba1 神奈川・吾妻坂古墳第3号主体部［Ⅱ］ 静岡・若王子2号墳2号棺［Ⅰ］ （静岡・若王子7号墳［Ⅲ］） 静岡・東浦2号墳2号棺［Ⅱ］ 岐阜・竜門寺15号墳［Ⅱ］ 福岡・神領2号墳第2主体部［Ⅱ］	
	素掘り（b）	Bb1 静岡・釣瓶落1号墳1号棺［Ⅰ］ 静岡・釣瓶落3号墳3号棺［Ⅱ］ 静岡・東浦1号墳1号棺［Ⅱ］ 愛知・三ツ山2号墳第1主体部［Ⅰ］	Bb2 愛知・三ツ山2号墳第2主体部［Ⅰ］ 三重・草山遺跡SX182［Ⅱ-Ⅳ］ 奈良・菖蒲谷2号墳［Ⅱ］
楕円形（C）	礫詰め（a）	Ca1 福井・大渡城山古墳埋葬施設1［Ⅱ？］	
	素掘り（b）		Cb2 三重・河田C-21号墳［Ⅴ？］ 奈良・池殿奥5号墳東裾木棺［Ⅳ］
長楕円形（D）	礫詰め（a）	Da1 静岡・東浦2号墳1号棺［Ⅱ］ 静岡・東浦3号墳1号棺［Ⅱ］ 静岡・仮宿沢渡1号墳SF01［Ⅱ］ 静岡・文殊堂8号墳第2埋葬施設［Ⅲ］	Da2 静岡・文殊堂8号墳第1埋葬施設［Ⅲ］ 静岡・林2号墳第2埋葬施設［Ⅳ］
小円形（E）	礫詰め（a）		Ea2 奈良・丹切6号墳［Ⅳ］
	素掘り（b）	Eb1 広島・池の内遺跡第6号主体［Ⅳ？］	Eb2 奈良・丹切6号墳［Ⅳ］

＊古墳名につづく括弧内は時期を示す。Ⅰ＝前期末〜中期初頭　Ⅱ＝中期前葉、Ⅲ＝中期中葉、Ⅳ＝中期後葉、Ⅴ＝後期。

2　機能

　棺床に設けられた小土坑のうち、内部に礫をともなうものについては、排水・排湿用とする見解が早くから示されている（北野 1964c：194頁、楢崎 1965：141頁）。一方、素掘りのものについても、本来は空洞であったと考えられる事例が存在すること[4]や、礫を詰めたものと同じ古墳群中に営まれた事例が存在すること[5]から、同様の機能を想定して差し支えなかろう。ただし、ここで問題とする小土坑はいずれも独立的に掘られたもので、付属する溝などはいっさい認められない。したがって、まずは集水の機能を果たすものであり、排水機能という点では下方への自然浸透に任せた施設と考えられよう。

　ところで、小土坑に集水の機能を想定するのであれば、基本的に棺床の傾斜（長軸方向の傾斜）がそれに対応したものでなければならない。そこで、小土坑の配置と棺床の傾斜に着目すると、以下の①〜⑧の存在形態を確認することができる。

　①中央部配置で両端部から小土坑方向に棺床が下降するもの。

　　東浦2号墳1号棺（図28-1）［八木・椿原 1988］、仮宿沢渡1号墳SF01（同図-2）［岩木

2005］。
②中央部配置で一方の端部から小土坑方向に棺床が下降するもの（反対の端部側は平坦）。
　三ツ山2号墳第1主体部（図27-6）［荻野 1980］、珠金塚古墳南槨（同図-1）［末永編 1991］、神領2号墳第2主体部（同図-4）［平ノ内・石山 1984］。
③中央部配置で小土坑から一方の端部方向に棺床が下降するもの（反対の端部側は平坦）。
　竜門寺15号墳（図27-3）［楢崎 1965］、大渡城山古墳埋葬施設1（同図-7）［工藤・冨山編 1992］。
④中央部配置で棺床が平坦なもの。
　北原古墳北棺（図27-2）［楠元・朴編 1986］、文殊堂8号墳第2埋葬施設（図28-3右）［田村編 2008］、池の上D-2号墓（同図-5）［橋口ほか 1979］、池の内遺跡第6号主体（同図-12）［中村・若島 1985］。
⑤端部配置で小土坑方向に棺床が下降するもの。
　文殊堂8号墳第1埋葬施設（図28-3左）［田村編 2008］、三ツ山2号墳第2主体部（同図-6）［荻野 1980］、草山遺跡SX182（同図-7）［松阪市教育委員会編 1983］。
⑥端部配置で小土坑からもう一方の端部方向に棺床が下降するもの。
　菖蒲谷2号墳（図28-8）［井上・松本ほか 1989］、河田C-21号墳（同図-9）［多気町教育委員会編 1986］、池殿奥5号墳東裾木棺（同図-10）［楠元・松本・井上ほか 1988］。
⑦端部配置で棺床が平坦なもの。
　林2号墳第2埋葬施設（図28-4）［田村編 2008］、丹切6号墳（同図-11）［菅谷編 1975］。
　これらのうち、⑥は棺床のもっとも高い側に小土坑が位置しており、集水機能という点ではかなり限定的である。それ以外については、棺床の全体もしくは半分程度からの集水機能を果たしうる条件を備えている。そもそも小土坑がどの範囲からの集水を意図したものなのかという根本的な問題は未解決であるが、以上の整理をふまえるならば、棺床の傾斜という観点からも大半の事例において何らかの集水機能を想定することは可能であろう。

3　系　譜

　上述のように小土坑の機能を理解するならば、その系譜については、北野耕平や朴美子が論じたように、古墳時代前期後葉の竪穴式石室や粘土槨に付設された排水用の長方形土坑に求めるのが妥当であろう。それらのうち、岡山県金蔵山古墳中央石室および南石室の事例（図29-1・2）は、石室基底部の一端に設けられた長方形土坑に溝が接続し、石室外への排水が可能な構造となっている［西谷・鎌木 1959］。それに対して、大阪府駒ヶ谷宮山古墳前方部2号粘土槨（図29-3）では、基底部の一端に礫を充塡した長方形土坑（幅130cm、長さ83cm、深さ36cm）のみが設けられている［北野 1964］。ただし、この長方形土坑は明確に傾斜した基底部の低位側に位置しており、礫を充塡した構造からもその排水機能を疑う余地はない。
　おそらくは、こうした駒ヶ谷宮山古墳前方部2号粘土槨（割竹形木棺）のような事例が直接の祖型となり、その簡略形態として排水用の小土坑が成立したものと思われる[6]。この点は、小土坑をと

図 29 排水用土坑をともなう前期古墳の埋葬施設
1 岡山・金蔵山古墳中央石室　2 岡山・金蔵山古墳南石室　3 大阪・駒ケ谷宮山古墳前方部 2 号粘土槨（1：100）

もなう埋葬施設のほとんどが割竹形木棺を採用しているという棺形態の共通性からも裏づけられる（後述）。ただし、基本的な問題として残るのは、なぜ本来は端部に設けられていた排水用の土坑が中央部に設けられるようになったのかという点である。これまでこの問題に対する明確な解釈は示されていないが、ここでは一つの見方として埋葬遺体数との関係に注目しておきたい。

表 29 に示した事例の中で埋葬遺体そのものが確認されているのは、長さ 1.85m の箱形石棺から 1 体分の人骨が検出された奈良県丹切 6 号墳例のみである。ただし、その収容スペースと副葬品の配置から埋葬遺体数を想定しうる事例も存在する。たとえば、奈良県北原古墳北棺や大阪府珠金塚古墳南槨では直列配置をとる 2 体分の埋葬が想定されており、そうした事例は可能性があるものを含めて 7 例におよんでいる（表 29）。それらの同棺複数埋葬例は基本的に 2 体埋葬とみられるもの(7)で、いずれも長さ 5m 前後の木棺を採用している。また、静岡県文殊堂 8 号墳第 1 埋葬施設以外の 6 例は、棺床の中央部に小土坑を配置している。一方、副葬品配置から 1 体埋葬とみられる事例は 3 例で、それらは棺の長さが相対的に短く、三重県草山遺跡 SX182 で最長 3.53m を測るほかはいずれも 1.8m 前後である。また、丹切 6 号墳例を含めた 4 例とも棺床の端部に小土坑を配置している。

このように埋葬遺体数に着目すると、同棺複数（２体）埋葬が想定される事例では長い棺に中央部配置の小土坑がともない、１体埋葬が想定される事例では短い棺に端部配置の小土坑がともなうという対応関係が浮かび上がってくる。そこで、棺の長さと小土坑の配置について埋葬遺体数が定かではない事例を含めて整理すると、中央部配置の事例では 21 例中 7 例が長さ 4.1〜4.9m、11 例が 5.0〜6.7m の棺を採用しているのに対し、端部配置の事例では 9 例中 3 例が長さ 1.8m 前後、5 例が 4 m 前後の棺を採用していることがわかる。すなわち、わずかな例外は存在するものの、棺の長さと小土坑の配置には全体をつうじて一定の対応関係を認めることができるのである。

以上の整理によれば、中央部配置の小土坑と同棺複数（２体）埋葬の間には何らかの関連があるものと予想される。もちろん同棺複数埋葬が想定される事例は他にも知られており、それらのすべてに中央部配置の小土坑が認められるわけではないので、両者の関係を一般化することはできない。また、中央部配置の小土坑をともなう長い棺がすべて同棺複数埋葬であったという保証もない。とはいえ、上記の事実関係を重視するならば、同棺複数埋葬という特殊な埋葬行為の実施に関連して、本来は端部に配置されていた小土坑が中央部に配置されるようになった可能性を考慮しておく必要があろう[8]。

4 変 遷

先にも述べたとおり、棺床に設けられた小土坑は、古墳時代前期の竪穴式石室や粘土槨に付設された排水用の長方形土坑を祖型としながら、その簡略形態として成立したものと考えられる。したがって、その変遷についてまず考えられるのは、前期段階の長方形・礫詰めのタイプを基点とした流れである。その系譜につらなる初期の例としては、方形・礫詰めの小土坑を棺床の中央部に配置していたとされる、前期末〜中期初頭の静岡県釣瓶落 14 号墳 1 号棺例を挙げることができる［藤枝市教育委員会 1983］。一方、ほぼ同時期に位置づけられる静岡県釣瓶落 1 号墳例（図 27-5）［池田 1982］や愛知県三ツ山 2 号墳第 1 主体部例（同図- 6）では、円形・素掘りの小土坑を棺床の中央部に設けている。これらの事実から、平面形態や構造、配置の変化は、前期末〜中期初頭には生じていたとみることができる。あるいは、岡山県金蔵山古墳南石室（図 29-2）で検出された長方形土坑が礫を使用していない点を重視するならば、方形・素掘りの小土坑は早い段階から存在していて、その変化の中で円形・素掘りの小土坑が生じた可能性も考えられる[9]。

いずれにしても、前期末〜中期初頭には、方形のものと円形のもの、礫詰めのものと素掘りのものという基本要素が出揃い、中央部への配置もおこなわれるようになったと考えられる。それらの基本要素からなる基本タイプ（方形または円形＋礫詰めまたは素掘り＋中央部配置）は中期前葉にもっとも多く認められ、中期中葉にも存続していくが、いまのところ中期後葉以降の事例を確認することはできない。また、そうした基本タイプから派生するかたちで、中期前葉には長楕円形・礫詰めの小土坑が出現したと考えられる。

長楕円形・礫詰めの小土坑は、棺長軸方向の長径が 80〜150cm を測るもので、明らかに規模が大きい。これまでのところ、静岡県中部の志太平野とその周辺域で 6 例が確認されているのみである。その時期についてみると、志太平野（駿河東部）に位置する中期前葉の東浦 2 号墳 1 号棺（図

28-1) や同3号墳1号棺、仮宿沢渡1号墳SF01（同図-2）が古く、遠江中部に位置する中期中葉の文殊堂8号墳第1埋葬施設・第2埋葬施設（同図-3）、中期後葉の林2号墳第2埋葬施設（同図-4）があたらしい。こうした状況から判断すると、長楕円形・礫詰めの小土坑は、志太平野に導入された礫詰めの小土坑が同地域の中で独自の変化を遂げ、その後周辺域で命脈を保っていったものと考えられよう。(10)

　以上のように、棺床の小土坑は前期末〜中期初頭に基本タイプが成立し、一部の地域で独自の変化を遂げながらも、その中心的な時期は前期末から中期前葉にあったとみることができる。また、そうした基本タイプは中期中葉まで存続するが、中期後葉以降の事例は認められない。すなわち、棺床の小土坑は中期後葉以降には衰退、消滅していくとみられるのであるが、わずかに類例が知られている小円形の小土坑はその退化形態を示すものと考えられる。

　小円形の小土坑は直径20cm前後の小規模なもので、奈良県丹切6号墳例（図28-11）、広島県池の内遺跡第6号主体例（同図-12）を挙げることができる。それらのうち、丹切6号墳例は箱形石棺の棺床両端に小土坑を設けたもので、一方の小土坑には礫を充填している。池の内遺跡第6号主体例には礫の使用が認められず、前期末以来の小土坑と同一視することには不安もあるが、丹切6号墳例における礫使用の事実から、小円形のものも排水を目的とした小土坑の系譜につらなるものと考えられよう。その時期は、丹切6号墳例が中期後葉に位置づけられ、確証を欠く池の内遺跡第6号主体例も古墳群の形成時期から中期後半頃と判断される。これらの点から、小円形の小土坑は形態的かつ機能的に退化した後出的な存在と理解することができる。

5　分　布

　小土坑をともなう埋葬施設は、北部九州から関東西部におよぶひろい範囲に認められる（図30）。その東端に位置するのは神奈川県吾妻坂古墳第3号主体部例［日野・北川ほか 1993、西川 2004］、西端に位置するのは福岡県神領2号墳第2主体部例（図27-4）である。ただし全体としてみると、ここで取り上げた32例のうち、中国地方および九州地方に位置するものは3例のみで、その他は近畿地方以東に分布している。また、もっとも事例数が多い前期末から中期前葉までの事例についてみてみると、北部九州（福岡県）、近畿東部（奈良県）、東海西部（三重県、愛知県、岐阜県）、東海東部（静岡県）、北陸西部（福井県）、関東西部（神奈川県）に点在していることがわかる。

　こうした分布状況の中でとくに注目されるのは、限定された地域やそれらを結ぶルート沿いに分布する傾向が認められる点である。近畿東部では奈良県口宇陀盆地にまとまった分布域があり、これに隣接する三重県域の事例を加えるならば、口宇陀盆地から伊勢湾岸にいたるルート沿いの分布を指摘することができる。また、事例数こそ少ないものの、濃尾平野にも分布のまとまりが認められ、峠越えのルートを介してかかわりが深い福井県勝山盆地の事例もそれと無縁ではないと考えられる。さらに、太平洋岸の静岡県志太平野には12例が集中し、最大の分布域を形成しているが、もっとも東に位置する関東西部の事例は、その延長線上で理解しうる可能性があろう。

　以上のように、小土坑をともなう埋葬施設の分布は、明らかな偏在性を示している。とくに近畿東部に位置する口宇陀盆地から伊勢湾岸を経由して志太平野、関東西部にいたるルート、また、伊

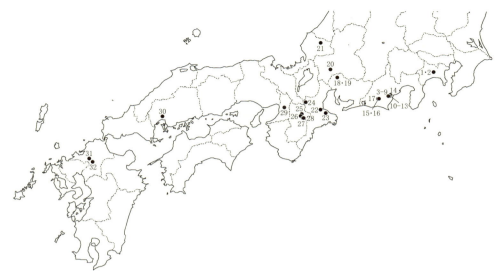

図30　棺床に小土坑をともなう埋葬施設の分布
＊番号は表29に対応

勢湾岸から北上して濃尾平野、勝山盆地にいたるルートにそれらが点在していることは、特定のルートに沿った限定的な結びつきをうかがわせるものである。

6　他の墳墓要素との関係

小土坑をともなう埋葬施設は、古墳時代の埋葬施設の中ではきわめて限定的な存在である。しかし、これまでの検討結果をふまえるならば、個々の事例を孤立した単発的な存在とみなすことはできない。ここではその点を検証するために、他の墳墓要素との関係についても確認していきたい。

まず埋葬施設の構造についてみると、90％以上は木棺直葬（一部粘土槨）で、その大多数は割竹形木棺を採用したものとみられる（表29）。一方、箱形木棺を採用したとみられる事例は、奈良県池殿奥5号墳東裾木棺例（図28-10）と広島県池の内遺跡第6号主体例（同図-12）の2例のみである。また、木棺直葬および粘土槨以外の埋葬施設は、奈良県丹切6号墳の箱形石棺（同図-11）と福岡県池の上D-2号墓の土壙（同図-5）を認めるにすぎない。さらにいえば、割竹形木棺を採用していないこれらの事例は、中期後葉に時期がくだるものか朝鮮半島系の被葬者が想定されるものであり[11]、それらを除く前期末から中期中葉にかけての事例で棺形態を推定しうるものはすべて割竹形木棺である。こうした事実は、小土坑の祖型とみられる長方形土坑が割竹形木棺を採用した前期の埋葬施設に付設されている点から判断して、割竹形木棺との本来的な関係がその後も強く意識されていたことを示すものと考えられよう。

次に古墳の形態と規模についてみると、小土坑をともなう埋葬施設が営まれた古墳は、基本的に円墳と方墳に限られている（表29）。唯一の例外は奈良県池殿奥5号墳東裾木棺例であるが、同例は小規模な前方後円墳（墳丘長22.5m）の墳裾部に営まれた埋葬施設である[12]。また、墳丘規模は10mから20m程度（直径または一辺）のものがほとんどで、それを確実に上回るものは3例しか

認められない。それらのうち、大阪府珠金塚古墳は一辺27mの方墳、福岡県神領2号墳は直径26mの円墳であり、他に比べてとくに大きな規模をもつものではない。神奈川県吾妻坂古墳は直径約50mの大型円墳で、唯一突出した規模をもつが、礫詰めの小土坑をともなう埋葬施設（第3号主体部）が中心的な埋葬施設であったのか否かについては有力な判断材料を欠いている。その点に検討の余地を残すものの、古墳の形態と規模が示す全般的な傾向は、小土坑をともなう埋葬施設が基本的には小型古墳において採用されたものであったことを示している。[13][14]

このように小土坑以外の墳墓要素にも着目すると、小土坑をともなう特異な埋葬施設に葬られたのは、割竹形木棺の採用を順守するという点でも一定の葬法を共有する小型古墳クラスの被葬者であったことが指摘できる。とすれば、そうした階層的性格を同じくする被葬者たちが、古墳時代前期末から中期前葉という限られた時期に特定の墳墓要素を共有するにいたった背景とその意味があらためて問われることになろう。

第3節　前半期小型古墳の性格

1　小型古墳被葬者間の交流

これまでの分析によれば、棺床に設けられた小土坑は、古墳時代前期の竪穴式石室や粘土槨にみられる排水用の長方形土坑を祖型とし、そこから転じた簡略形態として前期末～中期初頭にいくつかの基本タイプが成立したものと考えられる。また、それらの基本タイプは前期末から中期前葉にかけてもっとも多く認められ、中期前葉には特定地域で独自の変化を遂げたものも出現するが、中期後葉にはほぼ衰退に向かったものと考えられる。その分布は、北部九州から関東西部までの広範囲におよぶが、近畿以東への偏在性は明らかで、限られた地域とそれらを結ぶルート上に点在する傾向が認められる。さらに他の墳墓要素についてみると、割竹形木棺を直葬したものがほとんどで、その大多数は墳丘規模20m以下の小型古墳である。

以上の分析結果は、棺床に小土坑をともなう特異な埋葬施設が、前期末から中期前葉という限られた時期を中心に、階層的性格を同じくする小型古墳の被葬者によってひろく共有されていたことを示すものである。小土坑自体は単純な構造物であるが、多岐にわたる墳墓要素の中では埋葬施設にかかわる限定的な存在であり、場合によっては同棺複数埋葬という特殊な葬法にかかわっていた可能性もある。とすれば、この特異な墳墓要素の共有は、小型古墳被葬者間の直接的な交流によって生じたものとみるのが妥当であろう。もとより葬制としての一般的な伝播を想定する見方もあろうが、先述の分布状況は面的かつ連鎖的な交流のひろがりを示すものではなく、特定のルートをつうじた拠点的かつ飛び石的な交流のあり方を示唆するものである。

ところで、小土坑をともなう埋葬施設が小型古墳被葬者間の交流によって各地に波及したとするならば、そうした動きの原動力となった主体は何処に求められるのであろうか。この問題については、小土坑をともなう埋葬施設のほとんどが割竹形木棺を採用しているとみられる点に重要な手がかりを求めることができる。

近年、岡林孝作は、用材利用や用材選択の視点を加味した古墳時代木棺の体系的な整理を進め、

割竹形木棺についても構造分類を前提にした形態分類をおこなっている（岡林 2005・2010 など）。しかし、ここで対象とする埋葬施設の中には棺体そのものが遺存していた例はなく、小口部の痕跡なども明らかではないため、そうした成果に対応した割竹形木棺の詳細な分類を果たすことはできない。とはいえ、割竹形木棺は近畿中央部とその周辺における用材利用の変化の中で主流の位置を確立し、前期後葉以降にひろく採用されるようになったという岡林の指摘は、あらたな視点から割竹形木棺の成立過程を描き出したものとして傾聴に値する（岡林 2010：321 頁）。その点をふまえるならば、割竹形木棺との強いセット関係からみて、小土坑をともなう埋葬施設は近畿地方において成立した蓋然性がもっとも高いと考えられよう。

この問題を考えるもう一つの重要な手がかりは、古市古墳群に属する大阪府珠金塚古墳で確認された小土坑をともなう埋葬施設（南槨）に求められる。同埋葬施設は、三角板鋲留短甲などの出土遺物から中期中葉の年代が与えられ、小土坑をともなう埋葬施設の中ではむしろ後出的な存在である。しかし、当時の王権中枢にかかわる古墳群に属していることや、小土坑をともなう埋葬施設の中では唯一粘土槨を採用していること、さらに方形・礫詰めのタイプにおいて最大の規模を有することの3点には注意が必要である。すでに述べたように、大阪府駒ヶ谷宮山古墳前方部2号粘土槨に付設された礫詰めの長方形土坑は、これまで検討してきた小土坑の直接的な祖型とみられる事例である。また、同古墳は古市古墳群に先行して営まれた玉手山古墳群の一角に位置している。珠金塚古墳と駒ヶ谷宮山古墳の年代にはやや開きがあるが、これらの状況を勘案すると、かつて北野耕平が指摘した駒ヶ谷宮山古墳前方部2号粘土槨から珠金塚古墳南槨への排水用土坑の変化は、この一帯における連続的な変化として理解しうる可能性がある（北野 1964c：194 頁）。もちろん両者の年代差を埋める資料の発見がのぞまれるが、かりに以上のような見方に立つならば、小土坑をともなう埋葬施設に関する情報は、当時の王権中枢につらなる集団に端を発するものであったとの想定が成り立つ。[15]

以上、やや推論をまじえて述べた点をまとめると、小土坑をともなう埋葬施設が示す小型古墳被葬者間の交流は、近畿地方を基点とする動きを含んでいたものとみられ、そこには王権中枢にかかわる集団が関与していた可能性が考えられる。それは、早くも古墳時代前期末から中期前葉にかけての時期に、一部の小型古墳被葬者が近畿地方の中核的政治勢力、すなわちヤマト王権との間に何らかの関係を築いていたことを示唆するものであろう。

2　小型古墳出現の背景

いま述べたように、古墳時代前期末から中期前葉にかけて一部の小型古墳被葬者がヤマト王権との関係をいち早く築いていたとするならば、当該被葬者らはそれぞれが存立の基盤とする地域社会の中ではどのような立場を保持していたのであろうか。

従来この点に関しては、古墳時代前・中期にヤマト王権（またはヤマト政権）との間で直接の政治的関係を築いたのは各地の大型古墳（前方後円墳）に葬られた有力首長層であり、その在地支配に組み込まれた小型古墳の被葬者にまでヤマト王権の直接的な支配はおよんでいなかったとする見方が示されている（和田 1992・1998 など）。とくに古墳時代中期には、大型前方後円墳のもとに

中・小の古墳や小型の墳墓がつらなる古墳の階層構成が顕在化し、各地の大首長による強固な在地支配が確立したものと理解されている[16]。

しかし、小土坑をともなう埋葬施設を採用した小型古墳の存在形態を検討すると、同時期の大型古墳が周辺に存在しないか、もしくは大型古墳との関係が希薄であるという実態が浮かび上ってくる。たとえば、静岡県志太平野には古墳時代前・中期の大型古墳（前方後方墳、前方後円墳など）は存在せず、やや規模の大きい円墳（五州岳古墳：円墳・25m、岩田山31号墳：円墳・45m）が築かれるようになるのは中期前葉の終わり頃から中期中葉にかけての時期である。つまり、小土坑をともなう埋葬施設が積極的に採用された前期末から中期前葉にかけての時期には、地域全体を支配するような有力首長の存在を想定することはできないのである。

こうした状況は、奈良県口宇陀盆地においても同様に指摘することができる。口宇陀盆地では、前期後半から中期初頭にかけて2基の前方後方墳（鴨池古墳：47m、北原西古墳：31m）が築かれるが、その後前方後円墳が築かれるようになるのは中期後半以降のことである（楠元 1986）。ここでも、小土坑をともなう埋葬施設（北原古墳北槨）が採用された中期前葉に顕著な大型古墳の存在を認めることはできない。また、岐阜県竜門寺15号墳の場合には、同一古墳群中に豊富な副葬品を出土した竜門寺1号墳（円墳・17m）が存在するものの、周辺に同時期の大型古墳は造営されていない。このほか、福井県大渡城山古墳や福岡県神領2号墳についても、ほぼ同様の存在形態を指摘することができる。

以上のように、前期末から中期前葉に小土坑をともなう埋葬施設を採用した古墳は、大型古墳の造営地域とは異なる地域に営まれているケースが多い。この点を重視するならば、いち早くヤマト王権との関係を築いた小型古墳の被葬者たちは、地域首長による在地支配がいまだ確立されていない地域の人々であったと推測することができる。もちろん古墳時代中期には複数の地域を統合した大首長の存在が想定されることから、それらの小型古墳被葬者が広域支配の一部に組み込まれていたとする見方も一概には否定できない。ただし、そのような見方に立った場合でも、ヤマト王権が直接的な関係を築こうとしたのは、大首長が拠点とする地域からは距離を置いた周辺地域の小型古墳被葬者であったとする理解が可能であろう。

こうしてみると、古墳時代前期末から中期前葉にかけて小土坑をともなう埋葬施設がひろがりをみせた背景には、一部の地域の小型古墳被葬者を直接その支配秩序に組み込もうとするヤマト王権側の動きがあったものと推察される。それは、地域首長による在地支配が確立されていない地域、もしくはその支配が十分におよばない地域にねらいを定めたものであったとみられる[17]。

ところで、小土坑をともなう埋葬施設を採用した古墳は、そのほとんどが相前後する時期の小型古墳とともに古墳群を形成している。そうした簡略な竪穴系埋葬施設を採用する小型古墳のまとまりについては、かつて石部正志が古式群集墳と命名し、弥生時代の方形墓群と古墳時代後期の群集墳をつなぐ存在として造営主体の階層的連続性を重視する見解を示したことは周知のとおりである（石部 1975・1980）。それに対して白石太一郎は、初期群集墳の名称を用いながら、それらが出現した歴史的契機を「ヤマト政権」による支配秩序の拡大と関連づけて説明した（白石 1976・1981）。また、和田晴吾は、「古墳時代後期前半（本章の中期後葉）」以降に出現する群集墳を、古式群集墳、

新式群集墳、終末式群集墳の三者に分類し、それぞれの歴史的性格を体系的に論じた（和田 1992）。

　これらのほかにも、古式群集墳や初期群集墳をめぐる議論は数多く存在する。ここでそれらを詳しく取り上げる余裕はないが、先行研究の多くは本格的な古式群集墳の成立を中期中葉以降に認め、その成立要因をヤマト王権による支配秩序の拡大と関連づけて説明したものといえよう。その一方で、前期末から中期前葉にかけての小型古墳については、奈良県磐余・池ノ内古墳群［泉森・菅谷 1973］や静岡県若王子古墳群が古式群集墳の先駆的存在として注目されてきたものの（石部 1980、楠元 1986、松井 1994、村田 2002）、それほど活発な議論がおこなわれてきたとはいえず、むしろ当該期については、弥生時代墓制の流れをくむ方形区画墓あるいは小形低方墳の評価に多くの関心が払われてきたという経緯が認められる（寺沢 1986、楠元 1992、和田 1992、京嶋 1997 など）。

　いまこうした研究動向をふまえるならば、本章で検討してきた内容は古式群集墳の成立をめぐる問題にも一石を投じるものとなろう。先にも述べたように、前期末から中期前葉にかけての小土坑をともなう埋葬施設のひろがりは、小型古墳被葬者と直接の関係を取り結ぼうとしたヤマト王権側の動きを反映したものと考えられる。その対象はなお一部の地域にとどまっているが、近畿以東を中心として広域におよんでいる点は看過することができない。しかも、地域首長による在地支配が確立されていない地域または十分ではない地域を意図的に選択している可能性がある。こうした理解に大きな誤りがなければ、地方の小型古墳被葬者を直接その支配秩序に組み込もうとするヤマト王権側の動きは、少なくとも古墳時代前期末から中期前葉には部分的に始動していたとみる必要がある。この段階における小型古墳被葬者の社会構成史的位置づけについてはなお議論の余地が残されているものの(19)、中期中葉以降の本格的な古式群集墳に先行する存在として、前期末〜中期前葉の小型古墳をひろく再検討する必要があることは明らかであろう。

第4節　広域性を示す墳墓要素

　本章では、棺床に小土坑をともなう特異な埋葬施設の検討をつうじて、古墳時代前半期における小型古墳の性格について考察を試みた。小さな穴をとおして得られた知見はきわめて限られているが、その成果はおよそ次の3点にまとめられよう。

　第一の成果は、棺床に設けられた小土坑をあらためて分類、検討し、その機能や系譜、変遷についての基本的理解を深めることができた点である。各要素の組み合わせからなる小土坑のタイプにはある程度の多様性が認められるものの、それらは相互に関連した存在であり、古墳時代前期末から中期前葉にその中心的な時期を求めることができる。

　第二の成果は、小土坑をともなう埋葬施設の分布と被葬者の階層的位置にかかわる認識をあらたにすることができた点である。小土坑をともなう埋葬施設の分布は列島の広範囲におよぶものの、近畿以東に偏在する明らかな傾向を示している。また、採用例の大多数は墳丘規模20m以下の小型古墳であり、被葬者の階層的位置はかなり限定されている。

　第三の成果は、小土坑をともなう埋葬施設のひろがりを小型古墳被葬者間の直接的な交流によるものと理解した点である。そうした交流の背景には、古墳時代前期末から中期前葉に一部地域の小

型古墳被葬者をその支配秩序に組み込もうとしたヤマト王権側の動きがあったものと推察される。こうした理解は、本格的な古式群集墳に先行して営まれた小型古墳についての再評価を促すものである。

　本章で取り上げた墳墓要素以外にも、古墳時代前半期の小型古墳には地域を越えた結びつきを示す要素が認められる。ここでは遺構をめぐる議論に終始したが、遺物論（とくに副葬品論）の深化が欠かせないことはいうまでもない。そうした広域におよぶ墳墓要素の検討は、古墳時代前半期における小型古墳の歴史的性格を追究していくうえで重要な視座を与えるものとなろう。もちろん地域に視点を定めた研究も重要であり、地域首長を頂点とした階層構造や特定地域の伝統的要素に関する議論は不可欠である。ただしそれのみでは、前半期小型古墳の歴史的性格を十分に咀嚼できないおそれがある。ここではその研究の方向性として、これまで以上に水平方向に視野をひろげた検討が必要であることを指摘しておきたい。

註
（１）各地域で整理されている古墳の規模構成（田中裕 2000、寺前 2001 など）をふまえつつ、ここでは墳丘規模 20m 以下のものを小型古墳と呼ぶことにする。
（２）朴の集成に挙げられている奈良県忍坂 4 号墳第 1 次埋葬施設例についても除外した。同例は、小土坑の周囲に一回り大きな土坑をともなう二段土坑であり、位置づけが難しい資料である。なお、調査報告書では、この土坑（柱穴）を第 2 次埋葬施設の設置に先立つ儀礼用の立柱にかかわるものと解釈している（前園 1978：195-196 頁）。このほか、棺床の端部で検出された落ち込みのうち、棺小口板の痕跡とみられるものは資料に加えなかったが、一方の端部にのみ認められ、その形状からも小土坑の可能性が考えられるもの（愛知県三ツ山 2 号墳第 2 主体部）については資料に加えた。
（３）C 類および D 類は、棺長軸方向に長径をもつものとする。棺短軸方向に長径をもつものは、繁雑さを避けるためにひとまず B 類（円形）に含めておく。
（４）奈良県北原古墳北棺では、本来棺底に置かれていたとみられる鉄製品と玉類が小土坑の埋土中に落ち込んだ状態で出土しており、当初の小土坑内部は空洞であったと考えられている（楠元・朴編 1986：25 頁）。
（５）静岡県釣瓶落古墳群、同東浦古墳群には、礫詰めのものと素掘りのものがともに存在する。
（６）朝鮮半島南部では、5 世紀に位置づけられる釜山堂甘洞古墳群や同福泉洞古墳群の竪穴式石槨墓などで小口部に設けられた小土坑が確認されている。しかし、その内部からは土器などの遺物が出土しており、ここで取り上げる日本列島の事例とは性格を異にする副葬品埋納坑と考えられる。また、中国の殷周～戦国時代墓において盛行した腰孔（犠牲獣埋納用土坑）の存在も想起されるが、年代的にも機能的にも関連性は認められない。日本列島では、弥生時代前期～中期前半の北部九州において木棺墓の床に小土坑を設けた事例が知られている。ただし、内部に頭蓋骨のみを納めた事例（福岡県新町遺跡 24 号墓例）が存在することから、戦闘行為にともなう特殊な性格が想定されている（橋口 1995：55-57 頁）。いずれにせよ年代的な開きが大きく、これも本章で取り上げる小土坑とは無縁の存在であろう。
（７）福岡県神領 2 号墳第 2 主体部では、副葬品配置から 3 体の直列埋葬が想定されている（平ノ内・石山 1984：12-13 頁）。しかし、各遺体の身長が前後の遺体との位置関係により 1.1～1.5m と推定されていることには、やや無理があるように思われる。ここでは、竪櫛や玉類の出土位置を手がかりに 2 体の埋葬を想定しておくことにしたい。その場合、鏡は類例の乏しい足部への副葬事例となるが、鏡の周

(8) 問題となるのは、同棺複数埋葬に関連してなぜ小土坑を中央部に配置する必要が生じたのかという点である。単純に考えれば、1体埋葬では端部に配置していた小土坑を、2体埋葬に際してその中間に配置したということであろう。しかし、基本的に追葬不可能な構造をもつ竪穴系埋葬施設における同棺複数埋葬の場合、同時死亡同時埋葬または異時死亡同時埋葬という特殊な埋葬行為が想定されることから、その葬送過程における役割の有無については慎重な判断が必要である。とくに後者の場合は、初葬者の遺体を一定期間保管するモガリとの関連が問題となるからである（沼澤 1977）。

(9) 朴美子は、方形（長方形を含む）・礫詰めのタイプを基点とし、そこから方形・素掘りのタイプへ変化するものと、円形・礫詰めのタイプに変化したのち円形・素掘りのタイプに移行する流れを想定している（朴 1986：99頁）。

(10) 志太平野には棺床に小土坑をともなう埋葬施設の事例が数多く認められ、前期末にさかのぼる事例も存在する。しかし、それらは外部地域から導入された割竹形木棺や土器の副葬と密接に結びついていることから、小土坑そのものが志太平野で発生したとする見方は成立しがたい（第4章第4節）。

(11) 池の上D-2号墓を含む池の上・古寺墳墓群では、北部九州の中でも他に先駆けて埋葬施設内への土器副葬が認められること、土器には伽耶系の陶質土器を多く含むことから、その被葬者は朝鮮半島からの渡来人であった可能性が指摘されている（土生田 1985）。ここでは、池の上D-2号墓例の平面形態をひとまず方形に分類したが、厳密にいうと土壙の長軸方向に長い縦長長方形である。方形の事例が少ないため十分な比較はできないが、ここで取り扱う小土坑が前期にみられる横長長方形の土坑に端を発するとの基本的理解に立つならば、まったく別系譜の存在として取り扱うべきものかもしれない。

(12) 小土坑をともなう埋葬施設には、他の埋葬施設とともに墳頂部に併設されたものが数多く存在する。そのほとんどは最初に営まれた中心的な埋葬施設、もしくはそれに準じた規模をもつ埋葬施設である。

(13) 当初の発掘調査報告書では、礫詰めの小土坑をともなう第3号主体部が吾妻坂古墳において最初に設けられた埋葬施設であり、その後それと主軸方向を異にするかたちで第1号主体部および第2号主体部が設けられたとの理解が示されている（日野・北川ほか 1993：132頁）。しかし、後に刊行された資料調査報告書では、重なり合う第3号主体部と第1号主体部の重複関係を証明する手がかりがないことから、両者の先後関係についての結論を保留している（西川ほか 2004：67頁）。

(14) ここではとくに検討を加えなかったが、副葬品については、墳丘規模に応じて全般的に貧弱なものが多い傾向にある。また、特定品目に偏る目立った傾向は認められない。

(15) 朴美子も駒ヶ谷宮山古墳、珠金塚古墳の存在にふれながら、「排水坑」をもつ埋葬施設は「大王に服属する下のクラスである武装集団の長や、一地方の有力豪族の類縁に採用された」との見解を示している（朴 1986：100頁）。

(16) 和田晴吾は、中期に主要な前方後円墳が築かれず、帆立貝形古墳や円墳が首長墳として築かれた地域には、「ヤマト政権」による支配がより直接的におよんだとも指摘している（和田 1992：328頁）。ただし、前期および中期（＝本章の中期前葉～中葉）の小型古墳については、在地的な墓制としての「小型低方墳」という評価にとどまっている。

(17) 寺前直人は、大阪府豊島地域における事例分析をつうじて、中期中葉における盟主墳の縮小化と小方墳の増加が連動した動きであることを指摘し、その背景に「倭王権の新たな「支配」方式」の展開を想定している。時期と地域を異にするが、大型古墳と小型古墳の存在形態を排反的にとらえる視点にはつうじるものがある（寺前 2001）。

(18) 群集墳概念の提唱者である近藤義郎は、磐余・池ノ内古墳群を構成するような小型古墳の被葬者について、首長の職務を分担した首長一族の有力成員や氏族の長、あるいはそれに準じた有力成員であると述べている（近藤 1983：256頁）。

（19） 前期末から中期中葉にかけての小型古墳が集中的に営まれた静岡県の若王子古墳群と釣瓶落古墳群では、数基からなる単位の中で小型古墳が時期を異にして築かれている（八木勝 2010）。古墳ごとの埋葬施設数は限定されており、家族墓としての位置づけは困難であるが、集団内有力成員による複数系列の累代的な古墳築造を示すものとして注目される。

第6章　前方部短小型前方後円墳の性格
―――斜交埋葬施設の実態とその評価―――

第1節　斜交埋葬施設の問題点

　前方後円墳における竪穴系埋葬施設の主軸と墳丘の主軸との関係は、平行または直交の関係が一般的であるが、各地の資料に目を向けると、墳丘の主軸に対して埋葬施設の主軸を斜交させる事例が少なからず認められる。多くの場合、そうした斜交埋葬施設は例外的な少数派もしくは地域色を示すものとみなされ、とくに埋葬施設の主軸に何らかの頭位原則が想定される場合には、墳丘主軸が立地による制約を受けた結果、両者の平行直交関係が厳守できなかったものと理解されている。

　そうした見方とは別に、かつて福永伸哉は埋葬施設を斜交させること自体が一定の企画として存在していたのではないかという見解を述べたことがある（福永 1990）。その中で、斜交埋葬施設の採用事例に帆立貝式古墳や造り出し付き円墳が多く、いわゆる纒向型前方後円墳（寺沢 1984・1988）がかなりの比率で含まれているとした点は大いに注目される。

　福永は、形態的に類似する纒向型前方後円墳と帆立貝式古墳に斜交埋葬施設が共通して認められることを注視し、両者の関係について肯定的な見方を示している。福永が一つの可能性として述べたように、かりに斜交埋葬施設をともなう前方部短小型の前方後円墳が定型化した前方後円墳とは異なる系譜の前方後円墳として存在しつづけていたとするならば、その歴史的性格の解明は、纒向型前方後円墳の理解にも少なからぬ影響を与えることになろう。

　本章では、以上の問題意識をふまえながら東日本における斜交埋葬施設の実態を整理し、斜交の意味をあらためて検討することとする。そのうえで、斜交埋葬施設をつうじてみた前方部短小型の前方後円墳について、筆者なりの見解を述べてみることにしたい。

第2節　墳丘主軸と埋葬施設主軸をめぐる議論

　具体的な検討に入る前に、墳丘主軸と埋葬施設主軸をめぐるこれまでの議論を振り返り、斜交埋葬施設を検討していく際の視点と問題点を確認しておきたい。

　前方後円墳などの主軸方向と埋葬施設の方向に一定の規則性があることを、具体的なデータにもとづいて最初に論じたのは斎藤忠である。斎藤は、前方部に南面または西面するものが多いのは、埋葬施設の方向と密接な関係があるとし、そもそも埋葬施設の主軸を規定していた根本原理は、頭位をある方向に向けるという方位に対する観念であったと論じた（斎藤 1953）。

同じころ小林行雄と近藤義郎は、前期古墳の変遷を論じる中で、墳丘主軸に対して直交する埋葬施設が古く、平行する埋葬施設が新しいという見解を示した（小林・近藤 1959）。現在こうした変遷観をただちに受け入れることはできないが、そこに後円部埋葬施設と墳丘主軸が一定の規則性をもって存在するという認識があったことは確かであろう。

　その後、斎藤が注目した埋葬頭位のあり方を古墳出現論に関連させながら論じたのは都出比呂志である。都出は、畿内の前期古墳の中でも古相に属するものは北優位の原則が重視されていたと指摘し、埋葬頭位の規則性に乏しい弥生墳丘墓と対比しながら、そこに新たな祭祀型式の創出を読みとろうとした（都出 1979）。また、斜交する埋葬施設については、墳丘主軸が立地条件による制約を受けた際に北優位の原則を保持した結果であるとの認識を示した[1]。

　以後、都出が指摘した北優位の原則は、定型化した前方後円墳の指標として重視されていくことになるが、一方でそれとは異なる地域ごとの埋葬頭位に着目した研究もあらわれる。

　関東地方の前半期古墳における埋葬頭位を検討した岩崎卓也は、茨城県域では北優位、千葉県域では東西優位というように、埋葬頭位には地域ごとの傾向が認められ、都出が指摘した北優位原則の規制が必ずしも一様ではないことを示した（岩崎 1983）。また、讃岐の前期古墳について検討した玉城一枝は、立地条件によって左右される墳丘主軸とは対照的に、埋葬施設の主軸はほぼ正確に東西方向を示しており、少なからず存在する斜交埋葬施設は東西優位の原則を優先した結果であろうとの見方を示した（玉城 1985）[2]。

　こうして埋葬頭位の地域差が次第に明らかにされていく中で、北條芳隆は、墳丘主軸、埋葬施設主軸、方位の三要素に着目し、それらの相関関係について積極的な解釈を試みた。北條は、畿内と吉備の前期古墳においては墳丘主軸と埋葬施設主軸を平行または直交させ、かつ頭位を北に向けるという共通の原則が認められるとし、両地域間にはそうした原則を生むほどの強い結束力ないしは厳格な統制力が働いていたと論じた（北條 1987）。この北條による研究は、三要素を明確な意図のもとに分析し、それらの地域差にも配慮しながら畿内と吉備の共通性を抽出した点において、従来の議論をさらに深化させたものといえよう。

　以上に取り上げた研究の多くは、斜交埋葬施設を頭位原則にしたがったものとみているが、それらとは異なる視点で斜交埋葬施設の意義を見出そうとしたのは、宇野隆夫と春日真美らである。宇野と春日らは、富山県谷内16号墳の調査事実にもとづき、後円部において墳丘主軸に斜交する埋葬施設は、それに直交して取り付く墓道の存在に関係しているとの見方を示した（宇野・安 1988、春日 1988）。斜交の意味を葬送儀礼のあり方と関連づけたこの解釈は、従来にない視点を提示したものとして注目されるが、斜交埋葬施設以外でも直交する墓道を想定しうるのかなど、検討すべき課題が多い。

　こうした先行研究をふまえながら、斜交埋葬施設の性格を正面から論じたのは福永伸哉である。福永は、斜交埋葬施設の多くに頭位原則との関連が認められるとしつつも、前方後円墳定型化以前の墳墓にかなりの割合で斜交埋葬施設が採用され、それらの中には一定の方位を示さないものが多いとの判断から、もともと斜交自体が一つの企画として存在していたのではないかとの見方を示した。また、纒向型前方後円墳にかなりの比率で斜交埋葬施設が認められること、さらに中期前半以

前の帆立貝式古墳や造り出し付き円墳にも斜交埋葬施設の事例が多くみられることから、前期末以降に複雑さを増す首長間の秩序の中で、旧式の企画があらためて意味づけを与えられたのではないかとの見通しを示した（福永 1990）。

この福永による研究は、斜交埋葬施設の歴史的性格にまで踏み込んだ、きわめて示唆に富んだものである。とくに、斜交埋葬施設が纒向型前方後円墳に多く認められるとともに、帆立貝式古墳や造り出し付き円墳にも少なくないことを指摘した点は重要であろう。福永は、両者の類似した墳丘形態に注意を払いながら、その年代差を考慮して、前期末の段階で「お蔵入りになっていた古い設計図」が再び用いられた可能性を指摘している。その一方で、「旧式になった企画が傍流となりながら継続して」いた可能性についても言及している[3]。

以上によって明らかなように、斜交埋葬施設をめぐる議論は、頭位原則の有無という問題にとどまらず、それを多く採用した墳丘形態の特異性と相俟って、纒向型前方後円墳や帆立貝式古墳といった前方部が著しく短いタイプの前方後円墳がどのような性格をもっていたのかという問題にも波及していく可能性を秘めている。しかし、福永の重要な問題提起にもかかわらず、この方面についての議論は十分に深められていないのが現状である[4]。

そこで本章では、斜交埋葬施設の実態を整理することにより、斜交そのものの意味を探るとともに、とくに前方部が短小な前方後円墳に焦点をあわせて、斜交埋葬施設とのかかわりを検討することにしたい。また、そうした作業をふまえて、上述の問題をめぐる若干の考察を試みることにしたい。なお、福永の分析は古墳時代前・中期における西日本の事例を主な対象としていることから、本章ではあえて東日本に事例を求め、対象時期を古墳時代後期にまで拡大して、分析を進めることとする[5]。

第3節 斜交埋葬施設の実態

1 墳丘形態と年代

東日本における斜交埋葬施設の実態を整理していくにあたり、その前提として斜交埋葬施設の範囲を明確にしておく必要がある。すなわち、墳丘主軸に対してどの程度の傾きが認められた場合に斜交埋葬施設として取り扱うのかという点であるが、当時の測量精度を把握しがたい現状において有意な基準を設定することは困難である。ここでは当面の実態把握を優先する立場から、かつて福永が設定した基準を踏襲し、墳丘主軸に平行または直交するラインから前後に10度以上の傾きが認められる事例を斜交埋葬施設として取り扱うこととする[6]。また、墳丘上に複数の埋葬施設が存在する場合には、主丘部の中心的な埋葬施設を対象とし、副次的な埋葬施設については対象外とする。なお、以下で使用する方位は、すべて真北を基準としたものである[7]。

表31は、東日本における斜交埋葬施設の事例を集成したものである。まずそれらの墳丘形態をみると、合計39例のうち、前方後円墳が33例、前方後方墳が6例認められる。さらに前方後円墳の内訳をみると、そのうちの21例は前方部短小型の前方後円墳である。なお、ここでいう前方部短小型とは、後円部径に対して前方部長が1/2程度以下のものを指している[8]。

表31 東日本の斜交埋葬施設

No.	古墳名	所在地	墳丘			埋葬施設			集成編年
			墳形	規模	主軸	種別	斜交	斜交率	
1	会津大塚山	福島	前方後円	114m	N-19°-W	粘土槨（南棺）	77°	29%	3期
2	森北1号	福島	前方後方	41.4m	N-41°-W	舟形木棺	23°	51%	2期
3	三昧塚	茨城	前方後円	85m	N-47°-W	箱形石棺	42°	93%	8期
4	舟塚	茨城	前方後円	88m	N-139°-E	箱形石棺	34°	76%	9期
5	原1号	茨城	前方後方	29.5m	N-64°-W	木棺	37°	82%	2期
6	赤堀茶臼山	群馬	前方後円*	59m	N-98°-W	木炭槨（1号）	14°	31%	5期
7	赤堀村285号	群馬	前方後円*	23.5m	N-36°-W	箱形石棺（下）	62°	62%	9期
8	塚廻り4号	群馬	前方後円*	22.5m	N-99°-W	箱形石棺	41°	91%	9期
9	富沢28号	群馬	前方後円*	32.1m	N-98°-W	竪穴式石槨	60°	67%	9期
10	道場1号	群馬	前方後円*	10.6m	N-25°-W	（礫使用）	69°	24%	9期
11	片野10号	千葉	前方後円*	24.8m	N-142°-W	箱形石棺	35°	78%	10期
12	新城1号	千葉	前方後円	27m	N-114°-W	木棺（1号）	50°	89%	10期
13	小川台5号	千葉	前方後円*	30m	N-122°-W	木棺	22°	49%	10期
14	木戸前1号	千葉	前方後円*	40m	N-67°-W	箱形石棺	40°	89%	10期
15	明戸	千葉	前方後円	40m	N-45°-W	箱形石棺	67°	51%	10期
16	神門4号	千葉	前方後円*	49m	N-121°-W	箱形木棺	40°	89%	1期
17	小田部	千葉	前方後円*	22m〜	N-124°-E	箱形木棺	40°	89%	1期
18	釈迦山	千葉	前方後円	93m	N-114°-W	粘土槨	13°	29%	4期
19	山王後1号	千葉	前方後円*	35m	N-43°-W	木棺（第1）	69°	24%	10期
20	根田130号	千葉	前方後円*	34m	N-138°-W	木棺（第1）	23°	51%	10期
21	鹿島塚8号	千葉	前方後円*	38.6m	N-170°-W	木棺（第1）	75°	33%	9期
22	手古塚	千葉	前方後円	60m	N-28°-E	粘土槨	25°	56%	3期
23	塚原7号	千葉	前方後円	40m	N-132°-E	箱形木棺（第1）	22°	49%	10期
24	秋葉山3号	神奈川	前方後円*	50.4m	N-120〜150°-W	（墓壙上面）	（未調査）	（未調査）	1期
25	甲斐銚子塚	山梨	前方後円	169m	N-63°-E	竪穴式石室	57°	73%	3期
26	瀧の峯2号	長野	前方後方	18m	N-108°-W	木棺	72°	40%	1期
27	神明塚	静岡	前方後円*	53m	N-53°-W	粘土槨	67°	51%	2期
28	各和金塚	静岡	前方後円	66.4m	N-148°-E	竪穴式石室	43°	96%	5期
29	辺田平1号	静岡	前方後円*	20m	N-68°-W	礫床	40°	89%	8期
30	馬場平	静岡	前方後円	47.5m	N-134°-W	箱形木棺	50°	89%	4期
31	経ヶ峰1号	愛知	前方後円*	35m	N-57°-W	竪穴系横口式石室	18°	40%	7期
32	花岡山	岐阜	前方後円	60m	N-1°-E	竪穴式石室	22°	49%	3期
33	象鼻山1号	岐阜	前方後方	40.1m	N-36°-W	木棺	13°	29%	2期
34	向山	三重	前方後方	71.4m	N-73°-E	粘土槨	78°	27%	3期
35	三王山1号	新潟	前方後円	37.5m	N-178°-W	木棺（第1）	70°	44%	4期
36	谷内16号	富山	前方後円	47.6m	N-174°-E	割竹形木棺	70°	44%	2期
37	宇気塚越1号	石川	前方後円	19m	N-137°-E	箱形木棺	53°	82%	1期
38	神谷内12号	石川	前方後円	27.5m	N-70°-W	箱形木棺	60°	67%	1期
39	宿東山1号	石川	前方後円*	21m	N-16°-W	箱形木棺	43°	96%	2期

(1)「前方後円＊」は前方部短小型の前方後円墳を示す。
(2)「墳丘主軸」は、前方部方向を示す。
(3)「斜交」は、後円（方）部後端側を基点とした、墳丘主軸と埋葬施設主軸がなす角度を示す。
(4)「斜交率」は、墳丘主軸と45°をなすラインへの接近率を示し、数値の大きなものほど斜交の度合いが大きい。

 このデータが示すように、東日本においては、斜交埋葬施設を採用したものの約半数が前方部短小型であり、斜交埋葬施設を採用した前方後円墳の約2/3がそれに該当する。ちなみに、表31に示した39例のうち、かつて福永が取り上げたものは9例であり、そのうちの3例が前方部短小型であることからすれば、さらに高い比率で斜交埋葬施設と前方部短小型の結びつきを確認することができるだろう。
 次に、斜交埋葬施設を採用した事例の年代についてみると、時期ごとの多寡は認められるものの、

古墳時代のほぼ全期間におよんでいることがわかる。表31には、参考として「前方後円墳集成編年」（広瀬 1991）による時期区分を示したが、6期をのぞくすべての時期に斜交埋葬施設の存在を確認することができる。その6期を含めた古墳時代中期の事例が少ないことには注意が必要であるが、そこに明らかな断絶が認められないことも事実である。とくに、前方部短小型がほぼ全期間にわたって認められる点は重要である。また、そうした継続性の一方で、古墳時代前期前半と古墳時代後期に多く事例が集中している事実も見過ごすことはできない。前期前半の事例については纒向型前方後円墳とのかかわりが、後期の事例については関東において小型の前方後円墳が盛行する現象（岩崎 1992）とのかかわりが考えられよう。

2　前方後円墳と前方後方墳

前項で述べた斜交埋葬施設の基本的なあり方をふまえ、以下では墳丘の形態ごとにさらに詳しく斜交埋葬施設の実態を把握していくこととする。

図31は、前方後円墳と前方後方墳のそれぞれについて、上段に墳丘主軸と埋葬施設主軸（頭位）の関係、中段に埋葬施設主軸（頭位）と方位の関係、下段に墳丘主軸（前方部の方向）と方位の関係を示したものである。また、前方後円墳については、古墳時代前期のものと中・後期のものとにわけて示している。

まず前期の前方後円墳についてみると、墳丘主軸と埋葬施設主軸の関係に一定の傾向を認めることはできないが、埋葬施設主軸と方位の関係にはおよその傾向を見出すことができる。すなわち、岐阜県花岡山古墳（32：表31の番号、以下同じ）［楢崎・平出 1977］と山梨県甲斐銚子塚古墳（25）［坂本 1988］については南北方向、福島県会津大塚山古墳（1）［伊東・伊藤 1964］、新潟県三王山1号墳（35）［甘粕ほか 1989］、富山県谷内16号墳（36）［宇野ほか 1988］については東西方向とのかかわりがうかがえる。これらのうち、会津大塚山古墳と三王山1号墳については、福島県域および新潟県域の前期古墳において東頭位が優越するという指摘（小林隆 1989）に合致し、墳丘主軸をほぼ南北にとりながら大きく埋葬施設を斜交させている姿には、東頭位への強い指向性を読みとることができる。また、花岡山古墳と甲斐銚子塚古墳が南北方向を指向している点については、両古墳がともに長大な竪穴式石室を採用していることと無関係ではないだろう[9]。他方、こうした正方位とのかかわりをうかがわせる事例とは異なり、千葉県手古塚古墳（22）［杉山 1973・2003］と同釈迦山古墳（18）［小久貫 1996］の埋葬施設は北東-南西方向をとっている。一見すると方位とのかかわりがないように思えるが、じつは千葉県域の前期古墳は東から北東にかけての頭位を示すものが多く、この両古墳もそうした地域内の傾向に即して理解することが可能である。

次に前方後方墳についてみると、同じ前期に属する前方後円墳と同様の状況を指摘することができる。やはり墳丘主軸と埋葬施設主軸の関係に一定の傾向を見出すことはできないが、埋葬施設主軸と方位の関係にはおよその傾向を認めることができる。岐阜県象鼻山1号墳（33）［宇野ほか 1998］、三重県向山古墳（34）［後藤 1923、伊勢野 1988］、石川県宇気塚越1号墳（37）［小嶋・橋本 1973］については南北方向、福島県森北1号墳（2）［土井・吉田ほか 1999］、茨城県原1号墳（5）［茂木 1976］については東西方向とのかかわりがうかがえ、いずれも墳丘の主軸方向に対し

146 第Ⅱ部 古墳の存在形態と政治構造

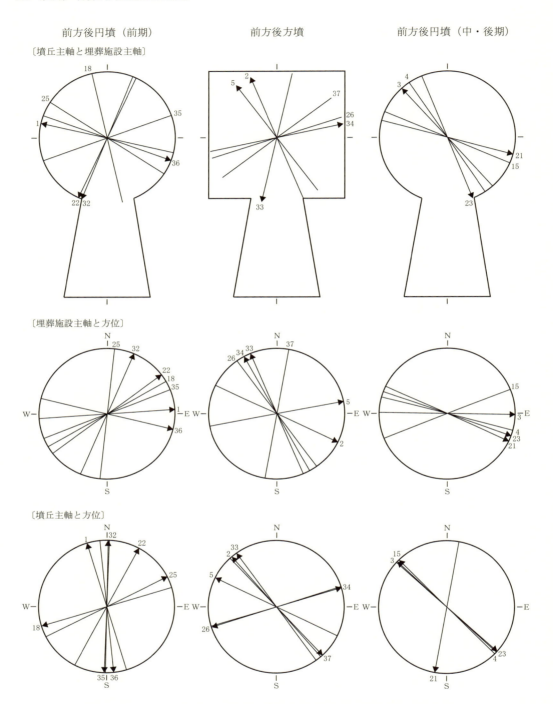

図31 前方後円墳と前方後方墳における墳丘主軸・埋葬施設主軸・方位の関係
＊上・中段の矢印は頭位方向、下段の矢印は前方部方向を示す。番号は表31に対応。

て埋葬施設主軸を斜交させ、南北方向または東西方向に近づけている。ただし、墳丘主軸の方向にについてみると、前期の前方後円墳では正方位により近いものが多いのに対し、前方後方墳ではそのような傾向は乏しいようである。

　最後に中・後期の前方後円墳についてみると、墳丘主軸と埋葬施設主軸の関係には大まかな傾向を見出すことができる。すなわち、後円部を上側にしてみた場合、すべての埋葬施設が左上方から右下方にかけて斜交している。また、埋葬施設主軸はいずれも東西方向に近いものであり、頭位がわかるものはすべて東頭位である。さらに、墳丘主軸の方向にも似た傾向が認められ、千葉県鹿島塚8号墳（21）［豊巻・佐伯ほか 1991］をのぞく4例は、前方部の方向こそ異なるものの、そのいずれもが北西-南東方向に墳丘主軸を設定している。これらの傾向が何を意味しているのかは、事例数が乏しくにわかに判断しがたいが、ここで取り上げた事例のすべてが茨城県域および千葉県域のものである点には注意が必要であろう。後述するように、古墳時代後期の千葉県域では、前方部短小型の前方後円墳においても東頭位への明確な指向性を認めることができる。その点もふまえるならば、当該域の前方後円墳においては、東頭位を基本としながら、埋葬施設の斜交の向きや墳丘主軸のとり方にも何らかの約束事が存在していた可能性が考えられる。

3　前方部短小型の前方後円墳

　図32は、前方部短小型の前方後円墳について、図31と同様に示したものである。ただし、ここでの時期区分は、古墳時代前期、中期、後期の三区分とし、前期には前方後円形墓とも称される出現期のものを含めている。

　やはり時期をおってみていくと、前期においては、墳丘主軸と埋葬施設主軸の関係に大まかな二つの方向性を認めることができる。すなわち、後円部を上側にしてみた場合、埋葬施設を左上方から右下方にかけて斜交させるものと、右上方から左下方にかけて斜交させるものの二者が存在し、そのほとんどは墳丘主軸に対して45度前後の傾きで明確に斜交している。ここでは、前者をL型、後者をR型と呼んでおこう。埋葬施設主軸と方位の関係については、静岡県神明塚古墳（27：図33-4）［石川 1983］をのぞく5例において、南北方向または東西方向とのかかわりがうかがえ、そのいずれもが北頭位または東頭位である。一方、墳丘主軸と方位の関係についてみると、石川県神谷内12号墳（38：同図-2）［小西 2004］と同宿東山1号墳（39：同図-3）［北野ほか 1987］に東西方向または南北方向との緩やかなかかわりが認められるものの、それ以外の事例では正方位とのかかわりを見出すことができない。

　中期の事例は少なく、一定の傾向を読みとることには不安が残る。墳丘主軸と埋葬施設主軸の関係についてみると、静岡県各和金塚古墳（28：図33-6）［平野・植松ほか 1981］と同辺田平1号墳（29：同図-7）［久野・鈴木 2000］は明確なR型であるが、群馬県赤堀茶臼山古墳（6）［後藤 1933］と愛知県経ケ峰1号墳（31）［斎藤 1989］は平行に近い斜交である。また、埋葬施設主軸と方位の関係は、各和金塚古墳と辺田平1号墳が南北方向（北頭位）、赤堀茶臼山古墳が群馬県域における後期の事例と同様に北東-南西方向（北東頭位）をとるなど、総じて方位とのかかわりが認められる。墳丘主軸と方位の関係については、前期の場合と同様で、赤堀茶臼山古墳が東西方

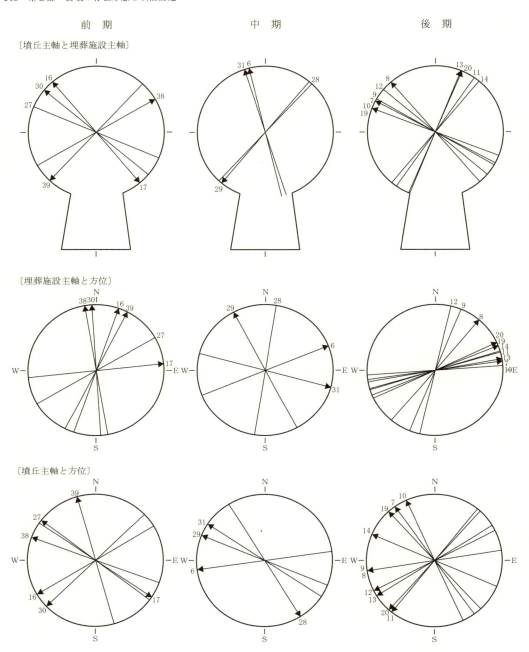

図 32 前方部短小型の前方後円墳における墳丘主軸・埋葬施設主軸・方位の関係
＊上・中段の矢印は頭位方向、下段の矢印は前方部方向を示す。番号は表 31 に対応。

第 6 章　前方部短小型前方後円墳の性格　149

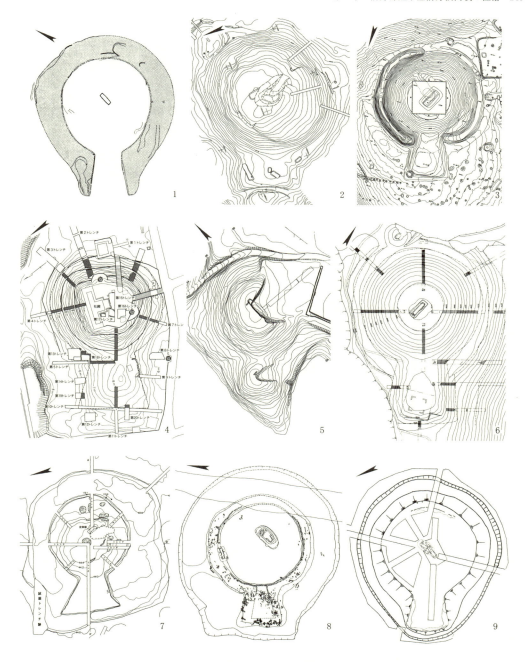

図 33　斜交埋葬施設をともなう前方部短小型の前方後円墳
1 千葉・神門 4 号墳　2 石川・神谷内 12 号墳　3 石川・宿東山 1 号墳　4 静岡・神明塚古墳　5 静岡・馬場平古墳　6 静岡・各和金塚古墳　7 静岡・辺田平 1 号墳　8 群馬・塚廻り 4 号墳　9 群馬・赤堀村 285 号墳（1・4〜6：1/1,500、2・3・7〜9：1/750）

向に近いものの、それ以外で正方位とのかかわりを見出すことはできない。とくに南北方向を指向する墳丘主軸が認められない点は、前後の時期とあわせて注意しておく必要があろう。

後期には多くの事例が認められるものの、すべて千葉県域と群馬県域の事例である。まず墳丘主軸と埋葬施設主軸の関係をみると、明確なL型とR型が数多く認められる。また、ほとんどの埋葬施設主軸は東西方向から北東-南西方向であり、頭位がわかるものはすべて東から北東の方向である。この点は、群馬県域の中・後期古墳（竪穴系埋葬施設）において東北東の頭位が卓越するという指摘（橋本 1986）と合致している。墳丘主軸と方位の関係については、ある特定の方向に収斂する状況は認められないが、前方部の方向はすべて北西から南西の範囲に収まっている。

第4節　斜交埋葬施設の評価

1　斜交の意味

前節までの整理をふまえ、まずは斜交そのものの意味を考えてみたい。

先にみたように、前期の前方後円墳と前方後方墳においては、斜交埋葬施設の多くが正方位もしくは地域内で卓越する方位（頭位）を指向している。また、中・後期の前方後円墳においては、東西方向（東頭位）への明らかなまとまりが認められる。さらに、前方部短小型の前方後円墳においても、全時期をつうじて正方位もしくは地域内で卓越する方位（頭位）とのかかわりを示す事例が多数を占めている。一部に十分な理解が得られないものもあるが、こうした全体の状況から判断するならば、埋葬施設の斜交は基本的に頭位原則にしたがったものとみるのが妥当であろう。

このような理解は従来からの見方を追認するものにほかならないが、それに加えてここで注意しておきたいのは、墳丘形態の違いによって斜交への意識に差があるとみられる点である。

前期の前方後円墳においては墳丘主軸をより正方位に近づける傾向が認められ、そこには、立地による制約を受けやすい墳丘主軸においても方位との関係がある程度意識されていたことがうかがえる。この点は、前方後方墳の一部においても指摘することができる。また、それらとは方向性を異にするものの、中・後期の前方後円墳においても、墳丘主軸に対する何らかの配慮が存在していた可能性がある。一方、前方部短小型についてみると、墳丘主軸と正方位との関係は総じて稀薄であり、とくに前期について同時期の前方後円墳と比較すると、その傾向は明らかである（図34）。後期の事例については、北西または南西の方向に墳丘主軸をとるものが多く、同時期の前方後円墳との類似性がうかがえるものの、そのばらつきは前方後円墳に比べて大きいようである。(10)

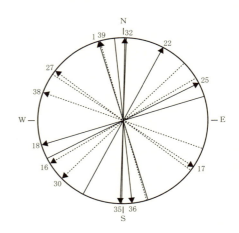

図34　墳丘主軸の比較：前期の前方後円墳（実線）と前方部短小型（破線）
＊矢印は前方部方向を示す。番号は表31に対応。

以上の点をふまえてみると、前方後円墳においては、ある立地条件のもとで墳丘主軸を理想的な方位に設定できない場合でも、可能な限りそれに近づける努力がなされ、その上で頭位原則にしたがって埋葬施設を斜交させるという措置がとられたものと考えられる。結果的に、墳丘主軸と埋葬施設主軸の平行直交関係を厳密に維持できなくなるが、そこには規範からの逸脱を最小限に抑えようという意識を読みとることができる。一方、前方部短小型においては、埋葬施設主軸と方位（頭位）のかかわりは認められるものの、墳丘主軸と方位の結びつきに対する意識は、前方後円墳に比べて相対的に稀薄であるといえよう。

　上述の理解を別の角度からも検証しておきたい。いま斜交の程度を把握するために、墳丘主軸と45度をなすラインを基準として、それへの接近度を斜交率として示すならば、前期の前方後円墳では、斜交率29％〜73％の範囲にあり、その平均は38％である。同様に前方後方墳では、斜交率13％〜82％、平均49％、中・後期の前方後円墳では、斜交率33％〜93％、平均60％である。一方、前方部短小型では、前期の斜交率51％〜96％、平均80％、中期の斜交率31％〜96％、平均64％、後期の斜交率24％〜91％、平均62％である。また、墳丘主軸方向よりも45度ラインへの接近を示す斜交率50％以上の事例は、前方後円墳では11例中4例、前方後方墳では6例中3例なのに対し、前方部短小型では20例中15例を数える。

　事例数が必ずしも多くはないことに加え、全体的な傾向と相容れない事例も存在することから、これらのデータを絶対視することはできない。しかし、前方後円墳との比較において、前方部短小型の斜交率が相対的に高く、明確な斜交といえるものが多いことは明らかであろう。

　これまでの検討結果をまとめるならば、斜交埋葬施設は基本的に頭位原則にしたがったものとみられるが、その墳丘形態によって斜交を採用するにいたった意識は異なっていたと考えられる。すなわち、前方後円墳では墳丘主軸の方向に対しても一定の配慮がうかがえるのに対し、前方部短小型では頭位のみへの配慮にとどまるものが多いとみられ、そのことが両者における斜交の程度の違いを生じたと思われるのである。

　すでに指摘されているように、古墳時代前期における東日本各地の前方後円墳および前方後方墳は、墳丘主軸と埋葬施設主軸の関係を平行もしくは直交とするものが大多数を占めている（小林1989）。また、中期および後期の前方後円墳においても、墳丘主軸と埋葬施設主軸を平行とするものが多いようである。とすれば、そうした全般的な傾向のもとにおける前方後円墳の斜交埋葬施設は、立地条件による制約を受けた墳丘主軸のもとで頭位原則の適用に特化した、やや例外的な存在と位置づけることができるであろう。

　一方、前方部短小型においては、頭位原則の適用に関心はあるものの、墳丘主軸と埋葬施設主軸を平行もしくは直交にすること、すなわち墳丘主軸をある方位にあわせることには当初からあまり関心がなかったようである。この場合の斜交埋葬施設は、そうした意識のもとで生じたいわば必然的な存在といえるであろう。そもそも前方部短小型は、通有の前方後円墳に比べて小規模なものが多く、墳丘主軸の設定における立地上の制約は相対的に少なかったと思われる。それにもかかわらず、墳丘主軸に前方後円墳ほどの有意な方向性が認められない点は、上記のような特有の意識を背景にしたものと考えられよう。

こうしてみてくると、ひとくちに斜交埋葬施設といっても、前方後円墳や前方後方墳と前方部短小型とでは、その意味合いが異なっているようである。その対極にある通有の前方後円墳と前方部短小型の前方後円墳について簡潔にまとめるならば、墳丘主軸、埋葬施設主軸、方位（頭位）の三要素に配慮した前者の斜交埋葬施設と、頭位に主眼をおいた後者の斜交埋葬施設という整理が可能である。つまり、それらの三要素に関しては、より理想的な姿を目指した通有の前方後円墳と、当初からその指向性に乏しい前方部短小型の前方後円墳という見方ができるのである。

2　斜交埋葬施設と前方部短小型

　先に指摘したように、東日本における斜交埋葬施設の半数以上は前方部短小型の前方後円墳である。これについては、前方部短小型に小規模なものが多いため、調査事例そのものが多いのではないかという見方もあろう。たしかに、古墳時代後期に関東で盛行する小規模前方後円墳の事例数がその占有率に影響している事実は否定できない。しかし、これまでの検討結果をふまえるならば、両者の結びつきはそうした見かけ上の問題ではなく、頭位方向に意を注ぎながらも墳丘主軸の方向には特段の関心を示さない前方部短小型の造墓意識に起因するものと考えられる。

　それでは、そうした造墓意識はどのようにして生じたのであろうか。残念ながら、ここで対象とした東日本の範囲では、この問いに十分答えうる材料は得られていない。しかし、かつて福永伸哉が讃岐の事例に即して述べたように（福永 1990）、その淵源は弥生時代における円形原理の墳墓にあるとみるのが妥当であろう。円形原理の墳墓では、本来的に墳丘の軸線に対する意識が乏しいと考えられるからである。

　ところで、福永はそうした理解につづけて、前方後円墳定型化以前の墳墓においては、埋葬施設の斜交それ自体が一つの企画として存在していたのではないかと推測している。これは、円丘に突出部をともなう当該期の墳墓において、必ずしも埋葬施設と方位（頭位）のかかわりが認められないという判断にもとづくものである。しかし、そこに提示された資料をみる限り、緩やかに南北方向もしくは東西方向を指向しているものが多いようである。また、その後に調査された奈良県ホケノ山古墳［岡林・水野編 2008］や石川県神谷内12号墳（38）などの事例を加えれば、その傾向はさらに強まるものと思われる(11)。

　もしも斜交が厳密な企画として存在していたとするならば、被葬者の頭位を前方部側に向けるのか後円部側に向けるのか、あるいは墳丘主軸に対してどちら側に斜交させるのかなど、方位とはかかわりのない要素において、ある程度の共通性を備えていてもよいように思える。しかし、ここでいうL型とR型はともに認められ、前方部側か後円部側かといった頭位の方向も一定してはいない(12)。引きつづき検証を重ねるべき重要な問題提起ではあるが、当面の事実に即してみる限り、そこに企画というほどの計画性を読みとることは難しいようである。筆者は、先に述べたような前方部短小型における造墓意識のあり方が斜交を生み出した基本的な要因であったと考えているが、そのうえでとくに重要視したいのは、そうした造墓意識にもとづく前方部短小型の前方後円墳が、古墳時代のほぼ全時期をつうじて存在しているという事実である。

　本章で取り上げた東日本の範囲では、出現期の神門4号墳（図33-1）［田中 1977・1984］、小

田部古墳［杉山ほか 1972、大村ほか 1991］、神谷内 12 号墳（同図-2）などにつづいて、前期前半の宿東山 1 号墳（同図-3）、神明塚古墳（同図-4）、前期後半の馬場平古墳（同図-5）［辰巳ほか 1983］が認められ、斜交埋葬施設をともなう前方部短小型の前方後円墳は、出現期に限定されることなく前期をつうじて存在している。事例数こそ少ないものの、その存在は中期にも引きつづき認められ、後期においては、関東における小規模前方後円墳の盛行とともに再びその存在を際立たせている。

　もちろんそれらの墳墓要素を詳しく検討すれば、少なからぬ差異が存在することも確かである。たとえば、くびれ部幅が増大する後期の墳丘形態を、中期以前のそれと同一視することには慎重な意見も予想される。しかし、そうした墳丘形態の変異は、時間的な推移や地域的な墳丘企画の問題として理解することが可能であろうから、むしろ短小な前方部と斜交埋葬施設という基本的な墳墓要素が根強く命脈を保っている点にこそ、その本源的な性格が潜んでいると考えたいのである。

3　前方部短小型の性格

　そこで問題となるのは、そもそも前方部短小型の前方後円墳はどのような性格を有しているのかという点である。纒向型前方後円墳についてはひとまず措くとして、これまで帆立貝式古墳や帆立貝式前方後円墳と称されてきたものに限ってみれば、その年代論や企画論などをめぐって多くの議論が蓄積されている（櫃本 1984、遊佐 1988、沼澤 2006 など）。いまそれらに共通した基本的な理解にしたがうならば、少なくとも中期以降の事例については、一定の支配領域の中で有力首長の下位につらなる階層的な立場にあった被葬者、あるいは近畿の政治中枢とのかかわりにおいて直属的な立場にあった被葬者を想定することができるだろう。すなわち、通有の前方後円墳とは異なる造墓意識を共有し、斜交埋葬施設の採用にも柔軟な前方部短小型の前方後円墳は、中期以降、従属的な性格をもつ古墳として立ちあらわれているのである。

　こうした理解に大きな誤りがなければ、さらなる問題として、一連の造墓意識の先駆けとなった前期の事例に、同様の性格を想定することの是非が問われることになろう。この点については、個々の事例に即して慎重に判断していく必要があるが、たとえば、静岡県西部に位置する前期後半の馬場平古墳（30：墳丘長 47.5m）は、同時期の大型前方後円墳である松林山古墳（同 110m）や銚子塚古墳（同 112m）に比べてはるかに規模が小さい。同古墳は小地域を基盤にした首長墳とみてよいものであるが、近隣地域に所在する大型前方後円墳との比較において優位の墳墓要素は認められず、その点で劣位の評価を免れることはできない。

　いわゆる纒向型前方後円墳については、それを弥生墳丘墓とする意見（白石 1999 など）や定型化前方後円墳に先行する最初の前方後円墳とする意見（寺沢 1984・1988・2000）がある一方で、定型化前方後円墳と階層的な関係をもつ古墳として理解しようとする意見もある（橋本博 1996、今尾 2009 など）[13]。それらの諸説についてここで本格的な検討をおこなう用意はないが、すでに指摘されているように（都出 1992、北條 2000）、そうした一群の流れをくむ墳墓が定型化前方後円墳成立以後にも少なからず営まれている点には重大な関心を払う必要があろう[14]。

　先に述べたように、斜交埋葬施設をともなう前方部短小型の前方後円墳には、通有の前方後円墳

とは異なる造墓意識の根強い残存を認めることができる。この点は、中期以降の前方部短小型に想定されてきた基本的な性格が、それ以前にもさかのぼりうることを多分に示唆しているのではないだろうか。すなわち、明確な斜交を生み出した特異な造墓意識の継続性に着目してみたとき、前方部短小型はかなり早い段階から階層的劣位にある墳丘形態ではなかったかという疑いが生じてくるのである。

もちろん以上のような見方は、斜交埋葬施設という一つの墳墓要素から導き出したものにすぎない。当然のことながら、こうした議論を進めるためには、奈良県箸墓古墳とその周辺に点在する纒向型前方後円墳の年代的理解をより確かなものとする必要がある。また、かりにそれらが階層的構成を示すものであったとしても、それ以外の場所では単独墳もしくは主墳としての営みを常態とする前期段階の前方部短小型を一律に評価しうるのかという問題は残る。さらには、前期末頃から本格化する政治的階層構成の複雑化に際して、その性格に変化が生じたとする見方についても十分な検証が必要である。いずれも今後の課題とするほかはないが、本章で検討してきた斜交埋葬施設は、前方部が短いという墳丘形態の特徴とともに、それらの問題に迫りうる重要な墳墓要素であることは間違いなかろう。

第5節　前方部短小型前方後円墳の新視点

以上、東日本における古墳時代の斜交埋葬施設を取り上げ、斜交の意味や前方部短小型の前方後円墳とのかかわりについて述べてきた。その成果は、ほぼ次の三点にまとめられる。

第一の成果は、斜交埋葬施設が古墳時代のほぼ全期間をつうじて認められ、その半数以上が前方部短小型の前方後円墳であることを明らかにした点である。とくに、後期にいたるまで斜交埋葬施設と前方部短小型に緊密な関係が認められる事実は、その性格を探る上できわめて重要である。

第二の成果は、斜交埋葬施設と頭位原則とのかかわりを確認したうえで、その墳丘形態によって斜交への意識に差があることを指摘した点である。すなわち、前方後円墳では墳丘主軸の方向にもある程度配慮した斜交であるのに対し、多くの前方部短小型では墳丘主軸への配慮を欠いた斜交である。後期にまでおよぶ斜交埋葬施設と前方部短小型の組み合わせは、そうした造墓意識の根強い残存をうかがわせるものである。

第三の成果は、斜交埋葬施設を生み出した造墓意識の継続性を重視し、中期以降の前方部短小型に想定されてきた性格がその初現段階にまでさかのぼりうる可能性を指摘した点である。この点は、その後につづく中核的政治勢力の形成過程にかかわる重要な問題であるだけに軽々には論じられないが、そうした議論を十分に視野に入れて斜交埋葬施設の評価をおこなう必要がある。

冒頭でふれたように、ここでの議論は福永伸哉によるかつての問題提起によるところが大きい。その所説との対比をはかるならば、定型化前方後円墳以前の墳墓において斜交が一つの企画として成立していた可能性を説く福永に対し、本章では頭位原則の適用と墳丘主軸に対する意識の欠如を重視し、通有の前方後円墳とは異なる前方部短小型の造墓意識に斜交の主な要因を求める結果となった。また、そうした造墓意識の根強い残存を認め、主に中期以降に想定されてきた前方部短小

型の性格が、その初現段階にもさかのぼりうるのではないかとの指摘をおこなった。福永は、前期末の段階で「古い設計図」もしくは「旧式になった企画」があらためて意味づけを与えられたと述べているが、すすんで筆者は、そうした階層秩序の整備にともなう動きの中で、当初からの意味づけが踏襲され、かつ大がかりに更新された姿を想定してみたいのである。

　いずれにしても、斜交埋葬施設についてはさらに議論の余地があり、本章で検討を果たせなかった西日本の事例についても、時期を問わず幅広く検証を進めていく必要がある。また、現地での方向を決定づけた当時の測量技術や土木技術にも十分に目を向けなければならない。それらの分析を欠いた立論の不備はもとより明らかであるが、ここでの議論が斜交埋葬施設をめぐる理解にあらたな方向性を提示しえたとするならば、その取り組みも意義なしとはいえないであろう。いまは当面の基本的理解を示し、残された問題については後考を期すこととしたい。

註
（1）その後都出は、古墳時代前期の竪穴式石室について検討する中で埋葬頭位について言及し、東西優位を示す事例の多くは、畿内で発達した竪穴式石室とは異なる石室型式を採用するものであり、石室型式と埋葬頭位には密接な関係があることなどを指摘している（都出 1986）。
（2）東四国の前期古墳において東西方向の埋葬施設が卓越する点については、天羽利夫と岡山真知子による指摘がある（天羽・岡崎 1982）。また、東日本の前期古墳における地域ごとの埋葬頭位については、小林隆幸による全般的な整理がある（小林隆 1989）。
（3）帆立貝式古墳について全般的な検討をおこなった遊佐和敏は、両者の類似性に着目しながらも、その系譜関係については否定的な立場をとっている（遊佐 1988）。
（4）その後福永は、あらたな資料を加えながら、斜交埋葬施設について同様の見解を述べている（福永 2011）。
（5）ここでいう東日本とは、東北、関東、東海、中部高地、北陸の各地方を含む便宜的な区分である。
（6）福永は、畿内と吉備の前期古墳について分析した北條の成果（北條 1987）を参考に斜交の基準を設定している。墳丘主軸と埋葬施設主軸の関係に厳格な平行直交関係が認められる畿内と吉備では、その誤差が基準線に対してプラス・マイナス10度に集中していることを念頭においたものである。
（7）各事例の方位については、調査報告書等に真北表示の記載があるもの以外は基本的に磁北を示すものと理解し、それぞれの地点における偏角を整数値化して補正を加えた。また、墳丘主軸や埋葬施設主軸の方位に関する調査報告書等記載の数値については、原則としてそれを採用したが、筆者による図上計測と十分な一致がみられない場合は、図上計測による数値を採用した。
（8）遊佐和敏による「帆立貝式前方後円墳」の定義にほぼ相当するもので、「造り出し付き円墳」は含めていない（遊佐 1988）。なお、円形の主丘部に短い方丘部が取り付いたものを前方後円墳の範疇とは分離すべきとの意見もあるが（沼澤 2004）、ここでは「纒向型前方後円墳」を含めた現象面の把握を優先して、かりに「前方部短小型の前方後円墳」と表現しておきたい。
（9）都出比呂志は、石室の型式差と頭位方向に密接な関係があるとし、長大型の竪穴式石室と北優位の頭位が関連することを述べている（都出 1986）。なお、花岡山古墳の場合は、埋葬施設主軸を墳丘主軸に平行させた方が南北方向に近づくが、頭位をあえて前方部側に向けるという選択に南北方向への指向性を認めておきたい。
（10）この点については、竪穴系埋葬施設をともなう後期前方後円墳との全体的な比較をおこなう必要がある。

(11) それでもなお方位との関係が判然としない事例は存在する。正方位とのかかわりをもたない地域ごとの指向性などについて、さらに個別の検証を進める必要がある。

(12) ただし、古墳時代前期の前方部短小型についてみると、北陸を含む西日本ではR型が目立ち、東日本ではL型に限られている。これが何を意味するのか、さらなる事例の増加をまってみきわめる必要がある。

(13) 弥生墳丘墓の研究を主導した近藤義郎は、纒向型前方後円墳とされるものについて「箸中山古墳に並行してあるいは「直」後に築造された、一群の小形ないしは中形前方後円墳とするほかはない」と述べている（近藤 2005：268頁）。

(14) この点に関連して都出比呂志は、帆立貝式古墳との類似性を念頭におきつつ、纒向型前方後円墳は成立段階からすでに劣位の墳丘形態だったのではないかと述べている（都出 1992）。一方、北條芳隆は、弥生墳丘墓の系譜につらなる多様性を特徴とし、巨大前方後円墳（第2群前方後円墳）とは別系列の前方後円墳として存続する一群を「第1群前方後円墳」と呼び、纒向型前方後円墳の再評価を試みている（北條 2000）。

第7章　大型古墳の存在形態と政治変動
―― 筑波山周辺地域の首長墳 ――

第1節　大型古墳の存在形態をめぐる議論

　古墳時代首長層のために築かれたとみられる前方後円墳などの大型古墳は、ある一定の地理的範囲にまとまって分布していることが多い。しかし、そこでは古墳時代の全期間をつうじて安定的に大型古墳が営まれていることは少なく、多くの場合は墳形や規模の変化をともないながら、継続的あるいは断続的に造墓活動が展開されており、そうした大型古墳の存在形態には一定の地域内に墓域を営みえた古墳時代首長層の政治的動向が多分に反映されているとみられる。

　およそこうした観点をふまえながら日本列島の各地で古墳の存在形態に関する分析が進められ、これまでに古墳時代首長層の動向が具体的に把握されている地域も少なくない。その研究成果として、大型古墳は地域内で墓域を頻繁に移動している現象が指摘され、それは当時の首長権が複数集団の間で輪番的に継承されたことを示すものであるとの見方が示されてきた（吉田 1973、近藤 1983）。この首長権輪番制説は、古墳時代の政治組織が国家以前の「部族連合（同盟）」段階にあるとする学説の重要な論拠とされ、日本の古代国家形成論にも少なからぬ影響を与えてきた。

　そのような見方に対して都出比呂志は、大型古墳の移動時期が各地域で一致する場合が多いこと、その時期は畿内で巨大前方後円墳の造営地が移動する時期にあたることから、大型古墳の移動は地域内の自律的な動きではなく、中央と地方が連動した全国的な政治変動を背景にもつものであると指摘した（都出 1988）。つまり、盟主的首長権の地域内移動は「部族連合」段階の特徴を示すものではなく、都出が初期国家段階の政治秩序として提唱する「前方後円墳体制」（都出 1991）の枠組みのなかで理解できるというのである。

　本章で取り上げる筑波山周辺地域は、従来の研究で大型古墳の造営地移動が指摘され、首長権の輪番的な継承が考えられてきた典型的な地域の一つである（岩崎 1990）。しかし、その後の調査・研究で古墳の実態把握がさらに進んだいま、この地域における大型古墳の存在形態をあらためて整理し、首長権輪番制説や都出説の妥当性について検証を試みることは、先行学説を批判的に継承しながら古墳時代の政治史的理解を深化させていくうえで一定の意味があろう。ここに、本地域を対象として事例分析をおこなう第一の理由と目的がある。

　ところで、筑波山周辺地域を含む常陸の地が古墳の地域的分析の場として重要視されてきた背景には、別に大きな理由がある。それは、7世紀後半における評の形成過程とそれ以前の国造のクニのひろがりを具体的に復元しうる文献史料として、この地に『常陸国風土記』が残されているから[1]

にほかならない。すなわち、常陸の地は、それらの範囲と古墳の存在形態を重ね合わることにより、古代国家形成期における地域編成の過程をより長期的に把握しうる可能性を秘めているのである。

いうまでもなく、文献史学では国造制や評制に関する豊富な研究の蓄積がある。常陸についても、孝徳朝の全面立評を説く鎌田元一の研究をはじめ（鎌田 1977）、古墳の分析にも積極的に取り組んだ研究成果などが発表されている（佐々木虔 1975、篠川 1980）。白石太一郎は、そうした文献史学の成果をふまえながら、常陸全域の後期・終末期古墳のあり方を考古学的に検討し、東国における国造制の成立ないし整備は大型円・方墳の出現する７世紀初頭にくだる可能性が高く、評制の施行は国造制のもとで承認されていなかった有力在地首長の領域支配を制度的に認めるものであったとの見解を示している（白石 1991）。本章で取り上げる筑波山周辺地域は、後の常陸国の一部にとどまるが、そこで把握された首長墳の動向から、この白石説とのかかわりを探ることが本章の第二の目的である。

第２節　首長墳グループの抽出と編年の指針

ここで対象とする筑波山周辺地域とは、現在の茨城県に含まれる旧常陸国西部の地域で、古墳の分布をとらえやすい水系単位でいうと、鬼怒川中流域、小貝川中流域、桜川流域をあわせた地域ということになる。それらの流域は、７世紀後半に成立した新治評、白壁評、筑波評、河内評の範囲に含まれ、それ以前の国造のクニでは、新治のクニ、筑波のクニに含まれるものとみられる。[2]

そこで、対象地域内における古墳の分布についてみてみると、前方後円墳に代表される比較的規模の大きな古墳は河川流域ごとに大きな分布域を形成し、[3]さらにその中で小地域ごとのまとまり（a〜l）をみせている（図35）。ここでは、そうした小地域ごとのまとまりを地域名称等にもとづいて「○○グループ」と呼び、その中で各時期における最大規模の古墳を「首長墳」として把握していくことにする。[4]また、グループ内の首長墳が一定期間ほぼ連続的に築かれている場合には、その連続的な単位を「首長墳系列」と呼ぶことにする。

なお、関東地方東部では、古墳時代後期後半以降に営まれた群集墳中に墳丘長20〜40m程度の「前方後円形小墳」が多くみられるようになるが、それらは特異な埋葬施設の位置や墳丘形態・規模に地域首長とは異なる被葬者の階層性が反映されている（岩崎 1992、塩谷 1992）。前方後円形小墳は、関東地方東部の古墳時代社会を理解するうえで重要な存在であるが、地域首長層の動向を把握することに主眼をおく本章では、それらを首長墳とは区別しておくことにしたい。

以上の指針にもとづいて整理を試みると、図35と表32に示したように、筑波山周辺地域では、少なくとも14単位の首長墳グループを抽出することができる。

ところで、各グループにおける首長墳の動向をとらえていく場合、その基礎作業として各首長墳の編年的位置づけをおこなう必要がある。発掘調査等で詳しい内容が知られているものについては、出土遺物（副葬品）などからの年代推定が可能であるが、ここで取り上げる多くの古墳は発掘調査がおこなわれておらず、測量図さえ存在しないものもある。したがって、それらの年代を推定する際には、円筒埴輪などの採集遺物や墳丘の形態が重要な手がかりとなる。

第7章　大型古墳の存在形態と政治変動　159

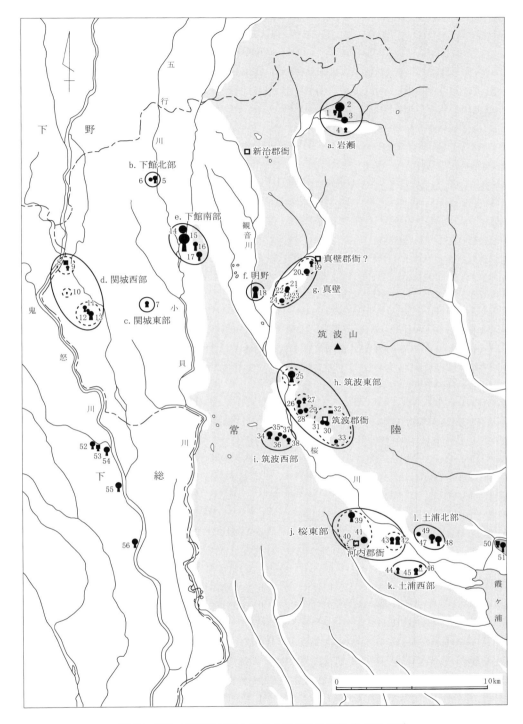

図35　筑波山周辺地域における主要古墳の分布（1/250,000）
＊アルファベットはグループを示し、古墳の番号は表32に対応。

表32 筑波山周辺地域の首長墳

No.	古墳名	所在地	墳形	墳丘規模(m) A	B	C	埋葬施設	出土遺物
a. 岩瀬グループ									
1	狐塚	桜川市	前方後方	44	25	16	粘土槨	ガラス製小玉14、鉄刀1、鉄剣1、銅鏃4、方形板革綴短甲1、鉈2、刀子1、土師器（底部穿孔壺、高坏、器台）
2	長辺寺山	桜川市	前方後円	120				円筒埴輪
3	青柳1号	桜川市	円	50			粘土槨	滑石製模造品、鉄剣3、鉄矛1、須恵器（TK208-TK23）
4	松田1号	桜川市	前方後円	44	24	22	粘土槨2	[第1主体部]五獣形鏡1、ガラス製小玉205、鉄刀2、鉄鏃26、刀子2 [第2主体部]銅釧1 円筒埴輪、土師器、須恵器
b. 下館北部グループ									
5	ふたどこ山	筑西市	前方後円	(60)				
6	浅間山	筑西市	円	(30)				
c. 関城東部グループ									
7	駒塚	筑西市	前方後円	50				
d. 関城西部グループ									
8	船玉	筑西市	方	35			横穴式石室	
9	弁天山	筑西市	前方後円	40				円筒埴輪、形象埴輪?
10	西山1号	筑西市	前方後方	20				
11	桜塚	筑西市	前方後円	50	30			壺形埴輪
12	桜塚南1号	筑西市	前方後円	40			石棺?	
13	茶焙山	筑西市	前方後円	70+	42			円筒埴輪
e. 下館南部グループ									
14	島	筑西市	円	(60)				
15	葦間山	筑西市	前方後円	141	82	40-45		壺形埴輪
16	台畑	筑西市	前方後円	72	36	28		
17	灯火山	筑西市	前方後円	70	*43	*24		二重口縁壺
f. 明野東部グループ									
18	宮山観音	筑西市	前方後円	92	45	40		
g. 真壁グループ									
19	おふじ権現	桜川市	前方後円	(44)	31			
20	羽鳥天神塚	桜川市	円	44			横穴式石室	
21	北椎尾天神塚	桜川市	円	37				硬玉製勾玉、滑石製模造品、鉄刀、鉄剣、鉄鏃、三角板革綴衝角付冑1、長方板革綴短甲1、円筒埴輪
22	仙原塚	桜川市	前方後円?	?				
23	北原	桜川市	円	(60)				
24	小山1号	桜川市	円	38				円筒埴輪
h. 筑波東部グループ									
25	八幡塚	つくば市	前方後円	94	57	37		円筒埴輪、形象埴輪
26	土塔山	つくば市	前方後円	61	*35	*26		
27	漆所大塚	つくば市	前方後円	35				
28	上の台	つくば市	円	42				
29	北条城山	つくば市	前方後円	40				円筒埴輪
30	中台1号	つくば市	円?	?			横穴式石室	
31	中台2号	つくば市	円	36			横穴式石室	
32	平沢1号	つくば市	長方	35			横穴式石室	
33	甲山	つくば市	前方後円?		30		箱形石棺2	[1号棺]鉄刀2 [2号棺]ガラス製勾玉9、ガラス製小玉45、滑石製臼玉2、鉄刀4、鉄鏃93、刀子1、青銅製鋲6 円筒埴輪、形象埴輪

i. 筑波西部グループ

34	桜塚	つくば市	前方後円	約59	39		粘土槨	変形四獣鏡1、石釧1、勾玉1、管玉50、丸玉2、ガラス小玉29、鉄剣1、編物、土師器（小型坩、パレス壺）
35	水守1号	つくば市	円	35				
36	水守2号	つくば市	円	32			粘土槨?	ガラス製勾玉1、碧玉製管玉、ガラス製小玉、鉄剣1、鉄鏃3
37	水守3号	つくば市	円	30				
38	山木	つくば市	前方後円	48	*28	*16	粘土槨	滑石製勾玉1、管玉10、ガラス製丸玉・小玉4、鉄剣1、鉇?1、底部穿孔壺

j. 桜東部グループ

39	天神塚	つくば市	前方後円	80	50			
40	柴崎稲荷前	つくば市	円	(65)				
41	横町2号	つくば市	円	50				
42	松塚1号	つくば市	前方後円	68				須恵器
43	松塚2号	つくば市	前方後円	50				

k. 土浦西部グループ

44	鹿島様	土浦市	前方後円	45				
45	宍塚1号	土浦市	前方後円	56				土師器、須恵器
46	宍塚小学校地内	土浦市	前方後円?		25			円筒埴輪、土師器

l. 土浦北部グループ

47	常名瓢箪塚	土浦市	前方後円	74				
48	常名天神山	土浦市	前方後円	70	*42	*±15		
49	坂田塙台8号	土浦市	円	30				円筒埴輪、須恵器

m. 近接地域

50	后塚	土浦市	前方後方	65	35-40	20		
51	王塚	土浦市	前方後円	86.5	44.5	26.5		
52	柴崎1号	下妻市	前方後円	65				
53	柴崎2号	下妻市	前方後方	55				
54	香取神社	八千代町	前方後円	70				壺形埴輪
55	東山塚	常総市	前方後円	72				
56	六所塚	常総市	前方後円	70				土師器

(1) №は図35中の番号に対応。
(2) 墳丘規模：A＝墳丘長・径または一辺の長さ。B＝後円部径または後方部長。C＝前方部幅。
(3) ＊を付した墳丘規模の数値は筆者による復元値。

　対象地域における円筒埴輪の編年については、川西宏幸による円筒埴輪編年（川西 1988）、塩谷修による茨城県の地域編年（塩谷 1985）があり、一定の成果が得られている。また、墳丘形態については、上田宏範や茂木雅博による先駆的な研究のほか（上田 1985、茂木 1988）、前期古墳を対象とした田中裕や日高慎の研究（田中・日高 1996、日高 1998）、霞ヶ浦沿岸地域を対象とした塩谷修の研究（塩谷 2000）などがあり、各時期の特徴や地域的傾向が把握されつつある。埋葬施設については、常総地域に特徴的な片岩使用の埋葬施設について検討した石橋充の研究（石橋 1995）、横穴式石室の受容と展開について検討した石川功や石橋充の研究がある（石川 1989、石橋 2001）。さらに近年では、常陸全域の古墳群を対象にした総合的な研究が進められ、編年的理解にもいっそうの深化が認められる（佐々木・田中編 2010）。ここでは、以上に述べた諸研究を参考にしながら、可能な限り対象地域における首長墳の年代を推定していくことにしたい。

第3節　首長墳の変遷

　図36は、対象地域における首長墳の編年案を示したものである。その中には、編年的根拠に乏しいものや前方後円形小墳の疑いがあるものも含まれているが、以下この図にしたがいながら、各グループにおける首長墳の変遷について述べていくことにしたい。なお、同図には、汎列島的な適用を視野に入れながら構築された代表的な古墳編年（和田 1987、広瀬 1991）との対応関係を参考までに示しておいた。

1　岩瀬グループ

　桜川上流域の岩瀬盆地（旧岩瀬町）にまとまりをもつグループで、首長墳とみられる前方後方墳1基、前方後円墳2基、円墳1基が認められる。

　狐塚古墳（1：図37-1）[(5)]は、盆地内の独立丘陵・長辺寺山の西麓に築かれた墳丘長44mの前方後方墳である。発掘調査により、後方部の粘土槨から銅鏃や方形板革綴短甲などの副葬品が出土している。また、周溝内からは焼成前に底部穿孔を施した有段口縁の壺形土器などが出土している［西宮 1969］。こうした内容から、同古墳は前期後半の早い時期に築かれた当グループ最古の首長墳と考えられる。

　長辺寺山山頂に築かれた長辺寺山古墳（2）は、墳丘長120mにおよぶ大型の前方後円墳である［西宮 1974］。墳丘からは、擬口縁をなす突帯と三角形の透孔を特徴とする円筒埴輪が採集されており［大橋・荻・水沼 1984］、狐塚古墳につづく前期後葉ないし末頃の首長墳とみることができる。これにつづく時期の前方後円墳は確認できず、長辺寺山南方の丘陵上に存在した青柳1号墳（3）が後続する首長墳と考えられる［茂木 1990］。同古墳は墳丘径約50mの大型円墳で、発掘調査により出土した滑石製模造品や須恵器（陶邑編年 TK208〜TK23）の編年的位置づけから、中期後半の年代が与えられる。

　以上の3基が桜川の北側に位置するのに対し、松田1号墳（4：図37-2）は桜川の南側に位置する墳丘長44mの前方後円墳である。発掘調査により出土した鉄鏃や埴輪の編年的位置づけから、同古墳には後期前半の年代が与えられる［横倉 2004］。

　このほか、岩瀬グループには小規模な前方後円墳がいくつか知られているが、それらの多くは後期後半以降に築かれた前方後円形小墳の疑いがある。つまり岩瀬グループでは、前期後半にまず前方後方墳が築かれ、つづいて大型前方後円墳が築かれたが、中期になると前方後円墳の造営がいったん途絶え、首長墳は大型円墳として築かれるようになったとみられる。その後、後期前半になって再び前方後円墳が築かれるが、それは中期以前の3基とは立地を異にしている。

2　下館北部グループ

　五行川西岸の筑西市北部（旧下館市北部）にまとまりをもつグループである。首長墳とみられる2基の古墳が存在するものの、いずれも未調査のため詳細な内容は不明である。ふたどこ山古墳

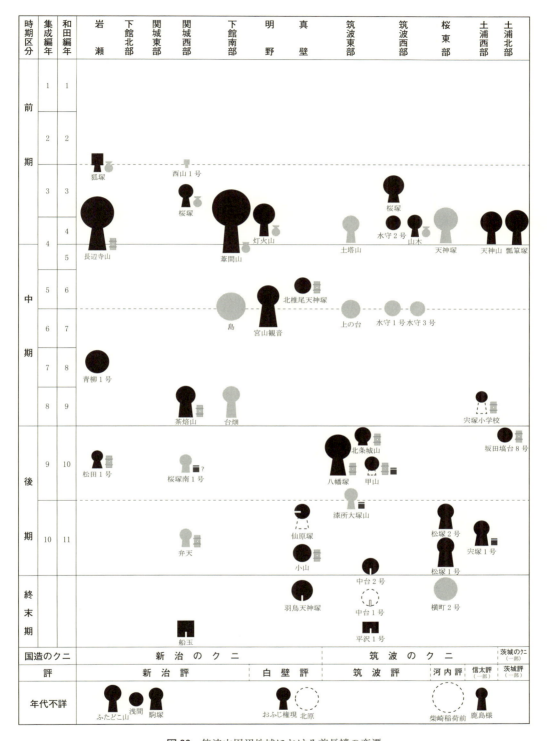

図36 筑波山周辺地域における首長墳の変遷

＊薄色は年代の根拠が弱い古墳。時期区分線上（中央）の古墳はいずれかの時期。墳丘内の白抜きは横穴式石室。
＊集成編年：広瀬1991、和田編年：和田1987

（5）は、墳丘長60m前後に達するとみられる前方後円墳である。墳丘の測量調査がおこなわれておらず、出土遺物も知られていないため、その年代は不明といわざるをえない。ふたどこ山古墳の北西約0.2kmに位置する浅間山古墳（6）は、墳丘長45mの前方後円墳ともされているが、明確な前方部の存在は確認できず、墳丘径約30mの円墳である可能性が考えられる。同古墳についても、これまでに年代を推定する手がかりは得られていない［下館市教育委員会編 1978］。

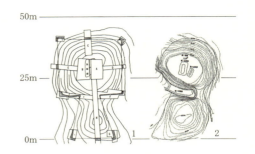

図37　岩瀬グループの主要古墳
1 狐塚古墳　2 松田1号墳（1/1,500）

3　関城東部グループ

小貝川中流域西岸の筑西市南部（旧関城町東部）には、唯一の前方後円墳として墳丘長50mほどの駒塚古墳（7）が知られている［関城町史編さん委員会編 1988］。古墳は全体に改変が加えられ、遺物も知られていないことから、現状では年代推定の手がかりを欠いている。古墳時代のある時期に、この一帯の首長墳として単発的に築かれた前方後円墳であろう。

4　関城西部グループ

鬼怒川中流域東岸の筑西市西部（旧関城町西部）にまとまりをもつグループで、首長墳とみられる古墳は、いずれも鬼怒川に沿った台地上に立地している［関城町史編さん委員会編 1988］。その分布を詳細にみると、中央部に位置する西山1号墳をはさんで、北部と南部の小グループに二分することが可能である。

グループの中で前期に位置づけられる可能性があるのは、前方後方墳とされる西山1号墳（10：図38-1）である［茂木 1986］。ただし、墳丘長約20mと小規模であるため、墳形の把握には検討の余地がある。西山1号の南東約1.5kmに位置する桜塚古墳（11：図38-2）は、直径約30mの円丘を残すのみであるが、本来は墳丘長約50mの前方後円墳であったとみられている［茂木 1986］。採集された壺形土器の特徴から、その年代は前期後葉と考えられる。桜塚古墳の南東約0.3kmに位置する茶焙山古墳（13：図38-3）は、円丘につづいてわずかに前方部とみられる部分が残存しており、墳丘長70m以上の前方後円墳と想定されている［茂木 1986］。採集された円筒埴輪は川西編年Ⅴ期の特徴をそなえ、比較的整った断面台形の突帯に先行的要素を認めれば、その年代は中期後葉から後期前半の範囲に求められよう。なお、昭和初期に多くの副葬品を出土した上野古墳が同古墳の前方部にあたるとみた場合、その年代は中期後葉に限定されることになる［松尾・滝沢 1988］。この茶焙山古墳に後続する可能性があるのは、桜塚古墳の南西近くに位置する桜塚南1号墳（12）である。墳丘長約40mの前方後円墳で、石棺材の出土が伝えられることから後期の築造と考えられるが、それ以上に年代を推定する手がかりを欠いている。

以上の3基が南部の小グループに属するのに対し、北部の小グループには弁天山古墳と船玉古墳

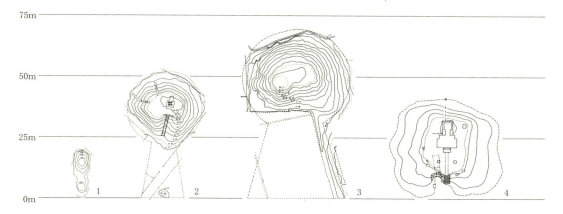

図38 関城西部グループの主要古墳
1 西山1号墳　2 桜塚古墳　3 茶焙山古墳　4 船玉古墳（1/1,500）

が認められる［関城町史編さん委員会編 1988］。弁天山古墳（9）は、墳丘長約40mの前方後円墳で、出土した埴輪の特徴から後期後半の築造と考えられる。船玉古墳（8：図38-4）は、弁天山古墳の北西約0.3kmに位置する一辺約35mの方墳である。壁画をもつことで知られる横穴式石室は、雲母片岩の板石を用いた複室構造で、同古墳は7世紀前半代の築造と考えられる。

　以上のように、関城西部グループの首長墳としては、まず前方後方墳が築かれた可能性があり、前期末頃には南部に前方後円墳が築かれたとみられるが、その後は中期後葉になるまで前方後円墳の造営が認められない。そして後期には、南部と北部に40m規模の前方後円墳が築かれ、終末期には北部に方墳が築かれる。つまり当グループでは、中期前葉～中葉に前方後円墳は築かれなかったとみられるのであるが、現状ではその時期に位置づけられる大型円墳などは確認されていない。また、当初は南部で造営されていた首長墳が、後期後半以降には北部で造営されるようになり、グループ内での造営地移動の可能性が指摘できる。

5　下館南部グループ

　小貝川中流域の筑西市中央部（旧下館市南部）にまとまりをもつグループで、首長墳とみられる前方後円墳3基と円墳1基が認められる。

　葦間山古墳（15：図39-1）は、小貝川沿いの低地部に築かれた対象地域内最大の前方後円墳である。前方部が大きく削られるなどしているが、後円部径は82mに復元され、墳丘長は140mにおよぶとみられる［三木 1991］。墳丘で採集された壺形埴輪の特徴から、その年代は前期後葉と想定される。この葦間山古墳の南東約1.2kmの台地上には台畑古墳（16）が、そこからさらに0.3kmほど離れた同じ台地上には灯火山古墳（17）が築かれている。灯火山古墳（図39-2）は、不幸にも破壊に見舞われたが、発掘調査の結果、墳丘長約70mの前方後円墳であることが判明している［瀬谷 1990］。墳丘からは有段口縁の壺形土器が採集されており、葦間山古墳と近接した時期に営まれた首長墳と考えられる。台畑古墳（図39-3）は、墳丘長約72mに復元される前方後円墳であるが、これまでに埴輪等の出土遺物は知られていない［三木 1991］。後円部径と前方部長

166　第Ⅱ部　古墳の存在形態と政治構造

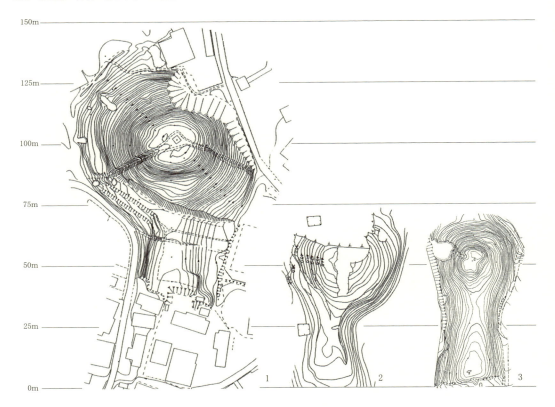

図39　下館南部グループの主要古墳
1　葦間山古墳　2　灯火山古墳　3　台畑古墳（1/1,500）

が一致する墳丘形態は後述する宮山観音古墳に共通しているが、明確な段築が認められない点などを勘案すると、それに遅れた中期後半頃の年代が想定される。

このように、下館南部グループの首長墳としては前期後葉から末頃にかけて相次いで前方後円墳が築かれたとみられるが、その後に築かれた前方後円墳とは年代的な開きがあるようである。この間に築かれた可能性があるのは、小貝川を隔てて葦間山古墳の対岸に位置する島古墳（14）である。墳丘は大きく改変されているが、かつては墳丘径約60mの大型円墳であったとされている［下館市史編纂委員会編 1968］。未調査のため詳細な内容は不明であるが、その立地や規模から推測すると、葦間山古墳に後続する大型円墳である可能性が考えられる。この想定に誤りがなければ、ここでも前期の間に前方後円墳が築かれたあとは、首長墳が大型円墳に変化したとみることができる。いずれにせよ、中期前半には前方後円墳が築かれなかった可能性が高く、中期後半頃に再び前方後円墳が築かれるものの、後期以降には継続しなかったものとみられる。

6　明野グループ

桜川中流域に含まれる観音川東岸の筑西市東部（旧明野町東部）には、唯一の大型古墳として宮山観音古墳（18：図40）が存在する［滝沢 1991］。墳丘長約92mに復元される前方後円墳で、そ

の墳丘形態は後円部径と前方部長がほぼ一致する点に最大の特徴をもつ。これに加えて、後円部が三段築成である可能性を考慮するならば、周辺地域では石岡市舟塚山古墳の墳丘形態にもっとも近い。ここでは舟塚山古墳との比較から、同古墳に中期前葉もしくは中葉の年代を想定しておきたい。

筑西市東部には、宮山観音古墳以外に目立った規模の古墳が認められず、同古墳は中期前葉～中葉に突如としてこの一帯に築かれた大型の首長墳と考えられる。

7 真壁グループ

桜川中流域東岸の桜川市南部（旧真壁町）にまとまりをもつグループで、首長墳とみられる前方後円墳2基と円墳4基が存在する。それらの分布をみると、北部（2基）と南部（4基）の小グループに二分することが可能である。

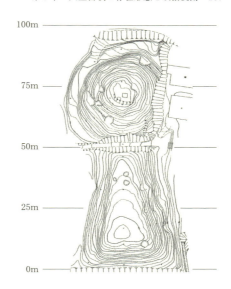

図40　明野グループの主要古墳
宮山観音古墳（1/1,500）

北部に位置するおふじ権現古墳（19）は現存長44mの前方後円墳で、本来の墳丘長は50mを超えるものであったとみられる［茨城県教育委員会編 1986］。出土遺物は一切不明で、墳丘の改変も著しいため、その年代は判然としない。おふじ権現古墳の南南西約0.9kmに位置する羽鳥天神塚古墳（20）は、墳丘径44mの円墳である［真壁町史編さん委員会編 2005］。横穴式石室が存在する一方で、埴輪はともなわないことから、終末期の大型円墳と考えられる。

北椎尾天神塚古墳（21）は、おふじ権現古墳の南西約2.4kmに位置する直径約37mの円墳である。発掘調査の結果、滑石製模造品や三角板革綴衝角付冑などの副葬品が出土しており、中期前葉の年代が与えられる［宮内ほか 1999］。仙原塚古墳（22）は、北椎尾天神塚古墳の南約0.1kmに位置し、かつては前方後円墳であったとされるが、現在はわずかな円丘を残すのみである［茨城県教育委員会編 1982］。墳丘には横穴式石室とみられる埋葬施設が認められ、後期後半の築造と推定される。仙原塚古墳の南約0.2kmには、墳丘径60mの円墳とされる北原古墳（23）が認められる［茨城県教育委員会編 1986］。前方後円墳ともされるが、現状では判別しがたい。埋葬施設、出土遺物などは一切不明で、その年代については不明といわざるをえない。さらに、北原古墳の南西約0.8kmには小山1号墳（24）が存在する［吹野 1995］。同古墳は、墳丘径38mと推定される円墳で、発掘調査によって出土した円筒埴輪から後期後半の年代が与えられる。

以上のように、当グループでは年代や墳形が定かではないものが多く、全体的な変遷をとらえにくい状況である。ただし、中期前葉の首長墳は円墳として築かれており、後期後半～終末期の首長墳も円墳として築かれているようである。

8 筑波東部グループ

桜川中流域東岸のつくば市北東部（旧筑波町東部）にまとまりをもつグループで、首長墳とみられる古墳が筑波山麓の南北にひろく分布している。それらの分布を詳しくみると、北部、中央部、南部の少なくとも三つの小グループに分けることができる。

中央部に位置する土塔山古墳（26：図41-1）は、独立丘陵上に立地する墳丘長約61mの前方後円墳で、後円部径と前方部長が一致するという見方から中期後半の築造と考えられてきた［北内 1981］。しかし、あらためて後円部の復元を試みると、後円部径が前方部長を上回る公算が大きく、その墳丘形態は後述する山木古墳などに近い。この点を重視し、同古墳には前期後葉ないし末頃の年代を想定しておきたい。

当グループでは、いまのところ中期に位置づけられる首長墳は確認されていない。土塔山古墳南方の丘陵上に位置する上の台古墳（28）は墳丘径42mの円墳で、その有力候補ともみられるが、未調査のため詳細は不明といわざるをえない［筑波町史編纂専門委員会編 1989］。

後期前半になると、それぞれの小グループで首長墳と目される古墳が相次いで築かれる。それらのうち、北部に位置する八幡塚古墳（25：図41-2）は、墳丘長約90mに復元される当グループ最大規模の前方後円墳である［茂木 1979］。発掘調査などによって円筒埴輪や形象埴輪が出土しており、それらの特徴から同古墳は後期前半に築造されたものと考えられる。南部に位置する甲山古墳（33）は、前方後円墳（または帆立貝式古墳）の可能性があるものの、現在は円丘を残すのみである。発掘調査の結果、円丘は直径約30mと復元され、墳頂部では2基の箱形石棺が検出されている［小瀬 1981］。出土した副葬品や円筒埴輪の特徴から、同古墳には後期前半の年代が与えられる。これらのほか、中央部では北条城山古墳（29：帆立貝形古墳・約40m）がこの時期に築かれたものとみられる［佐々木・田中編 2010］。ただし、先述の2基との年代的な関係を十分に把握す

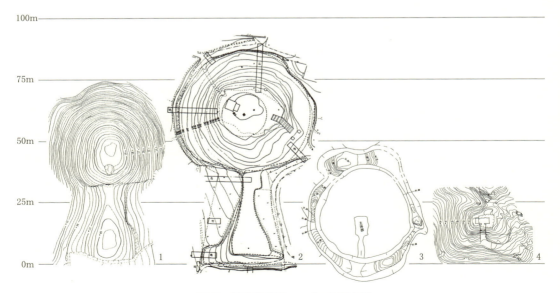

図41 筑波東部グループの主要古墳
1 土塔山古墳 2 八幡塚古墳 3 中台2号墳 4 平沢1号墳 （1/1,500）

ることができず、首長墳としての位置づけに問題を残している。また、同じく中央部では、漆所大塚古墳（27：前方後円墳・約35m）などの前方後円墳が後期に築かれたとみられるが、未調査のため詳しい年代は不明である［筑波町史編纂専門委員会編 1989］。

後期後半から終末期にかけての首長墳は、いずれも南部に築かれている。中台2号墳（31：図41-3）は墳丘径36mの円墳で、巨大な板石を組み合わせた横穴式石室を採用している。円筒埴輪をともなう古墳を破壊して築かれていることから、その年代は後期後葉から末頃に求められる［新井・黒澤編 1995］。同一古墳群中の中台1号墳（30）も、同様の横穴式石室を採用した円墳（？）で、2号墳につづいて終末期に築かれたものと考えられる［筑波町史編纂専門委員会編 1989］。以上の2基から北東に約1kmの筑波山麓南斜面に立地する平沢1号墳（32：佐渡ヶ窪古墳、図41-4）は、長辺35m、短辺25mの長方形墳である［寺内 1981］[(7)]。開口する横穴式石室は、板石を使用したT字形の複室構造で、中台1号墳に遅れて築かれた最後の首長墳と考えられる。

以上のように、筑波東部グループでは、前期後葉から末頃にかけて最初の前方後円墳が築かれた可能性が考えられるものの、明確に中期に位置づけられる前方後円墳は確認することができない。むしろ、中期の首長墳である可能性が考えられるのは大型の円墳である。一方、後期になると首長墳が継続的に造営されるようになり、後期前半には前方後円墳がやや分散的に築かれるが、後期後半から終末期にかけては大型の円墳および長方墳が南部にのみ築かれるという状況をみてとることができる。

9 筑波西部グループ

桜川中流域西岸のつくば市北西部にまとまりをもつグループで、首長墳とみられる前方後円墳2基と円墳3基が存在する。それらはいずれも、筑波台地の縁辺部に立地している。

桜塚古墳（34：図42-1）は、墳丘長約30mの前方後方墳と考えられてきたが、再調査の結果、墳丘長約59mの前方後円墳であることが判明している［滝沢ほか 2014］。以前の調査では、後円部の粘土槨から四獣鏡や石釧などの副葬品が出土し、墳頂部からは小型丸底土器を含む土師器が出土している［蒲原・松尾 1981］。また、再調査では、墳丘裾部から東海系のパレススタイル壺が出土している。これらを総合すると、同古墳の年代は、前期後半の中でもやや早い時期にさかのぼる可能性が高い。

山木古墳（38：図42-2）は、桜塚古墳の東約0.5kmに位置する墳丘長48mの前方後円墳である。発掘調査により、後円部の粘土槨からは滑石製品を含む玉類と鉄剣が、墳丘からは焼成前底部穿孔の壺形土器が出土している［上川名ほか 1972］。同古墳には、桜塚古墳につづく前期末の年代が

図42 筑波西部グループの主要古墳
1 桜塚古墳　2 山木古墳　(1/1,500)

与えられる。

　山木古墳以降、付近には目立った規模の前方後円墳は認められない。桜塚古墳の北約3.5kmには菅間大塚山古墳（墳丘長約30m）が存在するが、その規模からみると、後期後半以降の前方後円形小墳である可能性も考えられる［小瀬 1981］。むしろ山木古墳につづく首長墳として有力視されるのは、桜塚古墳と山木古墳の中間に位置する水守1～3号墳（35～37）である［筑波町史編纂専門委員会編 1989］。いずれも墳丘径30mを超える円墳で、碧玉製管玉や鉄剣、鉄鏃などが出土している2号墳については、前期にさかのぼる年代が想定される。[(8)]

　以上のように、筑波西部グループでは前期後半に相次いで前方後円墳が築かれ、それ以降は円墳として首長墳が築かれたものとみられる。また、中期以降に首長墳とみられる明確な前方後円墳が存在しないことも、当グループの特徴といえる。

10　桜東部グループ

　桜川下流域西岸のつくば市南東部にまとまりをもつグループで、首長墳とみられる前方後円墳3基と円墳2基が認められる。それらは、西部の筑波台地上に立地する小グループと東部の桜川低地に立地する小グループに二分することができる。

　天神塚古墳（39）は、桜川低地をのぞむ筑波台地上に立地し、以前は墳丘長約80mの前方後円墳であったとされている［茨城県教育庁社会教育課編 1959］。現在は前方部の大部分を失っているが、残存部分の観察によれば、後円部と前方部の比高が著しかったこと、後円部径に対して前方部長がかなり短かったことがうかがえる。そうした特徴から、同古墳には前期後葉ないし末頃の年代が想定される。

　天神塚古墳の南約1.7kmの筑波台地上には、横町2号墳（41：図43-2）と柴崎稲荷前古墳（40）の存在が知られている。いずれも大型の円墳で、前者は墳丘径50m、後者は同65mである［北内 1981、桜村史編さん委員会編 1982］。ただし、後者はすでに消滅しており、その詳細は一切不明である。前者については、埴輪をともなわないことから、終末期の大型円墳である可能性が考えられる。

　松塚1号墳（42）、同2号墳（43）はいずれも前方後円墳で、筑波台地の眼下にひろがる桜川低地内に立地している。1号墳の墳丘長は約69m、2号墳の墳丘長は約50mである。比較的整った墳形をとどめる1号墳（図43-1）は、高さ、幅とも後円部に匹敵する規模の前方部を有し、後期後葉の年代が与えられる［日高 1998］。隣接する2号墳も、おそ

図43　桜東部グループの主要古墳
1 松塚1号墳　2 横町2号墳　（1/1,500）

らくそれと近い時期に築かれたものであろう。

　以上のように、桜東部グループの首長墳としては、前期後葉から末頃にまず前方後円墳が築かれ、その後しばらくは前方後円墳の築造が途絶えるものの、後期後半になって再び前方後円墳が築かれたものとみられる。問題となるのは大型円墳2基の年代であるが、横町2号墳を終末期古墳とみてよいならば、後期後半につづいて首長墳が築かれたことになる。ただし、横町2号墳は筑波台地上に立地しており、後期後半の前方後円墳2基とは立地を異にしている点が注意される。

11　土浦西部グループ

　桜川下流域西岸の土浦市北西部付近にまとまりをもつグループで、桜川低地をのぞむ台地上に少なくとも前方後円墳5基が確認されている。ただし、発掘調査がおこなわれた宍塚古墳群では、1号墳（45：約56m、図44-1）が突出した墳丘規模を有するものの、3号墳（約30m）、5号墳（約23m）および幕下女騎古墳（約30m）は、いわゆる前方後円形小墳に類するものと考えられる［茂木・茅根 1971、茂木ほか 1984］。

　宍塚古墳群の北側に位置する墳丘長約45mの鹿島様古墳（44）については、比較的狭長な前方部の形態から前方後円形小墳とは区別されるが、現状では年代推定の手がかりを欠いている［桜村史編さん委員会編 1982］。

　このほか宍塚古墳群眼下の低地内には、横穴式石室をもつ前方後円墳として竜王山古墳の存在が想定されているが、発掘調査によってもその実態は明らかにされていない。一方、隣接する宍塚小学校地内では、中期末葉前後の埴輪をともなう古墳（46）が確認されており、前方後円墳であるとすれば墳丘長50〜60mになると推定されている［塩谷ほか 1987］。

　土浦北西部グループの首長墳としては、以上の鹿島様古墳、宍塚小学校地内古墳が有力な候補とみられるが、いずれも判明している内容が乏しく、当グループの首長墳については不明な点が多い。

12　土浦北部グループ

　桜川下流域東岸の土浦市北部にまとまりをもつグループで、前方後円墳2基が認められる。

　常名天神山古墳（48：図44-2）は、墳丘長70〜75m（現存部分）の前方後円墳で［茂木・水野・長洲 1991］、後円部に対して短く狭い前方部の特徴から前期後葉ないし末頃の年代が想定される。この古墳の東側に存在した常名瓢箪塚古墳（47）は、墳丘長74mの前方後円墳とされている［茂木ほか 1984］。土取り

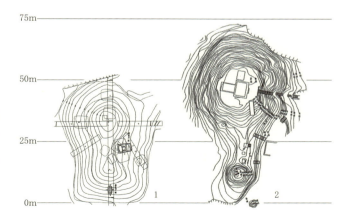

図44　土浦西部・土浦北部グループの主要古墳
1 宍塚1号墳　2 常名天神山古墳（1/1,500）

によって破壊され現存していないが、後円部に対して低い前方部を有し、常名天神山古墳と同様に前方部を西側に向けていたとされることから、常名天神山古墳に相前後して築かれた首長墳と考えられる。

当グループでは前期後葉から末頃にかけて2基の前方後円墳が築かれたとみられるが、その後につづく前方後円墳の築造は認められない。ただし、近年調査された坂田塙台8号墳（49）は、二重周溝と円筒埴輪をともなう墳丘径約30mの円墳で、後期初頭の首長墳とみてよいものである［大越・鈴木ほか 2013］。また、墳丘規模は劣るものの、同古墳に先行する中期後葉には2組の鉄製甲冑を出土した武具八幡古墳（坂田塙台2号墳：円・15m）が営まれており［滝沢 1986］、中期後葉から後期初頭にかけて、当グループでは再び有力な古墳が築かれはじめたものとみられる。

13　近接地域

最後に、近接地域における首長墳の動向についても簡単にふれておこう（図35、表32）。

土浦市東部の霞ヶ浦土浦入り沿岸では、后塚古墳（50）と王塚古墳（51）が首長墳グループを構成している。后塚古墳は墳丘長約65mの前方後方墳［茂木・水野・長洲 1991］、王塚古墳は墳丘長約86.5mの前方後円墳である［土浦市史編さん委員会 1975］。ともに出土遺物は知られていないが、その墳丘形態から判断して、前期後半に后塚古墳、王塚古墳の順に築かれたものと考えられる。

現在の茨城県に属する旧下総国地域には、鬼怒川中流域西岸に沿って首長墳が認められる。下妻市柴崎1号墳（52）は墳丘長約65mの前方後円墳で、主軸をそろえて並ぶ墳丘長約55mの柴崎2号墳（53）は前方後方墳とみられる。ともに出土遺物は知られていないが、墳丘形態から判断して、前期後半に柴崎2号墳、同1号墳の順に築かれたものと考えられる。八千代町香取神社古墳（54）は、柴崎1・2号墳の南東約0.8kmに位置する墳丘長約70mの前方後円墳である［白石・谷中 1991］。採集された壺形埴輪の特徴から前期末の年代が与えられる。香取神社古墳の南東約2.5kmに存在した常総市東山塚古墳（55）は、墳丘長約72mに復元される前方後円墳で、古墳時代前期の首長居館が確認された国生本屋敷遺跡との関係から、前期にさかのぼる可能性がある［阿部編 2006］。さらに、そこから南東に約3.8km離れた地点には、常総市六所塚古墳（56）が存在する［石下町史編さん委員会編 1988］。同古墳は墳丘長約70mの前方後円墳で、その墳丘形態や採集される土器の特徴から判断して、前期後葉ないし末頃の年代が想定される。

以上のように近接地域の首長墳について概観すると、前方後円（方）墳の多くは前期後葉から末頃にかけて築かれたものとみられ、現状では定かでない中期前葉以降の首長墳については、前方後円（方）墳以外の墳形である可能性が高いと考えられる。

第4節　首長墳造営の諸段階

冒頭に述べたように、盟主的首長墳の移動を首長権輪番制の反映とみる説については、都出比呂志による批判がある。都出は、京都府桂川地域の事例分析から、盟主的首長墳の移動を含む「首長

系譜」の画期が、5世紀前葉、5世紀後葉、6世紀前葉にあるとし、それらの画期は各地の「首長系譜」においても同様に認められること、さらには畿内で大型前方後円墳の造営地が移動するのもそれらの時期にあたることから、各地における「首長系譜」の動きを全国的な政治変動の結果であると指摘したのである（都出 1988）。また、その後の論考では、そうした変動の時期を、第1期（4世紀後葉）、第2期（5世紀前葉）、第3期（5世紀後葉）、第4期（6世紀前葉）の4時期とする案を提示している（都出 1999）。ここでは、以上に述べてきた筑波山周辺地域における首長墳の存在形態を全体として整理したうえで、そこに認められる画期の背景について、都出説とのかかわりを中心に検討していくことにしたい。

　筑波山周辺地域で最初に出現した首長墳は、前期後半の早い時期に位置づけられる前方後方墳である。岩瀬グループの狐塚古墳がそれに該当し、関城西部グループの西山1号にもその可能性がある。東日本の多くの地域と同様に、常陸でも初期の首長墳として各地に前方後方墳が築かれているが、その墳丘長は30～60mにほぼ集約される。また、埋葬施設や副葬品、土器祭祀などの点でも、それらの内容に際立った差は認められず、この時期には地域首長の中でとくに優位に立つ盟主的首長の存在を認めることはできない。

　つづく前期後葉から前期末になると前方後円墳が出現する。筑波山周辺地域では、先行して前方後方墳を築いたグループを含む合計7グループ（岩瀬、関城西部、下館南部、筑波東部、筑波西部、桜東部、土浦北部）に当該時期の前方後円墳が認められる。これは、単独の首長墳で構成されるケースを除くほとんどのグループで前方後円墳の造営が開始された状況とみてよい。しかも、この時期の前方後円墳には格差が目立つようになり、岩瀬グループの長辺寺山古墳と下館南部グループの葦間山古墳は、墳丘長120mを超える突出した墳丘規模や埴輪祭祀の導入という点で、他の前方後円墳に比べて明らかな優位性を示している。さらに墳丘規模についてみると、常陸全体では墳丘長50m程度のものを下限として、墳丘長70～90m程度のものがもっとも多く、総じて大型化の傾向が認められる。これらの事実は、この時期の地域首長が地域集団の一般成員との隔絶性を墳丘規模においてさらに際立たせながら、各地域首長相互にも優劣関係が形成されつつあったことを示している。ただし、墳形の違いとして首長間の優劣関係が示されていない点も、この時期の特質として留意しておく必要がある。

　前期の終わりまでに多くのグループで前方後円墳が築かれたにもかかわらず、中期前葉から中葉にかけては前方後円墳の造営がほとんど認められなくなる。これは、筑波西部グループのように首長墳が円墳化したためとみられ、他の複数のグループにおいてもその可能性が指摘できる。一方、前方後円墳については、前後の時期に明確な首長墳が認められない独立的な首長墳として、明野グループの宮山観音古墳が唯一築かれた可能性がある。

　こうした動きは、隣接する霞ヶ浦北岸地域でも認められ、同地域では前期の終わりまでに前方後円墳を築いた首長墳系列がこの時期にほぼ途絶し、かわって中期前葉に関東地方第2位の墳丘規模を誇る石岡市舟塚山古墳（墳丘長186m）が唯一の前方後円墳として造営される［大塚・小林 1964］。少なくとも霞ヶ浦北岸地域では、舟塚山古墳の被葬者を盟主とするより序列化された地域首長層の政治的結合が中期前葉には実現されたものとみられるが、それが筑波山周辺地域の地域首

長をも傘下に加えるものであったのかについてはさらなる検討を要する。その際、重要な論点として浮上するのは、宮山観音古墳の位置づけである。宮山観音古墳の墳丘規格が舟塚山古墳に近似し、その墳丘規模が舟塚山古墳の1/2である点を重視すれば、舟塚山古墳の被葬者を盟主とする広域の政治的結合に参画しながらも、筑波山周辺地域の有力首長としてなお一定の自立性を有していた被葬者の姿をそこに想定することも可能であろう。いずれにせよ、以上の動きから読みとれるのは、ある限られた前方後円墳被葬者を上位とし、従来の首長墳系列に属する円墳被葬者を下位とするような、地域首長層の広域的かつ重層的な結合である。

その後、中期後葉から後期前半になると、複数のグループで再び前方後円墳の造営が認められるようになる。この時期に前方後円墳が造営されるのは、岩瀬、関城西部、下館南部、筑波東部、土浦西部の各グループで、真壁グループにもその可能性がある。これは、中期前葉から中葉にかけて形成された地域首長層の広域的かつ重層的な結合が解体し、再び各グループの地域首長が前方後円墳の造営を開始したことを意味している。

しかしそうした状況は、後期後半になるとさらなる変化を遂げていく。この時期には桜東部グループにおいて再び前方後円墳が造営されるようになり、後期末から終末期にかけては、同グループを含む複数のグループにおいて首長墳が大型円墳または大型方墳に変化する。そうした動きの中でとくに注目されるのは、後期後半以降に首長墳を造営するグループが限定されてくるという現象である。すなわち、後期後半から終末期にかけての首長墳が認められるのは、関城西部、真壁、筑波東部、桜東部の4グループに限られている。これは、中期後葉から後期前半にかけて各グループで前方後円墳の造営が再開されるものの、そこからさらに首長墳系列が限定されていく状況を示すものであり、何らかの政治的再編成を反映したものと考えられる。

筑波山周辺地域における最後の首長墳は、終末期に築かれた方墳および長方墳である。関城西部グループの船玉古墳、筑波東部グループの平沢1号墳がそれに該当し、両者ともほぼ同様の墳丘規模を有している。また、巨大な板石を用いた大規模な横穴式石室を構築している点でも両者は共通し、同時期の群集墳中に営まれた古墳とは墳丘規模や埋葬施設構造の点で明らかな格差が認められる。これらの古墳は、後期後半以降に首長墳を造営したグループに属しており、その存在がさらに限定されてくることからすると、この時期にも地域首長の再編成にかかわる動きがあったものと考えられる。

以上の整理をふまえてみると、筑波山周辺地域における首長墳の変遷については、いくつかの大きな段階を設定することができる。すなわち、①前期中葉〜後葉、②前期後葉〜末、③中期前葉〜中葉、④中期後葉〜後期前半、⑤後期後半、⑥終末期の各段階において首長墳の存在形態に大きな変化を認めることができる。その内容を要約するならば、①は前方後方墳の出現、②は前方後円墳の造営開始、③は首長墳の円墳化と特定グループにおける前方後円墳の造営、④は前方後円墳の造営再開、⑤は首長墳系列の減少と首長墳の円墳化、⑥は首長墳の方墳化と首長墳系列の特定化、とまとめられよう。

こうした理解については、個々の古墳の編年的位置づけにかかわる問題が多く残されており、なお流動的な側面があることは否めない。しかし、以上の各段階が多くのグループにおいておよそ共

通して認められることからすれば、各首長墳系列独自の動き、つまりその背後にある地域集団それぞれの内部事情によって生じた変化であるとは考えにくい。そうした同調性の高い動きには、やはり何らかの外的契機が介在していたとみるべきであろう。

　白石太一郎が指摘するように、近畿中央部における大型前方後円墳の造営地は、初期の大和東南部にはじまり、前期中葉から後半（4世紀中葉から後半）に大和北部へと移動したのち、中期初頭（5世紀初め）には大阪平野の河内南部および和泉北部へと移動して、そこで巨大前方後円墳の造営を実現させる（白石 1989）。中期初頭における近畿中央部におけるこうした動きに呼応するかのように、関東でも中期前半のうちに、毛野では太田市太田天神山古墳（墳丘長210m）[群馬県教育委員会編 1970]、常陸では石岡市舟塚山古墳（同 186m）、上総では富津市内裏塚古墳（同 144m）[千葉県教育委員会編 1986] という、古墳時代をつうじて各地で最大規模の前方後円墳が造営される。その一方で、南武蔵の多摩川下流域などのように中期前葉の首長墳が帆立貝式古墳や円墳として築かれるようになる地域も少なからず認められるようになる。

　おそらくこれらの現象は共通の背景をもつものと考えられ、都出のいうようにそれが全国を内乱状態に巻き込むような政治変動であったのかは検討を要するとしても、各地の首長層の政治的結合にかかわる大がかりな変化が地域を越えて進行していたことは間違いなかろう。

　すでにみたように、筑波山周辺地域における前期後葉から前期末にかけての首長墳は、墳丘規模や墳墓要素に差異をともないながらも、墳形のうえでは前方後円墳として共通している。しかし、中期前葉から中葉にかけては、多くの首長墳系列で前方後円墳の断絶＝首長墳の円墳化が生じたとみられる一方で、限られた大型前方後円墳として霞ヶ浦北岸地域には舟塚山古墳が築かれ、筑波山周辺地域には宮山観音古墳が築かれた可能性がある。これは、前期までの地域首長の政治的関係がなお並列的要素を残しているのに対し、特定の前方後円被葬者を上位とし、旧来の首長墳系列につらなる円墳被葬者を下位に組み込むような、より序列化された政治的関係がこの時期に形成されたことを意味するものであろう。

　このような中期前葉から中葉にかけての地域首長間の関係は、京都府南山城地域の事例研究をつうじて和田晴吾がモデル化した古墳時代中期中葉における政治的階層秩序の姿と重なりをもつ（和田 1992・1998 など）。おそらくこの時期には、ヤマト王権と緊密に結びついたある特定の有力首長が大型の前方後円墳に葬られた一方で、前代に前方後円墳を築いたその他の多くの地域首長は規制を加えられ、より従属的な円墳というかたちでしか首長墳を築きえなかったものと考えられる。[15]そうした特定有力首長を結集核とする重層的な政治構造への転換こそ、中期前葉から中葉における全国的な政治変動の内実とみられるのである。

　以上に述べた③中期前葉～中葉における変化は、都出による第2期の画期に対応したものとみてよい。また、②前期後葉～末の変化は、第1期に対応したものと考えられる。さらに、④中期後葉～後期前葉と⑤後期後半の変化については、筑波山周辺地域における首長墳の編年的整理が不十分であるため明確な対応関係を見出せないものの、それぞれ都出による第3期、第4期の画期に対応している可能性がある。

　いずれにせよ、ここでもっとも重要なことは、そうした変化が王権中枢の権力闘争に起因する政

治変動という事態にとどまらず、地方勢力をも含めた政治構造の変革という国家形成史上きわめて重要な契機を内包するものであったとみられる点である。中期前葉から中葉にかけてのあり方は、まさにそのことを示すものであるが、次節で述べるように、常陸においてはさらにその内実を探る有力な手がかりが残されている。

第5節　後期・終末期古墳をめぐって

　国造制から評制への移行については、『常陸国風土記』にみられる立評記事の解釈をめぐって、孝徳朝に全面立評を認める説（鎌田 1977 など）と孝徳朝以降にも国造制の存続を認める説（関 1962 など）が示されてきた。しかし、大化5年（649）以前の常陸が、新治、筑波、茨城、那珂、久慈、多珂の六つの国造のクニに分かれていたことは、『常陸国風土記』の記載から認められるところであり、また、その後の評制施行にともなう国造のクニの分割・統合の結果として最終的に設置された12の評（郡）の範囲からは、それ以前の国造のクニの範囲をおおむね復元することが可能である。

　白石太一郎は、そうした文献史料からうかがえる地方支配組織の変遷過程を、常陸における後期・終末期古墳のあり方と対比して具体的に検討している（白石 1991）。それによると、常陸における後期の有力古墳は、新治、筑波、久慈、多珂のクニでは、のちの評（郡）単位ごとに1カ所ずつまとまりをもつのに対し、茨城、那珂のクニでは、それぞれ14～15カ所、4～5カ所と多い。一方、終末期（7世紀前半）の大型方墳は、いまのところ新治、筑波のクニにそれぞれ1カ所ずつが認められるのみである。

　白石はこれらの事実認識にもとづき、後期古墳のあり方は国造制とは対応せず、茨城のクニにみられるような多数の前方後円墳の被葬者には、交通上の重要性から設置された名代、子代などの部の地方管掌者をあてるのが相応しいとしている。そして、関東諸地域のあり方から、国造制に対応するのは終末期（7世紀前半）に大型円・方墳が出現する段階であるとし、その後の評制の施行は国造制のもとで必ずしも承認されていなかった有力在地首長の領域支配を制度的に認めるものであったと述べている。[16]

　白石が指摘するように、常陸における後期古墳（首長墳）がのちの評（郡）単位に1カ所ずつまとまりをもつというあり方は、後期後半以降の首長墳系列が限定されてくるという筑波山周辺地域における検討結果からもある程度追認することができる。すなわち、のちの新治、白壁、筑波、河内の各評（郡）に、関城西部、真壁、筑波東部、桜東部の各グループがほぼ対応するとみられるのである。[17]

　先述のように、これらのグループは、中期前葉から中葉にかけて形成された広域の政治的結合が解体したあとをうけて前方後円墳の造営を再開したグループを中心に、後期後半以降も限定的に存続した首長墳系列であるとみることができる。換言するならば、前期に前方後円墳を造営したグループの多くが中期後葉～後期前半に前方後円墳の造営を再開するものの、そのすべてが後期後半以降に首長墳の造営を継続しているわけではないのである。しかも、それらがのちの評（郡）域を

単位として存在しているとするならば、この時期にのちの評（郡）の基盤となるような地域首長の勢力範囲が形成されはじめたと考えることも不可能ではなかろう。この点で、評制の施行がそれ以前の在地首長による支配を制度的に認めるものであったとする白石の見解には一定の妥当性を認めることができる。その一方で、評（郡）域とかかわりなく前方後円が多数分布する地域については、それ以前の歴史的経過をふまえた理解が必要であると思われる。

　茨城のクニに含まれる霞ヶ浦北岸地域では、高浜入りを中心に中期後葉から後期にかけての前方後円墳が数多く認められ、一つの首長墳系列とのちの評（郡）との対応関係、ましてやそれと国造のクニとの対応関係を見出しがたいことは確かである。前方後円墳の分布がより散在的ではあるものの、そうした事情は那珂のクニにおいても同様である。しかしここで注意しておきたいのは、茨城のクニと那珂のクニの範囲には、中期前葉ないし中葉に常陸で最大級の大型前方後円墳が築かれたという事実である。茨城のクニに位置する石岡市舟塚山古墳についてはもはや多言を要しないであろうが、那珂のクニにも中期前葉頃に墳丘長136mの水戸市愛宕山古墳［大塚 1974］が築かれ、その背景には那珂川中流域を中核とした広域の政治的結合を想定することができる。こうした理解に誤りがなければ、大型前方後円墳被葬者を盟主として広域の政治的結合を実現した中期前葉から中葉の政治的中核地域に、中期後葉以降の前方後円墳が数多く築かれたということになる。

　つまり、中期前葉から中葉に形成された広域の政治的結合を前提としてみると、その中核地域には中期後葉以降に多くの前方後円墳が築かれたのに対し、中期前葉から中葉に首長墳が円墳化した周辺地域では、中期後葉から後期前半の間に前方後円墳の造営が順次再開され、後期後半以降になると、のちの評（郡）域に対応するようなかたちで限定的に首長墳の造営がおこなわれたとみられるのである。

　こうした見方によれば、中期前葉から中葉の政治的中核地域では中期後葉以降に多くの首長墳系列が分立し地域内の分割支配が進められた一方、その他の周辺地域では、まず前期段階に形成された勢力圏を踏襲するかたちで地域首長によるあらたな支配が実現され、その後評（郡）域程度のまとまりに再編成されていったのではないかということが推察される。これは、ヤマト王権が各地の盟主的首長を排して、その傘下に序列化されていた地域首長と直接の支配従属関係を構築しようとした動きを示すものとみられ、それは中期前葉から中葉の盟主的首長が直接基盤とした地域にあってはいっそうの徹底が図られたということを意味するのではないだろうか。そうした観点に立つと、霞ヶ浦北岸地域に中期後葉から後期にかけての前方後円墳が集中する理由は、同地域があらたに地理的重要拠点となったためというよりは、それ以前からの地理的重要拠点として中期前葉から中葉の政治的中核地域であったためとするのが妥当であろう。すなわち、常陸における中期後葉から後期にかけての首長墳は、中期前葉から中葉に形成された広域の政治的結合の解体の結果として二通りのあり方を示すと考えられるのである。

　ところが終末期（7世紀）になると、関城西部グループの船玉古墳、筑波東部グループの平沢1号墳がそれぞれ新治のクニ、筑波のクニに存在するというように、首長墳とみられる大型方墳がさらに限定的に築かれるようになる。こうした終末期における首長墳の変化は、後期までに形成された首長墳系列をさらに再編成するような動きにかかわるものであろう。

以上にみてきた後期・終末期における首長墳のあり方からすれば、少なくとも国造のクニに対応するかたちでの首長墳系列のあり方は、終末期においてより整合的であるように思われる[20]。ただし、後期末から終末期にかけての首長墳については十分な実態解明が進んでいないという面もあり、そうした現状認識を絶対視することは危険である。また、このことに関連して注意しておくべきことは、かりに国造制の成立を終末期古墳との関連において理解するとしても、その基盤となる古墳時代地域首長の勢力圏は古墳時代前期にさかのぼってすでに形成されている可能性が高いという点である。終末期に首長墳を造営した関城西部グループに前期の前方後円墳が認められ、筑波東部グループにもその可能性があることの意味をあらためて問い直す必要があろう。

第6節　変動の背景

本章では、先行学説の批判的検討を目的として、筑波山周辺地域における首長墳の存在形態について分析をおこなった。その結果、同地域では少なくとも6期におよぶ首長墳造営の段階が認められ、各段階における変化は地域首長層の政治的再編成をともなう政治変動を反映したものと考えられた。また、中期後葉から後期にかけての首長墳については、前段階の政治的中核地域とそれ以外の地域で存在形態を異にしていたとの見方を示した。ここでの検討結果からも、墓域の移動を含む首長墳造営の大きな変化は、地域を越えた政治的な変動の結果である可能性が高いとみられ、それをもって首長権輪番制の存在を主張することは困難であると思われる。

常陸の古墳については、『常陸国風土記』に関する文献史学の成果とも照らし合わせながら、古墳時代首長層の動向をめぐってさらなる議論の深化が期待される。そのためには、個々の古墳の内容をより詳細に把握することを目的とした基礎調査の充実が欠かせない。ここで取り上げた筑波山周辺地域においても、古墳の年代決定や実態把握になお多くの課題を残しており、本章はあくまでも現段階における編年的理解や事実認識にもとづく解釈を示したものにすぎない。根拠が不足している部分については、今後の調査成果をふまえて再論の機会を得ることにしたい。

註
（1）令制下の「国」と区別する意味で、国造の支配領域については以下「クニ」と表現する。なお、『常陸国風土記』については、日本古典文学大系『風土記』（秋本吉郎校注、岩波書店、1958）を参照した。
（2）本章で対象とした主な地域は、のちに新治評、白壁評に分かれる新治のクニの範囲から新治評東部（笠間市域など）をのぞいた地域と、のちに筑波評、河内評、信太評（一部）に分かれる筑波のクニの範囲から信太評の大部分をのぞいた地域である。なお、桜川下流域は、筑波評、河内評、茨城評、信太評の境界が入り組む地帯であるが、ここではその成立以前を検討対象とするため、あくまでも地形的区分にもとづいて対象地域を設定することとした。したがって、評域としては、茨城評、信太評にそれぞれ含まれるとみられる桜川河口域北岸および南岸についても対象地域に含めた。
（3）以下に述べる小地域単位のグループを河川流域（支流を含む）ごとにみれば、桜川上流域（岩瀬：グループ名、以下同じ）、桜川中上流域（真壁、明野）、桜川中下流域（筑波東部、筑波西部）、桜川下流域（桜東部、土浦西部、土浦東部）、小貝川中流域（下館北部、下館南部、関城東部）、鬼怒川中流域

（関城西部）に、それぞれの大きなまとまりを見出すことが可能である。
（4）ただし、対象とする地域にはグループを構成せず単独で存在する大規模な古墳も認められるので、「○○グループ」と呼称するには相応しくない事例もある。その実態は分布上の単位というべきものであるが、ここでは単独墳の場合を含めて、ひとまずこの作業概念によって事実関係を整理していくことにしたい。
（5）図35および表32の番号を示す。以下同じ。
（6）以前に筆者が行った報告では、三段築成の可能性を考慮しながらも最終的には二段築成との見方を示した［滝沢 1991］。しかし、あらためて墳丘形態を検討した結果、前方部との接続状況（推定復元）などからやはり後円部中位の緩斜面を段築と認め三段築成とみるのが妥当であろうと判断した。
（7）測量調査報告書では、長辺20m、短辺16mとの計測値が示されている［寺内 1981］。しかし、すでに指摘があるように、測量図の再検討と現地観察の結果からはこうした規模の認識が妥当であると考える（白石 1991）。
（8）水守2号墳の出土遺物については、つくば市教育委員会の許可を得て詳しく実見する機会を得た。3点の鉄鏃には、柳葉式のほか、定角式とみられるものが含まれている。
（9）墳形に疑問が残る筑西市西山1号墳をのぞけば、墳丘長20m台後半の水戸市安房星1号墳、稲敷市原1号墳などが最小規模で、最大規模をもつのは墳丘長60mを超える土浦市后塚古墳、小美玉市勅使塚古墳である。
（10）この点については、すでに塩谷修による指摘がある（塩谷 1990）。
（11）対象地域外における常陸の前期前方後円墳としては、常陸太田市梵天山古墳（墳丘長160m、以下同じ）、大洗町鏡塚古墳（105.5m）、石岡市佐自塚古墳（58m）、鹿嶋市伊勢山古墳（95m）、潮来市浅間塚古墳（84m）、土浦市王塚古墳（86.5m）などがあげられ、これらの中では梵天山古墳の時期が古くさかのぼる。
（12）前期後葉〜末における桜川流域および小貝川流域の前方後円墳については、葦間山古墳、灯火山古墳、山木古墳において、後円部長に対する前方部長の比率が3：2程度となることが指摘され、その共通性の背景には何らかの政治的紐帯があったと想定されている（田中・日高 1996）。重要な指摘であり、葦間山古墳の突出した規模からすれば、墳丘規格を共有しながらも、規模の点で優劣関係を示す秩序が存在した可能性が考えられよう。なお、同時期の桜川河口域から霞ヶ浦南岸および北浦沿岸にかけては、土浦市常名天神山古墳、同王塚古墳、美浦村愛宕山古墳、潮来市浅間塚古墳、鹿嶋市伊勢山古墳などのように、前方部が開かず直線的な形態をもつ前方後円墳が分布しており、桜川流域とは明らかに異なる様相が認められる。こうした墳丘規格の違いがどのような系譜関係を示し、その分布域がどのような意味をもつのかについては、基礎調査を充実させたうえでのさらなる検討が必要である。
（13）参考として取り上げた近接地域の首長墳のあり方にも同様の現象が認められる。
（14）霞ヶ浦沿岸地域の首長墳については、稲村繁、田中広明による編年案が示されている（稲村 1985、田中広 1988）。
（15）同時期に前方後円墳の存在を認める点で、かつて小野山節が主張した古墳規制論（小野山 1970）とは基本的理解を異にする。
（16）その後白石は、関東地方全域の後期古墳を広範に検討し、同様の趣旨の指摘をおこなっている（白石 1992）。
（17）ただし、評（郡）の基盤となるような勢力範囲の形成と、行政的な領域区分としての評（郡）の形成がただちに結びつくというわけではない。対象地域内では、これまでの考古学的調査により、新治郡衙、筑波郡衙、河内郡衙の位置がほぼ特定されているが、それらが後期後半以降の首長墳系列に必ずしも対応するものではない点に注意が必要である。評衙・郡衙成立の歴史的前提を幅広く検討した山

中敏史によれば、筑波郡は在地有力氏族の本拠地（筑波西部グループ）に郡衙が営まれた本拠地型、新治郡は在地有力氏族の本拠地（関城西部グループなど）から離れた場所に郡衙が営まれた非本拠地型に分類される（山中 1994）。そうした首長墳系列との対応・非対応関係が示すように、評の成立過程は、古墳時代地域首長との関係のみでは理解できず、あくまでも7世紀後半における政治過程の中に位置づけるべきものである。ここでは、その基盤となりうる古墳時代地域首長の勢力範囲について、古墳時代全般にわたる長期的視点からの理解が必要であることを示したつもりである。

(18) 今回取り上げなかった新治評（郡）東部には、笠間市域に墳丘長40m未満の前方後円墳4基が知られている（西野ほか 1992）。しかし、その多くは前方後円形小墳であるとみられ、この地域では古墳時代をつうじて明確な首長墳系列を抽出することができない。

(19) このことに関連して想起されるのは、かつて吉田晶が指摘した大型前方後円墳造営地と部民分布との関係である（吉田 1973）。吉田によれば、吉備における部民設置は5世紀後半を中心とし、その分布は5世紀前半に大型前方後円墳の築造をみた先進地域に集中するという。また、毛野においても5世紀後半から6世紀前半が部民設置の主要時期で、吉備同様それらは大型前方後円墳の造営地付近に集中するという。吉田は、毛野の大型前方後円墳の年代を部民設置と同時期に理解したため、吉備と毛野における部民制出現の事情を二様に解釈することとなったが、墳丘長140mを越える大型前方後円墳の年代が毛野でもほぼ5世紀代に集約されるという今日の編年観によれば、吉備と毛野で発現の時間差はあるにしても、大型前方後円墳の衰退と部民設置という関係は両者にほぼ共通する現象としてとらえなおすことも可能である。おそらくはこうした議論の延長線上において、霞ヶ浦北岸地域における6世紀代の前方後円墳被葬者を部の地方管掌者とする解釈も一つの可能性をもちえるのではないだろうか。

(20) 文献史学では、崇峻紀2年（589）七月朔条の国境画定記事などを重視して、東国における国造制の成立を6世紀末とする意見がある（平林 1983、篠川 1985）。また、常陸の国造の氏姓にみられる「壬生連」「壬生直」が7世紀初頭に設定された部の名称を冠していることから、そうした伴造的国造はそれ以前からの国造を二次的に編成したものとする見方もある（八木充 1975、前川 1977）。

第8章　古墳時代政治構造の地域的把握
―― 駿河における大型古墳の変遷 ――

第1節　大型古墳編年の問題点

　大型古墳の分布やその変遷過程をつうじて各地域における古墳時代首長層の動向を探ろうとするならば、まずは個々の古墳が築かれた年代を可能な限り詳細に明らかにしていく必要がある。もちろん、そうした検討を進めるにあたっては、個々の古墳を構成するさまざまな墳墓要素についての編年研究が前提となることはいうまでもない。

　古墳の編年研究においては、墳丘の形態や埋葬施設の変遷、さらには埴輪や副葬品の変遷などについて、これまでに幾多の議論が積み重ねられてきた。そうした議論には依然として多くの課題が残されているものの、発掘調査等により豊富な情報が得られた古墳の場合には、各墳墓要素の年代を総合することにより、一定の時間幅の中でその築造年代を把握することが可能である。一方、発掘調査が実施されていないなどの理由で十分な情報が得られていない古墳の場合、その年代を絞り込むことは容易なことではない。

　現在にいたるまで、日本列島の各地では大型古墳の変遷を把握しようとする数多くの研究がおこなわれてきた。そこでは、年代が明らかな古墳とのかかわりで、年代的根拠を欠く古墳の年代を推定するという手法がしばしば採られてきたことは否定できない。それは多くの場合、当時の有力者が葬られたであろう大型古墳（とくに前方後円墳）は一定地域の中で累代的に築かれたに違いない、という暗黙の了解にもとづくものである。しかし、これまでの研究を全体として振り返るならば、各地域の大型古墳が長い期間をつうじて継続的かつ安定的に営まれているというケースはむしろまれで、時期ごとに造営地を異にし、墳形や規模に変化が認められるというのが一般的な姿である。

　本章で取り上げる駿河においても、これまでに大型古墳の変遷に関する多くの研究がおこなわれてきた（中嶋1990、平野1992、鈴木敏1995など）。そうした研究の過程で大型古墳の継続性を念頭に置いた変遷観が示されてきたことも否定できないが、そうした見方は近年の調査成果により大幅な見直しを迫られている。たとえば、静岡市神明山1号墳と沼津市神明塚古墳は、周辺に分布する大型古墳との年代的な連続性を重視して、従来は古墳時代中期の前方後円墳と想定されてきたが、その年代はいずれも古墳時代前期にさかのぼることが明らかとなった。とくに神明塚古墳は、以前の調査で二重口縁壺を含む古墳時代前期の土器が多数出土していたにもかかわらず、中期後半の年代が与えられてきた古墳であり、そこには先に指摘した暗黙の了解が多分に影響していたものと思われる。また、それらの古墳とは別に、近年あらたに発見された沼津市高尾山古墳は、古墳時

代の初頭にさかのぼる初現期の大型前方後方墳であり、駿河における古墳時代首長層の形成についてきわめて重要な新知見をもたらすものである。

本章では、以上に述べた従来の問題点を認識しつつ、近年前期古墳を中心とした理解に大きな進展があり、終末期にいたる大型古墳の変遷を長期的に把握することが可能となった駿河の諸地域を取り上げて、具体的な事例分析の中から古墳時代の政治構造や支配領域のあり方について検討を加えていくことにしたい。[1]

第2節　駿河の大型古墳

1　大型古墳の分布

ここでは、律令制下の駿河国の範囲に分布する大型古墳を主な検討対象とする。また、あわせて伊豆国の範囲に分布する大型古墳についても取り上げていく。こうした対象地域の設定は、伊豆国の範囲においては北伊豆地域に大型古墳が偏在し、それらと駿河国の範囲に分布する大型古墳を一体として検討することが妥当であるという考古学的な判断にもとづくものである。[2]

現在、そうした駿河（北伊豆を含む）の範囲には、前方後円墳16基、前方後方墳3基が確認されており、それ以外にも前方後円墳の可能性がある数基の古墳が知られている。それらの多くは墳丘長30mを超える古墳であるが、円墳や方墳の中にも墳丘規模や石室規模などの点で優れた内容をもつ古墳が認められる。ここでは、以下に設定する各地域の中で、異なる時期ごとに相対的優位性を示す古墳を「首長墳」として抽出しつつ、議論を進めることとする。

さて、太平洋岸の東西にひろがりをもつ駿河は、駿河湾に注ぎ込む大小の河川が形成した平野とそれらを隔てる山塊によって、およその地形的まとまりを認識することができる。首長墳の分布についても、そうした地形区分ごとのまとまりが認められ、さらに細かな地域単位での把握も可能である。以下、対象とする駿河の範囲を、（1）志太地域、（2）静岡地域、（3）清水地域、（4）富士地域、（5）沼津地域、（6）北伊豆地域の6地域にわけ、各地域における首長墳の存在形態を検討していくことにしたい（図45・46、表33）。[3]

2　志太地域

大井川下流域東岸の志太平野を中心とする地域である。主な古墳は、朝比奈川、瀬戸川、栃山川の各流域に分布しており、いずれも低地を望む丘陵上に立地している。

当地域の特徴としてまず指摘しなければならないのは、古墳時代前期および中期に位置づけられる前方後円（方）墳が認められないという点である。前期後半には、島田市城山1号墳や藤枝市五鬼免1号墳のような円・方墳が築かれるが、いずれも10～20m規模の小型古墳である［大塚淑1981、八木 1978・1990・2007］。また、前期末から中期にかけては、藤枝市若王子古墳群、同釣瓶落古墳群のように小型古墳によって構成される古墳群が所々に営まれている［藤枝市教育委員会編1983］。すなわち、当地域では前方後円（方）墳が築かれない前期から中期にかけて、小型古墳が数多く営まれるという特徴的な現象が認められるのである（第4章）。

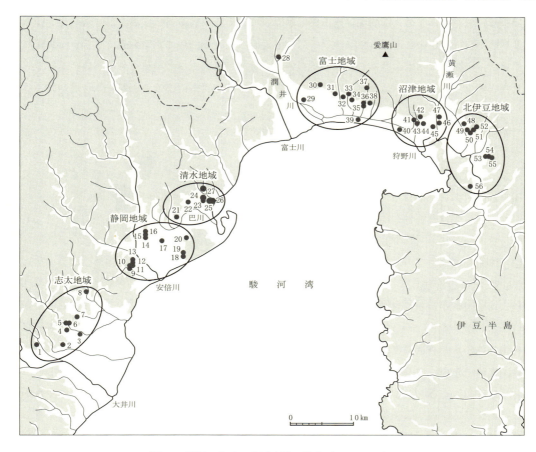

図 45 駿河における主要古墳の分布（1/600,000）

［志太地域］
1 城山古墳　2 岩田山 31 号墳　3 九景寺古墳　4 五州岳古墳　5 荘館山 1 号墳　6 荘館山 2 号墳　7 五鬼免 1 号墳　8 高田観音前 2 号墳
［静岡地域］
9 宗小路 19 号墳　10 宗小路 1 号墳　11 佐渡山 2 号墳　12 徳願寺山 1 号墳　13 猿郷 1 号墳　14 賤機山古墳　15 麓山神社後古墳　16 一本松古墳　17 柚木山神古墳　18 駿河丸山古墳　19 小鹿山神古墳　20 瓢箪塚古墳
［清水地域］
21 マルセッコウ古墳（瀬名古墳群）　22 イセヤ塚古墳　23 午王堂山 1 号墳　24 午王堂山 3 号墳　25 神明山 1 号墳　26 神明山 4 号墳　27 三池平古墳
［富士地域］
28 丸ヶ谷戸墓（参考）　29 伊勢塚古墳　30 実円寺西 1 号墳　31 東坂古墳　32 天神塚古墳　33 琴平古墳　34 浅間古墳　35 船津寺ノ上 1 号墳　36 薬師塚古墳　37 ふくべ塚古墳（船津古墳群）　38 荒久城山古墳　39 山ノ神古墳
［沼津地域］
40 神明塚古墳　41 子ノ神古墳　42 長塚古墳　43 道尾塚　44 高尾山古墳　45 宮下古墳　46 原分古墳　47 下土狩西 1 号墳
［北伊豆地域］
48 井之古墳　49 向山 16 号墳　50 向山 1 号墳　51 向山 14 号墳　52 向山 3 号墳　53 多田大塚 4 号墳　54 多田大塚 1 号墳　55 多田大塚 6 号墳　56 駒形古墳
＊古墳の番号は表 33 に対応。

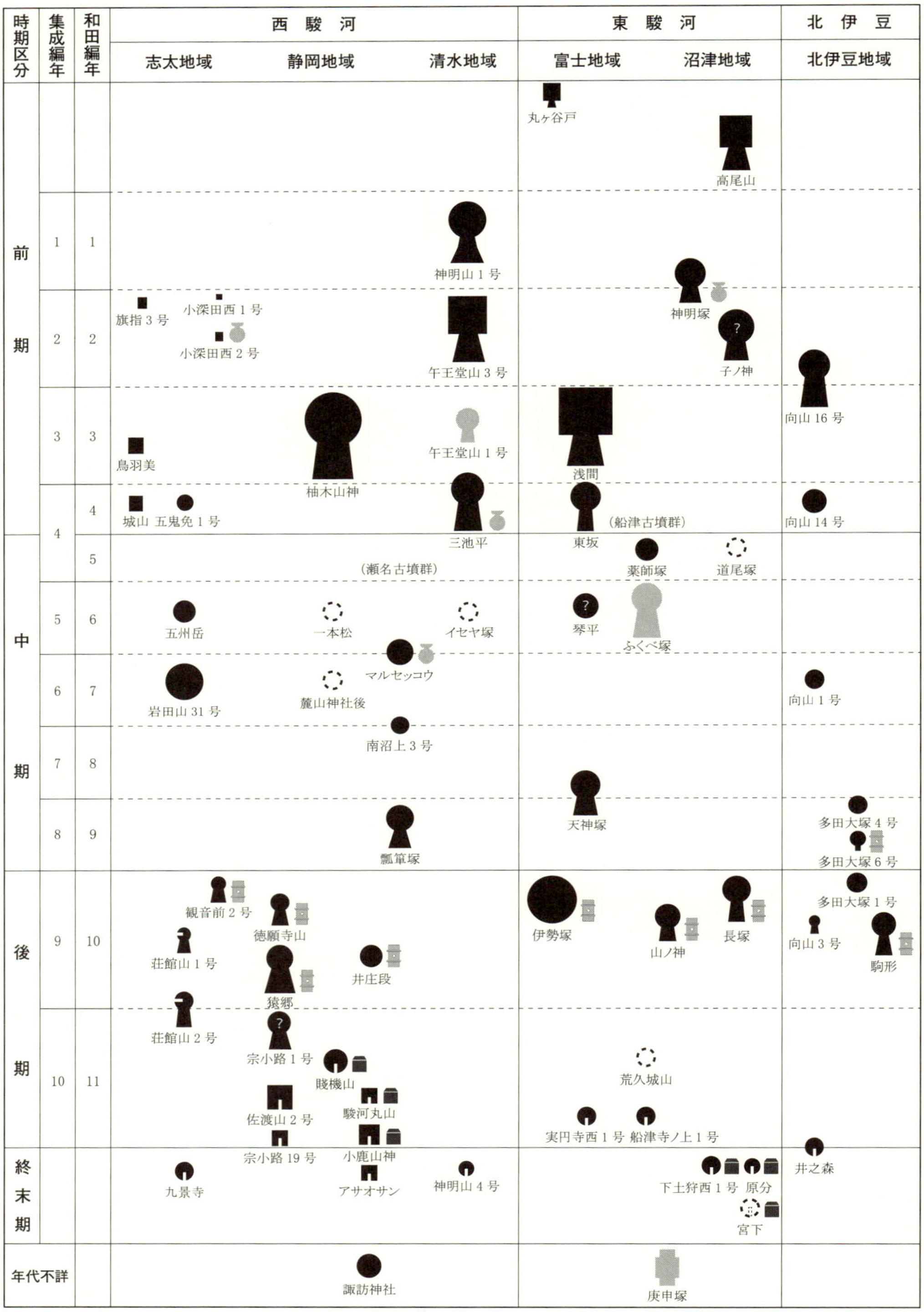

184 第Ⅱ部 古墳の存在形態と政治構造

図46 駿河における主要古墳の変遷

底部穿孔壺（壺形埴輪）　円筒埴輪　家形石棺

＊破線は墳形不明。「？」は所属時期要検討の古墳。薄色は墳形要検討の古墳。時期区分線上（中央）の古墳はいずれかの時期。墳丘内の白抜きは横穴式石室。集成編年：広瀬1991、和田編年：和田1987。

表33 駿河の主要古墳

No.	古墳名	所在地	墳形	規模(m)	埋葬施設	出土遺物
a. 志太地域						
1	城山	島田市	方	19.2	木棺	鉄剣1、銅鏃4、鉇1、刀子1、土師器壺2
2	岩田山31号	藤枝市	円	45	粘土槨	珠文鏡1、玉11、鉄剣8、鉄ヤリ15、鉄鏃8、刀子7
3	九景寺	藤枝市	円	約20	横穴式石室	
4	五州岳	藤枝市	円	25	木棺	鉄刀片、鉄鏃19、土師器、壺形埴輪
5	荘館山1号	藤枝市	前方後円	約30	横穴式石室	
6	荘館山2号	藤枝市	前方後円	約42	横穴式石室	土師器、須恵器
7	五鬼免1号	藤枝市	円	20	木棺	［西棺］ガラス玉2、銅鏃3、鉇1、刀子1 ［東棺］内行花文鏡1、櫛、鉄剣1、鉄鏃3、鉄斧1、鉇1、土師器（二重口縁壺）
8	高田観音前2号	藤枝市	前方後円	30	木棺	鉄刀1、鉄鏃9、胡籙1、刀子1、円筒埴輪、形象埴輪
b. 静岡地域						
9	宗小路19号	静岡市駿河区	方	18	横穴式石室	耳環5、空玉7、獅噛環頭大刀1、鉄刀5、鉄鏃74、轡、杏葉、雲珠、辻金具、鞍、鉸具、飾金具、銅鋺、須恵器
10	宗小路1号	静岡市駿河区	前方後円	約39	（未調査）	
11	佐渡山2号	静岡市駿河区	方	28	横穴式石室	珠文鏡1、耳環1、鉄刀3、鉄鏃1、轡1、鐙1、辻金具、刀子1、須恵器
12	徳願寺山1号	静岡市駿河区	前方後円	約36	（未調査）	円筒埴輪、形象埴輪
13	猿郷1号	静岡市駿河区	前方後円	約55	（未調査）	円筒埴輪、形象埴輪
14	賤機山	静岡市葵区	円	約30	横穴式石室	六鈴鏡1、金銅製冠帽、空玉、耳環、勾玉、ガラス玉、鉄刀、鉄鉾、鉄鏃、小札甲、金銅装馬具、土師器、須恵器
15	麓山神社後	静岡市葵区	円?		（未調査）	石枕1
16	一本松	静岡市葵区	円?		（未調査）	四獣形鏡1
17	柚木山神	静岡市葵区	前方後円	約115	竪穴式石室	鏡6、銅鏃、石製鏃、紡錘車形石製品、砥石
18	駿河丸山	静岡市駿河区	方	18	横穴式石室	耳環10、鉄刀5、鉄鏃26、轡、鉸具2、飾金具7
19	小鹿山神	静岡市駿河区	方	23	横穴式石室	耳環10、鉄刀1、杏葉1、雲珠1、鞍1、刀子1、轡、鉸具2、飾金具7
20	瓢箪塚	静岡市駿河区	前方後円	49.2	（未調査）	
c. 清水地域						
21	マルセッコウ	静岡市葵区	円	31	粘土槨	［第2主体部］鉄刀3、石製刀子2、石製斧21、管玉、臼玉、壺形埴輪
22	イセヤ塚	静岡市清水区	円?	?	（削平）	環状乳画文帯神獣鏡1
23	午王堂山1号	静岡市清水区	前方後円?	40-50	木炭槨	四獣形鏡1、ガラス小玉40、鉄刀1、鉄剣4、鉄鏃、刀子
24	午王堂山3号	静岡市清水区	前方後方	78.2	粘土槨	三角縁四神四獣鏡1
25	神明山1号	静岡市清水区	前方後円	69	（未調査）	土器
26	神明山4号	静岡市清水区	円	19	横穴式石室	耳環9、勾玉5、丸玉68、ガラス玉160以上、環頭大刀1、圭頭大刀1、方頭大刀1、鉄刀、鉄鏃約20、衝角付冑1、小札甲1、轡、雲珠、辻金具4、鞍2、鉸具、須恵器
27	三池平	静岡市清水区	前方後円	68	竪穴式石室	方格規矩四神鏡1、獣文鏡1、筒形銅器2、帆立貝形石製品4、紡錘車形石製品、車輪石1、勾玉1、管玉63、ガラス玉187、鉄刀10、鉄剣16、鉄鏃約100、鍬鋤先4、鉄斧6、鉄鎌2、鑿2、鏨1、鉇8、刀子2、壺形埴輪
d. 富士地域						
28	丸ヶ谷戸	富士宮市	前方後方	26.2	（削平）	土器
29	伊勢塚	富士市	円	54	（未調査）	円筒埴輪
30	実円寺西1号	富士市	円	19	横穴式石室	鉄鏃片、須恵器
31	東坂	富士市	前方後円	約60	粘土床	内行花文鏡1、四獣形鏡1、勾玉3、管玉18、ガラス小玉、白玉860以上、石釧1、琴柱形石製品3、鉄刀1、鉄剣3、鉄鏃?、木片
32	天神塚	富士市	前方後円	51.5	（未調査）	土師器
33	琴平	富士市	円	31	（未調査）	
34	浅間	富士市	前方後方	約90	（未調査）	
35	船津寺ノ上1号	富士市	円	22.5	横穴式石室	管玉、切子玉、棗玉、小玉、鉄刀、鉄鏃、須恵器

36	薬師塚	富士市	円	24	木棺	勾玉22、管玉7、切子玉、小玉、鉄剣3、刀子1、鉄斧1
37	ふくべ塚	富士市	前方後円?	約65	(未調査)	捩文鏡1、石製刀子
38	荒久城山	沼津市	円	?	(削平)	鉄刀1、鏡板付轡1、剣菱形杏葉3、辻金具3、須恵器
39	山ノ神	富士市	前方後円	約42	(未調査)	円筒埴輪、形象埴輪
e. 沼津地域						
40	神明塚	沼津市	前方後円	52.5	粘土槨	土器(二重口縁底部穿孔壺)
41	子ノ神	沼津市	前方後円	64	(未調査)	土器
42	長塚	沼津市	前方後円	約56	箱形石棺?	鉄鉾1、土師器、須恵器、円筒埴輪、形象埴輪
43	道尾塚	沼津市	円?	?	(削平)	三角縁三神二獣鏡1
44	高尾山	沼津市	前方後方	62.2	木棺	浮彫式獣帯鏡1、勾玉1、鉄ヤリ2、鉄鏃32、鉇1、土器
45	宮下	沼津市	円	?	横穴式石室	銅製水瓶1、高台付銅鋺1、銅鋺5、杏葉1
46	原分	長泉町	円	16	横穴式石室	金銅製装身具、ガラス玉14、圭頭大刀1、銀象嵌円頭大刀1、鉄刀2以上、鉄鏃43以上、弓金具17、轡2、鞍2、壺鐙2、輪鐙2、心葉形杏葉1、雲珠1、辻金具4、飾金具23、鉸具9、鉤金具2、鉄釘6、土師器、須恵器
47	下土狩西1号	長泉町	円?	?	横穴式石室	耳環、勾玉・丸玉・小玉31、頭椎大刀1、銀装大刀1、金銅装大刀1、小刀1、鉄鏃14以上、弓金具2、環状鏡板付轡1、壺鐙2、飾金具1、土師器、須恵器
f. 北伊豆地域						
48	井之森	三島市	円	約20	横穴式石室	
49	向山16号	三島市	前方後円	約68	竪穴式石室	土器(伊勢型二重口縁壺)
50	向山1号	三島市	円	22	木棺	鉄刀1、鉄剣5、鉄鉾1、鉄鏃34
51	向山14号	三島市	円	28	木棺	土師器
52	向山3号	三島市	前方後円	21.5	木棺	鉄刀1、土師器
53	多田大塚4号	伊豆の国市	円	約22	竪穴式石槨	同向式神獣鏡1、鉄鏃23、横矧板鋲留短甲1、f字形鏡板付轡1、毛抜状鉄器1、刀子2、須恵器
54	多田大塚1号	伊豆の国市	円	約25	(未調査)	
55	多田大塚6号	伊豆の国市	造出付円	23	木棺?	鉄刀、鉄鏃、馬鐸2、剣菱形杏葉1、土師器、須恵器
56	駒形	伊豆の国市	前方後円	約49	(未調査)	土師器、円筒埴輪、形象埴輪

(1) No.は図45中の番号に対応。
(2) 規模は、前方後円(方)墳は主軸長、円墳は直径、方墳は一辺の長さを示す。

　その後、中期前葉から中葉にかけては、藤枝市五州岳古墳(25m：図47-1)[鈴木 2003、八木 2007、工藤・坂下 2009]、同岩田山31号墳(45m)[八木 2007]のように、明らかに規模の大きな円墳が築かれるようになる。この時期には、先述の若王子古墳群や釣瓶落古墳群において造墓活動がつづいていることから、規模の大きい円墳の被葬者を上位とし、小型古墳の被葬者を下位とするような階層秩序が形成されていたものと考えられる。

　後期になると、当地域に複数の前方後円墳が出現する。まず築かれたのは、朝比奈川流域に位置する藤枝市高田観音前2号墳(図47-2)である[岩木ほか 2003]。同古墳は墳丘長30mの前方後円墳で、出土した埴輪や副葬品の特徴から後期初頭の築造と考えられる。つづく後期中葉には、瀬戸川流域に藤枝市荘館山1号墳、同2号墳(図47-3・4)が相次いで築かれる[篠原編 2002]。両古墳は狭い尾根上に近接して築かれており、墳丘長は1号墳が約30m、2号墳が約42mである。いずれも横穴式石室を埋葬施設とし、わずかにうかがえる石室の特徴から1号墳が先行するものとみられる。なお、隣接する大井川西岸域(遠江)にも、横穴式石室をともなう後期後半の前方後円墳として島田市愛宕塚古墳(22m)が築かれている[静岡県教育委員会編 2001]。また、すでに消

減した中原3号墳（27m）もこの時期に築かれた可能性がある［島田市教育委員会編1996、篠ヶ谷2004］。

以上のように、志太地域の前方後円墳は、いずれも後期初頭から中葉にかけて築かれたものである。つづく後期後葉には前方後円墳は認められ

図47 志太地域の主要古墳
1 五州岳古墳　2 高田観音前2号墳　3 荘館山1号墳　4 荘館山2号墳　(1/1,500)

ず、目立った大型古墳も知られていない。ただし、後期末から終末期に位置づけられる藤枝市九景寺古墳は、当地域最大規模の横穴式石室をともなう墳丘径約20mの円墳であり［篠原2000］、独立墳として築かれている状況から、前方後円墳造営停止以降の首長墳とみて差し支えないものである。この点をふまえるならば、当地域の首長墳は、まず中期前葉から中葉に円墳として出現し、後期初頭から中葉には前方後円墳として築かれるようになるが、後期後葉以降には円墳に移行した可能性が高いと考えられる。

3　静岡地域・清水地域

静岡地域と清水地域は、静岡平野と清水平野をそれぞれ中心とする地域であるが、地理的には連続した環境にある。以下に述べるように、大型古墳の変遷においても密接な関連が認められるため、ここでは両地域をあわせて取り上げる。両地域の大型古墳は、すべて現在の静岡市に分布しており、静岡地域では、北部の賤機山丘陵、中央部の谷津山丘陵、東部の有度山北麓、南部の有度山西麓、西部の安倍川西岸丘陵に立地している。また、清水地域では、東部の庵原川流域に大型古墳が集中しているほか、静岡地域と清水地域の中間に位置する瀬名丘陵にも大型古墳の存在が認められる。

両地域で最古に位置づけられる大型古墳は、庵原川流域に位置する神明山1号墳である（図48-1）。同古墳は墳丘長69mの前方後円墳で、数次にわたる調査の結果、その前方部は撥形の平面形態をもつことが明らかとなっている［滝沢編2001・2012］。また、出土した土器は、廻間Ⅱ式後半〜Ⅲ式初頭（赤塚1990）に併行する時期の特徴を示している。かつて同古墳には中期前半の年代が与えられていたが、あらたな調査成果を総合すると、その年代は前期前半にまでさかのぼるものと考えられる[(6)]。

神明山1号墳につづいて築かれたとみられるのは、同じく庵原川流域に位置する午王堂山3号墳である（図48-2）。同古墳は墳丘長77.6mの前方後方墳で、一部が調査された後方部の粘土槨からは、三角縁四神四獣鏡1面が出土している［杉山2001］。出土遺物はこの銅鏡1面のみで、神明山1号墳との前後関係を直接的に示す資料はないが、舶載三角縁神獣鏡としては比較的新しい段階の製品（岸本1995）であることや、発達した前方部と葺石（敷石帯）をともなう大型の前方後方墳であることから、その年代は神明山1号墳につづく前期中葉頃と想定される。

庵原川流域では、午王堂山3号墳からやや年代をおいて三池平古墳が築かれたと考えられる（図

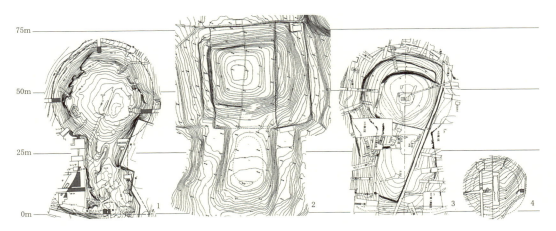

図 48 清水地域の主要古墳
1 神明山1号墳　2 午王堂山3号墳　3 三池平古墳　4 神明山4号墳　（1/1,500）

48-3）。同古墳は墳丘長67mの前方後円墳で、これまでの調査により多くの内容が判明している［内藤・大塚編 1961、大川 2000］。割竹形石棺を納めた埋葬施設からは、方格規矩鏡や石釧、車輪石、鉄製武器類、鉄製農工具類などの豊富な副葬品が出土しており、その年代は前期末に求めることができる。

　上記の3古墳は、古墳時代前期における清水地域の首長墳と考えられるが、問題となるのは、午王堂山3号墳と同じ丘陵上に築かれた午王堂山1号墳の位置づけである。同古墳については、過去の調査により、墳丘長40～50mの前方後円墳である可能性が指摘されている［内藤・市原ほか 1968］。また、墳頂部で検出された木炭槨からは、四獣形鏡や玉類、鉄製武器類などが出土している。それらの詳細は未報告であるが、柳葉式鉄鏃の形態は三池平古墳のそれに近い時期とみられ、箱形木棺の使用が想定される点なども考えあわせると、三池平古墳に先行する年代が想定される。

　いま午王堂山1号墳を前方後円墳とみなしたうえで、上記の年代観に大きな誤りがなければ、清水地域における前期の首長墳は、神明山1号墳→午王堂山3号墳→午王堂山1号墳→三池平古墳の順に変遷したものと考えられる。ここではまず、東日本の前期古墳に多くみられる前方後方墳から前方後円墳へという図式があてはまらない点を確認しておきたい。それと同時に、午王堂山1号墳の規模が他に比べて明らかに小さいという点にも注目しておきたい。この点は、午王堂山1号墳の造営とほぼ時を同じくして、静岡地域に駿河最大の前方後円墳・柚木山神古墳が築かれたことと無関係ではないだろう。

　静岡平野中央部の谷津山丘陵に築かれた柚木山神古墳（谷津山1号墳）は、墳丘長約115mを測る駿河最大の前方後円墳である（図49-1）。明治期に竪穴式石室とみられる埋葬施設が発見され、その内部から銅鏡、鉄剣、銅鏃、鉄鏃、鏃形石製品などが出土している［柏原 1886、西島 2008］。また、墳丘の調査もおこなわれており、葺石をともなう三段築成の墳丘が確認されている［伊藤 2001］。現在東京国立博物館に所蔵されている出土遺物などから判断すると、その年代は前期後葉の範囲に求めることができる。なお、近接する谷津山2号墳も前方後円墳とする見方があるが、定

図 49　静岡地域の主要古墳
1 柚木山神古墳　2 瓢箪塚古墳　3 徳願寺山1号墳　4 猿郷1号墳　5 宗小路1号墳　6 マルセッコウ古墳　7 賤機山古墳　8 佐渡山2号墳　9 駿河丸山古墳　10 小鹿山神古墳 （1/1,500）

かではない。

　つづく中期前葉〜中葉になると、両地域に顕著な大型古墳を見出すことが困難となる。静岡地域には、四獣形鏡を出土した一本松古墳、常総型石枕を出土した麓山神社後古墳が認められるものの、いずれも20mに満たない墳丘規模と推定されるものである［静岡縣編 1930］。また、清水地域には、環状乳画文帯神獣鏡を出土しイセヤ塚古墳が知られているが、墳形や規模は一切不明である［静岡縣編 1930］。注目されるのは、静岡地域と清水地域の中間に位置する瀬名古墳群で、壺形埴輪や滑石製模造品を出土したマルセッコウ古墳（瀬名2号墳：図49-6）は、中期前葉ないし中葉に位置づけられる墳丘約31mの円墳である［岡村 1986、佐藤 1990］。また、同古墳群には前方後円墳の存在も想定されており、その中にはこの時期のものが含まれている可能性がある[7]。さらに、瀬名古墳群の西方丘陵上に位置する南沼上古墳群には、三角板革綴短甲を出土した南沼上3号墳（円・17m）のほかにも中期に位置づけられる円墳の存在が想定される。なお、詳しい調査がおこなわれていないため実態は不明であるが、安倍川西岸丘陵の金山古墳群や向山古墳群には墳丘径

30m 前後の円墳が複数存在しており、この時期のものである可能性が考えられる。

　両地域で再び前方後円墳が築かれるようになるのは、中期後葉～後期前半のことである。有度山北麓に位置する瓢箪塚古墳（西の原1号墳：図49-2）は、墳丘長49.2mの前方後円墳で、墳丘の形態や近接する古墳の年代から、中期後葉を中心とした年代が想定される［杉山 1999］。一方、この時期には安部川西岸丘陵で前方後円墳の造営が顕著となり、後期前半に徳願寺山1号墳（約36m：同図-3）、猿郷1号墳（約55m：同図-4）が相次いで築かれたとみられる［天石 2001、岡村 1992］。また、同じく安倍川西岸丘陵に位置する宗小路1号墳（約39m：同図-5）も、墳形の特徴から同様の年代が想定される［岡村 2001］(8)。

　その後、後期後半になると前方後円墳の造営が停止し、かわって大型の横穴式石室や豊富な副葬品をともなう円墳や方墳が築かれるようになる。それらの中でも、静岡地域の賤機山古墳（円墳・約30m：図49-7）は傑出した存在であり、家形石棺をともなう畿内系の横穴式石室からは、金銅装馬具をはじとする豊富な副葬品が出土している［後藤・斎藤 1953］。つづく後期末から終末期にかけては、安倍川西岸丘陵に佐渡山2号墳（方墳・28m：同図-8）、宗小路19号墳（方墳・18m）、有度山西麓に駿河丸山古墳（方墳・18m：同図-9）、小鹿山神古墳（方墳・23m：同図-10）などが築かれ、静岡地域では首長墳が方墳へと変化していく［杉山・長谷川 1984、望月・手島 1962、滝沢編 2010、小泉編 2011］(9)。これらの方墳には大型の横穴式石室がともない、後二者には刳抜式石棺の存在が認められる。ただし、清水地域にはこのような方墳の存在は確認できず、墳丘径約18mの円墳である神明山4号墳（図48-4）が同時期の首長墳と考えられる［杉山・大川 2002］。同古墳では、疑似両袖型の横穴式石室から豊富な副葬品が出土しており、清水地域最古の前方後円墳（神明山1号墳）と同じ丘陵上に立地している点が注目される。

　以上のように、清水地域では庵原川流域に前期の首長墳が相次いで築かれており、前期をつうじて安定的な首長勢力の存在がうかがえる。一方の静岡地域では、清水地域の首長墳が規模を縮小した時期に、駿河最大の前方後円墳を築いていたものとみられる。静岡地域に柚木山神古墳以外の前期大型古墳が確認されていないことから、こうしたあり方は、両地域の首長勢力が補完的な関係にあったことをうかがわせるものである。ところが、中期前葉～中葉になると、前方後円墳の造営は限定的となり、前期以来の系譜を引く首長墳の多くは円墳化した可能性がある。その後、中期後葉～後期前半の首長墳は再び前方後円墳として築かれるようになり、最終的に後期後半～終末期の首長墳は円墳や方墳へと変化していく。

4　富士地域・沼津地域

　富士地域と沼津地域は、駿河湾奥部に形成された浮島沼低地の東西にあたる地域である。両地域の大型古墳は、浮島沼低地を取り囲むように、愛鷹山麓西部、千本砂礫洲西部（以上、富士地域）、愛鷹山麓東部、千本砂礫洲東部（以上、沼津地域）に数多く分布し、潤井川流域（富士地域）、黄瀬川流域（沼津地域）にも有力な古墳の存在が認められる。静岡地域、清水地域と同様に、両地域の大型古墳には密接な関連があるとみられるため、ここでは両地域をあわせて取り上げる。

　両地域に関連してまず注目されるのは、富士山南西麓に位置する富士宮市丸ヶ谷戸遺跡の前方後

図 50 富士地域の主要古墳
1 丸ヶ谷戸墓（参考） 2 浅間古墳 3 東坂古墳 4 ふくべ塚古墳 5 琴平古墳 6 山ノ神古墳 7 天神塚古墳 8 伊勢塚古墳
（1/1,500）

方形周溝墓（図50-1）である。墳丘長26.2mの同墓からは、在地の土器のほかに東海西部系、畿内系、北陸系の土器が出土しており、外部地域との広範な交流が同墓成立の契機となったことがうかがえる［馬飼野ほか1991］。この点で、同墓の造営はあらたな社会動向を反映したものといえるが、主丘部の規模や立地において同時期の方形周溝墓と大きな差がなく、その後につづく大型古墳が周辺に認められないという点にも留意しなければならない。大廓Ⅰ式期（渡井 1998・2002）[10]における同墓の造営は、やがて結実する社会変化の胎動を物語るものであるが、以下に述べる大型古墳とは、その隔絶性、拠点性において区別すべき存在であろう。

　両地域で最古に位置づけられる大型古墳は、沼津地域の愛鷹山麓東部に位置する高尾山古墳（図51-1）である。同古墳は墳丘長62.2mの前方後方墳で、その年代については一定の時間幅をもつ出土土器の評価をめぐって意見の対立がみられる。ただし、墳頂部出土土器や副葬品の編年的位置づけを重視するならば、その埋葬年代は近畿地方の布留0式期（大廓Ⅲ式期）に接点をもつ時間幅の中で考えるのが妥当である［池谷編 2012］。副葬品組成の比較からも、同古墳の埋葬年代は、同じく初現期の前方後方墳として知られる長野県弘法山古墳の埋葬年代に近い時期と考えられよう

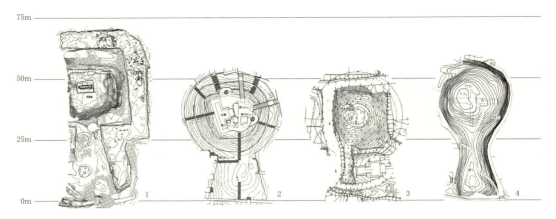

図 51　沼津地域の主要古墳
1 高尾山古墳　2 神明塚古墳　3 子ノ神古墳　4 長塚古墳　(1/1,500)

（滝沢・平林　2012）。

　高尾山古墳につづいて築かれたとみられるのは、沼津地域の千本砂礫洲に位置する沼津市神明塚古墳（図51-2）である。同古墳は墳丘長52.5mの前方後円墳で、後円部に比して短い前方部をもつ点が特徴的である［石川　1983］。再調査の結果、以前の調査で出土した古墳時代前期の土器は古墳にともなう可能性が高く、その中には底部穿孔二重口縁壺を含むことが明らかとなっている［滝沢編　2005］。それらの土器は、東海西部の廻間Ⅲ式前半段階に併行するものであり、これまで中期後半と推定されてきた同古墳の年代は、前期前半に大きくさかのぼるものと考えられる。

　神明塚古墳につづく沼津地域の大型古墳は明確ではないが、その可能性をうかがわせるのは沼津市子ノ神古墳（図51-3）である［山本　2001］。同古墳は墳丘長64mと推定される前方後円墳で、神明塚古墳と同様の墳丘形態をもつことが想定されている（渡井　2010）。この想定に誤りがなければ、同古墳は神明塚古墳と近い時期に築かれた前方後円墳である可能性が考えられる。また、同古墳が高尾山古墳に程近い愛鷹山麓東部に位置している点は、神明塚古墳を含めた3基の大型古墳が系列的に築造された可能性を示唆するものである。

　こうした前期前半の状況とは対照的に、前期後半になると富士地域の愛鷹山麓西部に大型古墳が築かれるようになる。その端緒に位置づけられる富士市浅間古墳（図50-2）は、墳丘長約90mを測る駿河最大の前方後方墳で、未発達な前方部は前方後方墳として古い形態をとどめている。一方、大規模な墳丘や葺石の採用は、前方後方墳として新しい時期の特徴を示している［静岡大学人文学部考古学研究室　1998］。これらの点を総合すると、その年代は前期後半の範囲に求められる。

　つづいて築かれたとみられるのは、浅間古墳の西方に位置する富士市東坂古墳（図50-3）である。同古墳は墳丘長約60mの前方後円墳で、粘土床をもつ後円部の埋葬施設から、銅鏡、石釧、琴柱形石製品、玉類、鉄製武器類が出土している［後藤ほか　1958］。すでに消滅しているため墳丘の詳細は不明であるが、副葬品の内容から判断すると、その年代は前期末と考えられる。

　富士・沼津の両地域では、前期前半に沼津地域、前期後半に富士地域で顕著な大型古墳が築かれるものの、つづく中期前葉～中葉になると、前方後円墳の存在そのものが不明瞭となってしまう。

ただし、前方後円墳の可能性を残すものや、比較的規模の大きい円墳の存在は認められる。

　愛鷹山麓西部に位置する富士市ふくべ塚古墳（図50-4）は、以前から前方後円墳の可能性が指摘されており、前方後円墳であれば墳丘長65m程度となるが確証は得られていない［静岡県教育委員会編 2001］[(11)]。その年代は、捩文鏡や滑石製刀子の出土が確かであれば、中期前半に求められる公算が大きい［小野 1957］。同古墳は中期前半に築かれた前方後円墳とも考えられるが、かりに円墳とした場合でも規模の優位性は明らかで、当地域の首長墳とみられることに変わりはない。また、浅間古墳の近くに位置する富士市琴平古墳（図50-5）も中期の首長墳とみられる円墳（31m）で、やや規模が劣る富士市薬師塚古墳も中期前半に位置づけられる円墳（24m）である［後藤ほか 1958、静岡県教育委員会編 1965］。

　このように、愛鷹山麓西部には前期後半につづき中期前半の有力な古墳が造営されたものと考えられるが、前期前半の大型古墳が築かれた愛鷹山麓東部や千本砂礫洲東部には、中期の大型古墳は確認されていない。そうした中にあって、沼津市道尾塚出土と伝えられる三角縁三神二獣鏡は、もっとも注目すべき資料である［滝沢 2002］。同鏡は最末期の三角縁神獣鏡とみられるもので（岩本 2005）、古墳の実態は不明であるが、愛鷹山麓東部に前方後円墳以外の墳形をもつ中期初頭の有力古墳が存在した可能性を多分にうかがわせるものである。

　こうした中期前葉～中葉の状況とは対照的に、中期後葉～後期前半になると、愛鷹山麓東部、愛鷹山麓西部、千本砂礫洲西部において前方後円墳の造営が再開される。愛鷹山麓東部の沼津市長塚古墳（図51-4）は墳丘長約56mの前方後円墳で、出土した埴輪や須恵器（MT15式）の特徴から後期初頭の年代が与えられる［後藤 1957、山本編 1999］。また、愛鷹山麓西部の富士市天神塚古墳（図50-7）は墳丘長51.5mの前方後円墳で、墳丘基底部に堆積した火山灰（大渕スコリア）の存在や埴輪をともなわない点から、長塚古墳に先行する中期後葉の年代が想定される［志村 2001］。さらに、千本砂礫洲西部の富士市山ノ神古墳は墳丘長約42mの前方後円墳で、出土した埴輪の特徴から後期前半の年代が与えられる［平林 1983］。このほか潤井川流域には、造り出し付きの大型円墳（54m以上）として、後期前葉に伊勢塚古墳（図50-8）が築かれている［平林・渡井 1983］。

　その後、後期後半になると前方後円墳の造営が停止し、かわって大型の横穴式石室をともなう円墳が築かれるようになる。富士地域の富士市実円寺西1号墳、同船津寺ノ上1号墳は、いずれも墳丘径20m前後の円墳であるが、同地域では最大規模の横穴式石室を有しており、後期末の首長墳候補とみられるものである［平林ほか 1986、富士市教育委員会編 1987］。また、それらに先行する後期後半には、鉄地金銅張剣菱形杏葉などを出土した沼津市荒久城山古墳（円墳・規模不明）の存在が知られている［滝沢 2002］。沼津地域では、北伊豆地域と接する黄瀬川流域に、沼津市宮下古墳（墳形・規模不明）、三島市原分古墳（円墳・16m：図52-6）、長泉町下土狩西1号墳（墳形・規模不明）といった終末期の有力な古墳が築かれている［静岡縣編 1930、井鍋編 2008］。それらの古墳も、前方後円墳造営停止以降の首長墳候補と目されるものである。

　以上のように、当地域ではまず、沼津地域（愛鷹山東部・千本砂礫洲東部）に前期前半の大型古墳が築かれ、その後前期後半には富士地域（愛鷹山西部）に大型古墳が築かれたものとみられる。

しかし、中期前葉〜中葉になると前方後円墳の造営が衰退し、かわってやや規模大きい円墳が首長墳として築かれるようになったと想定される。その後、中期後葉〜後期前半の首長墳は再び前方後円墳として築かれるようになり、後期後半〜終末期になると、首長墳は大型の横穴式石室をともなう円墳に変化したものと考えられる。

5　北伊豆地域

　伊豆半島中央部を貫流する狩野川の流域に形成された田方平野を中心とする地域である。当地域の大型古墳は限られているが、やや規模の大きな古墳を含めてみると、箱根山西麓、多賀山西麓、田方平野南部に有力な古墳の分布を認めることができる。

　当地域含む伊豆半島には、これまで前期前方後円墳の存在は知られていなかったが、近年あらたに三島市向山16号墳（図52-1）が確認された。箱根山西麓に位置する同古墳は、墳丘長約70mの前方後円墳で、後円部頂では大規模な竪穴式石室の上部が確認されている［芦川・渡井・滝沢 2015］。また、墳丘出土の土器には、伊勢型二重口縁壺とみられる破片が含まれている。現状では年代を推定する手がかりが乏しいが、土器の上限年代を重視すれば、その造営は前期前半にまでさかのぼる可能性がある。しかし、わずかな破片からの推定には限界があり、その年代決定に向けてはさらなる資料の充実が求められる。

　当地域では、前期前方後円墳の存在が明らかとなったものの、それ以降の前方後円墳は後期前半になるまで確認することができない。以下に述べるように、その空白期間に築かれた比較的規模の大きな古墳は、いずれも墳丘径20m台の円墳である。

　向山16号墳が築かれた向山古墳群ではその後も古墳の造営がつづけられるが、ほとんどは墳丘径10〜20m台の円墳である。その中で最大の規模をもつ向山14号墳（図52-2）は墳丘径28mの円墳で、出土土器（中見代Ⅰ式）の編年的位置づけから前期末の造営と推定される［鈴木 2008］。また、向山1号墳は墳丘径約22mの円墳で、出土した鉄鏃は中期中葉の特徴を示している［鈴木 2006］。このほか、多賀山西麓に位置する伊豆の国市多田大塚古墳群では、墳丘径20m台の円墳

図52　北伊豆地域の主要古墳
1　向山16号墳　2　向山14号墳　3　向山3号墳　4　多田大塚6号墳　5　駒形古墳　6　原分古墳　(1/1,500)

（1・4・6号墳：図52-4）が中期後葉～後期前葉に相次いで築かれている［原ほか 2001］。

当地域で再び前方後円墳が築かれるようになるのは、後期前半のことである。田方平野南部に位置する伊豆の国市駒形古墳（図52-5）は墳丘長約49mの前方後円墳で、出土した埴輪の特徴から後期前半の年代が与えられる［大塚ほか 2001］。また、三島市向山3号墳（同図-3）は墳丘長21.5mの前方後円墳で、出土した土器の特徴からほぼ同様の年代が与えられる［鈴木 2008］。

その後、後期後半になると、前方後円墳の造営は完全に停止する。それにかわる首長墳の候補としては、向山古墳群の北側に位置する三島市井之森古墳を挙げることができる。同古墳は墳丘径約20mの円墳で、墳丘に露出する石材の状況から大規模な横穴式石室の存在が想定される［鈴木 2005］。詳細は不明であるが、その年代は後期後葉もしくは終末期に求められよう。

以上のように、当地域では前期の首長墳として大型の前方後円墳が築かれたものの、その後は前方後円墳の造営が途絶し、中期後葉までの首長墳は墳丘径20m台の円墳として築かれたと考えられる。しかし、後期前半の首長墳は再び前方後円墳として築かれるようになり、その後後期後半になると前方後円墳の造営は停止して、首長墳は円墳に変化したものとみられる。当地域最古の首長墳が築かれた向山古墳群は、そうした一連の流れを同一古墳群内でたどることのできる貴重な事例である。

第3節　大型古墳の変遷とその評価

1　変遷の諸段階

現在までの知見をもとにした各地域における大型古墳の変遷は以上に述べたとおりである。情報の不足している古墳も依然として多いが、あらたな調査成果にもとづく状況把握からは、駿河における大型古墳の変遷について以下のような諸段階を設定することが可能である。

第Ⅰ段階は、最古の大型古墳が前方後方墳として出現する段階で、沼津地域の高尾山古墳が唯一の存在である。富士地域の周辺には、高尾山古墳に先行して丸ヶ谷戸墓が築かれているが、規模の隔絶性やその後の古墳造営につながる拠点性において両者の内容は大きく異なっている。

第Ⅱ段階は、前期前葉から中葉にかけて前方後円墳が出現する段階である。この段階には、東日本の中でもかなり早い時期にさかのぼる前方後円墳として、清水地域に神明山1号墳、沼津地域に神明塚古墳が築かれている。また、北伊豆地域の向山16号墳もこの段階に築かれた可能性がある。一方で、前方後方墳（午王堂山3号墳）も依然として営まれている。なお、志太地域では方形周溝墓の系譜につらなる小型墳墓が引きつづき営まれ、他の地域とは異なる状況が認められる。

第Ⅲ段階は、古墳時代をつうじて最大規模の大型古墳が築かれる段階である。ほぼ前期後葉に相当し、静岡地域には駿河最大の前方後円墳・柚木山神古墳が築かれる。また、前方後方墳ではあるが、富士地域の浅間古墳もこの段階に築かれたとみられる。いずれも、前段階までの大型古墳とは地域を異にして築かれている点が注目される。

第Ⅳ段階は、前方後方墳が完全に築かれなくなる前期末の段階である。大型古墳は前方後円墳として築かれ、その規模は第Ⅰ・Ⅱ段階のもの（60～70m）に近い。また、志太地域には前段階まで

と同様の小型古墳が営まれるが、この段階に円墳が出現し、以後主流となっていく。
　第Ⅴ段階は、中期前葉から中葉にかけて前方後円墳の造営が途絶または限定的となる段階である。清水地域の瀬名古墳群、富士地域の船津古墳群（ふくべ塚古墳）に前方後円墳が存在する可能性を残すものの、この段階には各地域ともやや規模の大きい円墳を築く傾向が認められる。その点では、前段階まで独自の歩みをつづけてきた志太地域も、他地域と同様の歩調をとるようになる。
　第Ⅵ段階は、中期後葉から後期中葉にかけて各地域に再び前方後円墳が築かれるようになる段階である。志太地域ではこの段階に前方後円墳が築かれるようになり、前段階と同様に他地域と同調した動きが認められる。この段階の前方後円墳は墳丘長40～50mのものが主流で、第Ⅱ・Ⅲ段階のものに比べて明らかに規模が縮小している。なお、この段階の大型古墳には、埴輪をともなわない中期後葉の一群と関東系埴輪（鈴木敏 1995・2001）をともなう後期前半の一群があり、両者は造営地を異にしていることから、さらに前後の2段階に区別しうる可能性がある[12]。
　第Ⅶ段階は、前方後円墳が築かれなくなる段階である。この段階は後期後葉から終末期にあたり、静岡地域の賤機山古墳に代表されるように、大型の横穴式石室や豊富な副葬品をともなう円墳が首長墳として築かれるようになる。また、静岡地域の一部の首長墳は、後期末から終末期にかけて方墳へと変化していく。

2　各段階の評価

　以上に述べたように、駿河における大型古墳（首長墳）の変遷には、少なくとも7段階の変化が認められる。その内容を要約するならば、第Ⅰ段階は大型古墳としての前方後方墳の出現、第Ⅱ段階は前方後円墳の波及、第Ⅲ段階は大型古墳の最大化、第Ⅳ段階は前方後方墳の消滅、第Ⅴ段階は前方後円墳の途絶（または限定化）と首長墳の円墳化、第Ⅵ段階は前方後円墳の復活、第Ⅶ段階は前方後円墳の消滅と首長墳の円・方墳化、とまとめることができる。こうした各段階の状況は、地域首長の政治的性格や勢力範囲が古墳時代をつうじて一様ではなかったことを示している。以下、そうした視点から各段階の内容を評価してみたい。
　まず第Ⅰ段階は、明確な地域首長が特定の地域にいち早く出現した段階といえる。沼津地域の高尾山古墳はそのことを物語る唯一の存在であるが、墳墓祭祀に用いられた外来系土器（東海西部系、近江系、北陸系）の組成から判断すると、その出現は東海西部地域を中心とする東日本諸地域との交流を重要な基盤とするものであったと考えられる。また、この時期に東駿河で用いられていた大廓式土器が関東や中部高地さらには近畿にまで分布域を拡大している状況は、沼津地域がそうした交流の重要な拠点であったことを裏づけている。一方、同古墳の副葬品のうち、鉄鏃については初期前方後円墳に副葬される精製鏃の範疇でとらえられる製品であり、その点で前方後円墳を創出した中核的勢力＝初期ヤマト王権とのかかわりも否定できない。これらの点を総合すると、他地域に先駆けて沼津地域に出現した地域首長は、東日本諸地域との交流を基盤としながら、初期ヤマト王権とも何らかの政治的関係を築いていたものと考えられる。
　第Ⅱ段階は、清水地域と沼津地域において首長墳としての前方後円墳が出現する段階である。これは、東日本の中ではかなり先駆的な動きであり、清水地域の神明山1号墳では奈良県箸墓古墳の

平面形態が採用され、沼津地域の神明塚古墳ではいわゆる纒向型前方後円墳の平面形態が採用されたものとみられる（寺沢 2000・2011）。この段階は、大和東南部に拠点を置く初期ヤマト王権との政治的関係を深めた地域首長が駿河の東西に誕生した段階と評価できるが、両地域の前方後円墳が平面形態を異にしている事実は、そうした政治的関係の内容が一様ではなかったことを示している。この点については、前段階にいち早く前方後方墳を築いた沼津地域において、主系列とは異なる前方後円墳の形態が採用されていることの意味が重要であろう。それは、すでにこの段階で初期ヤマト王権における古墳造営秩序の一端が地域の実情に即して適用されているとみられるからである。[13]なお、清水地域ではこの段階のうちに後続して前方後方墳を築く動きがあり、そうした王権との関係が安定的ではなかったこともうかがえる。

　第Ⅲ段階は、最大規模の大型古墳が静岡地域と富士地域に築かれ、駿河の東西を本拠とする地域首長の勢力がもっとも拡張した段階と評価できる。それらの大型古墳は前段階までとは異なる地域に営まれており、この段階には隣接地域間での盟主権交替を含む大きな政治的変化が生じていたものと思われる。それは、この時期に築かれた静岡地域の柚木山神古墳が奈良県佐紀陵山古墳の墳丘規格を採用しているとみられることから、王権中枢における大和北部勢力の台頭と連動した動きであったと想定される。ただし、富士地域の浅間古墳は前方後方墳として築かれており、ここでも駿河の東西における王権とのかかわり方には明らかな差異が認められる。前段階の状況とも照らし合わせるならば、そうした関係性の違いは、駿河の東西に形成された首長勢力の初期段階の性格に起因するものと推察される。

　第Ⅳ段階は、大型古墳の規模が第Ⅰ・Ⅱ段階の水準に戻っていることから、第Ⅲ段階に生じた首長勢力の拡張志向が影を潜め、それ以前の古墳造営秩序に復した段階と理解することができる。西駿河では、前段階に静岡地域に移動した盟主権が再び清水地域（庵原川流域）に移動する現象が認められ、そのことが逆に前段階の特異性を際立たせる結果ともなっている。ただし、この段階の動きがたんなる回帰志向によるものでないことは、前方後方墳が完全に消滅していることによって明らかである。すなわち、駿河の東西に生起した地域首長の奥津城は、この段階以降、長期間にわたって円形原理を基調とする墳形に移行するのである。これに関連して注目されるのは、第Ⅲ段階まで方形原理にもとづく弥生時代以来の墳墓を築いてきた志太地域において、この段階から円墳が認められるようになるという点である。それらの被葬者は依然として小地域を基盤とする有力層とみられるが、そうした階層にいたるまで前方後円墳を頂点とする古墳造営秩序が波及していく状況は、第Ⅱ段階以降に模索されてきた前方後円墳の論理にもとづく王権と地域の関係が、この段階になって一つの帰結を迎えたものと評価されよう。

　ところが第Ⅴ段階になると、前段階までの状況を一変させる大がかりな変化が生じる。前段階までに駿河の東西で成長してきた地域首長の政治的立場は、この段階にいたって大きな変化を余儀なくされたとみられる。そのことを如実に物語るのは、前方後円墳の途絶（または限定化）と首長墳の円墳化である。ここで問題となるのは、この段階の前方後円墳を含んでいる可能性がある瀬名古墳群と船津古墳群の位置づけである。瀬名古墳群は、前段階までの首長墳が認められる静岡地域と清水地域の中間に位置しているが、静岡地域と清水地域にはこの段階の有力円墳が別途築かれてい

る可能性がある。また、船津古墳群は前段階までの首長墳が認められる富士地域（愛鷹山麓西部）に位置しているが、第Ⅰ・Ⅱ段階の首長墳が認められる沼津地域にはこの段階に位置づけられる有力古墳（円墳？）の存在が予想される。したがって、両古墳群にこの段階の前方後円墳を認めるとすれば、そこに葬られた上位首長のもとに、従来の首長系譜につらなる各地域首長（円墳）が序列化された政治構造を想定することもできる。しかし、東駿河における前方後円墳の候補は限られており、そうした政治構造を想定するにしても、中期前葉から中葉におよぶこの段階の一時的な姿であった可能性は否定できない。むしろこの段階には、円墳として築かれた未確認の首長墳がさらに多く存在している可能性があり、基本的には各地域における伝統的な首長勢力の立場に大きな構造的変化をもたらす政治的規制が加えられた段階と評価することができるだろう。

　上述の第Ⅴ段階は、首長墳の存在形態に重大な変化が生じた時期といえるが、そうした状況を止揚するかたちで各地域の首長墳が再び前方後円墳として築かれるようになる第Ⅵ段階もきわめて大きな転換期と位置づけられる。この段階の前方後円墳は、第Ⅱ・Ⅲ段階の前方後円墳に比べて明らかに規模が縮小しており、埴輪導入の有無と造営地の移動により、中期後葉と後期前半の2段階にさらに区別できる可能性がある。すなわち、中期後葉の前方後円墳はなお限定的であるのに対し、後期前半の前方後円墳は志太地域や北伊豆地域を含む多くの地域に認められることから、前方後円墳の造営を再開する動きには、基本的な方向性を同じくする前後の動きがあったと推察されるのである。その内容的な違いは、前者が第Ⅴ段階に形成された政治構造を転換する先行的かつ限定的な動きであったのに対し、後者は各地域の首長を並立的に再編する全面的な動きであった点に求めら

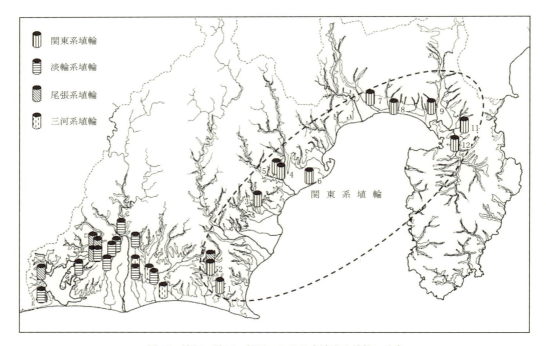

図53　遠江・駿河・伊豆における古墳出土埴輪の分布
1　寺の谷3号墳　2　鹿島古墳　3　高田観音前2号墳　4　徳願寺山1号墳　5　猿郷1号墳　6　井庄段古墳　7　伊勢塚古墳　8　山ノ神古墳　9　長塚古墳　10　多田大塚6号墳　11　駒形大塚古墳

れよう。

　このことに関連して注目されるのは、清水地域と静岡地域北半部にこの段階の前方後円墳が認められず、埴輪の導入も一切確認できないという事実である。この段階にひろがりをみせる関東系埴輪（図53）は、北伊豆地域、沼津地域、富士地域、志太地域のものがやや古く、静岡地域南半部（有度山西麓および安部川西岸丘陵）のものがやや遅れるという傾向が認められる。清水地域と静岡地域北半部に前方後円墳が築かれない理由は定かではないが、縮小化した前方後円墳の並立状況とともに、こうした地域ごとの違いがみられることは注目に値する。7世紀後半以降に成立する評（郡）域との対応関係が十分に認められるわけではないが、この段階の前方後円墳は評（郡）域に匹敵する規模の地域を単位として存在する一方で、のちの庵原郡に相当する清水地域とのちの安倍郡に相当する静岡地域北半部では、前方後円墳と埴輪の不在という側面において地域的な輪郭を際立たせている。こうした点からみて、第Ⅵ段階に生じた変化はあらたな領域形成の契機を内包するものであった可能性が高いと考えられる。

　第Ⅶ段階は、前方後円墳にかわって円墳や方墳が首長墳として築かれるようになり、前方後円墳を頂点とする古墳造営秩序からの脱皮が図られる段階である。前方後円墳からの移行時期については、同一地域で確かめられる良好な資料に恵まれないが、志太地域の荘館山2号墳が前方後円墳としては新しく、静岡地域の賤機山古墳が有力円墳としては古くさかのぼる。したがって、両古墳で出土している須恵器（TK43式）の年代などから、その時期は後期後葉の範囲に求められる。これは、後期末まで前方後円墳が築かれる関東の諸地域などに比べて一足早い動きといえよう。

　第Ⅶ段階でとくに注目されるのは、静岡地域南半部における方墳の存在である。同地域の方墳は、いずれも後期末から終末期に位置づけられ、有度山西麓と安部川西岸丘陵にほぼ限定的に認められる（図54）。この両小地域は、安部川を挟んで東西に7kmほど離れた位置にあるが、いずれものちの有度評（郡）域に含まれている。両小地域の方墳が時期的にほぼ併行し、その規模に決定的な差が認められないことから、異なる首長勢力の併存を認めることも一案である。しかし、第Ⅵ段階における関東系埴輪の採用という点でも両小地域は共通し、同段階には安部川西岸丘陵に前方後円墳が集中的に築かれている。こうした前段階の状況をふまえるならば、少なくとも静岡地域南半部では、のちの有度評（郡）域に相当するような地域首長の支配領域が第Ⅵ〜Ⅶ段階には形成されていたものと想定される。おそらく、第Ⅶ段階の有力墳が安倍川を挟んで併存する状況は、相互に密接な関連をもつ首長勢力の多元的展開を示すものであろう。

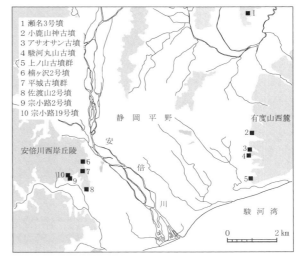

図54　静岡地域における後期・終末期方墳の分布

静岡地域以外での十分な検証は果たせないものの、第Ⅵ段階の変化にのちの評（郡）域の基盤となるような領域形成の動きが認められるとした先の見通しは、第Ⅶ段階における有力方墳の存在形態からも追認しうるものであろう。

第4節　政治構造の変革と支配領域

前節で述べた各段階の評価をふまえ、最後に大型古墳の存在形態をめぐる従来の議論とのかかわりを検討し、地域首長墳の動向からみた政治構造の特質や地域首長による支配領域のあり方について考えてみたい。

そこでまず注目したいのは、多くの段階における変化が駿河の各地域でほぼ共通して認められるという点である。第Ⅰ段階が認められるのは沼津地域のみであるが、第Ⅱ段階から第Ⅳ段階までの変化は、東駿河と西駿河の双方において確認することができる。また、第Ⅴ段階以降の変化は、第Ⅳ段階まで独自の歩みをつづけてきた志太地域を含めて、多くの地域に認められる。

首長の死を契機として営まれた墳墓を分析対象とする以上、その背後に予想される動きを短い時間幅の中でとらえることには限界がある。しかし、こうした同調性の高い動きは、それぞれの地域の内部事情によって生じたものとは考えにくく、そこには地域を越えた何らかの外的契機が存在していたとみるべきであろう。

かつてここで述べてきたような大型古墳の変遷については、首長墳の地域内移動を認識の拠りどころとして、首長権の輪番的移動を示すものと解釈されてきた。いわゆる首長権輪番制説は、古墳時代を国家以前の部族連合段階と理解するうえでの重要な認識を形成してきたのである。しかし、そうした議論が展開されたケースをあらためて検証してみると、前方後円墳の累代的な造営を仮定して資料の乏しい前方後円墳の編年的位置を求めるという問題点が往々にして認められる[17]。

一方、京都府桂川流域の事例研究にもとづいて首長権輪番制説を鋭く批判した都出比呂志は、各地における首長墳の変動期は近畿地方における巨大古墳の変動期に一致している場合が多く、そこには中央と地方が密接に連動した列島規模での政治変動が想定されると指摘した（都出1988）。また、その後の論考では、そうした変動の時期を、第1期（4世紀後葉）、第2期（5世紀前葉）、第3期（5世紀後葉）、第4期（6世紀前葉）の4時期とする見解を示し、それらは「中央と地方が連動しあった激しい主導権争いの権力闘争を反映」したものであると論じた（都出1999：8頁）。

いま、先に示した各段階を都出説に対比するならば、第Ⅲ段階は第1期に、第Ⅴ段階は第2期に、第Ⅵ段階は第3期にそれぞれ相当するものとみられる。また、第Ⅵ段階は、埴輪の有無と首長墳の造営地移動を手がかりとして前半（中期後葉）と後半（後期前半）に分けられる可能性があり、その場合には、第Ⅵ段階の後半が第4期に相当するものと考えられる。

このように対象地域における大型古墳造営の画期は、都出が指摘した首長墳の変動期との同調性が高く、基本的にはヤマト王権とのかかわりの中で生じた変動と解釈するのが妥当であろう。そこであらためて問われるのは、そうした変動の要因を中央と地方が連動した権力闘争とみるだけではなく、それによって地域首長や地域社会のあり方がどのように変化したのかという具体的な内容の

把握とその評価である。この問題については、これまでの検討結果から少なくとも次の2点を指摘しておきたい。

　第一は、変動の結果として、各地域首長の政治的立場に大きな構造的変化が生じているとみられる点である。それは、第Ⅴ段階（中期前葉）と第Ⅵ段階（中期後葉～後期中葉）にとりわけ顕著に認められる。

　第Ⅴ段階は、各地域の首長墳が円墳化するとともに特定地域にのみ前方後円墳が築かれた可能性があり、そこには限られた首長を上位とし、それ以外の首長を下位とする、地域を横断した重層的な政治構造への転換が想定される。また、同段階には前方後円墳が築かれず、円墳化した首長墳のみが各地域に築かれた可能性もあり、その場合には、対象地域外の上位首長に従属するかたちでの重層的な構造も想定される。一方、第Ⅵ段階はそうした第Ⅴ段階の構造を刷新し、再び前方後円墳に葬られることとなった地域首長が地域ごとに分立する政治構造への転換がうかがえる。また、同段階の前方後円墳は小規模・均一化の傾向が認められ、各地域首長の立場は前段階までと比べて並列的である。

　すなわち、第Ⅴ段階と第Ⅵ段階には、各地域首長がよって立つ政治構造に重大な変化が生じていたとみられるのであり、前者は地域横断型（または地域外従属型）の重層的構造、後者は地域分立型の並列的構造というべきものであろう。振り返って同様の視点から第Ⅰ～Ⅳ段階の状況を把握するならば、東駿河と西駿河の双方ともいずれかの地域に傑出した首長墳（盟主的首長墳）が造営され、第Ⅲ段階のように、それが時として隣接地域間で移動するという現象が認められる。これは、駿河の東西を基盤とする地域首長が複数地域にまたがる移動性を内包しながら、その優占的な地位を継承していった姿と考えられる。そこに想定されるのは、地域移動型の優占的構造である。

　いま駿河の事例分析をつうじて導き出された政治構造の3類型は、地域移動型の優占的構造が古墳時代前期、地域横断型の重層的構造が古墳時代中期前葉～中葉、地域分立型の並列的構造が古墳時代中期後葉～後期に該当し、それぞれに墳形や規模の変異を内包しながら、大きな段階的変遷を遂げたものと考えられる。こうした政治構造の段階的理解は、京都府南山城地域の事例研究を出発点として和田晴吾がモデル化した政治的階層構成の変化と基本的視角を同じくするものである（和田 1998 など）[18]。その意味では従来の理解を追認したかたちともいえるが、ここでは大型古墳造営の画期（≒造営地の移動）が示す政治変動の背景として、政治構造の変革という国家形成史上きわめて重要な動きがあったことをとくに強調しておきたい。また、その論理的帰結として、王権中枢に生じたとみられる権力闘争はたんなる覇権争いではなく、地方を含めた政治構造改革に対する路線対立に起因するものであった可能性が考えられよう。

　第二に指摘したいのは、以上に述べた政治構造の段階的変遷が地域首長を頂点とする支配領域の形成とも密接に関係していたとみられる点である。

　先にも述べたように、第Ⅰ～Ⅳ段階の盟主的首長墳は、駿河の東西においていずれかの地域に築かれながら、一定範囲の中を移動することがあったとみられる。西駿河の盟主的首長墳は、清水地域（庵原川流域）から静岡地域（谷津山丘陵）へと移り、再び清水地域（庵原川流域）に戻っている。また、東駿河の盟主的首長墳は、沼津地域（愛鷹山麓東部→千本砂礫洲東部）から富士地域

（愛鷹山麓西部）への移動が認められ、向山16号墳の編年的位置づけによっては、その間に北伊豆地域を含めた移動も考えられる。これらのことから、第Ⅰ～Ⅳ段階における盟主的首長の支配領域は、ここで設定した複数の地域にまたがるものであったと想定されるのである。

そして、第Ⅴ段階の構造転換は、そうした前段階までの支配領域を単位として実行されたものとみられ、各地域の首長墳が円墳化するとともに、駿河の東西で特定地域にのみ前方後円墳が築かれた可能性がある。つまり、対象地域における地域移動型から地域横断型への移行は、前段階までの支配領域を前提としながら、その内部に蟠踞する新旧首長の後裔を再編・統合する動きであったとみられるのである。その際、第Ⅴ段階の前方後円墳を築いた可能性がある西駿河の瀬名古墳群と東駿河の船津古墳群がそれぞれの支配領域の中央部（地域の境界域）に位置している点は、改革を主導した上位首長が旧勢力とは一線を画した存在であったことを示唆するものであり、この段階の政治構造を空間的に理解するうえで興味深い。

ところが第Ⅵ段階になると、それまでの支配領域を分割する動きが生じ、とくにその後半には、復活した前方後円墳の並立状況から、分割された支配領域の単位がより明確となる。その単位は、第Ⅰ～Ⅳ段階に盟主的首長を輩出した地域や、第Ⅴ段階に円墳被葬者としての下位首長を生み出すこととなった地域である場合が多い。いまそうした単位を基礎地域と呼ぶならば、その多くは古墳時代前期うちに成立していたとみられ、第Ⅴ段階の政治構造を解体するかたちで、それらを均質的に再編する動きがこの段階に進行したものと考えられる。そして何よりも注目されるのは、第Ⅶ段階における静岡地域南半部の方墳が物語るように、そうした動きがのちの評（郡）域につながる領域形成の重要な基点になっていたとみられる点である。

古墳時代地域首長の支配領域と評（郡）の関係については、『常陸国風土記』の立評記事から復元される評（郡）域と後期古墳（首長墳）の分布に整合性があるとの認識から、評（郡）の母体となる領域は古墳時代後期には形成されており、7世紀後半における評制の施行は、在地首長の領域支配を制度的に認めるものであったとする白石太一郎の指摘がある（白石 1991・1992）。地理的な境界区分をともなう行政単位としての評（郡）と古墳時代の支配領域は本質的に異なるものと考えられ、両者の厳密な対応関係が常に認められるわけではないが、ここでの分析結果からも古墳時代後期前葉以降（第Ⅵ段階後半以降）の支配領域にその原型を見出すことは不可能ではないと思われる。[19]加えて、ここで検討してきた大型古墳（首長墳）の存在形態を長期的視点に立って評価するならば、その存立基盤となった前期以来の基礎地域こそがのちの評（郡）域の淵源になったとする見方も十分に成立の余地がある。これらの点をふまえたとき、制度的側面を重視した評の形成過程に関する議論とは別に、領域形成の長期的プロセスを視野に入れた考古学的議論をさらに深化させる必要があることは明らかであろう。[20]

第5節　王権と地方

古墳時代前期前半に大和東南部に出現した巨大前方後円墳は、前期後半になると大和北部に墓域を移動し、さらに中期になると大阪平野南部（河内・和泉）に墓域を移動する。また、中期には巨

大前方後円墳に付随する中小古墳も増加して古墳の序列化が一段と進行する。こうした動きは地方にも認められ、地域によっては大型前方後円墳を中心に古墳の階層的な構成が顕在化する。その一方で、前期からつづく大型古墳の築造が途絶する地域もあらわれる。これら一連の動きは、王権中枢の勢力交替と政治構造の変革が地方勢力をも巻き込んで進行したことを物語っている。

その後、中期の終わりから後期にかけて、近畿地方では限られた巨大前方後円墳の築造がつづけられるが、それ以外の前方後円墳は全般に規模が縮小する。また、地方でも前方後円墳の規模は相対的に縮小するが、その数はむしろ増加して、のちの評（郡）域程度を単位として築かれるようになる。

駿河における大型古墳の変遷も、おそらくはこうした動きと軌を一にするものであろう。大局的にみれば、前期の早い時期に頭角をあらわした駿河の首長は、中期になると王権を中心とした政治構造改革の波を受け、多くはその政治的立場を弱体化させたものとみられる。その後、中期後葉から後期中葉にかけて再び前方後円墳を築くことになるが、そこには規模の縮小や均一化が認められ、地域首長はより限定された領域を単位とする支配者に転化したものと考えられる。

本章で検討してきたように、駿河における大型古墳の変遷には、王権中枢の動きに連動した政治構造の変革が読みとれる。一方、関東系埴輪の存在なども考慮すれば、その変動は常に近畿地方との関係のみで理解できるものではなく、そこには地域特有の古墳時代史を紐解く重要な手がかりが潜んでいるものと思われる。[21]事例分析の中から古墳時代社会の一般的理解を目指す方向性とは別に、「東海」という東西文化・社会の結節点にあたる地域の特性を視野におさめ、議論を深めていく作業も重要であろう。

註

（１）同様の課題については、駿河の全体や特定の地域を取り上げて、以前にも何度か論じたことがある（滝沢 2005・2008・2013 など）。本章では、それらの旧稿を見直しつつ、あらたな調査成果にもとづく所見を加えて、駿河の全体的な状況を検討する。

（２）『扶桑略記』が記すように、伊豆国は「駿河二郡を別けて」680 年（天武天皇９）に分置されたものであり、それ以前にはのちの駿河国とともに一つの政治的領域を形成していた。ただし、本章における対象地域の設定は、そうした認識を自明の前提とするものではない。

（３）大井川以東・富士川以西を西駿河、富士川以東・狩野川以西を東駿河とする慣用的な地域呼称にしたがえば、志太地域、静岡地域、清水地域は西駿河、富士地域、沼津地域は東駿河に該当する。ここでは、そうした中位レベルの地域呼称も必要に応じて使用することとする。

（４）括弧内の規模を示す数値は、前方後円墳・前方後方墳の場合は墳丘長、円墳の場合は墳丘径、方墳の場合は一辺（長辺）の長さを表す。

（５）両古墳の埋葬施設は、右片袖の横穴式石室と想定されている。発掘調査の結果、荘館山２号墳では石室の前面に素掘りの「墓道」をともなうのに対し、同１号墳にはそれが認められない。その後の群集墳中に認められる在地色の強い「墓道」の有無から、１号墳→２号墳の築造順序が考えられる。

（６）神明山１号墳の墳丘は、奈良県箸墓古墳の平面形態を踏襲したものとみられ、定型化した前方後円墳としては東日本最古の一群に位置づけられるものであろう。

（７）藤原知広は、過去の空中写真と現地踏査にもとづいて、すでに消滅した瀬名１号墳を墳丘長約 42m の

帆立貝式古墳、同 5 号墳と同 8 号墳をそれぞれ墳丘長約 33m、約 30m の前方後円墳とし、同 2 号墳（マルセッコウ古墳）との関係からいずれも中期に築かれたものと想定している（藤原 2003）。

（8）宗小路 1 号墳については有力な年代の根拠を欠いているが、埴輪をともなわないことから、徳願寺山 1 号墳、猿郷 1 号墳の前後いずれかの時期に位置づけられる可能性が高い。前方部が発達した墳形の類似性を重視すれば、猿郷 1 号墳に後続する時期が考えられる。

（9）後期末から終末期かけての方墳は、ほとんどが有度山西麓と安倍川西岸丘陵に認められる。安倍川を挟んで東西に分布が二分されるものの、いずれも後の有度評（郡）域に含まれる点が注目される。

（10）富士宮市滝戸 1 号墳は、丸ヶ谷戸遺跡の南西約 3 km の潤井川西岸に位置しており、前方後円墳の可能性も指摘されている。前方後円墳であれば墳丘長約 33m と推定されるが、可能性の域を出ない。出土遺物もなく、古墳の年代は一切不明である。

（11）2000 年に静岡大学考古学研究室による測量調査が実施されている。直径 30～35m ほどの円丘部は確かめられているが、その北方高位側につづく部分を前方部と認定する明確な根拠は得られていない。

（12）中期後葉と後期前半の一群は別段階として認識することも可能であるが、前者の実態に不明な部分が多いことから、分離の可能性を視野に入れつつ、ひとまず一つの段階として把握しておく。

（13）いわゆる纒向型前方後円墳については、定型化した前方後円墳に先行する最初の前方後円墳とする見方がある一方で、両者を階層的な関係として理解する意見もある。この問題を、纒向型前方後円墳に特徴的な斜交埋葬施設を手がかりとして考えると、前方部短小型の前方後円墳が古墳時代中期以降に示す従属的な性格は、纒向型前方後円墳にさかのぼって適用しうる可能性がある（第 6 章）。東日本諸地域との交流を背景としていち早く前方後方墳を築いた沼津地域に纒向型前方後円墳が採用されていることは、先行勢力に対する初期ヤマト王権の劣位評価もしくは旧来的な結合関係を示しているものと思われる。

（14）駿河を含む東海地方では、尾張を中心に分布する尾張型埴輪、三河を中心に分布する三河型埴輪、大阪府南部・淡輪地域の系譜につらなる淡輪系埴輪が主として遠江以西の東海西部に認められる。また、東海東部（駿河）の古墳時代後期には、関東の系譜を引く関東系埴輪が認められる（鈴木 2001）。ただし、東海東部の関東系埴輪は原則として首長墳（前方後円墳または大型の円墳）に採用されており、中小規模の古墳にも埴輪が採用される同時期の関東地方とは様相を異にしている。その点で、駿河における関東系埴輪のあり方は、埴輪祭式の共有をつうじた首長間関係の把握に重要な役割を果たしうるものである。

（15）東駿河と北伊豆では、後期中葉から後葉にかけての首長墳そのものが判然としないが、志太地域のように横穴式石室をともなう前方後円墳は確認されていない。今後の資料の増加に俟つほかはないが、前方後円墳から円墳への移行時期は、静岡地域と同様かそれをややさかのぼる可能性も考えられる。

（16）安倍川西岸丘陵と有度山西麓に認められる有力方墳については、前者が後期後半にさかのぼり（TK43 式期）、後者は後期末（TK209 式期）以降に築かれるとの認識から、前者から後者への移行を想定する意見がある（植松 1994）。しかし、有度山西麓に位置する小鹿山神古墳のあらたな調査では TK43 式とみられる須恵器が出土しており［小泉編 2011］、両小地域における方墳の出現は時期的に併行する可能性がある。一方、有度山西麓では終末期（TK217 式期）以降も有力方墳の存在（上ノ山古墳群）が認められることから、後期前半以降の全体的な流れとしては、後期後半の併存期を可能性として含みつつ、安倍川西岸丘陵から有度山西麓への首長勢力の移動が想定されよう。

（17）たとえば、かつて首長権の輪番的移動を示す地域と考えられた長野県善光寺平地域では、その後の調査で多くの前方後円墳が中期中葉までに造営されたものであることが明らかとなっている。これは、あらたな調査と編年研究の進展がもたらした結果であり、限られた情報の中で試みられた先行研究の学史的意義を損なうものではない。

(18) 和田晴吾は、小型古墳を含めた古墳の築造状況を五つの段階と六つの画期に整理し、それぞれの歴史的特質を論じている（和田 1998）。和田は、中期古墳の秩序を古墳の構成によって類型化し、畿内以外の地域では、B型＝大首長墳のある地域の古墳構成、C型＝中小首長墳のみの地域の古墳構成、BC型＝大首長墳のある地域から短期間で中小首長墳のみに変わった地域、と分類している。ここでいう第Ⅴ段階における地域横断型の重層的構造は和田分類B型、前方後円墳の不在を前提にした地域外従属型の重層的構造は和田分類C型にほぼ相当するものである。また、第Ⅴ段階の前方後円墳が限られているとの認識に立つならば、東駿河は和田分類BC型に相当する可能性がある。

(19) 筑波山周辺地域でおこなった事例分析の結果からも、同様の見通しが得られている（第7章）。

(20) 近年の調査によって駿河の東西で確認された最古の古墳は、高尾山古墳が「駿河国駿河郡駿河郷」の比定地に、神明山1号墳が「駿河国庵原郡庵原郷」の比定地にそれぞれ所在する。また、第Ⅰ～第Ⅳ段階の大型古墳（首長墳）が連動的に築かれた範囲は、大化前代に想定される「珠流河国造」「庵原国造」の領域と重なりをもつ（原 1994）。これらの事実を、ただちに制度としての国造制や評制の議論と結びつけるつもりはないが、基礎地域を核とした古墳時代における領域形成のプロセスにそれらの実態や原型が含まれている可能性を排除すべきではなかろう。

(21) 第Ⅵ段階後半（後期前葉～中葉）は、小規模化した前方後円墳が各地域に築かれる一方で、それらを含む首長墳クラスに関東系埴輪が導入されるという現象が認められる。この段階の地域首長は、地域分立型の政治構造を受け入れながらも、伝統的にかかわりが深い関東から埴輪祭祀を導入し、旧来の紐帯を表現していた可能性があろう。より詳細な埴輪の系譜的理解やその故地である関東の政治的動向をふまえた議論が必要である。

終章　総括と展望

第1節　古墳時代における軍事組織の形成とその背景

1　甲冑同工品論の可能性

　第Ⅰ部での議論をつうじて明らかにしてきたように、古墳時代中期に実効性を高めたヤマト王権による軍事組織は、大きく中期前葉～中葉と中期後葉の二段階に分けて理解することが可能である。いずれの段階も、甲冑を出土する中小古墳（円・方墳等）が増加するという点において共通しているが、前者ではそれらの分布が中部以西に偏り、墳丘規模も20m台が中心であるのに対し、後者では九州や関東での増加が著しく、墳丘規模も10m台以下のものが主体になるという違いが認められる。こうした変化は、軍事組織の地域的・階層的拡大過程を物語るものとして重要であるが、両段階の本質的な差異はその構造的特質にあるとみるべきであろう。それは、武器・武具多量出土古墳のあり方から想定されるように、中期前葉～中葉の地方では有力首長が軍事組織形成の基点になっていたと考えられるのに対し、中期後葉にはそうした有力首長の存在が減退に向かうという構造的変化として理解することができる。すなわち、中期前葉～中葉の段階はヤマト王権による軍事組織の拡充に飛躍的な発展が認められるものの、地方における中間層の編成には特定の有力首長が一定の役割を果していたと考えられる。それに対して、中期後葉にはそうした有力首長の役割が失われ、王権が直接的に中間層を取り込む軍事編成の方式が強く志向されたとみられるのである。

　ところで、そうした構造的変化をさらに実証的なレベルで把握するためには、甲冑がどのようなルートをつうじて各地の被葬者の手許にわたったのかという点の解明が重要である。すなわち、王権からの直接的な配布によるものなのか、地方の有力首長を介した間接的な配布によるものなのか、という点の解明である。その有力な手がかりとなりうるのが、本書で取り組んだ甲冑同工品の抽出とその存在形態に関する分析である。甲冑の同工品に関する研究はこれまでほとんどおこなわれてこなかったが、本書では横矧板鋲留短甲を中心とした分析を進め、今後に向けた少なからぬ見通しを得ることができた。ここでは、そうした甲冑同工品論の成果と可能性をふまえながら、古墳時代中期における軍事組織の形成過程を総括しておきたい。

　第2章で論じたように、同工品としての認定にはなお検討を要するものの、甲冑を多量に出土した大阪府黒姫山古墳や同野中古墳には製作段階のまとまりを示すとみられる製品群が存在する。また、地方においても、福岡県月岡古墳や京都府久津川車塚古墳、兵庫県雲部車塚古墳のように数多くの甲冑を出土した事例が知られており、月岡古墳で出土した眉庇付冑8鉢については同一工房に

おける製作の可能性が指摘されている（児玉編 2005）。これらはいずれも、一括供給された可能性の高い製品群の存在を示唆するものであろう。一方、群馬県鶴山古墳のように近畿中央部以外で2～3組の甲冑を出土した古墳についてみると、製作単位としてのまとまりを欠くものが多いようである。それらの場合には、二次的な集積地からの一括供給もしくは複数回におよぶ個別供給（連続供給）を想定するのが妥当であろう。

さらに、甲冑1組（または短甲1領）のみを出土した大多数の事例は、被葬者個人に対する個別供給を基本にするものとみられるが、それらの中には同一古墳群中や特定の地域において同工品を共有するとみられるケースが存在する。そうした場合には、一括供給の可能性を示す大型古墳が近隣に存在するか否かによって、間接配布型もしくは直接配布型の供給体制が想定される。

以上の理解をふまえて、あらためて古墳時代中期における甲冑出土古墳の存在形態を振り返るならば、地方に対して一括供給された甲冑の存在は中期中葉にほぼ限定され、中期後葉になると一括供給されたとみられる甲冑の存在は中期中葉のそれに比べて減少に向かうという状況を指摘することができそうである。ただし、中小古墳への甲冑副葬が急増する中期前葉については、甲冑多量出土古墳の存在が知られていないため、その方面からの評価は保留せざるをえないが、多量の武器を副葬（もしくは埋納）した大型古墳の存在は認められるので、全般的な武器・武具の供給体制としては、中期中葉と同様の状況を想定しておいてよかろう。

ここにおいて、古墳時代中期における甲冑の供給体制を大局的に整理するならば、その前半段階（中期前葉～中葉）には大型古墳被葬者を介した間接配布型の供給体制が認められ、その後半段階（中期後葉）には中小古墳被葬者を対象とした直接配布型の供給体制が顕在化するという状況を指摘することができる。もとより正確を期すならば、前半段階にも中小古墳被葬者を対象とした直接配布型の存在は想定されるので、前半段階は間接配布型と直接配布型の併存、後半段階は間接配布型の減少と直接配布型への転換として理解するのが妥当であろう。

それでは、甲冑同工品論の視点にもとづく以上のような整理をふまえたとき、古墳時代中期における軍事組織の形成過程については、あらためてどのような理解が可能となるのであろうか。

従来から指摘されているように、中小古墳への甲冑副葬が急増する古墳時代中期前葉～中葉は、軍事にかかわる広範な中間層の出現をみる点において、ヤマト王権による本格的な軍事組織の形成期と評価することができる（松木 1992 など）[1]。ただし、この段階には有力地域首長を基点とした間接配布型の甲冑供給体制が想定されることから、中間層の取り込みを目指した軍事組織化の内実は、有力首長の在地支配を前提とする間接的なものであったとみることができる。その一方で直接配布型の甲冑供給体制も想定され、王権による直接的な軍事編成が早い段階から志向されていたことも確かであろう。また、大阪府野中古墳の事例が物語るように、王権中枢では中期中葉の段階で甲冑の一括供給を受ける下部組織の存在が認められ、地方とは異なる組織体制の整備が進んでいたものと考えられる[2]。

古墳時代中期後葉は、甲冑を副葬する中小古墳が地域的にも階層的にもさらに拡大していく時期である。その点では中期前葉～中葉の流れを引きついだものといえるが、それと大きく異なるのは間接配布型の存在をうかがわせるような大型古墳がほとんど認められなくなり、中小古墳被葬者を

対象とした直接配布型の甲冑供給が顕在化するとみられる点である。すなわち、それまでは有力首長を頂点とする在地支配の構造に少なからず依存しながら進められていた王権による軍事編成が、この時期には直接的に中小古墳被葬者を取り込む方式へと大きく転換したとみられるのである。この点で古墳時代中期後葉は明らかに区別すべき段階であり、軍事組織の形成過程においては変革期としての評価が与えられるべき時期であろう。

2　軍事組織形成の背景

これまでに述べてきた軍事組織の形成過程を全体としてとらえるならば、古墳時代中期前葉に本格化したヤマト王権による軍事組織形成への動きは、常に自らの機構改革を先行、充実させながら、当初は各地の有力首長の在地支配に依存しつつ編成していた地方の軍事力を、段階的にその傘下に組み込んでいった過程と理解することができる。また、そうした直接的な組織化への動きは、中期後葉になって急速に進んだものと考えられる。

こうして古墳時代の軍事組織は中期以降に実質的な姿を整えていったとみられるが、これまで多くの論者が指摘してきたように、そこにはヤマト王権による地方支配の強化と朝鮮半島情勢に対応した対外活動の活発化が密接に関係していたものと考えられる。とくに前者は第Ⅱ部で論じた内容と深くかかわる問題であるが、その点については後段であらためて言及することとし、ここでは古墳時代中期にヤマト王権による実質的な軍事組織が形成されていった背景についての総括的な理解を示しておくことにしたい。

まず中期前葉の画期については、他と隔絶した規模をもつ巨大前方後円墳の造営地が大和から河内南部および和泉北部へと移動すること（白石 1984）、また、このころから中期中葉にかけて各地で最大規模の大型前方後円墳が築かれることと密接な関係をもつものであろう。すなわち、この時期に進行した軍事組織化の動きは、あらたな政治権力の中核となった河内南部および和泉北部勢力によって主導され、それは政治拠点の移動にかかわる大規模な政治構造の刷新にかかわるものであったと推察される。

南山城の事例分析などでも指摘されているように（和田 1988・1992）、おそらくこのころから中期中葉ごろにかけてのヤマト王権の政治構造は、円墳や帆立貝式古墳が首長墳として築かれた地域にはより直接的な支配をおよぼしつつも、基本的には大型前方後円墳の被葬者とみられる各地の有力首長と連携し、その地方支配を全体に組み込むものであったと考えられる。先に述べたこの段階の軍事組織も、そうした政治構造との対応関係においてより整合的に理解しうるものである。

中期後葉になると、各地で墳丘長150mを超えるような大型前方後円墳がほぼ姿を消すとともに、このころから後期にかけて、のちの評（郡）域程度もしくはそれよりもさらに小さな範囲を単位として墳丘長100m前後を上限とする前方後円墳が築かれるようになる。近畿中央部でも、それまで大型前方後円墳が安定的に営まれてきた古市・百舌鳥古墳群において古墳の規模が縮小し、以後異なる墓域に転々と少数の大型前方後円墳が築かれるようになる一方、全体としては前方後円墳の規模が小型化する（白石 1984）。これらの現象は、有力首長による広域支配を解体し、ヤマト王権が広範に台頭してきた新興地域首長と直接の政治的関係を取り結ぶ中で、王権を代表する最高首長の

地位や権力が相対的に強化されるにいたった一連の流れを示すものであろう。中期後葉における軍事編成はまさにこうした動きに連動し、ヤマト王権が中小古墳被葬者の直接的な把握に乗り出した、地方支配方式の転換（岩崎 1984）にかかわりをもつものであったと考えられる。

　そのことを如実に物語るのが千葉県稲荷台1号墳出土の王賜銘鉄剣や埼玉県稲荷山古墳出土の有銘鉄剣であり、この段階には地方出身者を王権中枢に上番させて組織するような体制が成立し、それをつうじてヤマト王権の地方支配が機構的に整備されていったものと推測される。短甲1領のみを副葬するという行為が中小古墳を中心にひろく共有されていく状況も、おそらくはそうした体制にもとづく直接的な交流を背景とするものであろう。また、このころ主要な副葬品の分布が「畿内中心型」から「畿外分散型」へと転換し、そこに「下向型」から「参向型」へという人の動きを想定する川西宏幸の見解は、このことに深くかかわる考古学的解釈として重要であろう（川西 1992）[(3)]。

　軍事組織形成の背後に横たわる政治状況を以上のように理解すると、有力首長による広域支配を解体し、前期以来醸成されたヤマト王権による職務分掌組織が軍事面を中心に広域の動員を実現したとみられる中期後葉は、国家形成史のうえでも重要な画期であったと考えられる。それは、従属する諸地域集団の奉仕をつうじてヤマト王権がその支配を維持、強化する統治方式への移行を示すとみられるからである。

　文献史学では、埼玉県稲荷古墳の鉄剣銘発見以来、雄略朝にあたるこの時期の画期性を指摘する意見が多い（井上 1980、佐伯編 1988、小林敏 1993 など）。葛城氏などの在来の大豪族が没落し、かわって大伴氏や物部氏といった職掌をもって王権に仕える伴造系氏族が台頭するという記紀が伝える動きもさることながら、稲荷山鉄剣銘を中心とした分析からは、この時期に「トモ」制の全国的拡大があり、それを実質的な部民制の形成と評価する意見も出されている（鎌田 1984）。

　また、対外関係からみると、朝鮮半島の権益をめぐる争いやその外交的解決を目指した中国南朝との通交をつうじて、ヤマト王権を中心とする軍事組織が整備されていったことは想像に難くない。朝鮮半島情勢をめぐって積極的な外交活動を繰りひろげた倭の五王は、中国冊封体制下で軍事的色彩の濃い府官制の秩序を継受し、倭王珍と倭王済は中国南朝におこなった自らの除正要求とともに、属僚たちの将軍号を求めている（武田 1975、鈴木靖 1984・2002）。そしてその官爵号は、倭王と属僚において著しい格差がなかったことも指摘されている（坂元 1978）。一方、倭王武（雄略）は、中国南朝への上表文（478年）の中で「開府儀同三司」の自称について記しており、中国皇帝の除正を求めることなく自らを根拠として臣下に官号を仮授したことが想定されている（鈴木靖 1984）。

　以上のような記紀からうかがえる政治体制の変化と中国史書が伝える対外姿勢の変化は、倭王武以前と倭王武の時期が異なる政治的段階にあったことを示している。おそらく、ここで論じてきた古墳時代中期の軍事組織形成にかかわる二つの段階は、そうした二つの政治的段階に対応するものであろう。いずれにせよ、独占すれば他勢力を制することのできる多量の武器・武具を広域に供給している点からみても、古墳時代中期に実効性を高めた軍事組織の主たる目的は、鉄資源など列島外に所在する支配層にとっての共同利益を確保することであった可能性が高いと考えられる。

　国家形成論とのかかわりで古墳時代の軍事組織を検討した松木武彦は、エンゲルスの古典学説に

よりながら、古墳時代前期の軍事組織を国家段階に対応する「公的強力」と評価している。また、そうした軍事組織は、政治権力の形成・維持に重要な役割を果たす必需物資流通機構の掌握を大きな目的とするものであったとも述べている（松木 1992）。筆者も、国家的な軍事組織の形成過程においては、それを促した経済的要因を考慮すべきと考えており、とくに古墳時代中期については、軍事的緊張が高まった朝鮮半島での共同利益を確保するため、対外的な軍事行動を主な目的とした国家的な軍事組織が急速に整備されていった段階であると理解している。

第2節　地域からみた古墳時代の政治構造

1　小型古墳の盛行と大型古墳の不在

　第Ⅱ部で展開した議論の総括として、本節ではまず志太平野の周辺地域における前・中期小型古墳の存在形態を確認しつつ、本書で示した小型古墳に対する理解の妥当性を検証しておきたい。

　第4章で明らかにしたように、志太平野に認められる前期末～中期前葉の小型古墳は、それ以前の方形墳墓群とは明らかに区別すべき存在である。それと同時に注目されるのは、そうした時期に群集形態をとる小型古墳は志太平野に偏在し、しかも同平野には前・中期をつうじて前方後円墳の造営が認められないという事実である。中期前葉から中葉にかけて中型円墳1基と大型円墳1基が築かれているが、前方後円墳の造営は中期末葉ないし後期初頭をまたなければならないのである。その一方で、前期をつうじて前方後円墳や前方後方墳を築いた周辺地域（静岡地域など）には、同時期の明確な群集小型古墳を認めることができない。このような小型古墳の盛行と大型古墳の不在という現象は、たんに志太平野の独自性として片付けられない重要な問題を含んでいる。

　中期中葉になると、志太平野の西方にあたる遠江では、地域最大規模の前方後円墳である磐田市堂山古墳（110m）が磐田原台地南部に築かれる［原編 1995］。また、その北東約2kmの地点では同じ時期に磐田市明ヶ島古墳群が群形成を開始する。同古墳群には10m規模の小型古墳が含まれているが、群形成の初期にあたる中期中葉の古墳はいずれも方墳で、豊富な副葬品や埴輪をともなうなど、堂山古墳の近傍で確認されている小型方墳（堂山3号墳）との共通点が多い。これらは、有力首長との関係がとりわけ深い被葬者の墳墓とみてよかろう。同古墳群では、その後中期後葉になると小型の木棺直葬墳などが造営されるが、その内容は中期中葉段階のものとは異なっている。

　他の地域と同様に、遠江では中期後葉～末葉になると群集する小型古墳が多く認められるようになる。それらの中には、森町文殊堂・林古墳群［田村編 2008］などのように、甲冑をはじめとする武器・武具類の副葬をともないながら、前時期までに大型古墳の造営がみられなかった地域に突如として群形成を開始するものが目立つ。積石塚という特殊な墓制ではあるが、中期後葉に造営された浜松市二本ヶ谷積石塚群［久野・鈴木 2000、鈴木編 2009］もその一例といえよう。堂山古墳造営以後の中期後葉には、遠江で突出した規模の前方後円墳を築くという状況は認められなくなり、これに呼応するかのように小型古墳の造営が盛期を迎えているのである。時期と地域を異にするが、ここにも小型古墳の盛行と大型古墳の不在もしくは衰退という現象が認められる。

　同じ東海地方に目を向けてみると、これと類似した現象は伊勢や美濃、三河などでも認められる。

すなわち、中期の大型古墳と群集小型古墳の間には排他的ともいえる関係があり、その点では志太平野の古墳群も例外ではないのである。もとより分布状態の認識が支配関係の理解に直結するとの積極的根拠はなく、かなり広範囲に影響力をもつ有力首長の存在も否定はできないことから、それらの小型古墳被葬者は複数地域を統括するような広域首長の傘下にあったとする見方もあろう。しかし、志太平野の小型古墳に多く採用された排水用小土坑の存在などから垣間見えるのは地域を越えた小型墳被葬者どうしの交流であり、その背後に想定されるのは中小古墳被葬者の直接的支配を志向するヤマト王権の存在である。

　以上に述べたように、各地の有力首長を頂点とする中期的政治秩序の形成・解体過程と小型古墳被葬者の台頭には密接な関係があり、その背景には小型古墳の被葬者を直接その支配秩序に組み込もうとするヤマト王権側の動きがあったものと推察される。それは、地域首長による在地支配が確立されていない地域、もしくはその支配が十分におよばない地域に当初のねらいを定めたものであった可能性が考えられる。

2　政治構造と支配領域

　第7章で事例分析の対象とした筑波山周辺地域は、かつて前方後円（方）墳の造営地移動が指摘され、古墳時代の地域首長権が輪番的に継承されたとする見方が示されてきた地域である（岩崎1990）。しかし、あらたな編年研究の成果を加味して大型古墳の変遷を整理すると、大型古墳の空間的なまとまりとして認識されるグループの内部あるいは隣接グループ間において、前方後円墳が造営地を移動しながら連続的に築かれていくという状況を認めることはできない。むしろ、各グループを単位とした整理からは、大型古墳の墳形や規模の変化が各グループを越えてほぼ共通した時期に生じているという現象を把握することができる。したがって、かつて指摘されたような首長権輪番制説がこの地域において成立する余地は乏しく、その同調性が高い動きには、都出比呂志が指摘するような中央と地方が連動した政治変動という視点からのアプローチが有効であろうと思われる（都出 1991 など）。こうした点は、第8章で検討した駿河地域の状況からも同様に指摘することができる。

　ただし、第Ⅱ部で取り組んだ二つの事例分析からも明らかなように、大型古墳の変遷に認められる共通の画期は、都出が指摘するような中央と地方が連動した"権力闘争"の結果と理解するだけでは不十分であろう。そこには、和田晴吾が段階的に整理したような政治構造の変化とともに（和田 1998）、地域首長による支配領域の再編をもともなっていた可能性を考慮すべきである。この点は、さらに多くの地域での分析を重ねて検証すべき問題であるが、今回おこなった二つの事例分析からも、古墳時代中期前葉と中期後葉の画期はかなり大きな変動を含むものであったと考えられる。

　筑波山周辺地域と駿河地域を比較すると、古墳時代前期の大型古墳のあり方には明らかな違いが認められる。すなわち、前者は規模の優劣をともないながらも比較的小さな地域（グループ）を単位として前方後円（方）墳を築いているのに対して、後者はひろい地域にまたがる隣接地域間で時期を異にしながら前方後円（方）墳を築いている。こうした存在形態の違いがなぜ生じるのかについての定見は得られていないが、前者の場合には、規模の格差をともなう墳丘形態の共有を指摘し

うる可能性があり、そこには優劣関係をともなう地域首長間の緩やかな政治的結合を想定することができる（地域分立型優劣構造）。一方、後者の場合は、のちの評（郡）域を越えるひろい範囲の支配領域がこの時期に形成されていたことをうかがわせる（地域移動型優占構造）。

　中期前葉から中葉にかけては、こうした前期段階の政治構造や支配領域の違いを乗り越え、特定地域の前方後円墳被葬者を上位とし、前期以来の首長勢力につらなる円墳被葬者を下位に位置づけるような、地域横断型の重層的な政治構造が実現された点に重要な意味がある。ただし、駿河地域ではこの時期の前方後円墳が判然としないため、前期以来の首長勢力を造営主体とする円墳のみが各地域に築かれた可能性もあり、その場合には地域外の上位首長に従属するかたちでの重層的な構造を検討する必要がある。

　このような中期前葉～中葉の政治構造は、南山城地域の事例分析をつうじて和田晴吾がモデル化した「中期古墳の秩序」における、B型（大首長墳のある地域の古墳構成）またはC型（中小首長墳のみの地域の古墳構成）に該当するものである（和田 1998）。そうした構造への転換は、各地においても同様に認められることから、きわめて強力な意志と実行力をもって推進されたことは明らかである。その発動主体の中心は、この時期の大阪平野に巨大前方後円墳を次々と築いたヤマト王権であったことはほぼ疑いなかろう。そして、その構造転換が徹底されたことは、この時期にいたるまで大型古墳を築くことのなかった志太平野に中期中葉の大型円墳が出現し、和田C型とみられる構造が実現していることからも裏づけられる。

　なお、あらたな政治構造への転換に際しては、先に述べた前期段階の政治構造や支配領域の特質がそれぞれに考慮された可能性が考えられる。すなわち、駿河地域のような地域移動型のケースでは既存の支配領域を引き継ぐかたちで、また、筑波山周辺地域のような地域分立型のケースでは首長間の政治的関係を引きつぐかたちで、あらたな構造への適応が図られたものと考えられる。とすれば、大がかりな政治構造の転換を実現しえた背景には、それに呼応する地域首長の基本的同意があったとみなければなるまい。従来の政治変動論は、王権による一方向的な意志を強調しがちであるが、大がかりな構造転換実現のためには、目的を共有した中央と地方の双方向的な意志があったとみておく必要があろう。

　中期後葉の画期は、以上に述べた中期前葉～中期中葉の政治構造および支配領域を解体し、再び前方後円墳に葬られることとなった地域首長が地域ごとに分立する政治構造への転換と理解することができる。ただし、中期後葉以降に築かれる前方後円墳は小規模・均一化の傾向が認められ、各地域首長の立場はいわば並列的である。すなわち、この時期以降に進められた政治構造の転換は、前段階の政治構造を解体しつつ、それらをある程度均質的に再編することに大きなねらいがあったものと思われる。

　そうした動きの中で注目されるのは、つづいて築かれる後期前半から後半にかけての前方後円墳（または大型円・方墳）が、後の評（郡）域にほぼ対応するかたちで分布しているという点である。この点に関しては、評（郡）の母体となる領域は古墳時代後期に形成されていたとする白石太一郎の指摘を想起する必要がある（白石 1991・1992）。本書の対象地域では、中期後葉と後期以降の前方後円墳が同一地点で継続しているケースはほとんどなく、中期後葉に始まるあらたな政治構造へ

の転換は、前後二段階の動きとして把握しうる可能性がある[8]。とすれば、中期後葉の動きは、前段階に構築された重層的（集権的）な政治構造を解体することに重点をおいたものであり、後期以降のそれは、のちの評（郡）域にもつながる支配領域の安定的な再編を含むものであったとの想定が成り立つかもしれない。

　なお、本書の対象地域でみた場合、中期後葉以降に前方後円墳の造営を再開する地域は、前期に前方後円（方）墳を築いた地域や、中期前葉〜中葉に円墳を築いた地域であることが多い。この点をふまえるならば、評（郡）域の母体となる領域の原型はすでに古墳時代前期にさかのぼって存在していた可能性を視野に入れておく必要がある。また、中期前葉〜中葉の政治構造を解体したのちに再編されていく領域が後の評（郡）域との関係をうかがわせるとするならば、その段階以降の領域認識が何らかのあらたな原理をともなっていた可能性についても検討してみる必要がある。この問題については、集落研究などをつうじた多角的な検証が求められるが、東日本における古墳時代文化の流入経路を論じた松尾昌彦が、のちの東山道や東海道につながるような政治的交通路の形成が遅くとも古墳時代後期にさかのぼると指摘している点は、面的な連続性もつ支配領域の形成にかかわる交通条件を理解するうえで重要であろう（松尾 2002）。また、生産の場に目を向けるならば、古墳時代中期後半以降の小区画水田が区画規模の均一性を相対的に高め、耕地管理の機能を強化していくとみられることは、領域認識の根底にある土地区分原理の変化を示すものとして注目されよう（滝沢 1999b）。

　以上に述べた中期前葉と中期後葉の画期以外にも、論及すべき点は多々残されている。たとえば、首長墳が円・方墳化する後期後葉〜終末期の画期は、前方後円墳被葬者を頂点とする政治構造からの脱却という点で重大な歴史的契機を内包することは明らかである。ただし、その評価については当該期に焦点を定めた綿密な資料の分析と論理的な解釈を積み重ねる必要があり、それはすでに本書の射程を越えている。そうした問題については、いずれ機会をあらためて検討することにしたい。

第3節　軍事組織と政治構造

　最後に、本書をつうじて検討してきた軍事組織の形成過程と政治構造の段階的変化がどのように関連し、また、そこからヤマト王権による初現的な軍事組織にどのような歴史的評価が与えられるのかについて、筆者なりの理解と見通しを示しておきたい。

　これまで論じてきたように、ヤマト王権の主導による本格的な軍事組織の形成は古墳時代中期前葉と中期後葉に大きな画期が認められる。それは明らかに、大型古墳の分析から抽出される政治構造の変化や支配領域の再編と軌を一にしている。その点をふまえるならば、軍事組織形成にかかわる各時期の変化も、王権による包括的な政治構造改革の中で生じたとみるのが妥当であろう。第4章や第5章で論じたような中期前葉における小型古墳被葬者間の広域的な交流も、個々の古墳の内容から判断して、必ずしも軍事に限定されない王権との関係構築を背景にもつと考えられるからである。

　しかしここで注意しておきたいのは、古墳時代中期前葉に認められる政治構造上の変化は、各地

における前期以来の首長勢力を抑制し、それらを特定の有力首長のもとに結合する地域横断型の重層的な構造を一気に実現している点において、きわめて大がかりなものであったと想定されることである。また、それによって形成された地域横断型の重層的な政治構造を止揚、解体し、再び前期以来の基礎地域を単位として地域首長が分立する契機となる中期後葉も、中期前葉に劣らない政治構造上の一大転換期であったと考えられる。

　もちろん、大型前方後円（方）墳の出現や消滅といった古墳時代の開始と終焉にかかわる動きも大きな変化といえるものであるが、そうした動きが発現する時期には地域ごとの差異が認められる場合が少なくない。たとえば、本書で検討した二つの地域においても、前期における大型古墳の出現や、後期後半以降における首長墳の円・方墳化には明らかな時期差が認められる。一方で、そうした違いが存在するにもかかわらず、中期前葉と中期後葉の変化は地域を越えて一斉に発現しているとみられる点にきわめて強い志向性を読みとることができる。この点は、さらに多くの地域の比較検討をつうじて明らかにしていかなければならないが、両時期に認められる同調性の高い大がかりな変化が軍事組織の形成にかかわる動きと軌を一にしているとの認識に誤りがなければ、その構造的変化を促した主な原因は、やはりヤマト王権を中心とした軍事的施策にあったとみるのが妥当であろう。

　以上に述べた点からみても、この時期におけるヤマト王権の性格を「軍事王権」（原 1984）ととらえる見方には一定の有効性が認められよう。古墳時代中期のヤマト王権が中間層の積極的な取り込みを図りつつ強大な軍事力の蓄積とその組織化を志向していたことは、多くの考古学的証拠が物語るところである。また、その背景としては、朝鮮半島の権益をめぐる争いとそれにかかわる外交活動があり、ヤマト王権が中国南朝から軍事的色彩の濃い府官制的秩序を継受したとする見方との整合性を認めてよかろう（鈴木靖 1984・2002）。

　ただしそのような理解の一方で、本書で検討してきた古墳時代中期における軍事組織の形成過程と政治構造のあり方を重ね合わせるならば、当該期の軍事組織を国家的な軍事組織として過大評価することには問題があろう。

　第3章で論じたように、古墳時代前期におけるヤマト王権と各地域首長との軍事面でのかかわりは、盟約的関係を取り結ぶにとどまるものであったと推測され、実質的な軍事力は各地域首長のもとに保持されたままであったと考えられる。そうした状況から一転して、古墳時代中期前葉～中葉には軍事を担う中間層を加えた実効性の高い軍事組織が整備されていったとみられるが、王権が直接的に地方の中間層を動員するような組織化は一部にとどまり、依然として有力首長を基点とする支配構造の枠組みをつうじて中間層を動員するという方策によらざるをえなかったと考えられる。

　また、別途詳しく検討する必要があるものの、古墳時代後期における甲冑出土古墳の多くは前方後円墳であり（川西 1988）、他の武器・馬具類の副葬状況からみても、地域首長の在地支配に依存するかたちでの軍事力の整備は、古墳時代後期以降も変わらぬ基本原理として存続していた可能性が高い。もちろん、第7章や第8章で論じたように、古墳時代後期の前方後円墳被葬者は中期前葉～中葉の大型前方後円墳被葬者に比べて王権に対する相対的自立性が低い地域首長であったと考えられる。とはいえ、それらの地域首長が立脚する基盤は、古墳時代前期に大型古墳を造営した地域

と重なる場合が多く、基本的には在地の支配関係に根ざした地域首長であることに変わりはない。[9]

　こうした理解を前提とするならば、古墳時代中期に対外的な軍事行動を視野に入れた国家的な軍事組織が整備されていったとする先の見解には、いま一つの重要な側面を付け加えておく必要があろう。それは、古墳時代中期以降に実効性を高めていったヤマト王権による軍事組織は、軍事力の占有と階層化の進展度において国家段階に対応する「公的強力」としての位置づけを与えうるものであるが、その一方で、のちの律令軍制のように行政機構から独立した組織としての制度的な発達はなお不十分であったという点である。[10]　この点は、軍事組織の歴史的評価にとどまらず、古墳時代社会を未成熟な国家段階にあるとする見方（都出 1996）にもつうじる重要な認識であるといえよう。

　ところで、以上に述べた古墳時代の軍事組織全般に関する評価をふまえたとき、古墳時代中期後葉のあり方は明らかに異彩を放っている。一括生産によるとみられる甲冑類が 10m 規模を主体とする小規模古墳の被葬者にまで直接的に配布されている状況からみて、当該期には王権による軍事編成がひときわ強力に推進されたものと考えられる。また、古墳の存在形態からみると、当該期は中期前葉〜中葉に形成された地域横断型の重層的な政治構造が急速に解体されていく時期である。その一方で、当該期に築かれた前方後円墳は後期前葉以降に築かれた前方後円墳とは造営場所を異にし、系譜的連続性に乏しい場合が少なくないようである。こうした状況から判断すると、中期後葉は軍事面を中心とする王権の超立的傾向がさらに際立った時期であると考えられる。

　きわめて急進的な軍事的・政治的動向をうかがわせるこの時期は、まさに雄略朝にあたる時期であり、文献史学において以前から指摘されてきたその画期性とのかかわりが注目されるところである（井上 1980、佐伯編 1988 など）。本書で検討してきた軍事組織や政治構造のあり方からすれば、当該期は前段階の体制を徹底的に解体する一方で、その急進的な取り組みゆえにその後の動向とは直接的に連続しなかったようにみうけられる。しかし、その革新性はその後の体制を生み出す重要な契機になったと考えられる。当該期は列島の国家形成過程における重要な転換期であったとみられるが、その考古学的解明に向けてはさらに多方面からの実証的研究を積み重ねる必要がある。その点を再認識しつつ、いまは当面の分析をつうじて得られたささやかな見通しを示して擱筆することとしたい。

註
（1）第3章でもふれたように、大和では古墳時代前期後半に小規模円墳被葬者による甲冑の保有が認められ（奈良県上殿古墳、同タニグチ1号墳など）、さらに下位の階層を取り込んだ軍事編成がいち早く進行していたとみられる。中間層を取り込んだ軍事組織の形成という点では、この時期を萌芽期として位置づけることが可能であろう。
（2）この点に関連して注目されるのは、近畿中央部に分布が集中する三角板革綴襟付短甲や革製衝角付冑である。それらについては、親衛隊ないし衛兵の武装として区別されていたとする見方がある（藤田 1996）。筆者も、革製衝角付冑の性格をめぐって王権中枢に特殊な武装が存在した可能性を指摘したことがある（滝沢 1999a）。
（3）第2章で述べたように、古墳時代中期後葉には同工品とみられる横矧板鋲留短甲が同一古墳群または

特定の地域の中小古墳に分有されているケースが認められる。個人単位の移動を考古学的に証明することは困難であるが、こうしたケースの中に川西がいう「参向型」の人の動きを見出しうる可能性がある。

(4) 他の地域を対象とした研究では、大阪府豊島地域の事例分析をおこなった寺前直人が、中期中葉における盟主墳の縮小化と小方墳の増加が連動した動きであることを指摘している（寺前 2001）。第5章註（17）参照。

(5) 第7章註（12）参照。

(6) 国造制とのかかわりでみた場合、本書で分析対象とした筑波山周辺地域には評（郡）名を冠した国造（新治国造、筑波国造）のみが認められる。一方、それよりもひろい範囲におよぶ駿河地域には国名を冠した国造（珠流河国造）と評（郡）名を冠した国造（庵原国造）の二者が認められる。こうした国造のあり方は、古墳時代前期における地域分立型と地域移動型の違いを理解するうえできわめて示唆的である。

(7) 和田は、大首長墳のある地域から短期間で中小首長墳のみに変わった地域として、BC型を設定している（和田 1998：150頁）。本書で検討した筑波山周辺地域と駿河地域（静岡地域＋清水地域と富士地域＋沼津地域）は、BC型に該当する可能性もある。

(8) 本書で分析対象とした地域では、中期後葉と後期前葉における大型古墳の年代比定に十分な根拠をともなうものが少ないことから一つの段階として扱っているが、両者は別の段階として認識しうる可能性が高い。

(9) その後、後期後半以降になると、群集墳造営集団内の有力者を対象とした装飾付大刀の分与などをつうじて下位層の軍事編成が進むとともに（新納 1983）、鉄鏃をはじめとする一部武器類の在地生産が本格化し（尾上 1993、平林 2013 など）、あらたな軍事組織体制への移行が進むものとみられる。そうした中で、出雲地域や東海地域などでは系統を異にする装飾付大刀の分布状況から中央の諸勢力（有力氏族）に対応した軍事的結びつきのあり方が想定されているが（大谷 1999、岩原 2001）、そこに像を結ぶのも族制的関係を媒介とする軍事組織の姿である。

(10) 律令軍団制は行政機構から独立し、郡域を越えた編成単位を実現している点に大きな制度的進展が認められるものの、徴兵においてはなお地域首長層の在地支配に依存していたとの指摘がある（下向井 1991）。この点については、公的な武力の本質をどのように評価するかという観点から別途の考察が必要である。ここでの評価は、あくまでも制度面での発達度に主眼をおいたものである。

参考文献

赤塚次郎　1990　『廻間遺跡』愛知県埋蔵文化財センター

　　　　　1999　「容器形石製品の出現と東海地域」『考古学ジャーナル』第453号　ニュー・サイエンス社　6-11頁

　　　　　2001　「墳丘墓と槽形木棺墓について」『川原遺跡』第2分冊　愛知県埋蔵文化財センター調査報告書第91集　愛知県埋蔵文化財センター　93-99頁

穴沢咊光・馬目順一　1973　「北燕・馮素弗墓の提起する問題―日本・朝鮮考古学との関連性―」『考古学ジャーナル』第85号　ニュー・サイエンス社　6-21頁

甘粕　健　1970　「武蔵国造の反乱」『古代の日本』第7巻 関東　角川書店　134-153頁

天羽利夫・岡山真知子　1982　「曽我氏神社古墳群調査報告」『徳島県博物館紀要』第13集　徳島県博物館　1-62頁

石川　功　1989　「茨城県における横穴式石室の様相」『第10回三県シンポジウム 東日本における横穴式石室の受容』第2分冊　群馬県考古学談話会・千曲川水系古代文化研究所・北武蔵古代文化研究会　834-838頁

石野博信編　1995　『全国古墳編年集成』雄山閣出版

石橋　充　1995　「常総地域における片岩使用の埋葬施設について」『筑波大学先史学・考古学研究』第6号　筑波大学歴史・人類学系　31-57頁

　　　　　2001　「筑波山南東麓における6・7世紀の古墳埋葬施設について」『筑波大学先史学・考古学研究』第12号　筑波大学歴史・人類学系　57-73頁

石部正志　1975　「古墳文化論―群集小古墳の展開を中心に―」『日本史を学ぶ』1 原始・古代　有斐閣　46-62頁

　　　　　1980　「群集墳の出現と古墳文化の変質」『東アジア世界における日本古代史講座』4 朝鮮三国と倭国　学生社　370-402頁

石山　勲　1968　「環鈴の形態・年代と用途について」『金鈴』20号　早稲田大学考古学研究会　2-11頁

　　　　　1980　「九州出土の環鈴について」『古代探叢』早稲田大学出版会　221-233頁

稲村　繁　1985　「茨城県霞ヶ浦北西部における前方後円墳の変遷」『史学研究集録』第10号　國學院大學日本史学専攻大学院会　61-80頁

井上光貞　1980　「雄略朝における王権と東アジア」『東アジア世界における日本古代史講座』4 朝鮮三国と倭国　学生社　72-117頁

今尾文昭　1995　「木棺―棺形態の二、三―」『季刊考古学』第52号　雄山閣　43-47頁

　　　　　2009　『古墳文化の成立と社会1　古代日本の陵墓と古墳』青木書店

岩崎卓也　1970　「古墳時代の遺跡・遺物と郷土社会の変貌」『郷土史研究と考古学』郷土史研究講座1　朝倉書店　167-215頁

　　　　　1973　「古式土器再考―前期古墳出土の土師器をめぐって―」『史学研究』第91号　東京教育大学文学部　1-26頁

　　　　　1983　「古墳時代の信仰」『季刊考古学』第2号　雄山閣　29-31頁

　　　　　1984　「後期古墳が築かれるころ」『土曜考古』第9号　土曜考古学会　1-6頁

	1988	「埋葬施設からみた古墳時代の東日本」『考古学叢考』中巻　吉川弘文館　537-570 頁
	1989	「古墳分布の拡大」『古代を考える　古墳』雄山閣　36-72 頁
	1990	『古墳の時代』教育社
	1992	「関東地方東部の前方後円形小墳」『国立歴史民俗博物館研究報告』第 44 集　国立歴史民俗博物館　53-76 頁
岩崎卓也ほか	1964	「長野県における古墳の地域的把握」『日本歴史論究　考古学・民俗学編』文雅堂銀行研究社　57-83 頁
岩崎直也ほか	1989	「滋賀県」『古墳時代前半期の古墳出土土器の検討』第 3 分冊―近畿編―　第 25 回埋蔵文化財研究集会　埋蔵文化財研究会　313-457 頁
岩原　剛	2001	「東海の飾大刀」『立命館大学考古学論集Ⅱ』立命館大学考古学論集刊行会　175-197 頁
岩本　崇	2005	「三角縁神獣鏡の終焉」『考古学研究』第 51 巻第 4 号　考古学研究会　48-68 頁
上田宏範	1985	「前方後円墳における築造企画の展開　その五―型式分類からみた常陸の前方後円墳」『末永先生米壽記念献呈論文集』乾　末永先生米寿記念会　281-307 頁
植松章八	1994	「静岡平野における後期の方墳について」『転機』第 5 号　転機刊行会　117-136 頁
内山敏行	2000	「東国の甲冑」『大塚初重先生頌寿記念考古学論集』東京堂出版　297-316 頁
宇野隆夫・安　英樹	1988	「墓道」『谷内 16 号墳』小矢部市教育委員会・小矢部市古墳発掘調査団　44-48 頁
梅原末治	1922	「玉名郡江田船山古墳調査報告（上）」『熊本縣史蹟名勝天然記念物調査報告』第 1 冊　熊本縣　1-54 頁
エンゲルス，F.（村井康男・村田陽一訳）	1954	『家族、私有財産および国家の起源』国民文庫　大月書店
大谷晃二	1999	「上塩冶築山古墳をめぐる諸問題」『上塩冶築山古墳の研究』島根県古代文化センター調査研究報告書 4　島根県古代文化センター　179-193 頁
大塚初重	1959	「大和政権の形成」『世界考古学大系』3　日本Ⅲ　古墳時代　平凡社　67-87 頁
	1994	「古墳の出現と展開」『静岡県史』通史編 1　原始・古代　静岡県　207-229 頁
大庭重信	1996	「雪野山古墳にみる土器副葬の意義」『雪野山古墳の研究』考察篇　雪野山古墳発掘調査団　39-48 頁
岡林孝作	2005	「古墳時代「棺制」の成立」『季刊考古学』第 90 号　雄山閣　29-32 頁
	2010	「木棺」『日本考古学協会 2010 年度兵庫大会研究発表資料集』日本考古学協会 2010 年度兵庫大会実行委員会　311-326 頁
尾上元規	1993	「古墳時代鉄鏃の地域性―長頸式鉄鏃出現以降の西日本を中心として―」『考古学研究』第 40 巻第 1 号　考古学研究会　61-85 頁
岡安光彦	1986	「馬具副葬古墳と東国舎人騎兵」『考古学雑誌』第 71 巻第 4 号　日本考古学会　54-76 頁
小野山節	1966	「日本発見の初期の馬具」『考古学雑誌』第 52 巻第 1 号　日本考古学会　1-10 頁
	1970	「五世紀における古墳の規制」『考古学研究』第 16 巻第 3 号　考古学研究会　73-83 頁
春日真美	1988	「主体部」『谷内 16 号墳』小矢部市教育委員会・小矢部市古墳発掘調査団　40-44 頁
片山祐介	2006	「林畔 1 号墳出土短甲について―定型短甲の型式学的再検討―」『長野県考古学会誌』113　長野県考古学会　17-40 頁
鎌田元一	1977	「評の成立と国造」『日本史研究』第 176 号　日本史研究会　54-78 頁
	1984	「王権と部民制」『講座日本歴史』1　原始古代 1　東京大学出版会　233-268 頁
川西宏幸	1978	「円筒埴輪総論」『考古学雑誌』第 64 巻第 2 号　日本考古学会　1-70 頁
	1983	「中期畿内政権論―古墳時代政治史研究―」『考古学雑誌』第 69 巻第 2 号　日本考古学会　1-35 頁
	1988	『古墳時代政治史序説』塙書房

| | | 1992 | 「同型鏡の諸問題―画文帯重列神獣鏡―」『古文化談叢』第 27 集　九州古文化研究会　125-140 頁 |

川畑　純　2011　「衝角付冑の型式学的配列」『日本考古学』第 32 号　日本考古学協会　1-31 頁
瓦吹　堅・沢田大多郎ほか　1972　『舟塚山古墳周濠調査報告書』石岡市教育委員会
岸本直文　1995　「三角縁神獣鏡の編年と前期古墳の新古」『展望考古学』考古学研究会　109-116 頁
北野耕平　1963　「中期古墳の副葬品と技術史的意義―鋲留短甲における新技術の出現―」『近畿古文化論攷』吉川弘文館　163-184 頁
　　　　　1964a　「駒ケ谷宮山古墳」『河内における古墳の調査』大阪大学文学部国史研究室研究報告第 1 冊　大阪大学文学部国史研究室　84-118 頁
　　　　　1964b　「野中アリ山古墳」『河内における古墳の調査』大阪大学文学部国史研究室研究報告第 1 冊　大阪大学文学部国史研究室　119-185 頁
　　　　　1964c　「前期古墳における内部構造の問題」『河内における古墳の調査』大阪大学文学部国史研究室研究報告第 1 冊　大阪大学文学部国史研究室　186-196 頁
　　　　　1969　「五世紀における甲冑出土古墳の諸問題」『考古学雑誌』第 54 巻第 4 号　日本考古学会　1-20 頁
京嶋　覚　1997　「初期群集墳の形成過程―河内長原古墳群の被葬者像をもとめて」『立命館大学考古学論集Ⅰ』立命館大学考古学論集刊行会　213-226 頁
楠元哲夫　1986　「宇陀、その古墳時代前半期における二・三の問題」『宇陀北原古墳』大宇陀町役場　102-132 頁
　　　　　1992　「野山方形区画墓群・古墳群の形成過程とその構造―とくに古式群集墳の理解によせて―」『野山遺跡群Ⅱ』奈良県史跡名勝天然記念物調査報告第 59 冊　奈良県教育委員会　188-220 頁
楠元哲夫・朴　美子編　1986　『宇陀北原古墳』大宇陀町役場
車崎正彦　1976　「常陸舟塚山古墳の埴輪」『古代』第 59・60 合併号　早稲田大学考古学会　38-49 頁
児玉真一編　2005　『若宮古墳群Ⅲ―月岡古墳―』吉井町文化財調査報告書第 19 集　吉井町教育委員会
後藤守一　1928　『原始時代の武器と武装』考古學講座　雄山閣
　　　　　1939　「上古時代鉄鏃の年代研究」『人類學雑誌』第 54 巻第 4 号　東京人類學会　1-28 頁
後藤守一・相川龍雄　1936　『勢多郡平井村白石稲荷山古墳』群馬縣史蹟名勝天然記念物報告第 3 輯　群馬縣
小林謙一　1974a　「甲冑製作技術の変遷と工人の系統（上）」『考古学研究』第 20 巻第 4 号　考古学研究会　48-68 頁
　　　　　1974b　「甲冑製作技術の変遷と工人の系統（下）」『考古学研究』第 21 巻第 2 号　考古学研究会　37-49 頁
　　　　　1983　「甲冑出土古墳の研究―眉庇付冑出土古墳について―」『文化財論叢』真陽社　105-113 頁
小林隆幸　1989　「前期古墳の埋葬頭位」『保内山王山古墳群』三条市教育委員会　126-129 頁
小林敏男　1993　「古代国家における雄略朝の位置」『歴史評論』514 号　歴史科学協議会　53-68 頁
小林行雄　1950a　「古墳時代における文化の伝播（上）」『史林』第 33 巻第 3 号　史学研究会　39-51 頁
　　　　　1950b　「古墳時代における文化の伝播（下）」『史林』第 33 巻第 4 号　史学研究会　64-80 頁
　　　　　1952　「古墳時代文化の成因について」『日本民族』日本人類学会　113-129 頁
　　　　　1955　「古墳の発生の歴史的意義」『史林』第 38 巻第 1 号　史学研究会　1-20 頁
　　　　　1962　「鉄盾考」『朝鮮学報』第 24 輯　朝鮮学会　19-31 頁
　　　　　1964　『続古代の技術』塙書房
　　　　　1965　「神功・応神紀の時代」『朝鮮学報』第 36 輯　朝鮮学会　25-47 頁

　　　　　　　　　1982　「古墳時代の短甲の源流」『日・韓古文化の流れ』帝塚山考古学研究所　21-33頁
小林行雄・近藤義郎　1959　「古墳の変遷」『世界考古学大系』日本Ⅲ　古墳時代　平凡社　11-50頁
近藤義郎　1983　『前方後円墳の時代』岩波書店
　　　　　2005　『前方後円墳の起源を考える』青木書店
近藤義郎編　1952　『佐良山古墳群の研究』第1冊　津山市
　　　　　　1960　『月の輪古墳』月の輪古墳刊行会
　　　　　　1991　『前方後円墳集成』中国・四国編　山川出版社
　　　　　　1992a　『前方後円墳集成』九州編　山川出版社
　　　　　　1992b　『前方後円墳集成』近畿編　山川出版社
　　　　　　1992c　『前方後円墳集成』中部編　山川出版社
　　　　　　1994　『前方後円墳集成』東北・関東編　山川出版社
　　　　　　2000　『前方後円墳集成』補遺編　山川出版社
近藤義郎ほか　1960　『月の輪古墳』月の輪古墳刊行会
斎藤　忠　1953　「古墳方位考」『考古学雑誌』第39巻第2号　日本考古学会　34-40頁
斎藤　忠ほか　1960　『三昧塚古墳』茨城県教育委員会
斉藤　弘　1986　「古墳時代の壺鐙の分類と編年」『日本古代文化研究』第3号　古墳文化研究会　47-53頁
佐伯有清編　1988　『古代を考える　雄略天皇とその時代』吉川弘文館
阪口英毅　1998　「長方板革綴短甲と三角板革綴短甲—変遷とその特質—」『史林』第83巻第5号　史学研究会　1-39頁
　　　　　2000　「古墳時代中期における甲冑副葬の意義—「表象」をキーワードとして—」『表象としての武器副葬』第7回鉄器文化研究集会　鉄器文化研究会　31-51頁
　　　　　2008　「いわゆる「鋲留技法導入期」の評価」『古代武器研究』第9号　古代武器研究会　39-51頁
坂元義種　1978　『古代東アジアの日本と朝鮮』吉川弘文館
　　　　　1981　『倭の五王—空白の五世紀—』教育社
佐々木虔一　1975　「常陸における国造制の一考察」『原始古代社会研究2』校倉書房　107-152頁
佐々木憲一・田中　裕編　2010　『常陸の古墳群』六一書房
佐原　真　1999　「日本・世界の戦争の起源」『戦いの進化と国家の形成』人類にとって戦いとは1　東洋書林　58-100頁
塩谷　修　1985　「茨城県における埴輪の出現と消滅」『第6回三県シンポジウム　埴輪の変遷』群馬県考古学談話会・千曲川水系古代文化研究所・北武蔵古代文化研究会　261-278頁
　　　　　1990　「茨城」『古墳時代の研究』11　地域の古墳Ⅱ　東日本　雄山閣　155-166頁
　　　　　1992　「終末期古墳の地域相—茨城県桜川河口域の事例から—」『土浦市立博物館紀要』第4号　土浦市立博物館　23-32頁
　　　　　2000　「霞ヶ浦沿岸の前方後円墳と築造規格」『常陸の前方後円墳（1）』茨城大学人文学部考古学研究室　116-136頁
静岡県考古学会　1978　『静岡県における四～五世紀の墳墓について』静岡県考古学会
静岡県教育委員会　2001　『静岡県の前方後円墳—資料編—』静岡県文化財調査報告書第55集　静岡県教育委員会
篠川　賢　1980　「律令制成立期の地方支配—『常陸国風土記』の建郡（評）記事をとおして—」『日本古代史論考』吉川弘文館　129-197頁
　　　　　1985　『国造制の成立と展開』吉川弘文館
下垣仁志　2012　「古墳時代首長墓系譜論の系譜」『考古学研究』第59巻第2号　考古学研究会　56-70頁

下向井龍彦　1991　「日本律令軍制の形成過程」『史學雜誌』第 100 編第 6 号　史學会　38-64 頁
白石太一郎　1966　「畿内の後期大型群集墳に関する一試考」『古代学研究』42・43 合併号　古代学研究会　33-64 頁
　　　　　　1976　「石光山古墳群の提起する問題」『葛城石光山古墳群』奈良県史跡名勝天然記念物調査報告第 31 冊　奈良県教育委員会　457-464 頁
　　　　　　1981　「群集墳の諸問題」『歴史公論』第 7 巻第 2 号　雄山閣　79-86 頁
　　　　　　1984　「日本古墳文化論」『講座日本歴史』1　原始古代 1　東京大学出版会　159-191 頁
　　　　　　1985　「年代決定論（二）―弥生時代以降の年代決定―」『岩波講座日本考古学』第 1 巻　研究の方法　岩波書店　218-242 頁
　　　　　　1989　「巨大古墳の造営」『古代を考える　古墳』吉川弘文館　73-106 頁
　　　　　　1991　「常陸の後期・終末期古墳と風土記建評記事」『国立歴史民俗博物館研究報告』第 35 集　国立歴史民俗博物館　131-162 頁
　　　　　　1992　「関東の後期大型前方後円墳」『国立歴史民俗博物館研究報告』第 44 集　国立歴史民俗博物館　21-52 頁
　　　　　　1999　『古墳とヤマト政権』文春新書 036　文藝春秋
末永雅雄　　1932　「淡輪村西山古墳と其の遺物」『大阪府史蹟名勝天然記念物調査報告』第 3 輯　大阪府　34-61 頁
　　　　　　1934　『日本上代の甲冑』岡書院
　　　　　　1941　『日本上代の武器』弘文堂書房
末永雅雄編　1991　『盾塚・鞍塚・珠金塚』由良大和古代文化研究協会
杉山秀宏　　1988　「古墳時代の鉄鏃について」『橿原考古学研究所論集』第八　吉川弘文館　529-644 頁
鈴木一有　　1995　「千人塚古墳の研究（1）―衝角付冑について―」『浜松市博物館館報』Ⅶ　浜松市博物館　37-46 頁
　　　　　　1996　「三角板系短甲について―千人塚古墳の研究（2）―」『浜松市博物館館報』Ⅷ　浜松市博物館　23-41 頁
　　　　　　2004　「下開発茶臼山 9 号墳出土甲冑の検討」『下開発茶臼山古墳群Ⅱ』辰口町教育委員会　119-126 頁
　　　　　　2005　「中八幡古墳出土短甲をめぐる問題」『中八幡古墳資料調査報告書』池田町教育委員会　77-91 頁
　　　　　　2008　「前胴長方形分割の三角板短甲」『森町円田丘陵の古墳群』静岡県埋蔵文化財調査研究所調査報告第 186 集　財団法人静岡県埋蔵文化財調査研究所　271-283 頁
　　　　　　2009　「中期型冑の系譜と変遷」『考古学ジャーナル』第 581 号　ニュー・サイエンス社　12-16 頁
　　　　　　2010　「古墳時代後期の衝角付冑」『待兼山考古学論集Ⅱ―大阪大学考古学研究室 20 周年記念論集―』大阪大学考古学友の会　503-523 頁
鈴木敏則　　1995　「駿河・伊豆の埴輪」『転機』第 6 号　転機刊行会　55-88 頁
　　　　　　2001　「埴輪」『静岡県の前方後円墳―総括編―』静岡県教育委員会　94-146 頁
鈴木博司・西田　弘・金関　恕　1961　「新開古墳」『滋賀縣史蹟調査報告』第 12 冊　滋賀縣　34-57 頁
鈴木靖民　　1984　「東アジア諸民族の国家形成と大和王権」『講座日本歴史』1　原始古代 1　東京大学出版会　193-232 頁
　　　　　　2002　「倭国と東アジア」『倭国と東アジア』日本の時代史 2　吉川弘文館　7-88 頁
清家　章　　2010　『古墳時代の埋葬原理と親族構造』大阪大学出版会
関　晃　　　1962　「大化の郡司制について」『日本古代史論集』上巻　吉川弘文館　185-214 頁

関　義則　1986　「古墳時代後期鉄鏃の分類と編年」『日本古代文化研究』第 3 号　古墳文化研究会　5-20 頁

関川尚功　1984　「奈良県下出土の初期須恵器」『橿原考古学研究所紀要考古學論攷』第 10 冊　奈良県立橿原考古学研究所　37-74 頁

宋　桂鉉　1993　「加耶出土の甲冑」『加耶と古代東アジア』新人物往来社　185-198 頁

　　　　　2004　「加耶古墳の甲冑の変化と韓日関係」『国立歴史民俗博物館研究報告』第 110 集　国立歴史民俗博物館　187-224 頁

高橋　工　1991　「甲冑製作技術に関する若干の新視点」『盾塚・鞍塚・珠金塚古墳』由良大和古代文化研究協会　295-312 頁

　　　　　1995　「東アジアにおける甲冑の系統と日本―特に 5 世紀までの甲冑製作技術と設計思想を中心に―」『日本考古学』第 2 号　日本考古学協会　139-160 頁

高橋照彦・中久保辰夫編　2014　『野中古墳と「倭の五王」の時代』大阪大学総合学術博物館叢書 10　大阪大学出版会

田上雅則　1993　「前期古墳にみられる土師器の「副葬」」『関西大学考古学研究室開設四拾周年記念考古学論叢』関西大学文学部考古学研究室　111-128 頁

滝沢　誠　1988　「長野県松本市桜ヶ丘古墳の再調査」『信濃』第 40 巻第 10 号　信濃史学会　17-30 頁

　　　　　1991　「鋲留短甲の編年」『考古学雑誌』第 76 巻第 3 号　日本考古学会　16-61 頁

　　　　　1992　「甲冑出土古墳からみた古墳時代前・中期の軍事編成」『日本と世界の考古学―現代考古学の展開―』雄山閣出版　198-215 頁

　　　　　1996　「大仙古墳前方部石室出土の甲冑について」『考古学雑渉』西野元先生退官記念会　159-167 頁

　　　　　1999a　「甲冑類の編年的位置と性格」『五ヶ山 B2 号墳』浅羽町教育委員会　85-92 頁

　　　　　1999b　「日本型農耕社会の形成―古墳時代の水田開発―」『食糧生産社会の考古学』現代の考古学 3　朝倉書店　173-193 頁

　　　　　2001　「多田大塚古墳群出土の短甲をめぐって」『静岡県の前方後円墳』個別報告編　静岡県教育委員会　61-67 頁

　　　　　2002　「考古学からみた古墳時代の焼津―志太平野の前・中期小型古墳をめぐって―」『焼津市史研究』第 3 号　焼津市　68-85 頁

　　　　　2005　「浮島沼周辺の首長たち」『沼津市史』通史編　原始・古代・中世　沼津市　140-152 頁

　　　　　2008　「前方後円墳時代の駿河」『静岡の歴史と文化の創造』知泉書館　63-86 頁

　　　　　2013　「駿河における前期古墳研究の成果と課題」『駿河における前期古墳の再検討―高尾山古墳の評価と位置づけを目指して―』静岡県考古学会　5-10 頁

滝沢　誠・平林大樹　2012　「副葬品から見た高尾山古墳」『高尾山古墳発掘調査報告書』沼津市教育委員会　147-158 頁

武田幸男　1975　「平西将軍倭隋の解釈―五世紀の倭国政権にふれて―」『朝鮮学報』第 77 輯　朝鮮史学会　1-38 頁

田中晋作　1981　「武器の所有形態からみた古墳被葬者の性格」『ヒストリア』第 93 号　大阪歴史学会　1-20 頁

　　　　　1987　「武器の所有形態からみた古墳被葬者の性格―四国地域―」『横田健一先生古稀記念文化史論叢』（上）　創元社　360-383 頁

　　　　　1988　「武器の所有形態からみた古墳被葬者の性格―山陽地域（1）―」『網干善教先生華甲記念考古学論集』網干善教先生華甲記念会　387-405 頁

　　　　　1993a　「武器の所有形態からみた常備軍成立の可能性について（上）」『古代文化』第 45 巻第 8 号

		古代学協会　13-21 頁
	1993b	「武器の所有形態からみた常備軍成立の可能性について（下）」『古代文化』第 45 巻第 10 号　古代学協会　14-23 頁
	1995	「古墳時代中期における軍事組織について」『考古学研究』第 41 巻第 4 号　考古学研究会　96-103 頁
	2001	『百舌鳥・古市古墳群の研究』学生社
田中新史	1975	「五世紀における短甲出土古墳の一様相―房総出土の短甲とその古墳を中心として―」『史館』第 5 号　史館同人　80-103 頁
	1978	「御嶽山古墳出土の短甲」『考古学雑誌』第 64 巻第 1 号　日本考古学会　28-44 頁
田中新史・宮本敬一	1974	「1 号墳」『東間部多古墳群』上総国分寺台遺跡調査報告Ⅰ　早稲田大学出版部　43-76 頁
田中広明	1988	「霞ヶ浦の首長―茨城県出島半島をめぐる古墳時代の研究―」『婆良岐考古』第 10 号　婆良岐考古同人会　11-50 頁
田中　裕	2000	「編年的研究にみる前期古墳の展開」『千葉県文化財センター研究紀要』21　千葉県文化財センター　339-374 頁
田中　裕・日高　慎	1996	「茨城県出島村田宿天神塚古墳の測量調査」『筑波大学先史学・考古学研究』第 7 号　筑波大学歴史・人類学系　83-106 頁
田辺昭三	1966	『陶邑古窯址群Ⅰ』平安学園創立九十周年記念研究論集第 10 号　平安学園考古クラブ
	1981	『須恵器大成』角川書店
玉城一枝	1985	「讃岐地方の前期古墳をめぐる二、三の問題」『末永先生米壽記念献呈論文集』乾　末永先生米寿記念会　261-280 頁
千賀　久	1988	「日本出土初期馬具の系譜」『橿原考古学研究所論集』第九　吉川弘文館　17-67 頁
都出比呂志	1979	「前方後円墳出現期の社会」『考古学研究』第 26 巻第 3 号　考古学研究会　17-34 頁
	1982	「前期古墳の新古と年代論」『考古学雑誌』第 67 巻第 4 号　日本考古学会　119-122 頁
	1986	『竪穴式石室の地域性の研究』昭和 60 年度科学研究費補助金（一般 C）研究成果報告書　大阪大学文学部
	1988	「古墳時代首長系譜の継続と断絶」『待兼山論叢』史学篇第 22 号　大阪大学文学部　1-16 頁
	1991	「日本古代の国家形成論序説―前方後円墳体制の提唱―」『日本史研究』343 号　日本史研究会　5-39 頁
	1992	「墳丘の型式」『古墳時代の研究』7　古墳Ⅰ　墳丘と内部構造　雄山閣　15-38 頁
	1996	「国家形成の初段階―首長制・初期国家・成熟国家―」『歴史評論』第 551 号　歴史科学協議会　3-16 頁
	1998	「総論―弥生から古墳へ」『古代国家はこうして生まれた』角川書店　8-50 頁
	1999	「首長系譜変動パターン論序説」『古墳時代首長系譜変動パターンの比較研究』大阪大学文学部　5-16 頁
寺沢　薫	1984	「纒向遺跡と初期ヤマト政権」『橿原考古学研究所論集』第六　吉川弘文館　35-72 頁
	1986	「方形区画墓群の変遷と構造」『矢部遺跡』奈良県史跡名勝天然記念物調査報告第 49 冊　奈良県教育委員会　315-326 頁
	1988	「纒向型前方後円墳の築造」『考古学と技術』同志社大学考古学シリーズⅣ　同志社大学考古学シリーズ刊行会　99-111 頁
	2000	『王権誕生』日本の歴史 02　講談社（講談社学術文庫、2008 年）
	2011	『王権と都市の形成史論』吉川弘文館

寺前直人　2001　「古墳時代中期における倭王権の地域支配方式―豊島地域における小古墳の検討を通じて―」『待兼山遺跡Ⅲ』大阪大学埋蔵文化財調査委員会　62-73頁

豊島直博　1999　「古墳時代における軍事組織の形成―由良川中流域を例に―」『国家形成期の考古学―大阪大学考古学研究室10周年記念論集―』大阪大学考古学研究室　503-523頁

　　　　　2000a　「鉄器埋納施設の性格」『考古学研究』第46巻第4号　考古学研究会　76-92頁

　　　　　2000b　「古墳時代中期の畿内における軍事組織の変革」『考古学雑誌』第85巻第2号　31-52頁

　　　　　2010　『鉄製武器の流通と初期国家形成』塙書房

豊田祥三　2005　「小谷13号墳出土の短甲の検討」『天花寺丘陵内遺跡群発掘調査報告Ⅵ』三重県埋蔵文化財調査報告259　三重県埋蔵文化財センター　192-194頁

豊中市教育委員会　1990　『御獅子塚古墳』豊中市教育委員会

中嶋郁夫　1990　「東部（駿河）」『古墳時代の研究』11 地域の古墳Ⅱ 東日本　雄山閣　28-39頁

楢崎彰一　1965　「岐阜市長良竜門寺古墳群」『名古屋大学文学部研究論集（史学）』38　名古屋大学文学部　127-156頁

新納　泉　1983　「装飾付大刀と古墳時代後期の兵制」『考古学研究』第30巻第3号　考古学研究会　50-70頁

西川修一ほか　2004　『吾妻坂古墳出土資料調査報告』厚木市教育委員会

西川　宏　1964　「吉備政権の性格」『日本考古学の諸問題』河出書房　145-171頁

　　　　　1966　「武器」『日本の考古学』Ⅴ 古墳時代（下）　河出書房　251-273頁

西嶋定生　1961　「古墳と大和政権」『岡山史学』第10号　岡山史学会　154-207頁

　　　　　1966　「古墳出現の国際的契機」『日本の考古学』月報4　河出書房

西谷眞治・置田雅昭　1988　『ニゴレ古墳』京都府弥栄町文化財調査報告第5集　弥栄町教育委員会

西谷眞治・鎌木義昌　1959　『金蔵山古墳』倉敷考古館研究報告第1冊　倉敷考古館

西野　元ほか　1992　『笠間市遺跡分布調査報告書』笠間市史編さん委員会

沼澤　豊　1977　「合葬の問題」『東寺山石神遺跡』日本道路公団東京第一建設局・建設省関東地方建設局・財団法人千葉県文化財センター　139-154頁

　　　　　2004　「帆立貝式古墳築造企画論　7．小方部墳という墳形」『季刊考古学』第86号　雄山閣　87-94頁

　　　　　2006　『前方後円墳と帆立貝古墳』雄山閣

野上丈助　1968　「古墳時代における甲冑の変遷とその技術史的意義」『考古学研究』第14巻第4号　考古学研究会　12-43頁

　　　　　1970　「横矧板形式の短甲と付属小札について」『考古学雑誌』第56巻第2号　日本考古学会　1-9頁

　　　　　1975　「甲冑製作技法と系譜をめぐる問題点（上）」『考古学研究』第21巻第4号　考古学研究会　34-58頁

朴　天秀　2007　『加耶と倭 韓半島と日本列島の考古学』講談社

朴　美子　1986　「埋葬施設底部における土坑・溝に関する若干の考察」『宇陀北原古墳』大宇陀町役場　82-101頁

橋口達也　1995　「弥生時代の戦い」『考古学研究』第42巻第1号　考古学研究会　54-77頁

橋本達也　1995　「古墳時代中期における金工技術の変革とその意義―眉庇付冑を中心として―」『考古学雑誌』第80巻第4号　日本考古学会　1-33頁

　　　　　1999　「野毛大塚古墳出土甲冑の意義」『野毛大塚古墳』第1分冊 本文編　世田谷区教育委員会　282-295頁

　　　　　2002　「九州における古墳時代甲冑―総論にかえて―」『考古学ジャーナル』第496号　ニュー・サ

イエンス社　4-7頁

　　　　　　　2010　「古墳時代中期甲冑の終焉とその評価―中期と後期を分かつもの―」『待兼山考古学論集Ⅱ―大阪大学考古学研究室20周年記念論集―』大阪大学考古学友の会　481-501頁

橋本博文　1986　「Ⅴ．まとめ」『古海原前古墳群発掘調査概報』大泉町教育委員会　19-25頁
　　　　　　　1989　「土器」『季刊考古学』第28号　雄山閣　56-60頁
　　　　　　　1996　「いわゆる纒向型前方後円墳の再検討」『考古学と遺跡の保護』甘粕健先生退官記念論集刊行会　199-221頁

服部聡志　1987　「大塚古墳の埋葬施設について」『摂津豊中大塚古墳』豊中市教育委員会

土生田純之　1985　「古墳出土の須恵器（一）」『末永先生米壽記念献呈論文集』乾　末永先生米寿記念会　523-544頁（改稿：土生田純之　1998　「古墳出土の須恵器（Ⅰ）―九州における古墳出土の須恵器―」『黄泉国の成立』学生社　40-64頁）

原田大六　1962　「南鮮政策と後期古墳」『考古学研究』第9巻第2号　考古学研究会　8-19頁

原秀三郎　1984　「日本列島の未開と文明」『講座日本歴史』1　原始・古代1　東京大学出版会　1-38頁
　　　　　　　1994　「大和王権と遠江・駿河・伊豆の古代氏族」『静岡県史』通史編1　原始・古代　静岡県　337-431頁

春成秀爾　1982　「銅鐸の時代」『国立歴史民俗博物館研究報告』第1集　国立歴史民俗博物館　1-48頁

樋口隆康・岡崎　敬・宮川　渉　1961　「和泉国七観古墳調査報告」『古代学研究』第27号　古代学研究会　1-24頁

日高　慎　1998　「茨城県　前期古墳から中期古墳へ」『第3回東北・関東前方後円墳研究会〈シンポジウム〉前期古墳から中期古墳へ』東北・関東前方後円墳研究会　105-122頁

櫃本誠一　1984　「帆立貝形古墳について」『考古学雑誌』第69巻第3号　日本考古学会　52-69頁

日野一郎・北川吉明ほか　1993　『吾妻坂古墳』厚木市教育委員会

平川祐介　1989　『月岡古墳　国指定重要文化財出土図録』吉井町教育委員会

平ノ内幸治・石山　勲　1984　『神領古墳群』宇美町教育委員会

平野和男　1992　「駿河」『前方後円墳集成』中部編　山川出版社　81-93頁

平林章仁　1983　「国造制の成立について」『龍谷史壇』第83号　龍谷大学史学会　1-31頁

平林大樹　2010　「墳丘からみた小鹿山神古墳の位置づけ」『小鹿山神古墳―静岡市小鹿山神古墳測量調査・出土遺物調査報告書―』静岡大学人文学部考古学研究室　17-24頁。
　　　　　　　2013　「信濃における後期・終末期古墳副葬鏃の変遷」『物質文化』第93号　物質文化研究会　123-138頁

広瀬和雄　1991　「前方後円墳の畿内編年」『前方後円墳集成』中国・四国編　山川出版社　24-26頁

広瀬和雄・太田博之編　2010　『前方後円墳の終焉』雄山閣

福尾昌彦　1982　「筑後月の岡古墳の研究」『森貞次郎博士古稀記念古文化論集』上巻　森貞次郎博士古稀記念論文集刊行会　1027-1049頁

福永伸哉　1990　「主軸斜交主体部考」『鳥居前古墳―総括編―』大阪大学文学部考古学研究室　103-120頁
　　　　　　　2011　「埋葬姿勢と埋葬配置」『墳墓構造と葬送祭祀』古墳時代の考古学3　同成社　227-234頁

藤井利章　1982　「津堂城山古墳の研究」『藤井寺市史紀要』第3集　藤井寺市　1-64頁

藤井陽輔・米田文孝　2013　「珠金塚古墳出土三角板鋲留短甲の保存修理と再検討」『関西大学博物館紀要』第19号　関西大学博物館　1-14頁

藤田和尊　1984　「頸甲編年とその意義」『関西大学考古学研究紀要』4　関西大学考古学研究室　55-72頁
　　　　　　　1988　「古墳時代における武器・武具保有形態の変遷」『橿原考古学研究所論集』第八　吉川弘文館　425-527頁

	1989	「武器・武具」『季刊考古学』第 28 号　雄山閣　39-43 頁
	1992	「鏡の副葬位置からみた前期古墳」『考古学研究』第 39 巻第 4 号　考古学研究会　27-61 頁
	1993a	「陪冢考」『関西大学考古学研究室開設四十周年記念考古学論叢』関西大学考古学研究室　237-271 頁
	1993b	「甲冑の保有形態」『考古学ジャーナル』第 366 号　ニュー・サイエンス社　11-16 頁
	1995	「古墳時代中期における軍事組織の実態―松木武彦氏の批判文に応えつつ―」『考古学研究』第 41 巻第 4 号　考古学研究会　78-95 頁
	1996	「親衛隊と衛兵の武装」『室宮山古墳範囲確認調査報告』御所市文化財調査報告書第 20 集　御所市教育委員会　46-57 頁
	2006	『古墳時代の王権と軍事』学生社
藤森栄一	1939	「考古学上よりしたる古墳墓立地の観方」『考古学』第 10 巻第 1 号　東京考古学会　1 -55 頁
藤原知広	2003	「空中写真の検討による瀬名古墳群の復元」『静岡県考古学研究』35　静岡県考古学会　105-124 頁
古谷　毅	1988	「京都府久津川車塚古墳出土の甲冑―いわゆる一枚鍛の提起する問題―」『MUSEUM』445　東京国立博物館　4 -17 頁
	1996	「古墳時代甲冑研究の方法と課題」『考古学雑誌』第 81 巻第 4 号　日本考古学会　58-85 頁
北條芳隆	1987	「墳丘と方位からみた七つ坎 1 号墳の位置」『七つ坎古墳群』七つ坎古墳群発掘調査団　95-109 頁
	2000	「前方後円墳と倭王権」『古墳時代像を見直す―成立過程と社会変革―』青木書店　77-135 頁
朴　美子	1986	「埋葬施設底部における土坑・溝に関する若干の考察」『宇陀北原古墳』大宇陀町文化財調査報告書第 1 集　大宇陀町役場　82-101 頁
堀田啓一	1985	「鉄製短甲の形式学的研究―大和国を中心として―」『末永先生米壽記念献呈論文集　乾』末永先生米寿記念会　437-453 頁
前川明久	1977	「東国の国造」『古代の地方史』第 5 巻　朝倉書店　67-88 頁
前園実知雄	1978	「忍坂第 4 号墳」『桜井市外鎌山北麓古墳群』奈良県史跡名勝天然記念物調査報告第 34 冊　奈良県教育委員会　181-197 頁
増田精一	1966	「金属工芸」『日本の考古学』Ⅴ　古墳時代（下）　河出書房　80-101 頁
松井一明	1994	「遠江・駿河における初期群集墳の成立と展開について」『地域と考古学』向坂鋼二先生還暦記念論集刊行会　343-386 頁
	1998	「静岡県における方形周溝墓の埋葬主体部について―木棺を中心として―」『静岡県考古学研究』30 静岡県考古学会　142-164 頁
松尾昌彦	2002	『古墳時代東国政治史論』雄山閣
松木武彦	1991	「前期古墳副葬鏃の成立と展開」『考古学研究』第 37 巻第 4 号　考古学研究会　29-58 頁
	1992	「古墳時代前期における武器・武具の革新とその評価―軍事組織の生成に関する一試考―」『考古学研究』第 39 巻第 1 号　考古学研究会　58-84 頁
	1994	「古墳時代の武器・武具および軍事組織研究の動向」『考古学研究』第 41 巻第 1 号　考古学研究会　94-104 頁
	1995	「考古資料による軍事組織研究の現状と展望」『展望考古学』考古学研究会　148-153 頁
	2001	『人はなぜ戦うのか―考古学からみた戦争―』講談社
	2007	『日本列島の戦争と初期国家形成』東京大学出版会
	2010	「古墳時代中期短甲の変遷とその背景」『待兼山考古学論集Ⅱ―大阪大学考古学研究室 20 周年記念論集―』大阪大学考古学友の会　465-480 頁

右島和夫　1987　「鶴山古墳出土遺物の基礎調査Ⅱ」『群馬県立歴史博物館調査報告書』第3号　群馬県立歴史博物館　13-32頁

水野敏典　1993　「古墳時代後期の軍事組織と武器副葬―長頸鏃の形態変遷と計量の相関に見る武器供給から―」『古代』第96号　早稲田大学考古学会　4-104頁

村田　淳　2002　「古式群集墳の成立とその性格―駿河・遠江の事例分析を通じて―」『静岡県考古学研究』34　静岡県考古学会　47-72頁

茂木雅博　1986　「鬼怒川中流域における古墳文化の展開」『関城町の歴史』第6号　関城町史編さん委員会　17-29頁

　　　　　1988　「常陸の初期前方後円墳」『考古学叢考』下巻　吉川弘文館　25-52頁

森下章司　1991　「古墳時代仿製鏡の変遷とその特質」『史林』第74巻第6号　史学研究会　1-43頁

八木勝行　2010　「初期群集墳と志太平野古墳文化の形成」『藤枝市史』通史編上　原始・古代・中世　藤枝市　121-154頁

八木　充　1975　「国造制の構造」『岩波講座日本歴史』第2巻　岩波書店　2-37頁

柳田康雄・石山　勲ほか　1979　『小田茶臼山古墳』甘木市文化財調査報告第4集　甘木市教育委員会

山田琴子　2002　「小札鋲留衝角付冑と横矧板鋲留衝角付冑」『遡航』第20号　早稲田大学大学院文学研究科考古談話会　16-36頁

山中敏史　1994　『古代地方官衙遺跡の研究』塙書房

遊佐和敏　1988　『帆立貝式古墳』同成社

吉田　晶　1973　『日本古代国家成立史論』東京大学出版会

吉留秀敏　1989　「九州の割竹形木棺」『古文化談叢』第20集（中）　九州古文化研究会　1-41頁

吉村和昭　1988　「短甲系譜試論―鋲留短甲導入以後を中心として―」『橿原考古学研究所紀要考古学論攷』第13冊　奈良県立橿原考古学研究所　23-39頁

渡井英誉　1998　「大廓式土器小考―大廓式土器の画期とその展開―」『庄内式土器研究』ⅩⅥ　庄内式土器研究会　39-58頁

　　　　　1999　「中見代式土器小考―大廓式土器から中見代式土器へ―」『東国土器研究』第5号　東国土器研究会

　　　　　2002　「大廓Ⅱ式期の具体相―第3号方形周溝墓出土土器の編年的位置づけ―」『三島市埋蔵文化財発掘調査報告Ⅶ』三島市教育委員会　155-170頁

　　　　　2010　「東駿河における布留式併行期の様相（補遺）―前期古墳の年代を再検討する―」『静岡県考古学研究』41・42　105-118頁

和田晴吾　1987　「古墳時代の時期区分をめぐって」『考古学研究』第34巻第2号　考古学研究会　44-55頁

　　　　　1988　「南山城の古墳―その概要と現状―」『京都地域研究』4　立命館大学人文科学研究所　22-34頁

　　　　　1992　「群集墳と終末期古墳」『新版古代の日本』5　近畿Ⅰ　角川書店　325-350頁

　　　　　1994　「古墳築造の諸段階と政治的階層構成」『ヤマト王権と交流の諸相』古代王権と交流　第5巻　名著出版　17-47頁

　　　　　1998　「古墳時代は国家段階か」『権力と国家と戦争』古代史の論点4　小学館　141-166頁

Claessen, H. & Skalnik, P.(eds.)　1978　*The early state*. Mouton, The Hague

Service, E.　1971　*Primitive Social Organization : An Evolutionary Perspective*. Random House

資料文献1（第1〜3章・付表関係）

＊都府県別、古墳名の五十音順。本文および挿表・付表で具体的に取り上げた古墳に限る。

〔鹿児島県〕

祓川地下式横穴墓
  寺師見国　1957　「鹿児島県下の地下式土坑」『鹿児島県文化財調査報告書』第4輯　鹿児島県教育委員会　29-62頁

溝下古墳
  東京国立博物館編　2002　『東京国立博物館文化財修理報告Ⅰ―平成11年度―』東京国立博物館

〔宮崎県〕

小木原1号地下式横穴墓
  石川恒太郎　1970　「えびの町小木原地下式古墳調査報告」『宮崎県文化財調査報告書』15　宮崎県教育委員会　79-89頁
  宮崎県総合博物館編　1982　『宮崎県総合博物館収蔵資料目録』考古・歴史資料編　宮崎県総合博物館

小木原3号地下式横穴墓
  田中　茂　1974　「えびの市小木原地下式横穴3号出土品について―地下式横穴と墳丘―」『宮崎県総合博物館紀要』第2号　宮崎県総合博物館　55-85頁

西都原4号地下式横穴墓
  日高正晴　1958　「日向地方の地下式墳」『考古学雑誌』第43巻第4号　日本考古学会　16-33頁
  宮崎県総合博物館編　1982　『宮崎県総合博物館収蔵資料目録』考古・歴史資料編　宮崎県総合博物館

島内A号地下式横穴（真幸 or 西都原出土）
  宮崎県総合博物館編　1982　『宮崎県総合博物館収蔵資料目録』考古・歴史資料編　宮崎県総合博物館

島内1号地下式横穴墓
  東京国立博物館編　1956　『東京国立博物館収蔵品目録（考古土俗 法隆寺献納宝物）』東京国立博物館

島内3号地下式横穴墓
  栗原文蔵　1967　「えびの町真幸・島之内地下式横穴」『宮崎県文化財調査報告書』第12冊　宮崎県教育委員会　1-6頁
  宮崎県総合博物館編　1982　『宮崎県総合博物館収蔵資料目録』考古・歴史資料編　宮崎県総合博物館

島内21号地下式横穴墓
  中野和浩　2001　『島内地下式横穴群』えびの市埋蔵文化財調査報告書第29集　えびの市教育委員会

島内62号地下式横穴墓
  中野和浩　2001　『島内地下式横穴群』えびの市埋蔵文化財調査報告書第29集　えびの市教育委員会

島内81号地下式横穴墓
  中野和浩　2001　『島内地下式横穴群』えびの市埋蔵文化財調査報告書第29集　えびの市教育委員会

下北方5号地下式横穴墓
  石川恒太郎・田中　茂・茂山　護　1977　『下北方地下式横穴第5号緊急発掘調査報告書』宮崎市文化財調査報告書第3集　宮崎市教育委員会

杉ノ原所在古墳
  東京国立博物館編　1956　『東京国立博物館収蔵品目録（考古土俗 法隆寺献納宝物）』東京国立博物館

六野原1号地下式横穴墓
　　　宮崎県総合博物館編　1982　『宮崎県総合博物館収蔵資料目録』考古・歴史資料編　宮崎県総合博物館
六野原10号地下式横穴墓
　　　瀬之口伝九郎　1944　「六野原古墳調査報告」『宮崎縣史蹟名勝天然記念物調査報告』第13輯　宮崎縣
　　　宮崎県総合博物館編　1982　『宮崎県総合博物館収蔵資料目録』考古・歴史資料編　宮崎県総合博物館
〔熊本県〕
江田船山古墳
　　　梅原末治　1922　「玉名郡江田船山古墳調査報告（上）」『熊本縣史蹟名勝天然記念物調査報告』第1冊　熊本縣　1-54頁
　　　菊水町史編纂委員会編　2007　『菊水町史』江田船山古墳編　和水町
　　　本村豪章　1990　「古墳時代の基礎研究稿—資料篇（Ⅱ）—」『東京国立博物館紀要』第26号　東京国立博物館　9-282頁
カミノハナ3号墳
　　　熊本大学文学部考古学研究室編　1982　『カミノハナ古墳群2』研究室活動報告14　熊本大学文学部考古学研究室
伝佐山古墳
　　　梅原末治・古賀徳義・下林繁夫　1925　「熊本縣下にて發掘せられたる主要なる古墳の調査（第1回）」『熊本縣史蹟名勝天然記念物調査報告』第2冊　熊本縣　47-89頁
　　　福原　郎・本田忠綱　1898　「肥後國玉名郡繁根木村の古墳及び發見品」『考古学雑誌』第2編第4号　考古学会　30-35頁
マロ塚古墳
　　　杉井　健・上野祥史編　2012　『マロ塚古墳出土品を中心とした古墳時代中期武器武具の研究』国立歴史民俗博物館研究報告第173集　国立歴史民俗博物館
〔佐賀県〕
一の谷古墳
　　　佐賀県教育庁社会教育課編　1964　『佐賀県の遺跡』佐賀県文化財調査報告書第13集　佐賀県教育委員会
　　　古賀秀男編　1972　『佐賀県立博物館資料図録』第1集　佐賀県立博物館
熊本山古墳
　　　木下之治・小田富士雄　1967　「熊本山船型石棺墓」『佐賀県文化財調査報告書』第16集　佐賀県教育委員会　27-47頁
〔福岡県〕
稲童8号墳
　　　山中英彦ほか　2005　『稲童古墳群』行橋市文化財調査報告書第32集　行橋市教育委員会
稲童21号墳
　　　山中英彦ほか　2005　『稲童古墳群』行橋市文化財調査報告書第32集　行橋市教育委員会
漆生出土
　　　末永雅雄　1934　『日本上代の甲冑』岡書院
小田茶臼塚古墳
　　　柳田康雄・石山　勲ほか　1979　『小田茶臼塚古墳』甘木市文化財調査報告第4集　甘木市教育委員会
片山9号墳
　　　石山　勲ほか　1970　『片山古墳群』福岡県埋蔵文化財調査報告書第46集　福岡県教育委員会
かって塚古墳

児島隆人　1967　「福岡県かって塚古墳調査報告」『考古学雑誌』第 52 巻第 3 号　日本考古学会　60-68 頁

宮司井手ノ上古墳

橋口達也ほか　1991　『宮司井手ノ上古墳』津屋崎町文化財調査報告書第 7 集　津屋崎町教育委員会

真浄寺 2 号墳

横田義章　2001　「八女市真浄寺 2 号墳出土資料」『九州歴史資料館研究論集』26　九州歴史資料館　76-87 頁

鋤崎古墳

杉山富雄編　2002　『鋤崎古墳―1981〜1983 調査報告―』福岡市埋蔵文化財調査報告書第 730 集　福岡市教育委員会

セスドノ古墳

佐田　茂・柳田康雄　1984　『セスドノ古墳』田川市文化財調査報告書第 3 集　田川市教育委員会

高丸 10 号墳

大坪　剛ほか　2008　『高丸・友田遺跡群』岡垣町文化財発掘調査報告書第 27 集　岡垣町教育委員会

塚堂古墳

児玉真一ほか　1990　『若宮古墳群 II ―塚堂古墳・日岡古墳―』吉井町文化財調査報告書第 6 集　吉井町教育委員会

田中幸夫　1935　「筑後千年村徳丸古墳前方部石室における埋葬の状と遺物の一、二」『考古学雑誌』第 25 巻第 1 号　32-42 頁

宮崎勇蔵　1935　「筑後浮羽郡千年村徳丸塚堂古墳」『福岡縣史蹟名勝天然記念物調査報告書 史蹟之部』第 10 輯　11-27 頁

堤当正寺古墳

松尾　宏編　2000　『堤当正寺古墳』甘木市文化財調査報告書第 49 集　甘木市教育委員会

月岡古墳

児玉真一編　2005　『若宮古墳群 III ―月岡古墳―』吉井町文化財調査報告書第 19 集　吉井町教育委員会

永浦 4 号墳

甲斐孝司編　2000　『永浦遺跡』古賀市文化財調査報告書第 35 集　古賀市教育委員会

長迫古墳

小田富士雄　1979　「九州発見甲冑地名表」『九州考古学研究 古墳時代篇』学生社　587-605 頁

北九州市立考古博物館　1985　『北九州市立考古博物館常設展示図録』

馬場代 2 号墳

行橋市教育委員会編　2011　『馬場代 2 号墳』行橋市文化財調査報告書第 40 集　行橋市教育委員会

麦生出土

末永雅雄　1934　『日本上代の甲冑』岡書院

老司古墳

山口譲治・吉留秀敏・渡辺芳郎編　1989　『老司古墳』福岡市埋蔵文化財調査報告書第 209 集　福岡市教育委員会

〔大分県〕

扇森山横穴

真野和夫　1976　「竹田市扇森横穴出土遺物」『大分縣地方史』第 84 号　大分県地方史研究会　84-88 頁

岬 1 号墳

真野和夫　1990　「入江先生を偲んで―香々地町岬古墳出土遺物―」『おおいた考古』第 3 集　大分県考古学会　5-9 頁

〔愛媛県〕
後谷古墳
　　　正岡睦夫　2005　「東予の中期古墳」『遺跡』第42号　遺跡発行会　1-20頁
〔香川県〕
岡の御堂1号墳
　　　渡部明夫・大山真充・宮脇義文　1977　『岡の御堂古墳群調査概報』綾南町教育委員会
川上古墳
　　　小林謙一・花谷　浩ほか　1991　『川上・丸井古墳発掘調査報告書』長尾町教育委員会
原間6号墳
　　　片桐孝造編　2002　『原間遺跡Ⅱ』四国横断自動車道建設に伴う埋蔵文化財発掘調査報告第12冊　香川県
　　　　　　教育委員会・香川県埋蔵文化財調査センター・日本道路公団香川県土木部
〔徳島県〕
恵解山1号墳
　　　末永雅雄・森　浩一　1966　『眉山周辺の古墳』徳島県文化財調査報告書第9集
恵解山2号墳
　　　末永雅雄・森　浩一　1966　『眉山周辺の古墳』徳島県文化財調査報告書第9集
〔山口県〕
赤妻古墳
　　　弘津史文　1928　「周防國赤妻古墳並茶臼山古墳（其一）」『考古學雜誌』第18巻第4号　考古學会　20-40
　　　　　　頁
〔広島県〕
城ノ下1号墳
　　　広島市歴史科学教育事業団編　1991　『広島市佐伯区五日市町所在城ノ下A地点遺跡発掘調査報告書』広
　　　　　　島市歴史科学教育事業団著作報告書第2集
曲2号墳
　　　山澤直樹編　2011　『中国横断自動車道尾道松江線建設に伴う埋蔵文化財発掘調査報告（16）曲2～5号古
　　　　　　墳』財団法人広島県教育事業団発掘調査報告書第39集　財団法人広島県教育事業団
三玉大塚古墳
　　　桑原隆博ほか　1983　『三玉大塚』広島県双三郡吉舎町教育委員会
〔岡山県〕
佐野山古墳
　　　近藤義郎　1987　「佐野山古墳」『総社市史』考古資料編　総社市　170-174頁
神宮寺山古墳
　　　鎌木義昌　1962　「神宮寺山古墳」『岡山市史』古代編　岡山市　85-204頁
仙人塚古墳
　　　沼田頼輔　1901　「備中小田郡新山村古墳発見の鎧に就いて」『考古界』第1編第2号　考古学会　27-30
　　　　　　頁
随庵古墳
　　　鎌木義昌・間壁忠彦・間壁葭子　1965　『総社市随庵古墳』総社市教育委員会
高屋出土
　　　宇垣匡雅・高畑富子編　2004　『正崎2号墳』山陽町文化財調査報告第1集　山陽町教育委員会
月の輪古墳

　　　　近藤義郎ほか　1960　『月の輪古墳』月の輪古墳刊行会
法蓮40号墳
　　　　村上幸雄　1987　『法蓮40号墳』総社市埋蔵文化財発掘調査報告4　総社市文化振興財団
正崎2号墳
　　　　宇垣匡雅・高畑富子編　2004　『正崎2号墳』山陽町文化財調査報告第1集　山陽町教育委員会

〔兵庫県〕
安黒御山5号墳
　　　　鎌谷木三次　1973　『播磨出土漢式鏡の研究』鎌谷古文化財研究室
小野王塚古墳
　　　　阪口英毅編　2006　『小野王塚古墳出土遺物保存処理報告書』小野市教育委員会
亀山古墳
　　　　梅原末治　1939　「在田村亀山古墳と其の遺物」『兵庫縣史蹟名勝天然記念物調査報告書』第14輯　兵庫縣　16-37頁
　　　　立花　聡・森　幸三ほか　2005　『玉丘古墳群Ⅰ―亀山古墳―』加西市埋蔵文化財報告55　加西市教育委員会
　　　　　　　　　　　　　2006　『玉丘古墳群Ⅱ―亀山古墳2・笹塚古墳―』加西市埋蔵文化財報告57　加西市教育委員会
雲部車塚古墳
　　　　阪口英毅編　2010　『雲部車塚古墳の研究』兵庫県立考古博物館研究紀要第3号　兵庫県立考古博物館
茶すり山古墳
　　　　岸本一宏編　2010　『史跡茶すり山古墳　一般国道483号北近畿豊岡自動車道春日和田山道路Ⅱ建設に伴う埋蔵文化財発掘調査報告書Ⅶ』兵庫県教育委員会
年ノ神6号墳
　　　　長濱誠司ほか　2002　『年ノ神古墳群』兵庫県文化財調査報告第234冊　兵庫県教育委員会
法花堂2号墳
　　　　松本正信ほか　1986　『法花堂2号墳』兵庫県神崎郡香寺町教育委員会
宮山古墳
　　　　姫路市埋蔵文化財センター編　2005　『宮山古墳』姫路市埋蔵文化財センター開館記念特別展図録　姫路市埋蔵文化財センター
　　　　松本正信・加藤史郎ほか　1970　『宮山古墳発掘調査概報』姫路市文化財調査報告Ⅰ　姫路市文化財保護協会
　　　　松本正信・加藤史郎　1973　『宮山古墳第2次発掘調査概報』姫路市文化財調査報告Ⅳ　姫路市文化財保護協会

〔島根県〕
月坂放レ山5号墳
　　　　水口晶郎　2004　「月坂放レ山5号墳」『島根考古学会誌』第20・21集合併号　島根県考古学会　309-311頁

〔鳥取県〕
古郡家1号墳
　　　　高田健一・東方仁史　2013　『古郡家1号墳・六部山3号墳の研究―出土品再整理報告書―』鳥取県

〔大阪府〕
豊中大塚古墳

柳本照男ほか　1987　『摂津豊中大塚古墳』豊中市文化財調査報告書第 20 集　豊中市教育委員会

御獅子塚古墳
　　豊中市教育委員会編　1990　『御獅子塚古墳』豊中市教育委員会
　　柳本照男　2005　「御獅子塚古墳」『新修豊中市史』第 4 巻 考古　豊中市　305-317 頁

唐櫃山古墳
　　北野耕平　2002　「唐櫃山古墳とその墓制をめぐる諸問題」『藤澤一夫先生卒寿記念論文集』藤澤一夫先生卒寿記念論文集刊行会　232-247 頁

岸ヶ前古墳
　　門田誠一編　2001　『園部岸ヶ前古墳群発掘調査報告書』仏教大学

鞍塚古墳
　　末永雅雄編　1991　『盾塚・鞍塚・珠金塚』由良大和古代文化研究協会

黒姫山古墳
　　末永雅雄・森　浩一　1953　『河内黒姫山古墳の研究』大阪府文化財調査報告書第 1 輯　大阪府教育委員会

黄金塚古墳
　　末永雅雄・嶋田　暁・森　浩一　1954　『和泉黄金塚古墳』日本考古学報告第 5 冊　綜芸舎

心合寺山古墳
　　洎　斎・藤井淳弘・吉田珠己ほか　2005　『史跡心合寺山古墳整備事業報告書』八尾市文化財調査報告書 52　八尾市教育委員会

珠金塚古墳
　　末永雅雄編　1991　『盾塚・鞍塚・珠金塚』由良大和古代文化研究協会

大仙陵古墳
　　滝沢　誠　1996「大仙古墳前方部石室出土の甲冑について」『考古学雑渉』西野元先生退官記念会　159-167 頁

津堂城山古墳
　　藤井利章　1982　「津堂城山古墳の研究」『藤井寺市史紀要』第 3 集　藤井寺市　1-64 頁
　　山田幸広編　2013　『津堂城山古墳―古市古墳群の調査研究報告―』藤井寺市文化財報告書第 33 集　藤井寺市教育委員会

盾塚古墳
　　末永雅雄編　1991　『盾塚・鞍塚・珠金塚』由良大和古代文化研究協会

堂山 1 号墳
　　三木　弘編　1994　『堂山古墳群』大阪府文化財調査報告書第 52 輯　大阪府教育委員会

土保山古墳
　　陳　顕明　1960　『土保山古墳発掘調査概報』高槻叢書第 14 集　高槻市教育委員会

長持山古墳
　　小林行雄　1962　「長持山古墳の調査」『大阪府の文化財』大阪府教育委員会　63-65 頁

西小山古墳
　　末永雅雄　1932　「淡輪村西小山古墳と其の遺物」『大阪府史蹟名勝天然記念物調査報告』第 3 輯　大阪府　34-61 頁

野中古墳
　　北野耕平　1976　『河内野中古墳の研究』大阪大学文学部国史研究室報告第 2 冊　大阪大学文学部国史研究室
　　高橋照彦・中久保辰夫編　2014　『野中古墳と「倭の五王」の時代』大阪大学総合学術博物館叢書 10　大

阪大学出版会

〔京都府〕

恵解山古墳
　　山本輝雄ほか　1981　『長岡京市文化財調査報告書』第8冊　長岡京市教育委員会

今林6号墳
　　弘原茂治・福島孝行編　2001　『京都府遺跡調査概報』第97冊　京都府埋蔵文化財調査研究センター

宇治二子山北墳
　　杉本　宏・荒川　史ほか　1991　『宇治二子山古墳』宇治市教育委員会

宇治二子山南墳
　　杉本　宏・荒川　史ほか　1991　『宇治二子山古墳』宇治市教育委員会

産土山古墳
　　梅原末治　1940　「竹野村産土山古墳の調査（上）」『京都府史蹟名勝天然記念物調査報告』第20集　京都府　81-95頁
　　　　　　　1955　「竹野郡竹野土山古墳の調査（下）」『京都府文化財調査報告』第21冊　京都府　81-96頁

瓦谷古墳
　　石井清司・有井広幸・伊賀高弘ほか　1997　『瓦谷古墳群』京都府遺跡調査報告書第23冊　京都府埋蔵文化財調査研究センター

私市円山古墳
　　鍋田　勇ほか　1992　「私市円山古墳」『近畿自動車道敦賀線関係遺跡昭和63年度発掘調査概報』京都府遺跡調査概報第36冊-1　京都府埋蔵文化財調査研究センター　3-79頁

久津川車塚古墳
　　梅原末治　1920　『久津川古墳研究』

椿井大塚山古墳
　　樋口隆康　1998　『昭和28年椿井大塚山古墳発掘調査報告』京都府山城町埋蔵文化財発掘調査報告書第20集　山城町

ニゴレ古墳
　　西谷真治・置田雅昭　1988　『ニゴレ古墳』京都府弥栄町文化財調査報告書第5集

〔奈良県〕

池殿奥5号墳
　　楠元哲夫　1988　「池殿奥支群の調査　5号墳」『野山遺跡群Ⅰ』奈良県史跡名勝天然記念物調査報告第56冊　奈良県教育委員会　171-191頁

池ノ内5号墳
　　菅谷文則　1973　「池ノ内5号墳」『磐余・池ノ内古墳群』奈良県史跡名勝天然記念物調査報告第28冊　奈良県教育委員会　56-87頁

今田1号墳
　　今尾文昭・長谷川俊幸　1983　「高取町市尾今田古墳群発掘調査概報」『奈良県遺跡調査概報1981年度（第2分冊）』奈良県立橿原考古学研究所　439-451頁

上殿古墳
　　伊達宗泰　1966　『奈良県史跡名勝天然記念物調査報告』第23冊　奈良県教育委員会

後出2号墳
　　西藤清秀・吉村和昭・佐々木好直編　2003　『後出古墳群』奈良県史跡名勝天然記念物調査報告第61冊

奈良県教育委員会

後出3号墳
西藤清秀・吉村和昭・佐々木好直編　2003　『後出古墳群』奈良県史跡名勝天然記念物調査報告第61冊　奈良県教育委員会

後出7号墳
西藤清秀・吉村和昭・佐々木好直編　2003　『後出古墳群』奈良県史跡名勝天然記念物調査報告第61冊　奈良県教育委員会

円照寺墓山1号墳
末永雅雄　1916　「円照寺墓山第一号古墳調査」『奈良県史蹟名勝天然記念物調査報告』第11冊　奈良縣　1-106頁

高山1号墳
楠元哲夫ほか　1989　「宇陀地方の遺跡調査　大和高原南部地区パイロット事業地内の発掘調査概要―昭和63年度―」『奈良県遺跡調査概報1989年度（第2分冊）』奈良県立橿原考古学研究所　1-44頁

塚山古墳
伊達宗泰・北野耕平　1957　「塚山古墳」『奈良県埋蔵文化財調査報告書』第1集　奈良県教育委員会

新沢109号墳
山田良三　1981　「109号墳」『新沢千塚古墳群』奈良県史跡名勝天然記念物調査報告第39冊　奈良県教育委員会　301-314頁

新沢115号墳
堀田啓一　1981　「115号墳」『新沢千塚古墳群』奈良県史跡名勝天然記念物調査報告第39冊　奈良県教育委員会　326-344頁

新沢139号墳
伊達宗泰・吉田二良　1981　「139号墳」『新沢千塚古墳群』奈良県史蹟名勝天然記念物調査報告第39冊　奈良県教育委員会　370-383頁

新沢173号墳
伊達宗泰　1981　「173号墳」『新沢千塚古墳群』奈良県史跡名勝天然記念物調査報告第39冊　奈良県教育委員会　391-397頁

新沢281号墳
河上邦彦　1981　「281号墳」『新沢千塚古墳群』奈良県史跡名勝天然記念物調査報告第39冊　奈良県教育委員会　542-560頁

新沢508号墳
石部正志　1981　「508号墳」『新沢千塚古墳群』奈良県史跡名勝天然記念物調査報告第39冊　奈良県教育委員会　92-100頁

新沢510号墳
菅谷文則　1981　「510号墳」『新沢千塚古墳群』奈良県史跡名勝天然記念物調査報告第39冊　奈良県教育委員会　106-115頁

兵家12号墳
伊藤勇輔　1978　「12号墳の調査」『北葛城郡当麻町兵家古墳群』奈良県史蹟名勝天然記念物調査報告第37冊　130-152頁

メスリ山古墳
伊達宗泰編　1977　『メスリ山古墳』奈良県史跡名勝天然記念物調査報告書第35冊　奈良県教育委員会

〔和歌山県〕

大谷古墳

　　樋口隆康ほか　1959　『大谷古墳』和歌山県教育委員会

〔滋賀県〕

安養寺大塚古墳

　　京都大学文学部編　1968　『京都大学文学部博物館考古学資料目録』第2部　日本歴史時代　京都大学文学部

供養塚古墳

　　柏倉亮吉　1934　「供養塚古墳」『滋賀縣史跡調査報告』第6冊　滋賀縣　11-25頁

黒田長山4号墳

　　田中勝弘　1981　「黒田長山4号墳の調査」『北陸自動車道関連遺跡発掘調査報告書Ⅵ』滋賀県教育委員会・滋賀県文化財保護協会　5-29頁

新開古墳

　　鈴木博司・西田弘・金関恕　1961　「新開古墳」『滋賀県史跡調査報告』第12冊　滋賀県教育委員会　34-57頁

雲雀山2号墳

　　直木孝次郎・藤原光輝　1953　『滋賀県東浅井郡湯田村雲雀山古墳群調査報告』大阪市立大学文学部歴史学教室紀要第1冊　大阪市立大学文学部歴史学教室

〔三重県〕

石山古墳

　　筒井正明編　2005　『第24回三重県埋蔵文化財展　石山古墳』三重県埋蔵文化財センター

大垣内古墳

　　亀山隆　1997　『大垣内古墳発掘調査報告書Ⅰ』亀山市文化財調査報告19　亀山市教育委員会

近代古墳

　　豊田祥三編　2006　『天童山古墳群発掘調査報告附編　近代古墳発掘調査報告』三重県埋蔵文化財調査報告275　三重県埋蔵文化財センター

　　豊田祥三　2006　「近代古墳の研究」『研究紀要』第15-1号　三重県埋蔵文化財センター　15-30頁

小谷13号墳

　　伊藤裕偉ほか　2005　『天花寺丘陵内遺跡群発掘調査報告Ⅵ』三重県埋蔵文化財調査報告259　三重県埋蔵文化財センター

わき塚1号墳

　　森浩一・森川桜男・石部正志・田中英夫・堀田啓一　1973　「三重県わき塚古墳の調査」『古代学研究』第66号　古代学研究会　14-37頁

〔岐阜県〕

中八幡古墳

　　横幕大祐編　2005　『中八幡古墳資料調査報告書』池田町教育委員会

竜門寺1号墳

　　楢崎彰一　1962　『岐阜市長良竜門寺古墳』岐阜市文化財調査報告書第1輯　岐阜市教育委員会

〔愛知県〕

伝岡崎出土

　　鈴木一有・齋藤香織　1996　「剣菱形杏葉出現の意義―伝岡崎出土資料をめぐる問題―」『三河考古』第9号　三河考古学談話会　1-19頁

〔静岡県〕

石ノ形古墳
　　白沢　崇編　1999　『石ノ形古墳』　袋井市教育委員会

五ヶ山B2号墳
　　鈴木一有編　1999　『五ヶ山B2号墳』浅羽町教育委員会

多田大塚4号墳
　　原　茂光ほか　2001　「多田大塚古墳群・芋ヶ窪古墳群発掘調査報告」『静岡県の前方後円墳―個別報告編―』静岡県教育委員会　1-110頁

林2号墳
　　田村隆太郎編　2008　『森町円田丘陵の古墳群』静岡県埋蔵文化財調査研究所調査報告第186集　財団法人静岡県埋蔵文化財調査研究所

文殊堂11号墳
　　田村隆太郎編　2008　『森町円田丘陵の古墳群』静岡県埋蔵文化財調査研究所調査報告第186集　財団法人静岡県埋蔵文化財調査研究所

〔長野県〕

新井原7号墳
　　市村咸人　1955　『下伊那史』第2巻　下伊那郡誌編纂会

倉科2号墳
　　木下正史ほか　2002　『更埴市内前方後円墳範囲確認調査報告書―有明山将軍塚古墳・倉科将軍塚古墳―』更埴市教育委員会

権現3号墳
　　市村咸人　1955　『下伊那史』第2巻　下伊那郡誌編纂会

高松3号墳
　　市村咸人　1955　『下伊那史』第2巻　下伊那郡誌編纂会

立石出土
　　市村咸人　1955　『下伊那史』第2巻　下伊那郡誌編纂会
　　片山祐介　2000　「飯田市美術博物館収蔵甲冑について」『飯田市美術博物館紀要』第10号　飯田市美術博物館　127-144頁

塚原11号墳
　　市村咸人　1955　『下伊那史』第2巻　下伊那郡誌編纂会

月の木古墳
　　小林正春ほか　2002　『月の木遺跡　月の木古墳群』飯田市教育委員会

林畔1号墳
　　小野勝年　1953　「下高井地方の考古学的調査」『下高井』長野県教育委員会　69-242頁
　　片山祐介　2006　「林畔1号墳出土短甲について―定型短甲の型式学的再検討―」『長野県考古学会誌』113　長野県考古学会　17-40頁

溝口の塚古墳
　　小林正春ほか　2001　『溝口の塚古墳』飯田市教育委員会

鎧塚古墳
　　市村咸人　1955　『下伊那史』第2巻　下伊那郡誌編纂会
　　片山祐介　2000　「飯田市美術博物館収蔵甲冑について」『飯田市美術博物館紀要』第10号　飯田市美術博物館　127-144頁

〔山梨県〕

王塚古墳
　　仁科義男　1931　「大塚古墳」『山梨縣史蹟名勝天然記念物調査報告』第 5 輯　山梨縣　78-99 頁
　　末木　健　2008　「王塚古墳出土衝角付冑について―岩下貞男氏による発見場所の確定―」『山梨県考古学協会誌』第 18 号　山梨県考古学協会　115-122 頁

三珠大塚古墳
　　和田　豊　1997　「三珠町大塚古墳」『甲斐路』第 86 号　山梨郷土研究会　79-83 頁

〔福井県〕

天神山 7 号墳
　　樟本立美　1990　「天神山古墳群」『福井市史』資料編 1　考古　福井市　311-343 頁

二本松山古墳
　　斎藤　優　1979　「二本松山古墳」『改討松岡古墳群』松岡町教育委員会　31-48 頁

向山 1 号墳
　　網谷克彦編　1991　『特別展　躍動する若狭の王者たち』福井県立若狭歴史民俗資料館

〔石川県〕

狐山古墳
　　後藤守一　1937　「加賀国江沼郡勅使村字二子塚所在狐塚」『古墳発掘品調査報告』帝室博物館学報第 9 冊　帝室博物館　44-66 頁

柴垣円山 1 号墳
　　吉岡康暢　1973　「柴垣古墳群」『羽咋市史』原始・古代編　羽咋市　486-510 頁

下開発茶臼山 9 号墳
　　三浦俊明編　2004　『下開発茶臼山古墳群Ⅱ』辰口町教育委員会

八里向山 7 号墳
　　下濱貴子編　2004　『八里向山遺跡群』小松市教育委員会

和田山 5 号墳
　　上野与一　1966　「鈴塚（和田山第 5 号墳）」『北陸大谷高校地歴クラブ紀要』1　北陸大谷高校地歴クラブ　29-43 頁
　　小松高校地歴部編　1952　『石川県能美郡寺井町字寺井和田山古墳調査報告』小松高校地歴部

〔富山県〕

イヨダノヤマ 3 号墳
　　氷見市史編さん委員会編　2002　『氷見市史』7　資料編五 考古　氷見市

谷内 21 号墳
　　伊藤隆三　1992　『谷内 21 号墳』小矢部市埋蔵文化財調査報告書第 35 冊　小矢部市教育委員会

〔新潟県〕

飯綱山 10 号墳
　　金子拓男ほか　1977　「伊予乃郡の古墳」『南魚沼』新潟県文化財調査年報第 15　新潟県教育委員会　413-454 頁
　　斎藤秀平　1932　「余川群集墳」『新潟県史跡名勝天然記念物調査報告』第 3 輯　新潟県　24-36 頁

〔神奈川県〕

朝光寺原 1 号墳
　　朝光寺原遺跡調査団編　1968　「朝光寺原 A 地区遺跡第 1 次発掘調査略報」『昭和 42 年度横浜市域北部埋蔵文化財調査報告書（経過概報）』横浜市域北部埋蔵文化財調査委員会

資料文献 1（第 1～3 章・付表関係）

〔東京都〕
野毛大塚古墳
　　櫻井清彦・甘粕　健ほか　1999　『野毛大塚古墳』世田谷区教育委員会
御嶽山古墳
　　田中新史　1978　「御嶽山古墳出土の短甲」『考古学雑誌』第 64 巻第 1 号　日本考古学会　28-44 頁
〔千葉県〕
稲荷台 1 号墳
　　滝口　宏ほか　1988　『「王賜」銘鉄剣概報——千葉県市原市稲荷台 1 号墳出土——』吉川弘文館
大寺山洞穴
　　千葉大学文学部考古学研究室編　1994　『大寺山洞穴第 1 次発掘調査概報』千葉大学文学部考古学研究室
　　白井久美子　1994　「館山市大寺山洞穴の出土遺物」『千葉県史研究』第 2 号　千葉県史料研究財団
　　　　114-126 頁
金塚古墳
　　甘粕　健　1968　「金塚古墳」『我孫子古墳群』東京大学文学部考古学研究室　58-83 頁
烏山 2 号墳
　　日吉倉遺跡調査団編　1975　『遺跡日吉倉』芝山はにわ博物館研究報告 II　芝山はにわ博物館
祇園大塚山古墳
　　村井嵓雄　1966　「千葉県木更津市大塚山古墳出土遺物の研究」『MUSEUM』第 198 号　東京国立博物館
　　　　2-17 頁
布野台遺跡
　　平野　功　1989　『千葉県香取郡小見川町内遺跡群発掘調査報告書 1988 年度』小見川町教育委員会
花野井大塚古墳
　　古宮隆信　1988　「大塚古墳」『東葛上代文化の研究』小宮・下津谷両先生還暦記念祝賀事業実行委員会
　　　　208-213 頁
東間部多 1 号墳
　　上総国分寺台遺跡調査団編　1974　『東間部多古墳群』上総国分寺台遺跡調査報告 I　早稲田大学出版部
八重原 1 号墳
　　杉山晋作・田中新史　1989　『古墳時代研究 III——千葉県君津市所在八重原 1 号墳・2 号墳の調査——』古墳時
　　　　代研究会
〔埼玉県〕
稲荷山古墳
　　斎藤　忠ほか　1980　『埼玉稲荷山古墳』埼玉県教育委員会
生野山古墳群
　　菅谷浩之　1984　『北武蔵における古式古墳の成立』児玉町教育委員会
東耕地 3 号墳
　　江原昌俊　2013　『東耕地遺跡（第 1～5 次）・東耕地 3 号墳』東松山市文化財調査報告書第 30 集　東松山
　　　　市教育委員会
四十塚古墳
　　鳥羽政之編　2005　『四十塚古墳の研究』岡部町史資料調査報告第 2 集　岡部町教育委員会
〔群馬県〕
鶴山古墳
　　右島和夫　1987　「鶴山古墳出土遺物の基礎調査 II」『群馬県立歴史博物館調査報告書』第 3 号　群馬県立

歴史博物館　13-32 頁

　　　　　　　　1988　「鶴山古墳出土遺物の基礎調査Ⅲ」『群馬県立歴史博物館調査報告書』第 4 号　群馬県立歴史博物館　85-101 頁

　　　　　　　　1989　「鶴山古墳出土遺物の基礎調査Ⅳ」『群馬県立歴史博物館調査報告書』第 5 号　群馬県立歴史博物館　17-26 頁

長瀞西古墳

　　後藤守一　1938　「上野国碓氷郡八幡村大字剣崎長瀞西古墳」『古墳発掘品調査報告』帝室博物館学報第 9 冊　帝室博物館　22-28 頁

中原古墳

　　斎藤　忠　1955　「群馬県太田市高林古墳群」『日本考古学年報』3　日本考古学協会　89-90 頁

本関町 5 号墳

　　吉澤　学　2011　『本関町古墳群』社会福祉法人植木会・株式会社シン技術コンサル・伊勢崎市教育委員会

若田大塚古墳

　　東京国立博物館編　1980『東京国立博物館図版目録』古墳遺物編（関東Ⅰ）　東京国立博物館

　　田島桂男　1999　「若田大塚古墳」『新編高崎市史』資料編 1　原始・古代 1　高崎市　543-545 頁

〔栃木県〕

佐野八幡山古墳

　　前沢輝政　1955　「佐野市八幡山古墳調査概報」『古代』第 16 号　早稲田大学考古学会　1－9 頁

　　戸田有二　1975　「八幡山古墳」『佐野市史』資料編 1　原始・古代・中世　佐野市　93-96 頁

〔茨城県〕

上野古墳

　　松尾昌彦・滝沢　誠　1988　「上野古墳の再検討」『関城町史』別冊史料編 関城町の遺跡　関城町　163-175 頁

三昧塚古墳

　　斎藤　忠ほか　1960　『三昧塚古墳』茨城県教育委員会

武具八幡古墳

　　滝沢　誠　1986　「武具八幡古墳」『武者塚古墳』新治村教育委員会　56-70 頁

舟塚山 17 号墳

　　瓦吹　堅・沢田大太郎ほか　1972　『舟塚山古墳周濠調査報告書』石岡市教育委員会

〔韓国〕

加達 4 号墳

　　釜山直轄市博物館編　1993　『生谷洞加達古墳群Ⅰ』釜山直轄市博物館遺蹟調査報告書第 8 冊　釜山直轄市博物館

池山洞 32 号墳

　　啓明大學校博物館編　1981　『高霊池山洞古墳群』啓明大學校博物館遺蹟調査報告第 1 輯　啓明大學校博物館

玉田 28 号墳

　　慶尚大學校博物館編　1986　『陜川玉田古墳群第 1 次發掘調査概報』慶尚大學校博物館調査報告第 1 輯　慶尚大學校博物館

玉田 68 号墳

　　慶尚大學校博物館編　1995　『陜川玉田古墳群Ⅴ』慶尚大學校博物館調査報告第 13 輯　慶尚大學校博物館

校洞3号墳
　　　東亜大學校博物館編　　1992　『昌寧校洞古墳群』古蹟調査報告第21冊　　東亜大學校博物館
上栢里
　　　東亜大學校博物館編　　1972　『咸陽上栢里古墳群發掘調査報告』1972年度古蹟調査報告　　東亜大學校博物館
道項里13号墳
　　　慶南考古学研究所編　　2000　『道項里・末山里遺蹟』慶南考古学研究所
福泉洞4号墳
　　　申　敬澈・宋　桂鉉　　1985　「東萊福泉洞4号墳副葬遺物」『伽耶通信』第11・12合併号　伽耶通信編輯部　57-79頁
蓮山洞
　　　穴沢咊光・馬目順一　　1975　「南部朝鮮出土の鉄製鋲留甲冑」『朝鮮学報』第76輯　朝鮮学会　1-34頁

資料文献2 （第4〜8章関係）

*府県別、古墳・遺跡名の五十音順。括弧内の番号は、対応する挿表番号と表中番号を示す。

〔福岡県〕

池の上 D-2 号墓 （29-32）
  橋口達也ほか　1979　『池の上墳墓群』甘木市文化財調査報告第5集　甘木市教育委員会

神領2号墳 （29-31）
  平ノ内幸治・石山　勲　1984　『神領古墳群』宇美町教育委員会

〔広島県〕

池の内遺跡 （29-30）
  中村眞哉・若島一則　1985　『池の内遺跡発掘調査報告』広島市の文化財第32集　広島市教育委員会

〔岡山県〕

金蔵山古墳
  西谷眞治・鎌木義昌　1959　『金蔵山古墳』倉敷考古館研究報告第1冊　倉敷考古館

〔大阪府〕

豊中大塚古墳
  柳本照男ほか　1987　『摂津豊中大塚古墳』豊中市教育委員会

小石塚古墳
  柳本照男ほか　1980　『史跡大石塚・小石塚古墳』豊中市教育委員会

駒ヶ谷宮山古墳
  北野耕平　1964　「駒ケ谷宮山古墳」『河内における古墳の調査』大阪大学文学部国史研究室研究報告第1
    冊　大阪大学文学部国史研究室　84-118頁

珠金塚古墳 （29-29）
  末永雅雄編　1991　『盾塚・鞍塚・珠金塚』由良大和古代文化研究協会

〔奈良県〕

池殿奥5号墳 （29-27）
  楠元哲夫・松本洋明・井上義光ほか　1988　『野山遺跡群Ⅰ』奈良県史跡名勝天然記念物調査報告第56冊
    奈良県教育委員会

磐余・池ノ内古墳群
  泉森　皎・菅谷文則　1973　『磐余・池ノ内古墳群』奈良県史跡名勝天然記念物調査報告第28冊　奈良県
    教育委員会

北原古墳 （29-26）
  楠元哲夫・朴　美子編　1986　『宇陀北原古墳』大宇陀町役場

菖蒲谷2号墳 （29-28）
  井上義光・松本洋明ほか　1989　『野山遺跡群Ⅱ』奈良県史跡名勝天然記念物調査報告第59冊　奈良県教
    育委員会

丹切6号墳 （29-25）
  菅谷文則編　1975　『宇陀・丹切古墳群』奈良県史跡名勝天然記念物調査報告第30冊　奈良県教育委員会

ホケノ山古墳

岡林孝作・水野敏典編　2008　『ホケノ山古墳の研究』橿原考古学研究所研究成果第10冊　奈良県立橿原
　　　　考古学研究所

〔三重県〕

河田C-21号墳（29-23）
　　　多気町教育委員会編　1986　『河田古墳群発掘調査報告Ⅲ』多気町教育委員会
草山遺跡（29-22）
　　　松阪市教育委員会編　1983　『草山遺跡発掘調査月報』No.7　松阪市教育委員会
久米山6号墳（29-24）
　　　朴　美子　1986　「埋葬施設底部における土坑・溝に関する若干の考察」『宇陀北原古墳』大宇陀町役場
　　　　82-101頁
東山古墳
　　　仁保晋作　1992　「阿山町東山古墳の遺構と遺物」『三重県埋蔵文化財センター研究紀要』第1号　三重県
　　　　埋蔵文化財センター　141-174頁
向山古墳（31-34）
　　　後藤守一　1923　「伊勢一志郡豊地村の二古式墳」『考古学雑誌』第14巻第3号　考古学会　31-43頁
　　　伊勢野久好　1988　「三重県の前方後方墳」『古代』第86号　早稲田大学考古学会　1-23頁

〔福井県〕

大渡城山古墳（29-21）
　　　工藤俊樹・冨山正明編　1992　『大渡西布遺跡・大渡城山古墳』福井県埋蔵文化財調査報告第19集　福井
　　　　県教育庁埋蔵文化財調査センター

〔石川県〕

宇気塚越1号墳（31-37）
　　　小嶋芳孝・橋本澄夫　1973　『河北郡宇の気町宇気塚越遺跡』石川県教育委員会
神谷内12号墳（31-38）
　　　小西昌志　2004　『神谷内古墳群C支群』金沢市
宿東山1号墳（31-39）
　　　北野博司ほか　1987　『宿東山遺跡』石川県立埋蔵文化財センター

〔富山県〕

谷内16号墳（31-36）
　　　宇野隆夫ほか　1988　『谷内16号墳』小矢部市教育委員会・小矢部市古墳発掘調査団

〔新潟県〕

三王山1号墳（31-35）
　　　甘粕　健ほか　1989　『保内三王山古墳群』三条市教育委員会

〔岐阜県〕

象鼻山1号墳（31-33）
　　　宇野隆夫ほか　1998　『象鼻山1号古墳―第2次発掘調査の成果―』養老町教育委員会・富山大学人文学部
　　　　考古学研究室
花岡山古墳（31-32）
　　　楢崎彰一・平出紀男　1977　『花岡山古墳発掘調査報告』大垣市教育委員会
竜門寺15号墳（29-20）
　　　楢崎彰一　1965　「岐阜市長良竜門寺古墳群」『名古屋大学文学部研究論集（史学）』38　名古屋大学文学部
　　　　127-156頁

〔愛知県〕
川原遺跡
　　赤塚次郎ほか　2001　『川原遺跡』第2分冊　愛知県埋蔵文化財センター
経ヶ峰1号墳（31-31）
　　斎藤嘉彦　1989　「経ヶ峰古墳群」『新編岡崎市史』史料・考古下 16　新編岡崎市史編さん委員会
　　　　　　317-330頁
三ツ山2号墳（29-18・19）
　　荻野繁春　1980　『三ツ山古墳群発掘調査報告』小牧市教育委員会・愛知県土木部
　　赤塚次郎　2005　「三ツ山古墳群」『愛知県史』資料編3　考古3　古墳　愛知県　84-89頁
山中遺跡
　　服部信博ほか　1992　『山中遺跡』愛知県埋蔵文化財センター

〔静岡県〕
赤門上古墳
　　下津谷達男ほか　1966　『遠江赤門上古墳』静岡県立浜名高等学校・静岡県浜北市教育委員会
秋合古墳群
　　八木勝行ほか　1980　『日本住宅公団藤枝地区埋蔵文化財発掘調査報告書Ⅱ―古墳時代編―』藤枝市土地開
　　　　　　発公社・藤枝市教育委員会
愛宕塚古墳
　　静岡県教育委員会編　2001　『静岡県の前方後円墳』資料編　静岡県文化財調査報告書第55集　静岡県教
　　　　　　育委員会
荒久城山古墳（33-38）
　　滝沢　誠　2002　「荒久城山古墳」『沼津市史』資料編　考古　沼津市　332-333頁
伊勢塚古墳（33-29）
　　平林将信・渡井義彦　1983　「伊勢塚古墳周溝緊急発掘調査報告」『富士市埋蔵文化財発掘調査報告書』富
　　　　　　士市教育委員会　16-20頁
イセヤ塚古墳
　　静岡縣編　1930　『静岡縣史』第1巻　静岡縣
一本松古墳（33-16）
　　静岡縣編　1930　『静岡縣史』第1巻　静岡縣
井之森古墳（33-48）
　　鈴木敏中　2005　「井之森古墳」『三島市埋蔵文化財発掘調査報告書Ⅹ』三島市教育委員会　159-168頁
岩田山31号墳（33-2）
　　八木勝行　2007　「瀬戸古墳群・岩田山古墳群」『藤枝市史』資料編1　考古　藤枝市　522-533頁
大手内15号墳
　　柴田　稔　2000　『大手内古墳群』静岡県磐田郡豊岡村教育委員会
小鹿山神古墳（33-19）
　　滝沢　誠編　2010　『小鹿山神古墳―静岡市小鹿山神古墳測量調査・出土遺物調査報告書―』静岡大学人文
　　　　　　学部考古学研究室
　　小泉祐紀編　2011　『小鹿山神古墳発掘調査報告書』静岡市教育委員会
各和金塚古墳（31-28）
　　平野吾郎・植松章八ほか　1981　『各和金塚古墳測量調査報告書』掛川市教育委員会
仮宿沢渡古墳群（29-14）

資料文献2（第4～8章関係）

  岩木智絵 2005 『仮宿沢渡古墳群・仮宿沢渡遺跡・仮宿堤ノ坪遺跡・仮宿堤ノ坪古墳』藤枝市教育委員会

九景寺古墳（33-33）
  篠原和大 2000 「藤枝市志太所在九景寺古墳調査報告」『藤枝市史研究』第1号 藤枝市教育委員会 39-52頁

倉見原3号墳
  山村 宏ほか 1968 「榛原郡榛原町倉見原3号墳調査報告」『東名高速道路（静岡県内工事）関係埋蔵文化財発掘調査報告書』日本道路公団・静岡県教育委員会 295-320頁

午王堂山1号墳（33-23）
  内藤 晃・市原壽文ほか 1968 「清水市午王堂山遺跡及び午王堂山第1号墳・2号墳発掘調査概報」『東名高速道路（静岡県内工事）関係埋蔵文化財発掘調査報告書』静岡県教育委員会 195-204頁

午王堂山3号墳（33-24）
  杉山 満 2001 「清水市午王堂山3号墳確認調査報告」『静岡県の前方後円墳』個別報告編 静岡県教育委員会 249-285頁

五鬼免1号墳（33-7）
  八木勝行 1978 「藤枝市五鬼免1・2号墳」『静岡県における四～五世紀の墳墓について』静岡県考古学会 26-28頁
       1990 「五鬼免1号墳」『静岡県史』資料編2 考古2 静岡県 384-387頁
       2007 「時ヶ谷五鬼免古墳群」『藤枝市史』資料編1 考古 藤枝市 308-315頁

五州岳古墳（33-4）
  鈴木一有 2003 「二段逆刺鏃の象徴性」『静岡県考古学研究』35 静岡県考古学会 73-90頁
  八木勝行 2007 「五州岳古墳」『藤枝市史』資料編1 考古 藤枝市 476-479頁
  工藤基志・坂下俊介 2009 『五州岳古墳・五州岳遺跡発掘調査報告書』藤枝市教育委員会

琴平古墳
  後藤守一ほか 1958 『吉原市の古墳』吉原市教育委員会

小深田西遺跡
  山口和夫 1984 「小深田西遺跡」『焼津市埋蔵文化財発掘調査概報Ⅲ―昭和57年度―』焼津市教育委員会 6-17頁
       2004 「小深田西遺跡」『焼津市史』資料編1 考古 焼津市 150-156頁

駒形古墳（33-56）
  大塚淑夫 2001 「伊豆長岡町駒形大塚古墳確認調査報告」『静岡県の前方後円墳』個別報告編 静岡県教育委員会 111-140頁

佐渡山2号墳（33-11）
  杉山樟悟・長谷川秀厚 1984 『佐渡山2号墳発掘調査報告書』静岡市教育委員会

猿郷1号墳（34-13）
  岡村 渉 1992 『猿郷1号墳 墳丘測量及び範囲確認調査報告書』静岡市教育委員会

賤機山古墳（33-14）
  後藤守一・斎藤 忠 1953 『静岡賤機山古墳』静岡県教育委員会
  川江秀孝 1990 「賤機山古墳」『静岡県史』資料編2 考古2 静岡県 470-475頁
  静岡市教育委員会編 1997 『甦る賤機山古墳』静岡市教育委員会

実円寺西1号墳（33-30）
  平林将信ほか 1986 『実円寺西古墳保存修理工事報告書』富士市教育委員会

荘館山1・2号墳（33-5・6）
 篠原和大編　2002　『静岡県藤枝市荘館山1・2号墳発掘調査報告書』藤枝市教育委員会
城山古墳（33-1）
 大塚淑夫　1981　『城山古墳発掘調査（第3次調査）概報』島田市教育委員会
 渋谷昌彦　1990　「城山古墳」『静岡県史』資料編2　考古2　静岡県　358-361頁
新豊院山2号墳
 柴田　稔ほか　1982　『新豊院山墳墓群』磐田市教育委員会
神明塚古墳（31-27、33-40）
 石川治夫　1983　『神明塚古墳』沼津市教育委員会
 滝沢　誠編　2005　『神明塚古墳（第2次）発掘調査報告書』沼津市教育委員会
神明山1号墳（33-25）
 滝沢　誠編　2001　「清水市神明山1号墳発掘調査報告」『静岡県の前方後円墳』個別報告編　静岡県教育委員会　181-247頁
  2012　『神明山1号墳発掘調査報告書―第6・7次調査―』静岡大学人文学部考古学研究室
神明山4号墳（33-26）
 杉山　満・大川敬夫　2002　『神明山第4号墳発掘調査報告書』清水市教育委員会
駿河丸山古墳（33-18）
 望月薫弘・手島四郎　1962　『駿河丸山古墳』静岡考古館
 佐藤達雄　1990　「駿河丸山古墳」『静岡県史』資料編2　考古2　静岡県　488-491頁
浅間古墳（33-34）
 静岡大学人文学部考古学研究室　1998　「静岡県富士市国指定史跡・浅間古墳測量調査の成果」『静岡県の重要遺跡』静岡県教育委員会　162-169頁
宗小路1号墳（33-10）
 岡村　渉　2001　「静岡市宗小路1号墳確認調査報告」『静岡県の前方後円墳』個別報告編　静岡県教育委員会　303-311頁
高尾山古墳（33-44）
 池谷信之編　2012　『高尾山古墳発掘調査報告書』沼津市教育委員会
高田観音前1・2号墳（33-8）
 岩木智絵ほか　2003　『高田観音前1・2号墳発掘調査報告書』藤枝市教育委員会
竹之内1号墓
 木村弘之　1992　『竹之内1号墓遺跡発掘調査報告書』磐田市教育委員会
多田大塚1・4・6号墳（33-53・54・55）
 原　茂光ほか　2001　「韮山町多田大塚古墳群・芋ヶ窪古墳群発掘調査報告」『静岡県の前方後円墳』個別報告編　静岡県教育委員会　1-109頁
 静岡県教育委員会編　2001　『静岡県の前方後円墳』資料編　静岡県教育委員会
谷山1号墳（高崎11号墳）
 増井義己　1968　「焼津市高崎11・12号墳発掘調査略報」『東名高速道路（静岡県内工事）関係埋蔵文化財発掘調査報告書』日本道路公団・静岡県教育委員会　251-257頁
釣瓶落古墳群（29-6・7・8・9）
 池田将男　1982　「藤枝市・釣瓶落1号墓出土の土師器」『静岡県考古学研究』12　静岡県考古学会　12-16頁
 藤枝市教育委員会編　1983　『若王子・釣瓶落古墳群』藤枝市教育委員会

250　資料文献2（第4～8章関係）

　　　　八木勝行　　1990　「釣瓶落古墳群」『静岡県史』資料編2　考古2　静岡県　402-409頁
　　　　菊池吉修　　2002　「釣瓶落古墳群」『古墳時代中期の大型墳と小型古墳』資料編　東海考古学フォーラム・
　　　　　　　　　　　　静岡県考古学会　33-35頁
寺島大谷1号墳
　　　　大谷宏治　　2011　「寺島大谷1号墳の調査成果」『助宗古窯群・寺島大谷遺跡・寺島大谷古墳』静岡県埋蔵
　　　　　　　　　　　　文化財調査研究所調査報告第243集　静岡県埋蔵文化財調査研究所　103-117頁
天神塚古墳（33-32）
　　　　志村　博　　2001　「富士市天神塚古墳確認調査報告」『静岡県の前方後円墳』個別報告編　静岡県教育委員
　　　　　　　　　　　　会　165-180頁
堂山古墳
　　　　原　秀三郎編　1995　『遠江堂山古墳』磐田市教育委員会
道尾塚古墳（33-43）
　　　　滝沢　誠　　2002　「道尾塚古墳」『沼津市史』資料編　考古　沼津市　382頁
道場田・小川城遺跡
　　　　山口和夫・大石佳弘・巻田克彦編　1987　『道場田・小川城遺跡Ⅲ・宮之腰遺跡Ⅱ・道下遺跡』焼津市教育
　　　　　　　　　　　　委員会
徳願寺山1号墳（33-12）
　　　　天石夏実　　2001　「静岡市徳願寺山1号墳確認調査報告」『静岡県の前方後円墳』個別報告編　静岡県教育
　　　　　　　　　　　　委員会　295-302頁
鳥羽美古墳
　　　　大塚淑夫　　1978　「島田市鳥羽美古墳」『静岡県における四～五世紀の墳墓について』静岡県考古学会
　　　　　　　　　　　　24-25頁
　　　　渋谷昌彦　　1990　「鳥羽美古墳」『静岡県史』資料編2　考古2　静岡県　362-365頁
長塚古墳（33-42）
　　　　後藤守一　　1957　『沼津長塚古墳』沼津市教育委員会
　　　　山本恵一編　1999　『長塚古墳・清水遺跡発掘調査報告書』沼津市文化財調査報告書第68集　沼津市教育
　　　　　　　　　　　　委員会
中原3号墳
　　　　島田市教育委員会編　1996　『島田風土記　ふるさと初倉』島田市教育委員会
　　　　篠ヶ谷路人　2004　「島田市中原3号墳の出土遺物について」『静岡県考古学研究』36　静岡県考古学会
　　　　　　　　　　　　39-48頁
西之宮古墳群
　　　　菊池吉修　　2002　「五州岳古墳・西之宮古墳群」『古墳時代中期の大型墳と小型古墳』資料編　東海考古学
　　　　　　　　　　　　フォーラム・静岡県考古学会　28頁
二本ヶ谷積石塚群
　　　　久野雅博・鈴木京太郎　2000　『内野古墳群』浜北市教育委員会
　　　　鈴木京太郎編　2009　『静岡県浜松市二本ヶ谷積石塚群保存整備事業報告書』浜松市教育委員会
若王子古墳群（29-3・4・5）
　　　　藤枝市教育委員会編　1983　『若王子・釣瓶落古墳群』藤枝市教育委員会
　　　　八木勝行　　1990　「若王子古墳群」『静岡県史』資料編2　考古2　静岡県　390-401頁
　　　　菊池吉修　　2002　「若王子古墳群」『古墳時代中期の大型墳と小型古墳』資料編　東海考古学フォーラム・
　　　　　　　　　　　　静岡県考古学会　29-32頁

子ノ神古墳（33-41）
　　山本恵一　2001　「沼津市子ノ神古墳確認調査報告」『静岡県の前方後円墳』個別報告編　静岡県教育委員
　　　　　会　141-163 頁
麓山神社後古墳（33-15）
　　静岡縣編　1930　『静岡縣史』第 1 巻　静岡縣
原分古墳（33-46）
　　井鍋誉之編　2008　『原分古墳』調査報告編　静岡県埋蔵文化財調査研究所調査報告第 184 集　静岡県埋蔵
　　　　　文化財調査研究所
馬場平古墳（31-30）
　　辰巳和弘ほか　1983　『馬場平古墳発掘調査報告書』引佐町の古墳文化Ⅲ　引佐町教育委員会
旗指 3 号墳
　　柴田　稔　1978　「島田市旗指 3 号墳」『静岡県における四～五世紀の墳墓について』静岡県考古学会
　　　　　22-23 頁
林 2 号墳（29-17）
　　田村隆太郎編　2008　『森町円田丘陵の古墳群』静岡県埋蔵文化財調査研究所調査報告第 186 集　静岡県埋
　　　　　蔵文化財調査研究所
東浦古墳群（29-10・11・12・13）
　　八木勝行・椿原靖弘　1988　『東浦遺跡発掘調査報告書』藤枝市教育委員会
東坂古墳（33-31）
　　後藤守一ほか　1958　『吉原市の古墳』吉原市教育委員会
瓢箪塚古墳（33-20）
　　杉山　満　1999　『西の原 1 号墳・4 号墳墳丘発掘調査報告書』清水市教育委員会
ふくべ塚古墳（33-37）
　　小野眞一　1957　『静岡県東部古代文化総覧』蘭契社書店
　　静岡県教育委員会編　2001　『静岡県の前方後円墳』資料編　静岡県教育委員会
船津寺ノ上 1 号墳（33-35）
　　富士市教育委員会編　1987　『船津寺ノ上古墳』富士市教育委員会
辺田平 1 号墳（31-29）
　　久野雅博・鈴木京太郎　2000　『内野古墳群』浜北市教育委員会
丸ヶ谷戸墓（33-28）
　　馬飼野行雄ほか　1991　『丸ヶ谷戸遺跡』富士宮市教育委員会
マルセッコウ古墳（33-21）
　　岡村　渉　1986　『瀬名 3 号墳』静岡市教育委員会
　　佐藤達雄　1990　「マルセッコウ古墳（瀬名 2 号墳）」『静岡県史』資料編 2　考古 2　静岡県　468-469 頁
三池平古墳（33-27）
　　内藤　晃・大塚初重編　1961　『三池平古墳』庵原村教育委員会
　　大川敬夫　2000　『三池平古墳墳丘発掘調査報告書（総括編）』清水市教育委員会
宮下古墳（33-45）
　　静岡縣編　1930　『静岡縣史』第 1 巻　静岡縣
向山 16 号墳（33-49）
　　芦川忠利・渡井英誉・滝沢　誠　2015　「向山古墳群第 16 号墳」『三島市埋蔵文化財発掘調査報告』補助事
　　　　　業版第 1 号　三島市教育委員会　1-38 頁

252　資料文献 2　(第 4 〜 8 章関係)

向山 1 号墳（33-50）
　　鈴木敏中　2006　「向山古墳群第 1・2 号墳」『三島市埋蔵文化財発掘調査報告 XI』三島市教育委員会　3-28 頁

向山 3・14 号墳（33-51・52）
　　鈴木敏中　2008　「県指定史跡向山古墳群」『三島市埋蔵文化財発掘調査報告 XIII』三島市教育委員会　3-54 頁

女池ヶ谷古墳群
　　鈴木隆夫・椿原靖弘　1990　『女池ヶ谷古墳群』藤枝市教育委員会

文殊堂 8 号墳（29-15・16）
　　田村隆太郎編　2008　『森町円田丘陵の古墳群』静岡県埋蔵文化財調査研究所調査報告第 186 集　静岡県埋蔵文化財調査研究所

山ノ神古墳（33-39）
　　平林将信　1983　「山の神古墳周溝発掘調査報告」『富士市埋蔵文化財発掘調査報告書』富士市教育委員会　2-5 頁

柚木山神古墳（33-17）
　　柏原学而　1886　「静岡清水山にて古物を得たる事」『人類学会報告』第 3 号　人類学会　48-49 頁
　　伊藤寿夫　2001　「静岡市谷津山 1 号墳確認調査報告」『静岡県の前方後円墳』個別報告編　静岡県教育委員会　287-293 頁
　　西島庸介　2008　「紡錘車形石製品の研究」『静岡県考古学研究』40　静岡県考古学会　173-186 頁

谷稲葉高草古墳群
　　八木勝行ほか　1981　『国道 1 号藤枝バイパス（藤枝地区）埋蔵文化財調査報告書（第 5 冊）原古墳群谷稲葉支群高草地区』藤枝市埋蔵文化財調査事務所

薬師塚古墳（33-36）
　　後藤守一ほか　1958　『吉原市の古墳』吉原市教育委員会
　　静岡県教育委員会編　1965　『東海道新幹線に伴う静岡県内工事埋蔵文化財調査報告書』静岡県教育委員会

〔長野県〕

北平 1 号墳
　　土屋　積・青木一男ほか　1996　『大星山古墳群・北平 1 号墳』上信越自動車道埋蔵文化財発掘調査報告書 7　長野県埋蔵文化財センター

瀧の峯 2 号墳（31-26）
　　林幸彦・三石宗一ほか　1987　『瀧の峯古墳群』佐久市教育委員会

〔山梨県〕

甲斐銚子塚古墳（31-25）
　　坂本美夫　1988　『国指定史跡銚子塚古墳附丸山塚古墳―保存整備事業報告書―』山梨県教育委員会

〔神奈川県〕

吾妻坂古墳（29-1・2）
　　日野一郎・北川吉明ほか　1993　『吾妻坂古墳』厚木市教育委員会
　　西川修一ほか　2004　『吾妻坂古墳出土資料調査報告』厚木市教育委員会

秋葉山 3 号墳（31-24）
　　押方みはる・山口正憲　2002　『秋葉山古墳群第 1・2・3 号墳発掘調査報告書―第 5 〜 9 次調査―』海老名市教育委員会

〔千葉県〕

明戸古墳（31-15）
  大村　直　1982　「明戸古墳の測量調査」『昭和56年度市立市川博物館年報』市立市川博物館　21-23頁
小川台5号墳（31-13）
  浜名徳永・椙山林継ほか　1975　『下総小川台古墳群』八匝教育委員会
小田部古墳（31-17）
  杉山晋作ほか　1972　『古墳時代研究Ⅰ―千葉県小田部古墳の調査―』古墳時代研究会
  大村　直ほか　1991　『市原市姉崎向山遺跡・小田部向原遺跡・雲ノ境遺跡』市原市文化財センター
鹿島塚8号墳（31-21）
  豊巻幸正・佐伯秀人ほか　1991　『請西遺跡群Ⅱ　鹿島塚古墳群』木更津市請西第二土地区画整理組合・君津郡市文化財センター
片野10号墳（31-11）
  尾崎喜左雄・右島和夫・富沢敏弘ほか　1976　『下総片野古墳群』芝山はにわ博物館
木戸前1号墳（31-14）
  平岡和夫　1992　「高田古墳群」『芝山町史資料集』1　原始古代編　第2分冊　芝山町　495-519頁
神門4号墳（31-16）
  田中新史　1977　「市原市神門4号墳の出現とその系譜」『古代』第63号　早稲田大学考古学会　1-21頁
      1984　「出現期古墳の理解と展望―東国神門5号墳の調査と関連して―」『古代』第77号　早稲田大学考古学会　1-53頁
山王後1号墳（31-19）
  祭り野遺跡・山王後古墳発掘調査団編　1982　『千葉県市原市潤井戸地区　祭り野遺跡・山王後古墳』祭り野遺跡・山王後古墳発掘調査団
釈迦山古墳（31-18）
  小久貫隆史　1996　『市原市釈迦山古墳発掘調査報告書』千葉県教育委員会
新城1号墳（31-12）
  勝又貫行ほか　1986　『新城遺跡・土橋城跡』多古町教育委員会
内裏塚古墳
  千葉県教育委員会編　1986　『千葉県富津市内裏塚古墳群測量調査報告書』千葉県教育委員会
手古塚古墳（31-22）
  杉山晋作　1973　「千葉県手古塚古墳の調査速報」『古代』第56号　早稲田大学考古学会　30-33頁
     2003　「手古塚古墳」『千葉県の歴史』資料編・考古2（弥生・古墳時代）　千葉県　570-572頁
塚原7号墳（31-23）
  小沢　洋　1992　『木更津市文化財調査集報Ⅰ』木更津市教育委員会
根田130号墳（31-20）
  田中新史　1981　「根田古墳群」『上総国分寺台発掘調査概報』上総国分寺台遺跡調査団　6-19頁

〔群馬県〕
赤堀茶臼山古墳（31-6）
  後藤守一　1933　『上野国佐波郡赤堀村今井茶臼山古墳』帝室博物館
赤堀村285号墳（31-7）
  松村一昭　1976　『赤堀村峯岸山の古墳1』赤堀村教育委員会
太田天神山古墳
  群馬県教育委員会編　1970　『史跡天神山古墳外堀部発掘調査報告書』群馬県教育委員会
塚廻り4号墳（31-8）

　　　　石塚久則ほか　1980　『塚廻り古墳群』群馬県教育委員会
富沢 28 号墳（31-9）
　　　　近藤義郎編　1994　『前方後円墳集成』東北・関東編　山川出版社
道場 1 号墳（31-10）
　　　　田村　孝　1989　『道場遺跡群 昭和 61・62・63 年度市営土地改良事業道場地区に伴う埋蔵文化財発掘調査』高崎市教育委員会

〔茨城県〕
青柳 1 号墳（32-3）
　　　　茂木雅博　1990　「茨城県」『古代学研究』第 123 号　131-138 頁
葦間山古墳（32-15）
　　　　三木ますみ　1991　「葦間山古墳」『古墳測量調査報告書 I』筑波大学歴史・人類学系　12-17 頁
愛宕山古墳
　　　　大塚初重　1974　「愛宕山古墳」『茨城県史料』考古資料編 古墳時代　茨城県史編さん原始古代史部会　53-54 頁
上の台古墳（32-28）
　　　　筑波町史編纂専門委員会編　1989　『筑波町史』上巻　筑波町
漆所大塚古墳（32-27）
　　　　筑波町史編纂専門委員会編　1989　『筑波町史』上巻　筑波町
王塚古墳（32-51）
　　　　土浦市史編さん委員会　1975　『土浦市史』土浦市史刊行会
おふじ権現古墳（32-19）
　　　　茨城県教育委員会編　1986　『重要遺跡調査報告書 I』茨城県教育委員会
鹿島様古墳
　　　　桜村史編さん委員会編　1982　『桜村史』上巻　桜村
香取神社古墳（32-54）
　　　　白石典之・谷中　隆　1991　「香取神社古墳」『古墳測量調査報告書 I』筑波大学歴史・人類学系　45-51 頁
甲山古墳（32-33）
　　　　小瀬康行　1981　「甲山古墳」『筑波古代地域史の研究』筑波大学　48-55 頁
后古墳（32-50）
　　　　茂木雅博・水野佳代子・長洲順子　1991　「土浦市における古墳の測量」『博古研究』創刊号　博古研究会　49-60 頁
狐塚古墳（32-1）
　　　　西宮一男　1969　『常陸狐塚』岩瀬町
北椎尾天神塚古墳（32-21）
　　　　宮内良隆ほか　1999　『真壁町北椎尾天神塚古墳発掘調査報告書』真壁町教育委員会
北原古墳（32-23）
　　　　茨城県教育委員会編　1986　『重要遺跡調査報告書 I』茨城県教育委員会
駒塚古墳（32-7）
　　　　関城町史編さん委員会編　1988　『関城町史』別冊資料編 関城町の遺跡　関城町
小山 1 号墳（32-24）
　　　　吹野富美夫　1995　『(仮称) 真壁町南椎尾地区住宅団地事業地内埋蔵文化財調査報告書　小山遺跡・八幡前遺跡』茨城県教育財団文化財調査報告書第 99 集　茨城県教育財団

坂田塙台8号墳（32-49）
　　　大越直樹・鈴木　徹ほか　2013　『下坂田塙台遺跡・坂田塙台古墳群―県営畑地帯総合整備事業（担い手支援型）坂田地区埋蔵文化財発掘調査報告書―』土浦市教育委員会

桜塚古墳（32-34）
　　　蒲原宏行・松尾昌彦　1981　「桜塚古墳」『筑波古代地域史の研究』筑波大学　21-27頁
　　　滝沢　誠ほか　2014　「つくば市水守桜塚古墳2012年度発掘調査概要」『筑波大学先史学・考古学研究』第25号　筑波大学人文・社会科学研究科歴史・人類学専攻　81-95頁

桜塚古墳（32-11）
　　　茂木雅博　1986　「鬼怒川中流域における古墳文化の展開」『関城町の歴史』第6号　関城町史編さん委員会　17-29頁
　　　関城町史編さん委員会編　1988　『関城町史』別冊資料編　関城町の遺跡　関城町

桜塚南古墳（32-12）
　　　茂木雅博　1986　「鬼怒川中流域における古墳文化の展開」『関城町の歴史』第6号　関城町史編さん委員会　17-29頁
　　　関城町史編さん委員会編　1988　『関城町史』別冊資料編　関城町の遺跡　関城町

三昧塚古墳（31-3）
　　　斎藤　忠・大塚初重ほか　1960　『三昧塚古墳』茨城県教育委員会

宍塚1号墳（32-45）
　　　茂木雅博・茅根修嗣　1971　『常陸宍塚』國學院大学宍塚調査団
　　　茂木雅博ほか　1984　『土浦の遺跡』土浦市教育委員会

宍塚小学校地内古墳（32-46）
　　　塩谷　修ほか　1987　『般若寺遺跡（西屋敷内）・竜王山古墳般若寺遺跡（宍塚小学校地内）発掘調査概報』土浦市教育委員会

柴崎稲荷前古墳（32-40）
　　　桜村史編さん委員会編　1982　『桜村史』上巻　桜村

島古墳（32-14）
　　　下館市史編纂委員会編　1968　『下館市史』上巻　大和学芸図書株式会社

菅間大塚山古墳
　　　小瀬康行　1981　「菅間大塚山古墳」『筑波古代地域史の研究』筑波大学　56-58頁

仙原塚古墳（32-22）
　　　茨城県教育委員会編　1982　『重要遺跡調査報告書Ⅰ』茨城県教育委員会

浅間山古墳（32-6）
　　　下館市教育委員会編　1978　『下館の文化財』下館市

台畑古墳（32-16）
　　　三木ますみ　1991　「台畑古墳」『古墳測量調査報告書Ⅰ』筑波大学歴史・人類学系　18-21頁

茶焙山古墳（32-13）
　　　茂木雅博　1986　「鬼怒川中流域における古墳文化の展開」『関城町の歴史』第6号　関城町史編さん委員会　17-29頁
　　　松尾昌彦・滝沢　誠　1988　「上野古墳の再検討」『関城町史』別冊史料編　関城町の遺跡　関城町　163-175頁

長辺寺山古墳（32-2）
　　　西宮一男　1974　「長辺寺山古墳」『茨城県史料』考古資料編　古墳時代　茨城県史編さん原始古代史部会

100-101 頁

　　大橋泰夫・荻　悦久・水沼良浩　1984　「常陸長辺寺山古墳の円筒埴輪」『古代』第 77 号　早稲田大学考古学会　75-83 頁

天神塚古墳（32-39）

　　茨城県教育庁社会教育課編　1959　『茨城県古墳総覧』茨城県教育委員会

灯火山古墳（32-17）

　　瀬谷昌良　1990　『灯火山古墳確認調査報告書』明野町教育委員会

土塔山古墳（32-26）

　　北内三喜男　1981　「土塔山古墳」『筑波古代地域史の研究』筑波大学　44-47 頁

中台 1 号墳（32-30）

　　筑波町史編纂専門委員会編　1989　『筑波町史』上巻　筑波町

中台 2 号墳（32-31）

　　新井　聡・黒澤秀雄編　1995　『(仮称) 北条住宅団地建設工事地内埋蔵文化財調査報告書 中台遺跡』茨城県教育財団文化財調査報告第 102 集　茨城県教育財団

西山 1 号墳（32-10）

　　茂木雅博　1986　「鬼怒川中流域における古墳文化の展開」『関城町の歴史』第 6 号　関城町史編さん委員会　17-29 頁

八幡塚古墳（32-25）

　　茂木雅博ほか　1979　『常陸八幡塚古墳整備報告書』八幡塚古墳調査団

羽鳥天神塚古墳（32-20）

　　真壁町史編さん委員会編　2005　『真壁町史料』考古資料編Ⅴ　真壁町

原 1 号墳（31- 5 ）

　　茂木雅博　1976　『常陸浮島古墳群』浮島研究会

東山塚古墳（32-55）

　　阿部義平編　2006　『茨城県常総市国生本屋敷遺跡発掘調査報告』国立歴史民俗博物館研究報告第 129 集　国立歴史民俗博物館

常名天神山古墳（32-48）

　　茂木雅博・水野佳代子・長洲順子　1991　「土浦市における古墳の測量」『博古研究』創刊号　博古研究会　49-60 頁

常名瓢箪塚古墳（32-47）

　　茂木雅博ほか　1984　『土浦の遺跡』土浦市教育委員会

平沢 1 号墳（32-32）

　　寺内のり子　1981　「平沢・山口古墳群」『筑波古代地域史の研究』筑波大学　87-106 頁

武具八幡古墳

　　滝沢　誠　1986　「武具八幡古墳」『武者塚古墳』新治村教育委員会　56-70 頁

船玉古墳（32- 8 ）

　　大塚初重　1974　「船玉古墳」『茨城県史料』考古資料編 古墳時代　茨城県史編さん原始古代史部会　161-164 頁

　　関城町史編さん委員会編　1988　『関城町史』別冊資料編 関城町の遺跡　関城町

舟塚古墳（31- 4 ）

　　大塚初重・小林三郎　1968　「茨城県舟塚古墳」『考古学集刊』第 4 巻第 1 号　東京考古学会　93-114 頁

　　　　　　　　　　　　　1971　「茨城県舟塚古墳Ⅱ」『考古学集刊』第 4 巻第 4 号　東京考古学会　57-102 頁

舟塚山古墳
　　　大塚初重・小林三郎　1964　「茨城県舟塚山古墳の性格」『考古学手帖』22　塚田光　1 - 3 頁
弁天山古墳（33- 9 ）
　　　関城町史編さん委員会編　1988　『関城町史』別冊資料編 関城町の遺跡　関城町
北条城山古墳（32-29）
　　　佐々木憲一・田中　裕編　2010　『常陸の古墳群』六一書房
松田 1 号墳（32- 4 ）
　　　横倉要次　2004　『松田古墳群』茨城県教育財団文化財調査報告第 226 集　茨城県教育財団
松塚 1 ・ 2 号墳（32-42・43）
　　　日高　慎　1998　「茨城県つくば市松塚 1 号墳の測量調査」『筑波大学先史学・考古学研究』第 9 号　筑波
　　　　　　　大学歴史・人類学系　97-109 頁
水守 1 ～ 3 号墳（32-35・36・37）
　　　筑波町史編纂専門委員会編　1989　『筑波町史』上巻　筑波町
宮山観音古墳（32-18）
　　　滝沢　誠　1991　「宮山観音古墳」『古墳測量調査報告書Ⅰ』筑波大学歴史・人類学系　35-39 頁
山木古墳（32-38）
　　　上川名昭ほか　1972　『茨城県筑波町山木古墳』茨城考古学会
横町 2 号墳（32-41）
　　　北内三喜男　1981　「横町 2 号墳」『筑波古代地域史の研究』筑波大学　84-86 頁
六所塚古墳（32-56）
　　　石下町史編さん委員会編　1988　『石下町史』石下町
〔福島県〕
会津大塚山古墳（31- 1 ）
　　　伊東信雄・伊藤玄三　1964　『会津若松史』別巻 1 　会津大塚山古墳　会津若松市
　　　会津大塚山古墳測量調査団編　1989　『会津大塚山古墳測量調査報告書』会津大塚山古墳測量調査団
森北 1 号墳（31- 2 ）
　　　土井健司・吉田博行ほか　1999『森北古墳群』創価大学・会津坂下町教育委員会

挿図出典

図 1 　右島 1987　第 6・7 図をもとに作成。
図 2 　筆者作成。
図 3 　筆者作成。
図 4 　筆者作成。
図 5 　筆者作成。
図 5 　1：山口・吉留・渡辺編　1989　図 114・115、2：北野 1976　第 55 図、3：堀田 1981　第 363 図、4：田中 1978　図 1（いずれも一部改変、再トレース）。
図 6 　1：末永・森 1953　第 19 図、2：宮崎県総合博物館編 1982　第 29 図（いずれも一部改変、再トレース）。
図 7 　1：柳本編 1987　第 84 図、2：北野 1976　第 54 図、3：田中 1974　図 3、4：桑原ほか 1983　第 20 図（いずれも一部改変、再トレース）。
図 8 　1：楠元 1988　図 214、2：柳田・石山ほか 1979　第 16 図、3：日吉倉遺跡調査団編 1975　第 32 図、4：滝沢 1986　第 27 図（いずれも一部改変、再トレース）。
図 9 　筆者作成。
図 10 　筆者作成。
図 11 　1：白沢編 1999　Fig. 43、2・5：横田 2001　図 3、3：下濱編 2004　第 194 図、4：小林ほか 2002　図版 27、6：原ほか 2001　第 32 図（いずれも一部改変）。
図 12 　1：中野 2001　第 118 図、2：西藤・吉村・佐々木編 2003　図 35、3：宮崎県総合博物館編 1982　第 31 図、4：田中 1978　第 2・3 図、5：小林ほか 2001　挿図 50、6：中野 2001　第 39 図、7：田島 1999　第 94 図、8：西藤・吉村・佐々木編 2003　図 22（いずれも一部改変）。
図 13 　1：本村 1990　図版 XXVI・XXVIII、2：中野 2001　第 38・39 図、3：甘粕 1968　Fig. 22、4：滝沢 1986　第 27 図（いずれも一部改変）。
図 14 　1：中野 2001　第 118・119 図、2：日吉倉遺跡調査団編 1975　第 32 図、3：西藤・吉村・佐々木編 2003　図 35、4：鈴木・齋藤 1996　図 2・3（いずれも一部改変）。
図 15 　1：原ほか 2001　第 32 図、2：上総国分寺台遺跡調査団編 1974　第 13 図、3：宮崎県総合博物館編 1982　第 31 図 2、4：杉井・上野編 2012　図 44・46・47（いずれも一部改変）。
図 16 　筆者作成。
図 17 　筆者作成。
図 18 　筆者作成。
図 19 　筆者作成。
図 20 　筆者作成。
図 21 　1：山口・大石・巻田編 1987　図 6、2：山口 2004　図 70、3：八木ほか 1980　図 3、4：藤枝市教育委員会編 1983　2 頁掲載図（いずれも一部改変）
図 22 　1：八木ほか 1980　図 8、2：柴田 1978　図-4、3：渋谷 1990　図 103-2、4：渋谷 1990　図 102-2、5：大谷 2011　第 75 図、6：八木 2007　図 3（いずれも一部改変）。
図 23 　1：藤枝市教育委員会編 1983　4 頁掲載図、2：八木・椿原 1988　図 3、3：岩木 2005　図 6、4：

挿図出典　259

- 図24　鈴木・椿原 1990　図3（いずれも一部改変）。
- 図24　1：山口・大石・巻田編 1987　図8、2：山口・大石・巻田編 1987　第13図、3：八木ほか 1980　図9、4：八木ほか 1980　第23図、5：八木 1990　図111-6、6：渋谷 1990　図102-3、7：鈴木・椿原 1990　第60図、8：八木 1990　図113-8（いずれも一部改変）。
- 図25　筆者作成。
- 図26　1：藤枝市教育委員会編 1983　5頁掲載図、2：八木・椿原 1988　第11図（いずれも一部改変）。
- 図27　1：末永編 1991　第84図、2：楠元・朴編 1986　図50、3：楢崎 1965　第12図、4：平ノ内・石山 1984　図9、5：藤枝市教育委員会編 1983　5頁掲載図、6：荻野 1980　挿図10、7：工藤・冨山編 1992　第52図（いずれも一部改変）。
- 図28　1：八木・椿原 1988　第11図、2：岩木 2005　第10図、3：田村編 2008　第71図、4：田村編 2008　第163図、5：橋口ほか 1979　第29図、6：荻野 1980　挿図12、7：松阪市教育委員会編 1983　10頁掲載図、8：井上・松本ほか 1989　図13、9：多気町教育委員会 1986　第63図、10：楠元・松本・井上ほか 1988　図220、11：菅谷編 1975　第36図、12：中村・若島 1985　第18図（いずれも一部改変）。
- 図29　1：西谷・鎌木 1959　図版第6、2：西谷・鎌木 1959　図版第13、3：北野 1964　第53図（いずれも一部改変）。
- 図30　筆者作成。
- 図31　筆者作成。
- 図32　筆者作成。
- 図33　1：田中 1984　図3、2：小西 2004　第16図、3：北野ほか 1987　図版5、4：滝沢編 2005　第11図、5：辰巳ほか 1983　図7、6：平野・植松ほか 1981　図3、7：久野・鈴木 2000　第73図、8：石塚ほか 1980　第112図、9：松村 1976　挿図17（いずれも一部改変）。
- 図34　筆者作成。
- 図35　筆者作成。
- 図36　筆者作成。
- 図37　1：西宮 1969　図3、2：横倉 2004　第133図（いずれも一部改変）。
- 図38　1：茂木 1986　図3、2：茂木 1986　図2、3：茂木 1986　図1、4：大塚 1974　第106図（いずれも一部改変）。
- 図39　1：三木 1991　図3、2：瀬谷 1990　Fig. 9、3：三木 1991　図5（いずれも一部改変）。
- 図40　1：滝沢 1991　第11図（いずれも一部改変）。
- 図41　1：北内 1981　第17図、2：茂木ほか 1979　図2、3：新井・黒澤編 1995　第288図、4：寺内 1981　図2（いずれも一部改変）。
- 図42　1：滝沢ほか 2014　図2、2：上川名ほか 1972　Fig. 5（いずれも一部改変）。
- 図43　1：日高 1998　図2、2：北内 1981　第43図（いずれも一部改変）。
- 図44　1：茂木・茅根 1971　5頁掲載図、2：茂木・水野・長洲 1991　53・54頁折り込み図（いずれも一部改変）。
- 図45　筆者作成。
- 図46　筆者作成。
- 図47　1：工藤・坂下 2009　図2、2：岩木ほか 2003　第12図、3・4：篠原編 2002　折り込み図（いずれも一部改変）。
- 図48　1：滝沢編 2012　第15図、2：杉山 2001　図5、3：大川 2000　図2、4：杉山・大川 2002　図4（いずれも一部改変）。

図49　1：伊藤 2001　図1、2：杉山 1999　図3、3：天石 2001　図1、4：岡村 1992　図4、5：岡村 2001　図1、6：佐藤 1990　図128-2、7：川江 1990　図129-3、8：杉山・長谷川 1984　図3、9：佐藤 1990　図135-2、10：小泉編 2011　第14図（いずれも一部改変）。

図50　1：馬飼野ほか 1991　図-7、2：静岡大学人文学部考古学研究室 1998　第77図、3：後藤ほか 1958　挿図第3、4：静岡県教育委員会編 2001　77頁掲載図、5：後藤ほか 1958　挿図第29、6：平林 1983　図1、7：志村 2001　図1、8：平林 1983　図2（いずれも一部改変）。

図51　1：池谷編 2012　第10図、2：滝沢編 2005　第11図、3：山本 2001　図3、4：山本編 1999　図4（いずれも一部改変、一部再トレース）。

図52　1：芦川・渡井・滝沢 2015　第21図、2：鈴木 2008　第29図、3：鈴木 2008　図7、4：静岡県教育委員会編 2001　88頁掲載図、5：大塚 2001　図2、6：井鍋編 2008　図10（いずれも一部改変）。

図53　筆者作成。

図54　平林 2010　図10（一部改変）。

付表　短甲属性表

【凡例】

1) 本表に掲載した資料は、詳細な内容（連接位置、連接数、地板枚数、鋲頭径など）が判明したものに限る。ただし、鋲留短甲については、蝶番金具が判明する資料を可能な限り掲載した。
2) 各短甲の属性は、実見により確認したもののほか、報告書等の記載や図により判断（計測）したものを含んでいる。
3) 復元にもとづく分類や数値は、括弧内に示す。また、欠損等により確認できない場合は「−」で示す。
4) 「鋲頭径」の「S」は小型鋲、「L」は大型鋲を示す。
5) 「連接数（革綴数、鋲留数）」は、後胴竪上第3段（帯金）の上下の連接数を左右に示す。
6) 「覆輪」は、上縁と下縁の覆輪を上下に示す。
7) 「地板枚数」は、長側第1段および第3段の枚数を左右に示す。
8) 各計測値には、筆者自身の資料調査により得られた数値のほか、報告書等に記載された数値や実測図から計測した数値が含まれている。それぞれ「計測値」欄に、「調」「報」「図」と略記した。
9) 「各段幅」は、左前胴と後胴の計測値を上下に示す。左前胴の計測値が十分に得られない事例については、下線を付して右前胴の計測値を示す。
10) 長方板革綴短甲の「前胴地板配置」および長方板革綴短甲・三角板革綴短甲の「阪口分類」は、阪口英毅による分類（阪口1998）を示す。
11) 長方板革綴短甲の「橋本分類」は、橋本達也による分類（橋本1999）を示す。
12) 三角板革綴短甲・三角板鋲留短甲の「前胴地板配置」は、小林謙一と鈴木一有による分類（小林謙1974a、鈴木一1996・2008）を示す。
13) 三角板革綴短甲・三角板鋲留短甲の「鈴木分類」は、鈴木一有による分類（鈴木一2004・2005・2008）を示す。

【長方板革綴短甲】

古墳名	連接（革綴）位置				連接数（革綴数）	地板枚数	前胴地板配置	覆輪上下	前胴高後胴高(cm)	各段幅：左前胴(上)・後胴(下) (cm)							阪口分類	橋本分類	計測値	備考
										竪上			長側							
	引合	左前	右前	後						1段	2段	3段	1段	2段	3段	4段				
大阪・盾塚	−	a	−	−	?, ?	9, 9	AI	革組	−	4.7							I	I		引合板・帯金・裾板欠
									−	(8.2)										
鳥取・古郡家1号	−	a	a	a	13, (12)	9, 9	AI	革組	34.2	5.9	5.5		7.2	3.9	6.0	6.4	I	I	図	左右引合板なし
								革組	43.6	8.8	7.2	4.2	7.2	4.0	5.5	6.5				
大分・岬	A	a	a	a+	17, 17	7, 7	B	革組	(42.5)								IIa	II	報	
								革組												
東京・野毛大塚	A	a	?	a	(13, 13)	7, 7	AI	革組		6.7	4.6		(5.4)	4.3	5.8	5.8	IIa	II	報図	
								革組		10.0	7.8	4.5	7.2	4.6	6.5	6.5				
岡山・佐野山	A	(a)	?	?	(13, 13)	7, 7	B	革組									IIa	II		
								革組												
大阪・豊中大塚	A	a	a	a	12, (12)	7, 7	AI	革組	34.3	5.6	(6.3)		5.7	3.5	6.7	5.0	IIa	II	報図	
								革組	41.0	8.6	7.5	3.0	(8.7)	(4.0)	(7.0)	5.7				
兵庫・小野王塚	A	a	a	a	11, 11	7, 7	B	革組	32.2	6.2		4.1		4.0		5.2	IIa	II	報図	
								革組	40.6	9.4		4.3		4.4		5.0				
京都・宇治二子山北	A	a	a	a	(10), 11	5, 7	AI	革組	(33.0)	5.7	5.4		7.8	3.7	5.0	6.0	IIIa	IV	報図	長側3段脇部地板を斜めに成形
								革組	(45.0)	(8.8)	(8.2)	4.0	6.7	4.0	6.1	6.5				
石川・柴垣円山1号	A	a	a	a	10, 10	5, 7	AI	革組	約37								IIIa	IV	報	
								革組	約45											

付表 短甲属性表

古墳名	連接(革綴)位置				連接数(革綴数)	地板枚数	前胴地板配置	覆輪上下	前胴高後胴高(cm)	各段幅:左前胴(上)・後胴(下)(cm)							阪口分類	橋本分類	計測値	備考
	引合	左前	右前	後						竪上			長側							
										1段	2段	3段	1段	2段	3段	4段				
三重・わき塚1号					(12, 13)	5, 7	B	革組 革組									Ⅲa	Ⅳ		
群馬・鶴山	A	a	a	(a)	12, 12	5, 7	AⅠ	革組 革組									Ⅲa	Ⅳ		
岐阜・竜門寺1号	(A)	?	?	(a)	?, ?	5, 6	AⅡ	革組 革組	約39 約45								Ⅲa	Ⅴ	報	
兵庫・茶すり山第1主体	A	a	a	a	9, 10	5, 5	AⅠ	革組 革組	6.9 8.7	(4.8) (6.2)	4.0	(6.2) (7.6)	3.7 4.0	(5.0) (7.8)	(7.0) −	Ⅲb	Ⅴ	報図	左前胴竪上1段左脇に小鉄板鍛接
滋賀・新開1号	A	a	a	a		5, 5	AⅠ	革組 革組	約34 約45	6.7 10.2	6.4 8.2	4.7	5.0 7.5	4.0 3.9	6.4 6.8	5.2 5.4	Ⅲb	Ⅴ	図
奈良・兵家12号	A	(a)	a	a	11, 12	5, 5	AⅠ	革組 革組	33.4 42.2	7.0 10.3	6.6 6.5	4.7	6.5 7.2	4.0 3.7	5.5	5.8 7.2	Ⅲb	Ⅴ	報
京都・今林6号	A	a	a	a	(12, 12)	5, 5	B	革組 革組	6.4 8.9	(3.8) (6.5)	3.7 4.0	(4.6) (7.5)	3.6	(5.2) (7.1)	7.5	Ⅲb	Ⅴ	図	
福井・天神山7号		a	a		(13, 13)	5, 5	AⅡ	革組 革組									Ⅲb			
岡山・月の輪	A	?	?	−	11+, 11+	?, ?	B	革組 革組	約39 約45										報	

【三角板革綴短甲(長方板三角板併用革綴短甲を含む)】

古墳名	連接(革綴)位置				連接数(革綴数)	地板枚数	前胴地板配置	覆輪上下	前胴高後胴高(cm)	各段幅:左前胴(上)・後胴(下)(cm)							阪口分類	橋本分類	計測値	備考
	引合	左前	右前	後						竪上			長側							
										1段	2段	3段	1段	2段	3段	4段				
栃木・佐野八幡山	A	a	a	a	(12, 12)	15, 17	Z(B)	革組 革組									TⅡ	−		等角系
福井・向山1号(1)	A	a	a	a	(12, 12)	13, 14	Z	革組 革組									TⅡ	−		等角系、裾板に鋲使用
福岡・宮司井手ノ上	A	(a)	a	a	12, 12	13, 13	A	革組 革組	34.5 42.3	6.8 9.6	3.4 7.1	3.4 4.3	5.9 6.9	3.4 3.6	6.6 7.4	5.5 6.6	TⅡ	−	図	等角系
韓国・福泉洞4号	A	a+	a+	a+	13, 17	13, 11	B	革組 革組	約34 約46	6.2 9.2	4.2 8.0	4.0 4.8	6.2 8.0	4.0 4.0	4.9 7.1	5.7 6.2	TⅡ	−	図	等角系
韓国・道項里13号	A	a	a	a	12, 12	11, 11	B	革組 革組									Ⅰa			前胴6段構成
大阪・心合寺山	A	a	a	a	12, 14	11, 11	B	革組 革組	33.3 41.3	6.4 9.4	4.4 7.4	3.0 6.6	5.6 6.6	3.5 3.6	4.2 6.5	6.2 7.1	Ⅰa		報図	
韓国・玉田68号	A	a	a	a	12, 13	11, 11	B	革組 革組	31.5 42.8	5.8 7.1	2.6 8.8	3.4 4.0	3.6 7.0	3.6 3.8	5.6 7.5	6.3 6.7	Ⅰa		図	後胴竪上1段に補充板
大阪・堂山1号	A	(a)	a	(a)	11, 11	11, 11	B	革組 革組	(38.2) (47.6)	7.0 6.8	6.0 8.4	3.3 4.6	5.0 9.0	3.7 3.7	6.0 9.0	6.2 6.8	DⅠ	Ⅰa	報図	
大阪・岸ヶ前	A	a	a	a	(11, 11)	11, 11	A	革組 革組	約35 約43	7.2 9.4	3.5 6.2	3.5 (3.5)	4.9 −	3.0 −	7.0 7.3	(6.0) 6.3	Ⅰa		報	後胴地板配置逆位
滋賀・新開1号	A	a	a	a		11, 9		革組 革組	35.4 45.0	7.2 10.3	3.7 8.0	3.8 4.8	7.4 8.0	3.8 3.8	6.0 7.4	4.8 6.0	DⅠ	Ⅰa	図	長側2段右脇に鋲使用
長野・倉科2号	A	a	a	a	14, 15	9, 13	A	革組 革組	(31.5) −	5.5 −	4.4 −	3.0 3.8	4.8 6.6	3.2 3.6	4.4 (7.0)	6.5 6.7		Ⅱa	報図	右前胴・後胴竪上1段欠
奈良・新沢139号		a	a	a+	(11, 11)	9, 11	B	革組 革組	約31 約46								DⅠ	Ⅱa	報	後胴裾板2枚構成

付表　短甲属性表

古墳名	連接(革綴)位置				連接数(革綴数)	地板枚数	前胴地板配置	覆輪上下	前胴高後胴高(cm)	各段幅：左前胴(上)・後胴(下)(cm)							阪口分類	橋本分類	計測値	備考
	引合	左前	右前	後						竪上			長側							
										1段	2段	3段	1段	2段	3段	4段				
兵庫・年ノ神6号	A	a	a	a	15, 15	9, 11	A	革組	35.3	8.0	3.2	3.2	5.0	3.3	5.6	6.5	DⅠ	Ⅱa	報図	後胴竪上1段1枚構成(疑似綴目)・逆位
								革組	41.9	11.0	6.6	3.6	6.2	3.4	6.6	6.4				
岐阜・亀塚	A	-	-	(a)	(10, 10)	9, 11	B	革組										Ⅱa		
								革組												
京都・ニゴレ	A	a	a	a	11, 14	9, 12	A	革組	34.0	5.4	3.7	2.9	6.4	3.4	5.9	6.0	DⅣ	Ⅱa	報図	左前胴開閉
								革組	(44.0)	-	7.2	3.7	(7.1)	3.5	-	5.8				
福岡・老司2号石室	A	a	a	a/+	13, (13)	9, 9	A	革組	35.1	6.1	3.6	3.5	(6.1)	(3.1)	6.0	6.3	DⅠ	Ⅱa	報図	
								革組	42.8	10.4	7.8	3.6	8.1	3.5	-	6.6				
石川・下開発茶白山9号第2主体	A	a	a	a	(15, 15)	9, 9	A	革組	36.4	7.9	4.2	3.0	4.6	3.2	6.6	6.5	DⅠ	Ⅱa	報図	
								革組	47.3	11.0	8.4	3.3	8.2	3.4	7.4	7.1				
群馬・長瀞西	A	a	a	a	12, 13	9, 9	A	革組	31.6	(4.9)	4.6	2.7	5.3	3.0	6.6	-	DⅡ	Ⅱa	報図	
								革組	40.0	8.8	7.4	3.0	7.3	3.0	6.2	5.7				
福岡・堤当正寺	A	a	a	a	11, 13	9, 9	Z	革組		7.3		2.8		2.9		約6		Ⅱa	報	
								革組		10.5		3.6		3.2		8.0				
香川・原間6号	A	a	a	a	10, 12	7, 7	Z	革組		8.7	3.4	3.2	6.0	3.1	4.4	6.3		Ⅲa	報	前胴地板配置A+B
								革組		10.4	8.2	3.8	4.6	3.0	5.2	7.2				
奈良・新沢508号	A	a		a+	11+, 11+	13, 11	Y	革組	38.5								T	-	報	等角系、前胴長方板
								革組	46.9											
静岡・五ヶ山B2	A	a	a	a	12, (11)	9, 11	Y(B)	革組	34.3	7.6	(4.1)	2.9	4.6	3.2	6.4	(6.0)	DⅠ	Ⅰb	調報	前胴長側1段長方板
								革組	44.5	10.0	7.7	3.9	7.0	3.5	6.2	6.8				
静岡・文殊堂11号第1埋葬施設	A	a	a	a	14, 15	7, 11	Y(B)	革組	33.6	5.8	4.1	3.3	5.8	3.3	6.2	5.1		Ⅱb	報図	前胴長側1段長方板
								革組	40.5	8.6	7.2	3.7	7.6	3.3	6.3	6.6				
大阪・鞍塚	A	a	-	a	13, 14	7, 9	Y(A)	革組	31.8	6.7		2.9		3.3		5.7	DⅢ	Ⅱb	報	前胴長側1段長方板
								革組	43.8	9.8		3.5		3.5		7.9				
福井・向山1号(2)	A	a		a	10+, 10+	5, 7	Y(B)	革組									DⅢ	Ⅲb		前胴長側1段長方板
								革組												

【三角板鋲留短甲（三角板横矧板併用鋲留短甲を含む）】

古墳名	連接(鋲留)位置				鋲頭径(mm)	連接数(鋲留数)	地板枚数	前胴地板配置	覆輪上下	開閉	蝶番板	蝶番金具	前胴高後胴高(cm)	各段幅：左前胴(上)・後胴(下)(cm)							型式	橋本分類	計測値	備考
	引合	左前	右前	後										竪上			長側							
														1段	2段	3段	1段	2段	3段	4段				
愛媛・後谷	A	a	a	a	S 5.0～6.0	(15, 15)	9, 11	B	革革	一連				5.8	3.5	3.3	4.0	3.4	4.7	(6.5)	Ⅰ-2	Ⅱa	調	
														11.0	6.5	3.4	6.5	3.2	5.8	7.7				
千葉・八重原1号(2)	(A?)	-	b	-	S 3.2～3.9	10+, 10+	9, 11	A	革組 -	両	×	長2	-	5.4	5.0	3.9	6.0	3.2	-	-	(Ⅰ-2)	Ⅱa	報	後胴右脇は革包覆輪
													-	-	-	-	-	3.2	-	-				
兵庫・宮山第3主体	(A)	a	a	b	S 4.0～5.0	10, 10	9, 11	A	革組 革組	両	×	長2	34.7	7.5	3.3	3.6	4.3	3.5	5.3	7.0	Ⅰ-2	Ⅱa	調	後胴左右脇は革組覆輪
													10.7	6.3	3.9	7.3	3.9	6.7	8.1					
東京・御嶽山	A	a	a	a	S 6.0～6.5	8, 8	7, 11	A	革組 革組	両	○	長2	(33.0)	-	3.2	2.9	6.8	-	3.0	-	Ⅱ-1	Ⅲa	報図	裾板欠
													(41.0)	10.7	6.9	3.0	6.9	3.0	5.2	7.3				
大阪・黒姫山(4)	A	a	a	b	L 6.5～7.0	9, 9	9, 9	A	革組 革組	両	○	長釣3	32.5	(6.4)	2.7	4.2	4.2	4.0	4.8	-	Ⅱ-1	Ⅱa	調	
													42.5	9.3	8.2	4.5	6.0	4.1	7.3	-				
大阪・黒姫山(5)	A	a	a	b	S 5.0～5.5	-, -	-, -	A	革組 革組	(右)	○	長釣3	35.2	6.8	3.7	4.3	4.7	3.9	5.3	6.5			調	右前胴のみ
岐阜・中八幡	(B)	b	-	b	S 6.0	(9, 9)	(13, 13)	B	革組 鉄包	一連			-	-	-	-	3.7	-	6.7	-	Ⅰ-1	Ⅰa	報	左右脇に縦板使用、後胴竪上2段5枚構成
													-	9.7	8.3	4.2	8.2	3.8	(5.8)	-				
奈良・塚山	(B-2)				(S)	(9, 9)	12, 11	(B)	革組 革組	一連			33.0								Ⅰ-1	Ⅰa	図	
													41.0	12.5	7.2	3.4	6.7	3.5	6.1	6.5				

264 付表 短甲属性表

古墳名	連接(鋲留)位置				鋲頭径(mm)	連接数(鋲留数)	地板枚数	前胴地板配置	覆輪上下	開閉	蝶番板	蝶番金具	前胴高後胴高(cm)	各段幅：左前胴(上)・後胴(下)(cm)							型式	橋本分類	計測値	備考
	引合	左前	右前	後										竪上			長側							
														1段	2段	3段	1段	2段	3段	4段				
大阪・野中(6)	B-3	b	b	b	S 6.0	9, 9	11, 12	B	革組 —	一連			30.0 35.1	5.7 —	4.2 6.7	3.5 4.1	4.2 5.7	3.5 3.8	4.9 4.8	(6.0) 6.7	I-1	Ⅰa	報	後胴裾板2枚構成、右脇に縦板2枚使用
奈良・今田1号	(B-1)	b	b		S	10+, 10+	11, 12	B	革組 —		右	○ ×	方4								I-1	Ⅰa		
岡山・随庵	(B-1)	—	—	b			11, 11	B	革組 —	一連			37.5 45.0	7.0 10.5	2.7 7.0	3.6 3.5	6.5 7.0	4.2 4.1	5.7 6.3	7.2 8.2	I-1	Ⅰa	図	
大阪・珠金塚北槨	B-2	b'	b	a	S 0.35〜0.5	12, (12)	11, 11	B	革包 —	一連			33.7 39.8	5.7 9.6	4.9 6.7	2.8 3.3	5.4 5.4	3.0 3.2	5.3 6.0	6.0 6.6	I-1	Ⅰa	報	後胴裾板2枚構成
福井・二本松山	(B)	(b)	(b)	b'		8, 8	11, 9	Z	革組 革組	一連			33.0 41.0	7.4 9.8	5.4 6.6	— 3.2	3.6 8.2	3.2 3.2	(6.8) 6.4	— —	I-1	Ⅰa	図	前胴6段構成、後胴竪上2段5枚構成
三重・小谷13号	B-1	b	b	b	S 5.0	(11, 12)	9, 13	B	革組 革組	両	○ ○	長釣2	33.0 43.3	7.8 11.8	2.4 4.8	4.4 —	4.0 —	4.0 3.8	3.8 —	(5.0) 7.6	I-2	Ⅱa	報図	
奈良・新沢115号	B-1	(b)	b'	b'	S 4.5〜6.0	9, 9	9, 12	B	鉄包 鉄包		右	○ ×	長2	33.1 43.2	5.6 10.0	4.3 7.5	3.5 3.3	5.2 7.1	3.2 3.4	5.5 5.8	5.8 7.3	I-2	Ⅱa	調	後胴右脇は鉄包覆輪
石川・和田山5号B槨	(B-1)	(b)	b	b	S	—, —	(9, 12)	B	革組 革組		右	○	長2									I-2	Ⅱa		
韓国・上栢里	(B-2)	b	b	b		(7, 7)	9, 12	B	鉄包 鉄包		右		方4									Ⅱa		
福岡・稲童21号	B-1	b	b	b	S 5.0〜5.4	13, 13	9, 11	B	鉄包 鉄包	一連			43.5	4.6 9.5	4.6 7.0	3.2 3.5	5.1 7.5	3.2 3.5	6.8 7.2	7.2 8.5	I-2	Ⅱa	調報	
神奈川・朝光寺原1号	(B-1)	(b)	—	(b)	S	(13, 13)	9, 11	B	革組 革組		右	○ ×	長2									I-2	Ⅱa		
大阪・野中(5)	(B)	—	—	a	S 6.0〜6.5	(10, 10)	9, 9	A	革組 革組	一連			30.9 36.7	6.6 —	— 4.0	— 5.1	3.7 3.7	4.2 5.4	6.2 6.1		I-2	Ⅱa	調	
大阪・野中(1)	B-2	b'	b	b	S 6.0〜6.5	11, (11)	9, 9	A	革組 —	一連			32.1 38.5	6.1 12.0	3.7 5.7	3.6 4.0	5.1 6.6	3.5 4.2	5.1 6.3	4.8 (6.1)	I-2	Ⅱa	調	
宮崎・島内A号 or 西都原出土	B-1	b	b	b	S	12, 12	9, —	A	革組 —		右	○ ○		— —	5.9 約9	3.0 6.3	3.5 3.4	5.9 6.8	3.5	6.6	5.0	I-2	Ⅱa	調	後胴下半欠
長野・溝口の塚	B-1	b	b	b	L	11, 11	9, 11	B	鉄包 鉄包		右	○ ×	34.5 44.0	5.4 9.9	2.9 7.5	3.7 3.8	7.5 6.6	3.7 3.9	5.4 (6.6)	(6.4) 6.2	Ⅱ-1	Ⅱa	報図	後胴右脇は鉄包覆輪
兵庫・小野王塚	C	a	a	b/c'	S 6.0	10, 10	9, 10	A	革組 革	一連			35.8 41.5	7.7 10.8	3.2 6.7	3.5 3.7	4.2 6.7	3.8 3.3	— 6.6	— 8.6	I-2	Ⅱa	報図	右脇に縦板使用
大阪・黒姫山(7)	C	a	a	c	L 6.0〜7.0	(8, 8)	(10), 11	B	革組 革組	一連			約33 45.8	(6.1) (12.7)	3.0 5.7	4.2 4.1	3.0 6.6	4.3 4.1	4.0 (5.6)	— (8.5)	Ⅱ-2	Ⅱa	調	右脇に縦板使用
奈良・円照寺墓山1号(1)	C	a	a	—		(9, 9)	9, 11	A		両		長2	33.9 45.5								Ⅱ-2	Ⅱa	報	
大阪・黒姫山(24)	C	b	(b)	b	L 6.5〜8.0	9, 9	9, 11	B	革組 —	一連			32.5 (44.1)	5.7 11.5	3.0 5.8	4.2 4.2	3.9 4.8	4.2 4.8	4.5 4.9	(8.0)	Ⅱ-2	Ⅱa	調	右脇に縦板使用
大阪・黒姫山(2)	C	c	c	b'/c	L 7.0〜7.5	8, 8	9, 11	B	革組 革組	一連			33.5 42.7	6.3 (12.5)	2.6 6.6	3.3 4.0	4.8 5.2	3.5 3.7	4.9 4.3	8.6	Ⅱ-2	Ⅱa	調	
兵庫・法花堂2号	(C)	b	(a)	b	L 6.0〜8.0	9, 9	9, 11	A	革包 革包		右	○ ×	長2	32.5 42.5	6.2 10.4	2.8 6.9	4.4 4.3	4.2 5.5	4.1 4.8	6.5 9.2		Ⅱ-2	Ⅱa	調	後胴右脇は革包覆輪か
滋賀・雲雀山2号	C		a		L	7, 7	9, 9	A	革組 革組		右	○ ×	釣3	34.0 43.0		13.0	5.6	4.4	5.0	3.7	4.9	8.9	Ⅱ-2	Ⅱa	図
三重・近代	C	—	a	—	L 0.7前後		7, 9	A	革組 革組	一連			33.0 (39.0)	6.2 12.2	3.9 —	3.8 4.0	3.4 3.5	4.0 5.5	4.1 8.5	7.3	Ⅱ-2	Ⅲa	報図	
大阪・黒姫山(6)	(C?)				L 4.0〜4.5	—, —	—, 9	A	革組 革組	両	○ ○	長釣3											調	欠失部分多い

付表 短甲属性表

古墳名	連接(鋲留)位置 引合	左前	右前	後	鋲頭径(mm)	連接数(鋲留数)	地板枚数	前胴地板配置	覆輪上下	開閉	蝶番板	蝶番金具	前胴高後胴高(cm)	竪上1段	竪上2段	竪上3段	長側1段	長側2段	長側3段	長側4段	型式	橋本分類	計測値	備考
韓国・蓮山洞	C	b					9, 11	B	鉄包/鉄包	両	×	長釣									II-2			
大阪・野中(7)	D	b'	a	b	S 0.5	10, 11	9, 9		革組/−	両	○ ○	長釣3	(31.7) 37.4	6.5 10.0	3.9 6.5	4.2 4.5	4.6 6.2	4.0 4.1	2.9 6.6	6.1 (7.5)	I-2		報	
宮崎・下北方5号	(D?)				S		9, 11	A	革組/革組	両	○ −	長2	34.0 45.5	5.4	3.5	3.4	6.0	3.3	6.0	7.5	(I-2) IIa		調	後胴外面の錆化著しい
奈良・後出7号	D	b	b	b	L 6.0～7.0	10, 10	9, 9	A	革包/革包	右	○ ×	長2	34.7 44.4	6.7 12.9	2.1 6.5	3.6 4.3	5.1 6.3	3.8 3.8	5.4 6.2	6.9 (8.3)	II-1 IIa		調	後胴右脇は鉄包覆輪か
滋賀・新開1号		b	b				(7), 9	A	革組/革組	一連			34.1 44.5	7.5 10.4	3.7 8.0	3.4 3.6	5.0 8.4	3.4 3.2	5.6 6.8	6.2 6.2	(IIIa)		図	
宮崎・島内3号	B-1	b'	b	b/b'	S 6.0前後	11, 11	7, 9	Y	革組/革組	一連			30.8 41.2	6.8 10.0	4.0 6.8	4.1 3.5	3.5 6.7	3.8 3.5	5.6 6.5	6.3	I-1 IIb		調	後胴裾板2枚構成
千葉・八重原1号(1)	B-1	(b)	b	b	S 5.0～5.9	8, (8)	7, 7	Y	革組/革組	右	○ ×	釣3	約35 −	6.2 11.0	− 6.1	− 4.3	5.4 5.9	4.0 3.7	− 4.7		I-1 IIb		報	後胴右脇は幅広の鉄包覆輪
京都・宇治二子山南	B-1	b	b	b	L	8, 10	5, 5	Y	鉄包/鉄包	右	○ ○	長2		7.5 12.0	2.8 6.7	4.2 3.9	5.6 5.4	3.8 3.9	(4.0)	8.8	I-2 IIIb		図	後胴右脇は鉄包覆輪
奈良・後出3号第2主体	B-1	b	b	a/b	L 7.0～8.0	9, 9	5, 5	Y	革包/革包	右	○ ×	方4金銅	32.0 42.9	5.6 9.7	2.8 8.5	(3.7) 3.4	(4.8) 7.0	3.3 3.4	5.3 5.1	6.4 7.8	I-2 IIIb		調	後胴右脇は幅広の鉄包覆輪
奈良・円照寺墓山1号(2)	C	a	−	b	L	8, 9	(7, 11)	Y (A)	革組/革組	右	○ ○	長2	34.8 −								I-2 IIb		報	前胴長側3段のみ三角板
韓国・昌寧校洞3号	(C)	−	−	c	L	8, 8	(5, 5)	Y	鉄包/鉄包	右	○ ○	長2	− −	9.8	8.2	4.8	4.4	6.2	− 9.4		I-2 (IIIb)		図	
静岡・林2号	C	a	a	a	L 8.0～9.0	7, 9	5, 5	Y	革組/鉄包	右	○ ○	方3	35.0 45.6	6.3 11.8	1.6 5.8	4.6 4.6	5.4 5.3	3.4 3.4	4.9 6.6	8.5 9.4	I-2 IIIb		報図	後胴右脇は革包覆輪
広島・曲2号	C	c	b'	a/c	S 5.0～6.5	7, 7	5, 5	Y	鉄包/鉄包	右	○ ○	長2	39.2 48.9	4.7 10.7	5.4 9.0	4.6 3.4	5.8 6.6	3.8 3.7	4.3 5.2	8.6 9.5	I-2 IIIb		報図	後胴右脇は鉄包覆輪
岡山・仙人塚	(C)	c	c	a		(10, 10)	−, −	Y		右		× 長2									(I-2)	−		
長野・新井原7号						(10, 10)	5, 5	Y	革組/革組	右	○ ×										IIIb			後胴長側3段は地板1枚
大阪・西小山								Y	革包/革包	両	○	長2	32.7 45.5								IIb		報	前胴5段構成
福岡・永浦4号	C	a	a	a	S 4.5～5.3	12, 11			鉄包/鉄包	両	○ ○	長2	33.9 46.5	6.8 9.2		4.8 4.5							報	前後胴5段構成、左右脇部は革組覆輪
長野・林畔1号	(B-1)				S	11, 11			革組/−	右	○ ○	長2	− −	10.4	7.6	4.0	7.0	−	−	−			調	前胴5段構成
韓国・加達4号	(B-1)	b							鉄包/鉄包	(右)		長釣3												破片
大阪・黒姫山(20)	−	−	−		L 8.0～8.5	(7, 7)	−, (9)	A	−/革組	一連													調	破片
徳島・恵解山1号	−	−	a	−	S		−, −	A	革組/−	一連														右脇に縦板使用か

266　付表　短甲属性表

【横矧板鋲留短甲（横矧板革綴短甲を含む）】

古墳名	連接（鋲留）位置 引合	左前	右前	後	鋲頭径(mm)	連接数(鋲留数)	地板枚数	小鉄板	覆輪上下	開閉	蝶番板	蝶番金具	前胴高 後胴高(cm)	各段幅：左前胴(上)・後胴(下)(cm) 竪上 1段	2段	3段	長側 1段	2段	3段	4段	型式	計測値	備考
福岡・真浄寺2号(1)	A	b	b	b	L 7.0	10, 10			革 革	右	○ ○	方4 金銅	33.2 約42	5.1 12.6	3.9 5.7	4.1 4.2	5.3 5.4	3.6 3.9	4.0 4.8	7.2 (8.5)	II-1	調	
長野・鎧塚	A	a	a	a	L 7.0	(9, 9)	隅丸		鉄包 鉄包	右	○ ×	方4 金銅	33.3 44.4	5.5 10.7	2.3 7.0	3.5 3.9	6.2 6.7	3.5 3.9	5.2 5.8	7.4 8.7	II-1	調	
宮崎・島内76号	A'	b'	a	a/b'	L 6.5～7.5	8, 8	隅角		革組 革組	右	○ ○	三3	34.5 44.2	6.1 13.0	3.1 6.5	3.8 3.8	4.7 5.9	3.9 3.7	3.9 4.5	(9.2) 8.4	II-1	調	
大阪・野中(4)	B-1	b	b	b	S 6.5	13, 13	隅角		革組 革組	一連			31.6 39.3	6.1 10.7	4.6 6.3	3.2 3.4	4.5 6.7	3.4 3.5	4.7 5.1	(6.8) (5.7)	I	調	後胴裾板2枚構成、長側3段脇部を斜めに成形
大阪・野中(3)	B-1	(b)	(b)	—	S 6.5	(11, 11)	隅角		革組 —	一連			(32.1) 40.2	5.9 —	3.3 —	3.4 3.7	4.9 6.5	4.0 4.4	4.5 4.4	6.0 6.5	I	調	後胴裾板2枚構成、長側3段脇部を斜めに成形
大阪・野中(2)	B-1	b	(b)	(b)	S 6.5	(10, 10)	隅角		革組 —	一連			31.5 41.6	5.2 11.8	4.1 5.5	3.5 3.3	5.1 6.2	3.6 3.4	4.4 5.6	5.9 6.9	I	調	後胴裾板2枚構成
大阪・野中(11)	B	—	(b)	(b)	S 6.0	10+, 10+			革組 革組	一連			— —	— 9.6	— —	— 4.1	— —	— 3.9	— 5.7	6.3 —	I		
福岡・稲童21号	B-1	b	b	b	S 5.0～5.5	(9, 9)	隅角		革組 革組	一連			33.0 40.4	5.9 10.9	4.8 4.8	3.7 3.5	4.5 (9.0)	4.1 4.1	4.0 5.4	6.8 7.2	I	調	後胴裾板2枚構成、長側3段脇部を斜めに成形
宮崎・小木原3号	(B-1)	b	b	b	S 5.0～6.0	9, 9	隅角	④	鉄包 鉄包	右	○ ×	長2	32.4 45.5	4.9 11.0	3.9 6.8	3.5 4.0	5.4 4.8	4.0 4.1	4.5 6.4	6.8 8.6	II-1	調	
島根・月坂放レ山5号	B-1	b	b	b	L 6.0～7.0	13, 13	隅角		鉄包 鉄包	右	○ ×	長2	37.9 46.4	4.9 11.2	4.2 6.4	4.4 5.4	7.0 5.2	4.8 5.2	5.4 5.8	7.8 8.2	II-1	図	後胴右脇も鉄包覆輪
和歌山・大谷	(B-3)	b	b	b'	L	(11, 12)	隅角		鉄包 鉄包	両	○ ×	長2	36.2 47.1	5.5 13.0	2.8 5.7	4.5 5.2	5.3 6.3	4.6 5.2	5.0 3.5	8.4 9.0	II-1	図	
茨城・舟塚山17号	B-1	b	b	b/b'	L 6.0～7.5	10, 10	隅角		鉄包 鉄包	右	○ ○	方4	33.4 43.4	6.1 11.0	3.7 6.9	3.8 4.0	3.7 6.1	3.9 3.7	5.0 5.0	(7.0) 8.6	II-1	調	幅広の鉄包覆輪に変更
宮崎・六野原10号	(B-1)	(b)	—	(b)	L 6.0～7.0	9, 9	隅角		革組 革組	右	○ ×	長2	— —	— 12.1	— 6.0	— 3.6	— 3.6	— 5.5	— 8.8		II-1	調	前胴・後胴一部残存
埼玉・東耕地3号	B-1	b	b	b	L 6.0～8.0	9, 9	隅角	①	革組 革組	右	○ ○	釣4	35.2 42.5	7.2 13.2	3.6 4.8	3.9 4.0	3.9 4.9	3.9 4.2	4.6 4.9	6.8 7.2	II-1	調	左前胴長側3段2枚構成
東京・御嶽山	B-1?	b	b	b	L 8.0前後	9, 9	隅角	③ ④ ⑤	革組 鉄包	右	○ ○	長2	約35 44.4	6.5 9.9	2.9 6.9	4.1 3.6	4.7 5.6	3.9 4.5	— 5.4	(8.0) 5.2	II-1	報	後胴押付板3枚、下縁は鉄包覆輪に変更
奈良・後出2号(3)	B-3	b	b	b	L 8.0	9, (9)	隅角		革包 革包	右	○ ×	方4	34.9 45.0	6.5 12.3	4.6 5.5	3.8 3.8	5.1 6.4	3.8 4.0	3.9 5.5	(6.6) 8.5	II-1	調	
宮崎・下北方5号	(B)	(b)	(b)	a/b'	L 6.0～7.0	(8, 9)	隅角		革包 革包	右	○ ×	方4	34.5 45.0	— 13.4	— 6.6	— 3.9	— 4.6	— 3.8	— 4.4	— 9.6	II-1	調	
兵庫・亀山1号主体	B-1	(b)	b	b	L 6.5～7.0	8, 8	隅角		革包 革包	右	○ ×	方4 金銅	4.9 (10.3)	— 6.6	— 3.8	— 6.4	3.3 3.3	— 5.7	— 7.0		II-1	調	
群馬・鶴山(1)	B-3	b	b	b	L 8.0	7, 7	隅角		革包 鉄包	右	○ ○	方4 金銅	36.4 44.0	5.8 11.5	3.4 6.0	4.2 4.1	5.4 3.8	4.1 4.5	4.8 4.5	9.0 9.2	II-1	報	後胴右脇は鉄包覆輪
長野・月の木埋葬施設1	B-1'	b	b	b/b'	L 8.0	6, 8	隅角		鉄包 鉄包	右	○ ○	方4	36.0 45.0	4.4 11.6	2.5 6.4	3.8 4.4	6.3 4.3	4.1 4.3	3.8 4.6	8.6 10.9	II-2	図	後胴右脇も鉄包覆輪
香川・岡の御堂1号	C	a	a	b'	L 7.0～8.0	(9, 9)	隅角	④	鉄包 鉄包	右	○ ○	長2	(35.8) 45.8	— (10.8)	— (8.2)	5.0 4.9	(6.3) 5.7	— 3.9	5.1 5.6	8.3 9.0	II-2	調	後胴右脇も鉄包覆輪
大阪・黒姫山(3)	C	c'	a	a	L 6.5～7.5	9, 9	隅角		革組 革組	右	○ ○	長2	— —	5.4 11.3	3.6 6.9	3.8 4.0	5.9 5.9	3.8 4.0	4.0 4.2	8.0 (8.8)	II-2	調	左前胴〜後胴長側2段一連

付表　短甲属性表

古墳名	連接(鋲留)位置				鋲頭径(mm)	連接数(鋲留数)	地板枚数	小鉄板	覆輪上下	開閉	蝶番板	蝶番金具	前胴高 後胴高(cm)	各段幅：左前胴(上)・後胴(下)(cm)							型式	計測値	備考
	引合	左前	右前	後										堅上			長側						
														1段	2段	3段	1段	2段	3段	4段			
宮崎・島内62号	C	c	c	a/c'	L 6.0~7.0	9, 9	隅丸		鉄包 鉄包	右	○ ×	長2	34.8 45.2	4.5 11.5	3.5 6.3	4.0 4.6	5.3 5.9	4.3 4.3	4.6 5.1	8.5 8.8	II-2	調	
滋賀・黒田長山4号北棺	C	a	a	a	L 7.0~7.5	8, 8	隅角・丸		鉄折 鉄折	右	○ ×	長釣3	36.0 45.0	5.7 12.0	3.7 6.6	3.5 4.0	5.7 6.5	3.9 3.3	5.0 5.1	7.6 8.9	II-2	調	
千葉・大寺山	C	a	a	c	L 8.0	8, 8	隅角		鉄折 鉄折	右	○ ×	釣3									II-2	調	破片
長野・権現3号	C	a?	c	a/b?	L 7.0~8.0	(8, 8)	隅角・丸		鉄包 鉄包	右	○ ×	長2	35.9 44.7	4.5 10.4	4.9 6.6	3.7 3.9	4.7 6.1	3.5 3.7	5.8 6.5	8.5 8.6	II-2	調	
千葉・布野台	C	c?	c'	a	L 7.0~8.0	8, 8	隅角・丸		革組 革組	右	○ ○	方5	34.5 44.5	5.6 12.3	4.5 6.6	4.0 4.0	5.5 6.4	3.3 4.2	3.7 4.2	7.8 7.5	II-2	調	後胴右脇は革組覆輪
奈良・新沢109号	C	c	(c)	a	L 7.0~8.0	(8, 8)	隅角		鉄折 鉄折	右	— —	方4	35.0 —	(4.4) —	3.7 —	4.3 5.0	6.0 5.9	3.6 4.1	5.0 4.4	8.0 8.6	II-2	調	後胴上半欠
奈良・池殿奥5号	C	a	a	a	L 7.0~7.5	7, 7	隅丸		鉄包 鉄包	右	○ ×	方4	33.8 43.6	5.6 11.6	3.5 4.9	4.7 4.6	3.8 4.7	4.3 4.5	8.0 4.6	8.2	II-2	調	
韓国・玉田28号	C	a	a	a		(7), 7			鉄包 鉄包	右	○ ○	長2	34.4								II-2		
福岡・高丸10号	C	c	c	a	L 8.0	7, 8	隅角・丸		鉄折 鉄折	右	○ ×	長2	34.4 43.7	4.3 11.8	2.5 6.1	4.3 5.1	5.3 5.8	5.2 5.2	4.7 3.6	8.0 (7.7)	II-2	調	
群馬・鶴山(2)	C	c	c	a	L 8.0	7, 7	隅角・丸		鉄包 鉄包		— —		— 約44	6.6 11.5	3.1 6.2	3.9 3.9	4.4 5.6	— 3.9	— 5.4	— —			前胴1/2,後胴下部欠
宮崎・西都原4号(1)	C	c	c	a	L 7.0~7.5	7, 7	隅丸	⑤	鉄折 鉄折	右	○ ○	爪3	35.7 45.8	6.1 11.9	4.9 7.5	3.8 3.8	5.2 6.0	3.6 5.4	5.2 4.8	8.0 8.8	II-2	調	
佐賀・一の谷	(C)	(c)	—	a	L 7.0	7, 7	隅丸		鉄包 鉄包	右	○ ×	鉄包	34.0 43.5	5.8 12.3	3.6 4.8	3.5 4.0	4.6 6.1	4.1 4.3	4.3 4.3	8.2 9.3	II-2	調	右前胴欠
石川・八里向山7号第1主体	C	a/c	c	c'	L 7.0~8.0	6, 7	隅角		鉄包 鉄包	右	○ ×	長2	36.5 45.3	5.6 12.5	3.8 6.0	4.5 4.6	5.9 5.2	4.3 4.5	5.2 5.8	8.9 8.9	II-2	図	後胴右脇も鉄包覆輪
奈良・新沢281号	C	a	a	a	L 7.0~8.0	(6, 6)	隅丸		革包 鉄包	右	○ ×	方4	33.0 (43.3)	4.8 —	4.2 —	3.5 —	5.6 3.8	3.3 5.2	4.1 8.7	7.3	II-2	調	後胴右脇は革包覆輪
静岡・石ノ形	C	a	a	a	L 9.0~11.0	6, 6	隅丸		鉄折 鉄折	右	○ ×	長釣3	35.1 44.8	4.7 11.2	3.4 5.4	3.5 4.1	6.6 6.8	3.8 4.0	4.2 4.7	6.7 5.3	II-2	報図	
千葉・東間部多1号	C	a	a	a	L 8.0	6, 6	隅丸		鉄包 鉄包	右	○ ×	方3	34.3 44.4	5.3 11.8	2.7 5.7	4.5 4.5	5.4 5.7	4.4 4.3	3.6 5.5	8.8 9.2	II-2	調	
長野・立石所在	C	a	—	a	L 8.0	6, 6	隅角・丸		鉄包 鉄包	右	— —		— 43.0	6.4 12.2	3.5 6.1	4.1 4.9	5.2 5.8	4.2 4.4	4.4 5.3	— 9.2	II-2	調	右前胴欠
岡山・正崎2号	C	a	a	c	L 8.0	6, 6	隅角・丸		革包 鉄包	右	○ ×	方4 金銅	37.8 45.4	— 11.6	4.2 6.6	4.8 6.0	5.8 6.1	3.8 3.8	4.6 4.8	8.4 9.3		報図	後胴右脇は革包覆輪
福岡・真浄寺2号(2)	C				L (7.0~8.0)		隅丸		鉄包 鉄包	右	○ ○	釣3	— 13.7	6.1 6.0	3.4 4.5	4.5 5.1	4.7 4.1	4.9 4.1	8.0 9.8				
熊本・マロ塚	C	c	c	a?	L	6, 6	隅丸		鉄包 鉄包	右	○ ×	方3	33.2 (44.0)	5.5 11.3	2.0 6.1	4.1 5.0	4.9 5.0	4.2 4.2	4.7 4.6	(7.0) (7.0)			後胴右脇も鉄包覆輪
滋賀・供養塚	C	c	c	a	L 6.5~7.5	6, 6	隅角・丸		革組 鉄折	右	○ ○	方4	約32 約44	5.4 (11.7)	3.9 6.3	3.9 6.0	4.6 6.5	3.8 3.8	3.8 4.1	7.6 8.0		調	後胴右脇は革組覆輪
埼玉・四十塚	C	c	c	a?	L 7.0~10.0	6, 6	隅角		鉄包 鉄包	右	○ ○	?3			2.0	4.7	5.0	4.8	(4.1)		II-2		後胴大半欠、鋲金被せ
新潟・飯綱山10号(1)	C	c	c	a	L 8.0	6, 6	隅角		鉄包 鉄包	右	○ ○	方	約33 —	6.1 —	2.8 6.8	4.4 4.6	4.0 5.5	4.0 4.2	4.0 3.8	8.1 9.4	II-2		左前胴大部分欠,後胴右脇は革包覆輪
新潟・飯綱山10号(2)	(C)	c	—	a	L 6.5~7.0	6, 6	隅丸か		革包 革包	右	○ ○	爪3	— 45.8	— 11.7	— 6.4	4.0 6.1	5.9 6.2	3.6 3.5	— 4.6	— 8.2	II-2	調	前胴大部分欠

付表　短甲属性表

| 古墳名 | 連接(鋲留)位置 | | | | 鋲頭径(mm) | 連接数(鋲留数) | 地板枚数 | 小鉄板 | 覆輪上下 | 開閉 | 蝶番板 | 蝶番金具 | 前胴高後胴高(cm) | 各段幅：左前胴(上)・後胴(下)(cm) | | | | | | | 型式 | 計測値 | 備考 |
| | 引合 | 左前 | 右前 | 後 | | | | | | | | | | 竪上 | | | 長側 | | | | | | |
														1段	2段	3段	1段	2段	3段	4段			
静岡・多田大塚4号	C	a	a	a	L 7.0〜8.0	5, 5	隅丸	①	鉄包 鉄包	右	○ ×	方3	38.2 46.8	6.2 11.9	2.8 5.3	5.2 5.8	5.7 5.6	4.6 4.7	4.8 4.9	9.3 9.3	II-2	調	左前胴〜後胴長側2段一連
三重・大垣内	C?	c	a?	a	L 8.0	5, (5)	隅丸		鉄包 鉄包	右	○ ×	方3	35.4 47.5	5.5 11.4	5.8 8.7	5.4 5.0	6.4 7.4	4.6 4.7	6.5 7.7	9.8 7.7	II-2	報	後胴右脇も鉄包覆輪
茨城・三昧塚	C	c	c	c	L 7.0〜8.0	(5), 5	隅角		鉄包 鉄包	右	? ×	方3 金銅	35.0 48.7	5.6 (14.3)	2.3 3.8	4.5 5.3	3.8 5.1	4.8 5.1	(5.0) 4.1	— 11.0	II-2	調	
宮崎・島内1号	C	c	c	c	L 8.0	5, 5	隅丸	① ③	鉄包 鉄包	右	○ ×	方3	(34.4) (44.4)	6.5 12.2	2.4 4.1	4.2 6.1	3.5 4.2	4.2 4.6	4.7 4.6	— 10.3	II-2	調	
大阪・黒姫山(12)	C	a	a	—	L 7.0〜7.5	—, —	隅角・丸		鉄折 鉄折	右	—	—	— —	5.8 13.4	2.9 —	4.0 —	3.7 4.8	4.4 4.7	4.0 9.0	8.3 —	II/III	調	
奈良・後出2号(1)	C	b'	b'	b'	L 6.0〜7.0	9, 9	隅角		鉄包 鉄包	右	○ ×	長2	36.7 45.6	5.8 (12.5)	4.0 6.2	4.1 4.0	5.3 7.1	4.0 4.1	6.0 6.0	7.8 8.7	II-2	調	
茨城・上野	(C)	b	—	b		9, 9			鉄包 鉄包	右	○ ×	長2	約36 48.0	— 13.0	2.9 7.0	5.1 5.4	4.9 4.5	4.7 5.2	3.1 3.5	9.2 9.2	II-2	調	右前胴欠
兵庫・亀山2号主体	(C)	b'	c	(c)	L 6.0〜7.0	(9, 9)	隅丸		革組 鉄包	右	○ ○	長2	— —	— 10.3	3.7 7.2	3.6 4.2	— 6.0	— 4.0	— —	— —	II-2	調	前胴下半欠、後胴上下は幅広の鉄包覆輪に変更
奈良・新沢173号	C	c	c	b	L 7.0〜8.0	9, 9	隅角		鉄包 鉄包	右	○ ×	方4 金銅	35.2 44.3	6.1 12.5	4.2 5.3	3.9 4.5	5.5 6.2	3.9 4.1	4.3 5.6	7.1 9.3	II-2	調	後胴右脇は革組覆輪
埼玉・生野山	(C)	?	(b')	(c'b')	L 7.0	7, 9	隅角・丸		鉄包 鉄包	右	○ ×	方4	35.8 44.0	5.6 13.0	4.2 5.5	4.0 4.7	4.3 5.1	3.9 4.0	3.8 4.0	7.7 9.0	II-2	調	蝶番金具は方4・金銅の可能性あり
宮崎・六野原(A)	C	b	b	b	L 7.5	7, 7	隅角		鉄折 鉄折	右	○ ×	釣2	34.1 46.0	6.3 12.8	4.2 6.0	4.3 4.8	3.5 4.6	4.8 5.1	4.1 4.9	8.0 9.1	II-2	調	左前胴〜後胴長側2段一連、後胴右脇は鉄包覆輪
石川・狐山	C	b	b	b	L 8.0〜9.0	7, 7	隅角		革包 鉄包	右	○ ×	方4	34.3 43.7	5.0 12.2	3.3 6.9	3.9 4.0	5.3 5.3	3.7 3.8	5.3 4.2	8.1 9.0	II-2	調	後胴右脇は鉄包覆輪
宮崎・六野原(B)	C?	—	b'	c/c'	L 6.5〜7.0	(7, 7)	隅角		革包 革包	右	○ ×	方4		5.6 12.1	(4.1) 6.9	4.0 4.0	5.0 5.9	4.1 3.9	3.8 5.4	8.3 9.0	II-2	調	左前胴欠、後胴右脇は鉄包覆輪
千葉・花野井大塚	C	(b')	(c)	c	L 7.0〜8.0	(7, 7)	隅角		鉄折 鉄折	右	○ ○	長2		6 12.5	(4.5) 7.0	4.3 4.0	5.4 6.4	4.3 4.7	3.7 4.7	7.5 8.4	II-2	調	
宮崎・小木原1号	C	b	—	b	L 0.9	6, 6	隅角・丸		革包 鉄包	右	— ×	方4	34.2 約48	6.4 (12.0)	2.1 5.6	4.2 4.5	4.3 5.6	4.2 4.4	4.0 4.2	9.0 —	II-2	調	右前胴欠、左前胴〜後胴長側2段一連
大分・扇森山	C	b'	b'?	b	L 8.5〜9.0	4, 4	隅角・丸		革包 鉄包	右	○ ×	方4	37.0 46.6	5.9 12.7	3.3 5.1	5.2 5.1	3.7 4.8	5.4 5.5	3.8 4.0	— 11.3	II-2	調	後胴右脇は鉄包覆輪
大阪・黒姫山(22)	C	b	b	—	L 7.0	—, —	隅角		革組 —	右	○	長2	— —	— —	3.3 —	4.6 —	4.0 —	4.6 —	3.6 —	— —	II/III	調	破片
奈良・新沢510号	C	c	c	c	L 8.0	7, 7	隅丸		革 革	右	○ ×	方3 金銅	31.8 41.7	6.6 11.3	2.4 5.9	4.0 4.2	3.4 6.3	4.1 4.4	4.4 4.5	7.0 8.3	III	調	左前胴〜後胴長側2段一連、後胴右脇も鉄包覆輪
冨山・イヨダノヤマ3号	C	c	c	c	L 7.5	7, 7	隅角		鉄包 鉄包	右	○ ×	方4	35.0 44.5	6.6 12.7	3.2 6.1	4.5 5.0	4.6 4.6	4.4 4.5	4.1 4.4	8.4 9.8	III	調	
奈良・後出2号(2)	C	c	c	c?	L 7.0〜8.0	(7, 7)	隅角	④	鉄包 鉄包	右	○ ×	長2	36.4 44.6	3.9 10.4	5.4 7.4	3.9 4.0	5.3 5.2	4.1 3.7	6.2 (5.5)	(8.2) (7.5)	III	調	後胴右脇も鉄包覆輪
福岡・稲童8号	C	(c)	(c)	c	L 8.0	(7, 7)	隅角		革包? 革包?	右	○ ×	方4 金銅	36.0 (49.2)	4.8 (15.0)	3.7 6.0	4.0 4.7	6.0 5.4	3.8 4.0	4.7 4.3	9.2 9.3	III	調	
奈良・円照寺墓山1号	C	c'	(c)	c'?		(7, 7)			鉄包 鉄包	両	○	釣3									III		
福岡・セスドノ	C	c	c	c	L 約8.0	6, 6	隅角か		鉄折 鉄折	右	○ ×	長2	34.6 43.1	11.5	5.7	4.2	6.4	3.9	5.2	7.8	III	図	

付表　短甲属性表

古墳名	連接(鋲留)位置				鋲頭径(mm)	連接数(鋲留数)	地板枚数	小鉄板	覆輪上下	開閉	蝶番板	蝶番金具	前胴高後胴高(cm)	各段幅：左前胴(上)・後胴(下)(cm)							型式	計測値	備考
	引合	左前	右前	後										竪上			長側						
														1段	2段	3段	1段	2段	3段	4段			
山梨・三珠大塚	C	c	c	c	L 8.0	6, 6			鉄折 鉄折	右	○ ×	方		<u>4.7</u> 12.3	3.5 6.1	3.7 4.3	4.2 5.3	3.7 3.4	5.3 4.3	7.2 8.9	III	調	
福岡・馬場代2号	C	c	c	c'	L 8.0	6, 6			隅丸	鉄包 鉄包	右	○ ×	方3									III		
宮崎・西都原4号(2)	C	c	c'?	c/c'	L 8.0〜9.0	6, 6		隅丸	③	鉄包 鉄包	右	○ ×	方3	33.5 43.3	6.4 11.2	3.0 6.0	4.1 4.6	4.5 4.9	4.0 4.3	3.8 5.2	7.3 8.6	III	調	左前胴〜後胴長側2段一連、後胴右脇は革包覆輪
大阪・黒姫山(1)	C	c'	c'	(c)	L 7.0〜8.0	6, 6		隅角		革組 革組	右	○ ×	長2	(33.2) (42.9)	− 12.0	2.6 5.7	4.1 4.5	4.9 5.0	4.4 4.4	3.5 4.7	− (8.5)	III	調	
熊本・伝佐山	C	c'	c'	c'	L 9.0	6, 6		隅丸		鉄包 鉄包	右	○ ×	方3	(33.7) (48.0)	6.1 11.8	3.1 6.3	4.1 4.6	5.6 6.0	3.8 3.8	3.8 (4.0)	8.2 −	III	調	左前胴〜後胴長側2段一連(長側1段も?)
群馬・中原	C	c	c	?	L 8.5〜10.0	(6, 6)			鉄包 −	右	○ ×	方4									III	調	後胴右脇も鉄包覆輪
宮崎・島内81号	C	c	c	c	L 9.0	5, 5		隅丸	①	鉄包 鉄包	右	○ ×	方3	34.2 43.9	5.0 11.4	3.5 7.4	3.1 3.5	6.4 6.2	3.4 3.6	4.4 5.6	7.1 9.2	III	調	左前胴〜後胴長側2段一連
奈良・後出3号第1主体	C	c	c	c	L 8.5〜1.0	5, (5)		隅角・丸	①	鉄包 鉄包	右	○ ×	方3	34.0 45.8	5.8 12.8	2.2 5.5	4.2 4.9	5.1 5.0	4.5 4.5	3.8 4.2	(8.8) 9.7	III	調	左前胴〜後胴長側2段一連
千葉・烏山2号	C	c	c	c	L 8.0	5, 5		隅丸		鉄包 鉄包	右	○ ×	方3・4	37.5 46.7	6.5 12.5	3.2 5.6	4.5 5.2	5.6 5.8	4.5 5.2	4.0 3.3	(9.0) (10.0)	III	報図	前胴側方形3鋲
愛知・伝岡崎	C	c	c	c	L 8.0〜9.0	(5, 5)		隅丸		鉄包 鉄包	右	○ ×	方3	36.5 47.2	− 12.2	− 6.2	4.3 6.0	5.0 6.3	4.4 4.5	3.9 4.2	8.4 10.2	III	報図	後胴右脇は革覆輪
福岡・小田茶臼塚	C	c	c'	c	L 8.0	5, 5		隅丸		革包 鉄包	右	○ ×	釣3	36.4 46.0	5.9 11.6	3.5 7.2	3.8 3.9	5.7 6.6	3.9 3.7	3.9 4.4	9.0 9.8	III	調	裾板覆輪下に穿孔
広島・城ノ下1号	C	c	c	−	L 9.0	−, −		隅角・丸		鉄包 鉄包	右	○ ×	長2?	35.0	(5.8)	3.1	3.8	6.4	4.0	4.6	7.8	II/III	図	後胴欠失、右前胴隅角、左前胴隅丸
長野・塚原11号	C	−	(c)	(c)	L 8.0	−, −		隅丸		鉄包 鉄包	右	○ ×	長2		<u>3.8</u>	4.7	4.1	5.1	4.2	5.5	−	II/III	調	破片
大阪・黒姫山(14)	C	c	c	c	L 8.0				鉄折 鉄折	右											II/III	調	破片
大阪・黒姫山(19)	C				L 7.0	−, −			①	革組 革組	一連				− −	− −	3.9 4.5	6.0 5.6	4.0	4.1 8.1	6.1	II/III	調	
鹿児島・祓川	C									鉄包 鉄包	右	○ ×	方4 金銅									II/III		
広島・三玉大塚	D	b	b	b	L 8.0〜9.0	10, 11		隅角		鉄包 鉄包	右	○ ×	釣3	(35.5) 47.0	(7.5) 11.9	2.9 6.3	5.3 5.7	3.6 5.7	4.6 4.9	4.5 4.4	(7.3) 8.7	II-1	調	
群馬・若田大塚	D	a	a	c	L 6.0〜7.0	9, 9		隅角	⑥ ⑦ ⑨	革包 革包	右	○ ×	長2	32.8 43.4	4.3 11.0	3.6 6.8	3.5 3.6	4.7 6.5	3.6 3.5	4.9 5.0	(8.1) (7.8)	II-1	調	後胴右脇も革包覆輪
岡山・高屋出土	D	−	c'	a	L 8.0	(8, 8)		隅角		鉄包 鉄包	右	○?	(釣3)	36.0 47.2	<u>6.5</u> 13.3	2.4 −	4.2 −	4.9 4.0	3.9 5.5	4.9	9.1 10.0	II-1	調	
韓国・池山洞32号	D	a	(a)	a		(8, 8)		隅角		鉄折 鉄折	右	○ ×	長釣3	34.7 40.6								II-1	報	
滋賀・黒田長山4号南棺	D	a	a	a	L 9.0	7, 7		隅角・丸		革組 鉄包	右	○ ○	長2	34.3 41.8	6.0 12.4	(3.6) 4.8	4.0 4.4	4.6 5.0	4.2 4.0	4.5 4.7	7.9 8.9	II-1	調	幅広の鉄包覆輪
長野・溝口の塚	D	a	a	a	L 8.0〜10.0	7, 7		隅角・丸		鉄折 鉄折	右	○ ×	長2	34.0 41.5	5.5 11.2	4.0 5.4	4.2 3.9	4.2 5.8	4.0 3.9	4.5 5.2	7.5 8.7	II-1	図	後胴右脇は革包覆輪
大阪・黒姫山(10?)	D	c'	−	−	L 7.5			隅角		革組 −	右	− ×	長2									(II-1)	調	破片
大阪・黒姫山(21)	(D)	a?	−	−	L 7.0	−, −		隅角・丸		革組 革組	右	− ×	長2	(32.3) −	5.6 −	2.6 −	3.4 −	5.8 −	2.8 4.1	4.8 5.5	7.3 8.0	(II-1)	調	右前胴欠、後胴上半欠

付表　短甲属性表

古墳名	連接(鋲留)位置				鋲頭径(mm)	連接数(鋲留数)	地板枚数	小鉄板	覆輪上下	開閉	蝶番板	蝶番金具	前胴高後胴高(cm)	各段幅：左前胴(上)・後胴(下)(cm)							型式	計測値	備　考
	引合	左前	右前	後										竪上			長側						
														1段	2段	3段	1段	2段	3段	4段			
兵庫・安黒御山5号	C	c	c	a	L 8.0	(7, 8)	隅角		鉄折鉄折	右	○×	長2	35.8約45	5.1(11.1)	－(7.1)	－3.9	－6.4	3.93.9	－5.7	－(9.1)	Ⅲ	調	前胴6段、後胴右脇も鉄折覆輪
福岡・かって塚	C	c	c	a	L 8.0	(7, 7)	隅角か		鉄包鉄包	右	○×	長2	36.544.5	6.611.8	－6.0	－4.9	4.85.2	4.74.8	7.64.3	－9.4	Ⅲ	調	前胴6段、後胴右脇も鉄包覆輪
福岡・長迫	C	c	c	a	L 8.5	7, (7)	隅角		鉄折鉄折	右	○×	長2	約36約45	4.811.7	4.95.8	－4.5	5.95.6	4.74.8	6.15.9	8.29.3	Ⅲ	調	前胴6段、引合板・蝶番板端も鉄折覆輪か
宮崎・島内21号	C	c	c	c	L 8.0～9.0	7, 7	隅丸	①⑤	鉄折鉄折	右	○×	長2	34.044.1	4.811.0	7.36.4	－4.2	5.65.4	4.04.7	4.74.6	7.58.9	Ⅲ	調	前胴6段、後胴右脇も鉄折覆輪
鹿児島・溝下	C	c	c	a	L 8.0～9.0	6, 7	隅丸		鉄包鉄包	右	○×	長2	35.345.0	5.511.9	6.36.1	－4.2	(5.9)5.8	3.84.2	5.35.5	－9.0	Ⅲ	調	前胴6段、後胴右脇も鉄包覆輪
熊本・江田船山(1)	C	c	c	a	L 6.6	6, 6	隅丸	④	鉄包鉄折	－	○×	長2or方3	34.6約47	4.812.2	5.26.1	－4.9	5.66.1	4.94.7	6.05.4	8.5(9.4)	Ⅲ	図	前胴6段、前胴鉄折覆輪、後胴鉄包覆輪
千葉・金塚	C	c	c	c'	L 8.0	(6), 6	隅丸		鉄折鉄折	右	○×	長2		4.813.3	6.65.1	－4.2	(7.6)(5.5)	3.94.3	5.14.8	8.5(9.0)	Ⅲ	調	前胴6段、後胴右脇も鉄折覆輪
茨城・武具八幡	C	c	c	c	L 8.0	6, 6	隅角		鉄折鉄折	右	○×	方4		－	－7.1	－4.5	6.4－	4.2－	4.0－	7.8－	Ⅲ	調	前胴6段、一部隅丸
熊本・カミノハナ3号	D	－	b	－	L 10～	(7, 7)	隅角	④	鉄折鉄折	右	○×	長2	36.5－	－	－	－	－	4.6	5.3	8.6	Ⅲ	図	前胴6段、後胴右脇も鉄折覆輪
香川・川上	D'	a	a	a	L 7.0～8.0	(8, 8)	隅角・丸	④	鉄包鉄折	右	○×	(釣3)	35.246.0	5.712.1	5.96.2	－4.4	7.06.0	4.24.2	4.15.1	8.88.6	Ⅱ-1	調	前胴6段
岡山・法蓮40号	－	－	－	a		(8, 10)			鉄包鉄包			方4											後胴のみ
大阪・黒姫山(23)	－	－	－	c	L 6.0～7.0	7, 7			革組－	右	－×	長2									(Ⅲ)	調	後胴のみ、後胴右脇も革組覆輪
福岡・塚堂(2)				c		6, 6			鉄折鉄折	－	－×	－	－46.0	－12.1	－5.0	－	－	4.0	5.2	9.0	(Ⅲ)	報図	前胴欠
福岡・麦生出土			b		L	5, 5															(Ⅲ)		
福岡・片山9号	－	－	－	－		－, －			鉄包?鉄折			長2											破片
長野・高松3号	－	－	－	－	S 6.0	－, －			鉄包?鉄包	○－		長釣3											破片
京都・宇治二子塚南	－	－	－	－		－, －			革包?革包	右	○×	方4金銅	－	6.6－	－4.3	－	－	－	－	－		図	欠失部分多い
千葉・稲荷台1号	－	－	－	－	L 7.0～8.0				鉄折			方4金銅									Ⅱ/Ⅲ		破片
大阪・黒姫山(16)	－	－	－	－	L 8.0	－, －			鉄包鉄包	○－		方4									Ⅱ/Ⅲ	調	
宮崎・西都原4号(3)	C	－	－	a	－	7, 7	隅角		革包革包	右	○×	方4金銅	－47.2	－11.5	－5.3	－4.7	(6.2)6.5	3.74.0	4.24.6	7.87.7	Ⅲ	調	横矧板革綴、左前胴～後胴長側2段一連
熊本・江田船山(2)	－	c	c	a	－	6, 6	隅丸		革組革組	右	－×	方4		－12.0	－(5.2)	－4.6	－(7.1)	－	－(4.9)	－(8.4)	(Ⅲ)	図	横矧板革綴、前胴欠
福岡・塚堂(1)									革包	○×		方4金銅									Ⅱ/Ⅲ		横矧板革綴

あとがき

　本書は、筆者が筑波大学に提出した博士学位論文「古墳時代の軍事組織と政治構造」（2014年）を改訂したものである。収録した各章は、筆者が過去に発表した論文を基本としたものが少なくないが、そのほとんどは、あらたな研究成果を取り込みつつ全体としての統一を図るために少なからず改筆を加えており、全面改筆を加えたものについては、旧稿の論旨を活かしながらもほぼ新稿といえる内容になっている。なお、本書の第2章は平成17～平成19年度科学研究費補助金・基盤研究（C）「古墳時代中期における短甲の同工品に関する基礎的研究」による研究成果の一部、第5章は平成22～平成24年度科学研究費補助金・基盤研究（C）「古墳時代前期における小型古墳の展開と政治秩序の形成に関する研究」による研究成果の一部であることを付言しておきたい。以下に旧稿との対応関係を掲げておく。

序　章　新稿。

第1章　「鋲留短甲の編年」『考古学雑誌』第76巻第3号　日本考古学会、1991年を全面改筆。

第2章　「甲冑同工品論序説」『古墳時代中期における短甲の同工品に関する基礎的研究』平成17年度～平成19年度科学研究費補助金（基盤研究C）研究成果報告書　静岡大学人文学部、2008年を改筆。

第3章　「甲冑出土古墳からみた古墳時代前・中期の軍事編成」『日本と世界の考古学』雄山閣出版、1994年を改筆。

第4章　「志太平野における古墳時代前・中期の小型墳」『焼津市史研究』第4号　焼津市、2003年を改筆。

第5章　「古墳時代前半期における小型古墳の性格」『筑波大学先史学・考古学研究』第25号　筑波大学人文社会科学研究科歴史人類学専攻、2014年を改筆。

第6章　「東日本における古墳時代の斜交埋葬施設」『筑波大学先史学・考古学研究』第23号　筑波大学人文社会科学研究科歴史人類学専攻、2012年を改筆。

第7章　「筑波周辺の古墳時代首長系譜」『歴史人類』第22号、筑波大学歴史・人類学系、1994年を全面改筆。

第8章　新稿。

終　章　「甲冑出土古墳からみた古墳時代前・中期の軍事編成」『日本と世界の考古学』雄山閣出版、1994年の一部（改筆）および「問題提起―古墳時代中期の大型墳と小型墳―」『古墳時代中期の大型墳と小型墳―初期群集墳の出現とその背景―』東海考古学フォーラム・静岡県考古学会、2002年の一部（改筆）と新稿により構成。

あとがき

　本書のもととなった学位論文の作成・審査にあたっては、主査の常木晃先生（筑波大学教授）、副査の根本誠二先生（同教授・当時）、三宅裕先生（同教授）、松尾昌彦先生（聖徳大学教授）に懇切丁寧なご指導を賜った。あらためて衷心よりお礼を申し上げたい。なお、諸先生方からご指摘を受けた部分については可能な限り改善に努めたが、なお論じ尽くせなかった点も多く、それらについては今後の取り組みをつうじて明らかにしていきたい。

　筆者は、大学入学とともに考古学研究を志し、それ以来今日にいたるまで、岩崎卓也先生（元筑波大学教授）には古墳時代研究にとどまらない考古学研究の方法や可能性について多くの有益なご指導、ご助言をいただいている。また、故増田精一先生（筑波大学名誉教授）には、土浦市（旧新治村）武具八幡古墳出土遺物を整理する機会を与えていただき、筆者が古墳時代の甲冑研究にかかわる直接の契機を与えていただいた。さらに西野元先生（元筑波大学教授）には、大学院時代以来、考古学研究や大学教育のあり方について親身なご指導と励ましをいただいている。筆者の研究の一里塚ともいうべき本書によって、敬愛する諸先生方の学恩にどれほど報いられたかははなはだ心許ない限りであるが、この場を借りて心より感謝を申し上げたい。

　本書に収めた研究成果は、これまで30年余りにわたって積み重ねてきた研究活動の中でご指導をいただいた先学や、学会、調査等の場で意見を交わした諸兄に学んだ点が少なくない。そうした多くの方々からの助言をなお十分に活かしきれていない憾みはあるが、今日までのご厚誼に対して心より感謝を申し上げたい。また、元来歩みの遅い筆者を励まし、同じ大学人として研究の取りまとめを陰で支えてくれた妻・典子にも感謝の意を表したい。

　なお、本書にかかわる図表の作成にあたっては、福島志野氏にひとかたならぬご協力をいただいた。また、分析に使用した基礎的な資料の調査や文献の収集にあたっては、現在にいたるまで数多くの考古学・文化財関係者および関係機関に多大なるご協力をいただいた。本来ならばすべて関係者のご芳名を記して感謝を申し上げるべきところであるが、ここでは資料調査や文献収集にご協力いただいた諸機関の名称（調査当時）を以下に記すことで謝意の表明にかえさせていただきたい。

赤磐市立山陽郷土資料館、我孫子市教育委員会、甘木歴史資料館、綾川町ふるさと資料館、飯田市考古資料館、飯綱考古博物館、行橋市歴史資料館、石岡市教育委員会、市原市文化財センター、稲築町教育委員会、岩戸山歴史資料館、えびの市歴史民俗資料館、愛媛県歴史文化博物館、近江八幡市教育委員会、大阪城天守閣、大阪大学考古学研究室、岡山大学考古学研究室、小見川文化財保存館、柏市教育委員会、北九州市立いのちのたび博物館、岐阜市歴史博物館、九州歴史資料館、熊本市立熊本博物館、群馬県立歴史博物館、香寺町教育委員会、小牧市教育委員会、堺市立みはら歴史博物館、佐賀県立博物館、さぬき市教育委員会、滋賀県立安土城考古博物館、宍粟市歴史資料館、静岡県埋蔵文化財調査研究所、静岡市文化財センター、島田市博物館、千僧供地域歴史資料館、竹田市立歴史資料館、千葉大学考古学研究室、つくば市教育委員会、土浦市立考古資料館、東京国立博物館、長野県史刊行会、中野市歴史民俗資料館、奈良県立橿原考古学研究所附属博物館、沼津市教育委員会、氷見市立博物館、藤枝市立郷土博物館、本巣市教育委員会、宮崎県総合博物館、宮崎県立西都原考古博物館、みやざき歴史文化館、明治大学博物館

【追記】
　本書のもととなった学位論文は、主として2013年までの調査成果や研究成果をふまえながら作成したものであるため、当該研究にかかわるその後の成果については、ほとんど議論に組み込むことができなかった。とくに古墳時代の甲冑については、大阪府七観古墳の出土遺物に関する調査報告書（阪口英毅編『七観古墳の研究―1947年・1952年出土遺物の再検討―』京都大学大学院文学研究科、2014年）や全国的な集成作業の成果（橋本達也・鈴木一有『古墳時代甲冑集成』大阪大学大学院文学研究科、2014年）が刊行されるとともに、緻密な資料分析にもとづいた意欲的な研究（川畑純『武具が語る古代史―古墳時代社会の構造転換』京都大学学術出版会、2015年）が発表されるなど、資料面、研究面での大きな前進が図られている。本書の内容とかかわりが深い部分については、いずれあらためて検討の機会を得たいと考えている。

古墳時代の軍事組織と政治構造
（こふんじだい　ぐんじそしき　せいじこうぞう）

■著者略歴■
滝沢　誠（たきざわ・まこと）
　1962年　東京都生まれ。
　1985年　筑波大学第一学群人文学類考古コース卒業。
　1991年　筑波大学大学院歴史・人類学研究科文化人類学専攻博
　　　　　士課程単位取得満期退学。
　　　　　筑波大学歴史・人類学系助手、静岡大学人文学部教授
　　　　　などを経て、
　現　在　筑波大学人文社会系・准教授、博士（文学）。
〔主要著作論文〕
「鋲留短甲の編年」『考古学雑誌』第76巻第3号、1991年。
「日本型農耕社会の形成―古墳時代の水田開発―」『食糧生産社会の考古学』朝倉書店、1999年。
『沼津市史』通史編 原始・古代・中世　沼津市、2005年（共著）。
『静岡の歴史と文化の創造』知泉書館、2008年（編著）。
『高尾山古墳発掘調査報告書』沼津市教育委員会、2012年（共著）。

2015年11月30日発行

著　者　滝沢　誠
発行者　山脇洋亮
印　刷　亜細亜印刷㈱
製　本　協栄製本㈱
発行所　東京都千代田区飯田橋4-4-8
　　　　（〒102-0072）東京中央ビル　㈱同成社
　　　　TEL 03-3239-1467　振替 00140-0-20618

© Takizawa Makoto 2015．Printed in Japan
ISBN978-4-88621-704-2 C3021